Über dieses Buch

Europa an der Wende zur Neuzeit: Fremde Kontinente kamen ins Blickfeld, die ersten Globen wurden konstruiert, Historiker und Philosophen entdeckten das Altertum, Künstler die Würde des nackten Körpers, Ärzte erforschten die menschliche Anatomie, Astronomen stellten das System der Gestirne auf den Kopf, Dogmen christlichen Glaubens gerieten ebenso ins Wanken wie die gesellschaftlichen Verhältnisse des ausgehenden Mittelalters.

Vor diesem Hintergrund schildert der Autor Ursprung, Anlaß, Verlauf und die Folgen der Bauernkriege, die der Ausdruck populärer Freiheitsströmungen gewesen sind. Historische Einzelporträts tragender Gestalten wie Hans Böheim, Kaiser Sigismund, Martin Luther, Ulrich von Hutten, Franz von Sickingen, Götz von Berlichingen, Thomas Müntzer, Michael Geismair, Florian Geyer u. v. a. ergeben ein facettenreiches Gesamtbild der Jahre 1524/1525, die für künftige Zeiten von größter Wichtigkeit werden sollten: Der Gang der deutschen Geschichte wäre zweifellos anders verlaufen, wenn die territorialen Gewalten in der Auseinandersetzung mit den aufständischen Bauern, Stadtbürgern und anderer reichstreuer Gruppen unterlegen wären. Statt dessen wurden die freiheitlichen Regungen blutig niedergeschlagen. Die Realisierung der »fortschrittlichen« Idee von der Einheit des Reiches wurde in weite Ferne gerückt.

Zeitgenössische Illustrationen ergänzen den spannenden Text eines mutig zupakkenden Außenseiters. »Eine kräftige Stimme neben dem feinen Gezirpe der Historikerzunft.« (Süddeutsche Zeitung)

Der Autor

Leo Sievers, geboren 1917 in Hamburg, arbeitete zunächst als Ingenieur für Hochbau in einem Architekturbüro. Zum Journalismus kam er über die Veröffentlichung einer Novelle (Serpentinen, 1956) und eines Romans (Onyx, 1962), die beide preisgekrönt wurden. Seit 1961 ist er Autor beim stern. Breite Beachtung fanden seine Serien »Die Churchills«, »Juden in Deutschland« – als Buch veröffentlicht 1979 – und »Die Bauernkriege«.

Leo Sievers

Revolution
in Deutschland

Geschichte der Bauernkriege

Fischer Taschenbuch Verlag

Fischer Taschenbuch Verlag
Oktober 1980
Ungekürzte Ausgabe
Umschlaggestaltung: Jan Buchholz/Reni Hinsch
Fischer Taschenbuch Verlag GmbH, Frankfurt am Main
Lizenzausgabe mit freundlicher Genehmigung
der Deutschen Verlags-Anstalt GmbH, Stuttgart
© Deutsche Verlags-Anstalt, Stuttgart 1978
Gesamtherstellung: Clausen & Bosse, Leck
Printed in Germany
1480-ISBN 3-596-23434-4

Inhalt

Für Ilse

Vorwort

Der Bauernkrieg war die erste Revolution in Deutschland, ein Kampf um soziale Gerechtigkeit und politischen Einfluß vor dem Hintergrund einer religiösen Umwälzung. Zu gleicher Zeit, aber nicht koordiniert, machten sich lang aufgestaute und gewaltsam unterdrückte Kräfte frei, in weit auseinanderliegenden Landschaften des Reiches, zwischen Belfort und Dresden, zwischen Goslar, Laibach und Trient.

Leopold von Ranke nannte den Bauernkrieg ein »Naturereignis«. Alexander von Humboldt notierte als Mann von 74 Jahren, als er nicht nur sein eigenes bewegtes Leben überdachte, sondern auch das seines Vaterlandes: »Der große Fehler in der deutschen Geschichte ist, daß die Bewegung des Bauernkriegs nicht durchgedrungen ist.« Friedrich Engels schrieb: »Es gab eine Zeit, wo Deutschland Charaktere hervorbrachte, die sich den besten Leuten der Revolution anderer Länder an die Seite stellen können, wo das deutsche Volk eine Ausdauer und Energie entwickelte, die bei einer zentralisierten Nation die großartigsten Resultate erzeugt hätte . . .« Drei sehr verschiedenartige Männer aus drei aufeinanderfolgenden Generationen setzten sich mit dem gleichen Engagement mit einem Ereignis auseinander, das mehr als dreihundert Jahre zurücklag.

Der Bauernkrieg war kein Produkt des Intellekts. Das theoretische Rüstzeug der meisten Revolutionäre war so unzureichend wie ihre Bewaffnung. Anfangs gab es nicht einmal Ansätze eines politischen Programms. Es gab nur das Bewußtsein, daß die Welt, in der die Menschen leben mußten, in unerträglichem Widerspruch zur Glaubenslehre stand, nach der sie regiert wurde.

Das Heilige Römische Reich war eine politische Institution, verwaltet nach den Grundsätzen einer Religion. Nur ein Christ konnte vollwertiger Staatsbürger sein. Von einer Gleichwertigkeit der Christen untereinander aber war keine Rede. Die Schichtung der Stände, die Staffelung der Abhängigkeiten bis hinunter zur Leibeigenschaft widersprach dem Christentum in seinem Kern. Dennoch hielten sich Reichsfürsten, auch geistliche, bedenkenlos in ihrem Machtbereich Leibeigene.

Die Welt der Einsichten und Erkenntnisse war zur Welt des Glaubens in Widerspruch geraten, ebenso wie zu jener Welt, in der die soziale und politische Existenz der Menschen angesiedelt war. Notgedrungen begannen sie, Instanzen in Frage zu stellen, die sie jahrhundertelang als gottgegeben hingenommen hatten: Grundherren und Lehensherren, geistliche und weltliche Territorialfürsten, den ganzen komplizierten Funktionärsapparat der katholischen Kirche. Unangetastet blieb der Kaiser, der Repräsentant gottgewollter Ordnung auf Erden, unberührt alle Institutionen, deren Rechtmäßigkeit sich aus dem Evangelium belegen ließ.

Als die Spannungen sich entluden, da geschah das nicht nur in ländlichen Gebieten, sondern auch in vielen Städten. Zugleich mit den Bauern griffen auch Bürger und Geistliche zu den Waffen, Ritter und Rechtsgelehrte, Maler und Musikanten. Einer half dem anderen, sich auf seine gottgegebenen Grundrechte zu besinnen, sich seiner Macht bewußt zu werden, der geistigen wie der körperlichen. Die unterschiedlichsten Menschen fanden sich zusammen im Kampf um das göttliche Recht. Sie begannen, ihre Erkenntnisse zu formulieren und ihre Forderungen zu artikulieren. Dabei wurden schon zu Ende des 15. Jahrhunderts in Deutschland Gedanken laut, die, als sie rund dreihundert Jahre später in der Französischen Revolution anklangen, als brillanter Ausdruck romanischen Geistes größte Bewunderung erregten.

Die Welt, in der sich das ereignete, begriff lange nicht, was ihr geschah. Ihre Wertmaßstäbe wurden von einer geistlichen Hierarchie bestimmt, die sich als gottgewollt und allwissend empfand, in Selbstzufriedenheit erstarrt war und von sich aus nicht auf den Gedanken kam, Reformen an der verknöcherten Gesellschaftsordnung auch nur in Erwägung zu ziehen.

Diese Ordnung sah so aus: Oberste Instanz, nicht nur in Glaubensfragen, sondern auch in familiären und finanziellen Belangen, in Politik, Wirtschaft und Kultur war Gott der Herr. Selbst Bankgeschäfte hatten sich nach seinem Wort zu richten, das in der Bibel kodifiziert war und dessen Vermittlung und Auslegung ein Vorrecht der Priester war.

Zu Gottes Füßen drehte sich die Sonne um die Erde. Wer daran zweifelte, wurde öffentlich auf dem Scheiterhaufen verbrannt. Das Leben der Menschen war ein Examen fürs Jenseits. Sie verbrachten es in Höllenangst, ob es ihnen gelänge, sich für den kleinen Kreis jener zu qualifizieren, die im Himmel die ewige Seligkeit genießen durften, während die Masse der Verdammten im Souterrain des Weltgebäudes Qualen zu erdulden hatte, zu deren detaillierter Schilderung die Geistlichen ihre ganze Phantasie aufwandten.

Im Diesseits herrschte der Kaiser über die Körper seiner Untertanen, der Papst über ihre Seelen. Da der Himmel nur an letzteren interessiert war, hatte der Heilige Vater eine starke Position. Des Kaisers Macht aber bröckelte. Skrupellos rangen die Reichsfürsten um immer mehr Selbständigkeit, die geistlichen wie die weltlichen. Da Bischöfe und Äbte zugleich Landesherren waren, übten sie doppelte Gewalt über ihre Untertanen aus: Sie konnten ihnen das Leben auf Erden ebenso zerstören, wie jede Hoffnung auf eine Erlösung im Jenseits.

Das Heilige Römische Reich erstreckte sich von Flandern, Lothringen und Burgund im Westen bis Schlesien im Osten, von Holstein im Norden bis Florenz im Süden. Rund sechzehn Millionen Menschen lebten in seinen Grenzen, davon knapp ein Viertel in Städten. Die Bevölkerungszahlen waren für heutige Begriffe gering: Köln, die größte, hatte 35 000, Nürnberg und Straßburg 25 000, Dresden, Berlin und Mainz nur etwas über 5000, Kiel und Meißen kaum 2000 Einwohner. Aber die Macht der Städte lag ja auch nicht in der Menge ihrer Bürger, sondern in der Konzentration gewerblicher und finanzieller Möglichkeiten, ihren Verbindungen und der Stärke ihrer Verteidigungsanlagen.

Zwölf Millionen Bauern lebten auf dem Lande. Es gab drei Klassen: Freie, Zinspflichtige und Leibeigene. Jeder dieser Begriffe hatte in jedem der zahlreichen Herrschaftsgebiete des Reiches eine etwas andere Bedeutung. Ein einheitliches Recht oder eine einheitliche Sozialordnung existierte nicht. Die Menschen in den Städten waren zwar nominell Freie (»Stadtluft macht frei«), viele von ihnen lebten aber doch in unterschiedlichen Abhängigkeitsverhältnissen. Überall hatte der Beisasse (Schutzbürger) weniger Rechte als der Bürger, und in Bruchsal etwa, das zum Bistum Speyer gehörte, waren die meisten Bürger praktisch Leibeigene des Bischofs.

Der Leibeigene gehörte zum lebenden Inventar seiner Herrschaft. Er hatte Pferden und Schafen das Vorrecht voraus, daß er in die Kirche gehen durfte, aber sein Herr konnte ihn verkaufen und verpfänden, und wenn er eine Freie heiratete, dann wurde auch sie unfrei und als Leibeigene ins lebende Inventar übernommen. Waisenkinder waren automatisch leibeigen.

Starb ein solches Inventarstück, dann nahm sein Herr, wie etwa der Fürstabt von Kempten, dessen Praktiken genau überliefert sind, eine Hälfte des kläglichen Nachlasses, die andere durfte sich die Witwe mit den meist zahlreichen Kindern teilen. Der Abt des Klosters Salem am Bodensee verlangte darüber hinaus noch den Sonntagsanzug des Toten, seinen Sattel und den Brautschmuck der Witwe, falls sie einen besaß. Und niemand konnte sich dem mächtigen

9

Fürsten widersetzen, weil er jedem, der es wagte, das Abendmahl verweigerte.

Unter solchen Umständen lebten Menschen, von ihren Geistlichen im Glauben gehalten, das alles sei Gottes Wille, von der Kirche, die tätige Nächstenliebe predigte, ebenso ausgebeutet, wie von der weltlichen Obrigkeit. Die Zeit war reif für einen tiefgreifenden Umbruch.

Es war die Zeit der Entdeckungen. Columbus entdeckte einen neuen Erdteil, Philosophen und Historiker die geistige Welt des Altertums, Künstler den Zauber und die Würde des nackten menschlichen Körpers, in dem die Kirche vor allem ein Symbol der Sünde sah. Astronomen und Mathematiker tasteten sich über den Raum hinaus, den die Kirche den Wissenschaften zugewiesen hatte. Europa drängte über die Schwelle zwischen dem Mittelalter und der Neuzeit. Das Wissen suchte sich seinen Platz neben dem Glauben. Der Zweifel wagte es, geheiligte Dogmen in Frage zu stellen. Es konnte nicht ausbleiben, daß der Mensch den Mut fand, sogar sich selber zu entdecken: Er war nicht nur ein Kind Gottes, er war auch Teil eines irdischen Gemeinwesens, Zoon politikon, wie die Griechen es genannt hatten, tragender Bestandteil der menschlichen Gesellschaft, mit allen Pflichten, aber auch mit allen Rechten.

Es war die Zeit des Arztes Paracelsus und des Rechenmeisters Adam Riese. Der Humanist Erasmus von Rotterdam schrieb seine gesellschaftskritische Satire »Lob der Narrheit«, der Staatsphilosoph Thomas Morus seine »Utopia«, der Politiker Niccolò Machiavelli sein »Il Principe«, einen Leitfaden für Pragmatiker.

Es war die Zeit, da in einer einzigen Stadt, nämlich in Nürnberg, Martin Behaim den ersten Globus konstruierte und Peter Henlein die erste Taschenuhr, der Schuhmacher Hans Sachs Gedichte und Theaterstücke schrieb, Albrecht Dürer malte und Veit Stoß seine Holzskulpturen schuf. Es war die Zeit, in der sich Theologen wie Martin Luther und Ulrich Zwingli nicht mehr damit begnügen wollten, die Heilige Schrift zu verkünden, sondern anfingen, sie zu analysieren.

In einer solchen Zeit war es ganz und gar unerträglich, daß ein Mensch des anderen Menschen Eigentum sein sollte, sein Zugvieh, sein Haustier, sein Werkzeug. Er mußte erkennen, daß er nicht nur als Behälter einer unsterblichen Seele seine Daseinsberechtigung hatte, daß er einen Körper besaß, der ihm gehörte und einen Geist, der Schlüsse aus seinen Erkenntnissen zog und sich nicht mit der Hoffnung auf ein wohlgeordnetes Jenseits begnügte.

Der Mann, der als erster so kühn war, von Freiheit, Gleichheit und Brüderlichkeit zu sprechen, war der Schafhirte Hans Böheim aus Helmstadt, einem Dorf auf halbem Wege zwischen Würzburg und

Wertheim. Er tat es in Demut, erfüllt vom Glauben, ihn habe die Heilige Jungfrau Maria ausersehen, die Menschheit aus ihrer Bedrückung zu befreien. Er wollte keinen Aufruhr. Ihm konnte gar nicht der Gedanke kommen, daß er die Lunte an ein Pulverfaß legte.

Mut, Mut, ihr Deutschen!
Hindurch! Hindurch!
Es lebe die Freiheit!
Ulrich von Hutten

Hans Böheim
Prophet von Niklashausen

Hans Böheim war ein junger Mensch von Anfang Zwanzig. Er konnte die Flöte blasen und die Trommel schlagen und zog mit seiner Herde durch das Taubertal. Wo er seine Schafe weidete, spielte er abends in den Dörfern zum Tanz auf und sang in den Schenken seine Lieder. Seine Texte machte er selber, und auch die Melodien dazu. Die Menschen mochten ihn. Er liebte und wurde geliebt. Es blieb nicht aus, daß er gelegentlich einer Versuchung erlag, und so beschlichen ihn manchmal Sorgen wegen der ewigen Seligkeit.

Aus einem solchen Anlaß pilgerte er auch in der Fastenzeit des Jahres 1476 zum wundertätigen Gnadenbild von Niklashausen, einem kleinen Ort zwischen Wertheim und Tauberbischofsheim. Dort kniete er in der Kapelle vor der Mutter Gottes nieder und bat um die Vergebung seiner Sünden.

In der Nacht darauf, als er zwischen seinen Schafen auf dem Felde schlief, erschien ihm, wie er später aussagte, die Jungfrau Maria in einem weißen Gewand und öffnete ihm die Augen. Auf einmal sah er über der Not seines Gewissens die Not der Menschen ringsum im Land, und die Mutter Gottes gebot ihm, allen Tand zu verbrennen, auch seine Musikinstrumente, den irdischen Freuden zu entsagen und nichts anderes mehr im Sinn zu haben, als die Menschen in eine bessere Zukunft zu führen.

Das Pfeiferhänslein verbrannte Flöte und Trommel, streifte ab, was es an Federn und bunten Schnüren an sich getragen hatte, und behielt nur die allernötigste Kleidung. Es fiel ihm nicht schwer, die Menschen zu sich heranzuziehen. Die Gabe hatte er immer gehabt. Er versammelte sie nun um sich und beschwor sie, zu erkennen, daß die Welt reif sei für eine grundsätzliche Erneuerung.

Erst sprach er mit ihnen, dann sprach er zu ihnen. Erst waren es wenige, die zu ihm herunterkamen in die Talsenken, in denen er seine Schafe weidete, dann wurden es mehr und immer mehr. Sie kamen aus den Dörfern der Nachbarschaft, aus den Marktflecken von weiter her, aus den Städten in der Umgebung. Sie scharten sich um ihn und folgten ihm, wenn er mit seiner Herde weiterzog. Bald konnte er sie nicht mehr alle erfassen, wenn er zwischen ihnen stand. Er mußte auf einen Baumstumpf steigen, auf ein Faß, auf einen Bauernwagen, damit ihn auch alle sehen konnten, wenn er predigte.

13

Und wenn sie ihn alle sehen konnten, dann hörten sie von ihm so bestürzende Worte wie diese: »Alle Menschen sind Brüder und Schwestern!« – Oder: »Der Herr soll mit den Knechten teilen, die ihm seine Gewinne erwirtschaften!« – Oder: »Jeder muß lernen, was es heißt, sein Brot mit seiner Hände Arbeit selber zu verdienen!« – Oder: »Der grenzenlose Reichtum der geistlichen Herrschaften soll nicht für Goldschmuck, Brokatgewänder und Festgelage verwendet werden, sondern für die Speisung der Armen und die Pflege der Kranken!«

Das waren ungeheure Forderungen, und sie breiteten sich aus über das Land wie der Wind. Immer mehr Menschen sammelten sich um den Propheten, der einmal das Pfeiferhänslein gewesen war. Und wenn sie heimgingen, nahmen sie seine Worte mit: Handwerksburschen und Handelsmänner, fahrende Studenten und entlassene Landsknechte. Immer neue Leute pilgerten nach Niklashausen, aus dem Frankenland, aus Thüringen und Hessen, aus Sachsen, Bayern und Württemberg, dem Mansfeldischen, dem Hohenloher Land, dem Fürstbistum Würzburg. Sie liefen von den Feldern weg, aus Werkstätten und Backstuben, vom Küchenherd und Webstuhl.

Viele kamen und gingen nicht wieder heim. Sie blieben bei Hans Böheim, nannten einander Bruder und Schwester, verkauften alles, was sie nicht dringend zum Leben brauchten, kauften Brot und Speck davon, und wenn einer nichts mehr zu essen hatte, dann gab ihm der andere.

Das Taubertal füllte sich mit Menschen aus aller Herren Länder, und es gab viele Herren und viele Länder im Reich. Die Gläubigen, die sich um das Pfeiferhänslein versammelten, lagerten auf freiem Felde, und manchmal waren es – wie der würzburgische Secretarius Lorenz Fries berichtete – mehr als vierzigtausend. Hans Böheim sprach von einem Karren herab zu ihnen, oder aus der Dachluke einer Scheune. Wieder sang er Lieder, die er selber gedichtet hatte, aber nun waren es Marienlieder. Und er predigte seiner Gemeinde, daß Wälder und Felder allen Menschen gemeinsam gehörten, samt dem Wild darin, den Beeren und Pilzen, daß die Fische im Wasser und die Vögel am Himmel für jedermann da seien und nicht nur für den Herrn im Land. Er nahm nie eine geistliche Handlung vor; das tat der Pfarrer von Niklashausen, der an ihn glaubte.

Der Herr im Land hörte das alles nicht so gern, wie die Leute auf dem Feld. Es war der Bischof von Würzburg, Rudolf von Scherenberg. Sein Fürstentum war eines der großen im Reich. Über fast fünftausend Quadratkilometer dehnte es sich aus und war mit Weinbergen und fruchtbaren Äckern reich gesegnet, mit Städten, Marktflecken und Dörfern.

Tanz und Spiel gab es selten im Leben der Bauern (oben ein Kupferstich von Hans Sebald Beham); meist mußten sie hart arbeiten, um ihren Pflichten gegenüber dem Landesherrn zu genügen (unten: Bauern liefern den Zehnten ab).

Der Pfeifer von Niklashausen (Holzschnitt aus der Schedelschen Weltchronik, 1493)

Hans Böheim, der Prophet von Niklashausen, bedeutete dem Fürstbischof von Würzburg anfangs nicht mehr, als ein Spatz auf dem Dach der Gnadenkapelle. Ihn drückten andere Sorgen. Er war gerade inthronisiert worden und hatte ein völlig verkommenes Fürstentum übernommen. Prachtbauten und eine verschwenderische Hofhaltung hatten Unsummen verschlungen, und seine Vorgänger hatten das Bistum hoffnungslos verschuldet. Auch war die Moral der Geistlichkeit, in deren Händen Seelsorge und Verwaltung lagen, in bedenklichem Zustand. Domherrn und Patres soffen, vertaten mit Glücksspielen ihre Zeit und zeigten sich ohne Scham mit ihren Gespielinnen in der Öffentlichkeit. Bischof Rudolf war entsetzt, aber seine Ermahnungen ließen die Herren ebenso kalt, wie der Abscheu der Gläubigen im Land, den ja niemand offen zeigen durfte, da die Geistlichen zugleich Repräsentanten der himmlischen wie der irdischen Macht waren und die Sakramente ebenso als Druckmittel einsetzen konnten wie Halseisen und Richtschwert.

Unter den Bauern und Kleinbürgern im Fürstentum Würzburg gab es theoretisch keine Leibeigenen, aber die Zinspflichtigen und Freien wurden durch ein kompliziertes Steuersystem in einem Geflecht von Abhängigkeiten gehalten, daß sie schlimmer dran waren als jeder

Leibeigene, der ja nichts zu verlieren hatte. Sie mußten tagaus, tagein schuften, um ihre Steuern aufzubringen und nicht gepfändet zu werden. Ihr Haß gegen die erbarmungslosen Praktiken ihrer geistlichen Landesherrn war groß, und wenn sie nach Niklashausen pilgerten, sangen sie aus vollem Herzen Hans Böheims Choral:

> »Wir wolln es Gott im Himmel klagen,
> Kyrie eleison,
> daß wir die Pfaffen nicht tot solln schlagen,
> Kyrie eleison!«

Gott war weit, aber dem Propheten von Niklashausen konnten sie klagen, was sie im Laufe ihres Lebens alles an Ungerechtigkeiten und Demütigungen hatten ertragen müssen, der hörte jedem einzelnen geduldig zu. Und von Gespräch zu Gespräch verdichtete sich in ihm immer mehr das Bild von der Not im Land, für die ihm die Heilige Jungfrau zuerst die Augen geöffnet hatte. Immer genauer wurden seine Kenntnisse, immer radikaler seine Forderungen.

Er sagte, jeder Geistliche solle satt zu essen haben und genug warme Kleidung. Was er darüber hinaus an Geld einstecke, das solle nicht dem Prunk, der Völlerei und der Hurerei dienen, sondern müsse unter die Armen verteilt werden, damit auch sie satt zu essen und warme Kleidung bekämen. Auch die Fürsten müßten lernen, mit ihren Händen ihr Brot zu verdienen, und am Ende dürfe keiner mehr haben, als der andere. Das waren keine neuen, sondern längst vergessene Forderungen aus der Frühzeit des Christentums. Es tat den Menschen gut, das zu hören, was sie vorher kaum zu denken gewagt hatten. Sie nannten Hans Böheim, wenn sie von ihm sprachen, »den heiligen Jüngling«, und nun gingen sie nicht mehr zu ihm, sondern sie pilgerten wie zu einem Gnadenbild. Sie kamen mit Fahnen von weither, und wenn sie seiner ansichtig wurden, brannten sie Kerzen an. Sie brachten Opfergaben mit, und die Frauen, die nichts anderes zu geben hatten, schnitten sich die Haare ab und legten sie auf den Altar der Marienkapelle.

Ehe die Pilger wieder fortzogen, versuchte jeder, ein Stück von Hans Böheims Gewand als Reliquie zu erhaschen und in die Heimat mitzunehmen, damit es dort Wunder vollbringe. Der Secretarius Lorenz Fries schreibt: »Er zog in einer zottigen Kappen auf, darvon wurden ihm von den Wallern die Zotten abgerissen, und wer ein kleines Stücklein von einem Zotten gehaben mochte, der meinete, er hätte das Heu aus der Krippen von Bethlehem oder sonst ein köstlich Heiligtum ...«

Anfangs lehnte der Bischof von Würzburg es ab, diesen Mann, der –

wie alle einfachen Leute in jener Zeit – weder lesen noch schreiben konnte, überhaupt zur Kenntnis zu nehmen. Als ihm aber berichtet wurde, daß immer mehr Menschen aus immer ferneren Ländern nach Niklashausen pilgerten, begann er doch zu befürchten, die aufgestauten Leidenschaften könnten sich eines Tages gefährlich entladen. So verbot er seinen Landeskindern, weiterhin nach Niklashausen zu wallfahrten. Die aber hörten nicht auf ihn. Er ließ durch seine Spitzel beobachten, was von nun an dort geschah.

Am 6. Juli 1476, dem Sonntag vor dem Kilianstag, geschah es, daß Hans Böheim seine Predigt mit den Worten schloß: »Kommet wieder hierher am kommenden Samstag, dem St. Margarethentag gegen Abend. Kommet in Wehr und Waffen, ihr Männer, und lasset Weib

und Kind daheim. Dann werdet ihr hören, was euch die Heilige Jungfrau Maria weiter zu sagen hat.«

Bischof Rudolf von Scherenberg machte sich seine eigenen Gedanken über das, was Hans Böheim den bewaffneten Männern im Namen der Mutter Gottes würde sagen wollen und schickte 34 bewaffnete Reiter nach Niklashausen. Die fielen in der Nacht zum 12. Juli, dem St. Margarethentag, in das Haus ein, in dem Hans Böheim lag und schlief. Sie zerrten ihn aus dem Stroh und banden ihn auf ein Pferd.

Um das Haus herum lagerten schon an die viertausend Menschen, die sich von ihrem Propheten auch in der Nacht nicht trennen wollten. Sie sahen das alles mit an und warteten auf ein Wort von ihm. Er aber ließ stumm mit sich geschehen, was die Reiter mit ihm machten, und auch die Heilige Jungfrau Maria tat kein Wunder. Da wußten die Leute, sie wollte, daß alles so geschah, und sie standen schweigend da, als die Reiter das Pferd, auf dessen Rücken sie den Propheten gebunden hatten, am Zügel mit sich zogen und aus dem Dorf trabten.

Nur einer von den Bauern stach mit seinem Sauspieß auf einen der Reiter ein und verletzte dessen Pferd. Der Reiter zog nicht sein Schwert. Er drehte sich um und merkte sich das Gesicht des Bauern und schwor ihm Rache. Sonst geschah nichts. Alle standen nur da.

Rudolf von Scherenberg, Fürstbischof von Würzburg (unten rechts: *Grabmal von Tilman Riemenschneider*, links: *Würzburg nach einem Holzschnitt aus Hartmann Schedels Weltchronik, 1493*)

Noch in der Nacht ritten die Reiter nach Würzburg zurück. Das sind rund fünfundzwanzig Kilometer, und diese Strecke, auf ein Pferd gebunden über Feldwege und ausgefahrene Heerstraßen zu reiten ist eine Qual. Hans Böheim ertrug sie schweigend. Er ließ sich oben auf der Feste Marienberg in den Kerker werfen, ohne ein Wort und ohne sich zu wehren.

Am anderen Morgen kamen die Menschen zur Marienkapelle nach Niklashausen gepilgert, fast nur Männer, 34 000 an der Zahl, und alle in Waffen. Als sie hörten, was geschehen war, fielen sie in dumpfe Ratlosigkeit, und etliche von ihnen machten sich unauffällig davon.

Da sprang einer der Bauern auf einen Leiterwagen und rief über die Menge hin, ihm sei in der Nacht die Heilige Dreifaltigkeit erschienen und habe ihm geboten, die bewaffneten Männer nach Würzburg zu führen und den Propheten zu befreien.

Nicht alle wollten an das Gebot der Heiligen Dreifaltigkeit glauben, und wieder verzogen sich etliche hinter Bäumen und Büschen. Aber es blieben immerhin noch 16 000 Mann übrig. Sie wählten den Ritter Kunz von Thunfeld aus ihrer Mitte zum Führer. Der war mit seinem Sohn Martin unter all dem Volk nach Niklashausen gepilgert, und er war ein erfahrener Kriegsmann, der einen solchen Haufen ins Gefecht zu führen verstand.

So machten sie sich denn bei Einbruch der Dunkelheit mit Kerzen und Fackeln und allen ihren verschiedenen Waffen auf den Weg nach Würzburg. Es waren Dreschflegel, geradegestellte Sensen, Keulen, durch deren Köpfe lange Nägel getrieben waren, Sauspieße oder einfach nur Knüppel. In der Morgenfrühe standen sie vor der Feste Marienberg mit brennenden Kerzen, damit jeder sehen konnte, daß es eine Prozession war. Da öffnete sich das Tor, und ein Ritter kam mit kleinem Gefolge zu ihnen herabgeritten. Das war der Marschall Georg von Gebsattel. Er hielt knapp vor ihnen und fragte, was sie wollten.

Sie sagten ihm, er solle den heiligen Jüngling freigeben, und wenn das nicht sogleich geschähe, dann würden sie die Feste berennen und den Propheten mit Gewalt befreien. Der Marschall fing an, umständliche Fragen zu stellen, aber sie merkten bald, daß er nur versuchen wollte, sie hinzuhalten, und einige von ihnen fingen an, mit Steinen nach ihm zu werfen. Da wendete er sein Pferd und ritt eilig in die Burg zurück. Der Bischof ließ nun seine Geschütze abfeuern, daß die Kugeln dicht über die Köpfe der Bauern hinweg ins Maintal flogen. Als er sicher war, sie nachdenklich gestimmt zu haben, schickte er ihnen einen anderen Ritter aus seinem Hofstaat, Conrad von Hutten. Der hatte eine geschicktere Art, mit den Bauern zu sprechen. Er gab sich Mühe, ih-

nen klarzumachen, daß der Bischof Hans Böheim keinesfalls heraus-
geben, sondern vor ein ordentliches Gericht stellen werde, denn jener
junge Mann habe Unruhe gestiftet im Land, und dafür müsse er sich
verantworten.

Weiter sagte Conrad von Hutten, der Bischof befehle seinen Landeskindern, augenblicklich heimzukehren und sich an die Arbeit zu machen, es sei ja der Heumonat, und für die Ernte würde jede Hand gebraucht. Denen aber unter ihnen, die aus der Fremde kämen, riete er
dringend an, sein Land zu verlassen und sich freiwillig zu zerstreuen,
weil sonst seine Reiter sie zerstreuen würden. Keinem von ihnen würde ein Haar gekrümmt, wenn sie jetzt sogleich auseinandergingen.

Was Conrad von Hutten sagte, beeindruckte die Bauern. Sie gingen
auseinander. Die große Streitmacht zerfiel in kleine ungeordnete
Haufen.

Als keinerlei Zusammenhang mehr zwischen ihnen bestand, ließ der
Bischof seine Reiter ausschwärmen. Die holten nach und nach die
Rotten einzeln ein, hieben die meisten der Männer zusammen, soweit
sie sich nicht im Unterholz verbergen konnten und ließen nur wenige
am Leben. Die schleppten sie in Stricken auf die Feste Marienberg.

Von einer ordentlichen Gerichtsverhandlung war keine Rede mehr.
Der Bischof legte aber Wert darauf, seine Milde und Güte vor aller
Welt zu demonstrieren. Er ließ nur zwei Bauern köpfen, den, der im
Namen der Heiligen Dreifaltigkeit die anderen nach Würzburg geführt und jenen, der mit seinem Sauspieß das Pferd des Reiters verwundet hatte; die anderen durften nach Hause laufen, nachdem sie
sich verpflichtet hatten, ihren gesamten Besitz dem Fürstbischof
zu übereignen. Vor allem brauchte er Geld, außerdem war Ernte-
zeit, und tote Hände konnten auf Äckern und Feldern keine Arbeit
leisten.

Auch Ritter Kunz von Thunfeld, der bis dahin ein freier Mann gewesen war, überschrieb seine Güter dem Bischof. Er wurde in Gnaden
entlassen und war von da an ein ergebener Vasall.

Hans Böheim sah nie einen Richter, nicht einmal den Scharfrichter,
denn die Gnade, ehrenvoll geköpft zu werden, versagte ihm der Bischof. Hans Böheim sah nur die Büttel, die ihn am 19. Juli 1476 in
aller Frühe aus dem Verlies holten, die feuchten Stufen hinauf, aus der
muffigen Finsternis in das blendende Morgenlicht.

Auf dem Schottenanger unter der Burg, über dem Main, hatten die
Henkersknechte einen gewaltigen Scheiterhaufen errichtet. Der
Qualm sollte bis tief ins Land hinein zu sehen sein, und alle Leute weit
und breit sollten begreifen: Hier wurde verseuchtes Fleisch in den reinigenden Flammen zu Staub verbrannt.

Es war nicht nötig, Hans Böheim hinaufzustoßen, zu zerren, zu schleppen, wie sonst bei Hinrichtungen dieser Art. Er stieg über Reisig und Buchenkloben bis zur Spitze des Scheiterhaufens, als wolle er von oben herab zu seinen Gläubigen sprechen. Als ihn die Henkersknechte an den Pfahl gefesselt hatten, von vier Seiten Feuer ans Gestrüpp legten und es eifrig mit ihren Blasebälgen entfachten, begann er eines seiner Marienlieder zu singen.

Er klagte nicht, als die Flammen nach seinen Füßen griffen, er schrie nicht, als sie ihn ganz erfaßten. Er verfluchte nicht seine Peiniger und verzieh ihnen auch nicht mit großer Geste. Er sang seine Lieder immer leiser und am Ende ganz für sich allein, solange er noch eine Stimme hatte.

Als alles vorbei war, streuten die Henkersknechte die Asche in den Main. Den ganzen Tag über stand noch eine schwere Wolke über dem Tal.

An diesem Tag ritten die Reisigen des Bischofs Rudolf von Scherenberg nach Niklashausen. Da trieben sie ihre Pferde unter die Frauen, die sich um die Marienkapelle herum gelagert hatten und voller Angst auf ihre Männer warteten. Immer noch kamen Versprengte an ihnen vorbei, einzelne Bauernhaufen, ohne Waffen und am Ende ihrer Kräfte. Keiner wußte Genaues zu sagen, was weiter geschehen war und ob dieser oder jener hatte entkommen können.

Die Reiter des Bischofs trieben die Frauen auseinander und machten die Marienkapelle dem Erdboden gleich. Einige Wochen bewachten sie noch die Trümmer, damit sich aus ihnen nicht wieder eine neue Kultstätte entwickeln konnte, ein Nährboden für Legenden und Wunderglauben und Aufruhr.

So endete der erste Versuch einer sozialen Revolution, einer Erhebung mit unklaren Zielen und unzulänglichen Mitteln, rauschhaft und von Anfang an zum Scheitern verurteilt. Hans Böheims schwärmerischer Glaube an die Berufung durch die Heilige Jungfrau war kein Ersatz für ein klares Konzept, für eine straffe Organisation, für ein politisches Bewußtsein.

Aber die Schwelle war überschritten. Die einfachen Menschen hatten begonnen zu sehen, zu denken, zu handeln. Das Pfeiferhänslein, aus dem der Prophet von Niklashausen geworden war, der »heilige Jüngling«, wurzelte noch ganz im Mittelalter, aber er wies schon in eine neue Zeit. Hans Böheim war der Mann auf der Schwelle.

Joß Fritz
und der Bundschuh

Im Sommer 1476, als der Prophet von Niklashausen zu Staub verbrannt wurde, erschien in Deutschland eine gedruckte revolutionäre Schrift unter dem Titel »Reformation des Kaisers Sigismund«. Mit diesem Namen berief sie sich auf den Mann, der das Reich von 1411 bis 1437 regiert hatte. Sigismund, Sohn und Erbe Kaiser Karls IV., war der letzte Luxemburger auf dem deutschen Kaiserthron, zugleich König von Ungarn und Böhmen und Europäer durch und durch. Er sprach sechs Sprachen fließend und war sein Leben lang von der Überzeugung erfüllt, er müsse dem Reich eine moderne Verfassung geben, die Kirche reformieren und in Europa einen dauerhaften Frieden stiften.

Sigismund reiste nach England und Frankreich, um die hundertjährigen blutigen Auseinandersetzungen zwischen den beiden Ländern – bei denen die Jungfrau von Orleans ihre legendäre Rolle spielte – endlich zu beenden. Er betrieb die Einberufung des Konzils von Konstanz, an dem die Gesandten dreier Päpste und Gegenpäpste und aller europäischen Könige teilnahmen, einschließlich derer von Rußland und Griechenland, die Kurfürsten und Fürsten des Reiches, 33 Kardinäle, 47 Erzbischöfe, 145 Bischöfe, 18 000 Priester, 700 Huren, 337 Gaukler, Feuerschlucker und Possenreißer, ungezählte Köche, Lakaien und Pferdeknechte. Das Konzil zog sich über drei Jahre hin, und zugleich mit ihm fanden zwei Reichstage statt, aber von den großen reformatorischen Plänen wurde nicht ein einziger verwirklicht, weder im religiösen, noch im politischen Bereich. Höhepunkt der Veranstaltung war die Verbrennung des tschechischen Reformators Johannes Hus am 6. Juli 1415 vor den Toren von Konstanz, die gleichermaßen dem Selbstwertgefühl der Kirche wie der Unterhaltung der zahlreichen Konzilteilnehmer diente.

Bei keinem der großen Projekte, die Kaiser Sigismund anfaßte, erreichte er, was er sich vorgenommen hatte. Er war ein Mann von hoher Intelligenz und großem Charme, ständig verschuldet, ständig umgeben von geistvollen Männern und dekorativen Frauen, ständig erfüllt von brillanten Ideen und durchweg außerstande, sie zu verwirklichen.

Der anonyme Verfasser der »Reformation des Kaisers Sigismund«, der sich 39 Jahre nach dessen Tod kritisch mit den Verhältnissen im

Jahre 1476 auseinandersetzte, nahm sich die reformatorischen Ideale des Kaisers zum Vorbild, zog aber aus dem Scheitern aller Erneuerungspläne seine eigenen Schlüsse. Er analysierte den Verfall von Recht und Ordnung, die Auflösung der kaiserlichen Autorität, den wild wuchernden Machtzuwachs der Reichsfürsten und die schamlose Demütigung und Ausbeutung zinspflichtiger Bauern und Kleinbürger, vor allem aber der Leibeigenen.

Er wetterte: »Es ist ungeheuer, daß ein Christenmensch zum anderen sagen darf: ›Du bist mein Eigentum!‹«

Er sah die Wurzel allen Übels in der Verquickung von geistlicher Macht und weltlicher Gewalt und forderte, daß der Priester nur noch Seelsorger sein und keinerlei herrschaftliche Rechte mehr über die Menschen ausüben dürfe.

Er geißelte, daß die überwiegende Mehrheit der Kleriker im Genuß fetter Pfründen ein üppiges Leben führte, während ihre Gemeindekinder für sie hart arbeiten mußten und oftmals Hunger litten.

Schließlich machte er aus seiner Überzeugung keinen Hehl, daß so tiefgreifende Mißstände nicht mehr durch milde Reformen von oben abzustellen seien, sondern nur durch einen gewaltsamen Umsturz: »Die Kleinen sollen erhöht werden und die Gewaltigen erniedrigt! Schlagt fröhlich drein und sehet: es wird gut ausgehen!«

Das war der offene Aufruf zur Revolte. Der Mann, der so etwas schrieb, konnte seinen Namen gar nicht nennen, er mußte anonym bleiben. Alles deutet darauf hin, daß er Geistlicher war. Dafür spricht allein schon, daß er sich eine Revolution nicht ohne bestimmte Gebete vorstellen konnte, deren Text und Ablauf er in seiner Streitschrift genau vorschrieb. Möglicherweise war er ein älterer Mann, auf dessen geistige Entwicklung einst in seiner Jugend Kaiser Sigismunds Reformpläne entscheidenden Einfluß gehabt hatten.

Sicher war er kein geistlicher Höfling aus dem Gefolge eines Fürstbischofs und auch kein klösterlicher Esoteriker, sondern vermutlich einer, der mitten unter den Menschen sein Seelsorger-Amt versah und genau wußte, was sie zu leiden hatten. Aber er war auch gut informiert über größere Zusammenhänge. Jedenfalls war er ein Mann, dem es ernst war mit der Sorge um Kaiser, Reich und Christenheit, einer, der die Menschen lehren wollte, ihre Lage zu erkennen, damit sie eines Tages ihr Schicksal selber in die Hand nehmen konnten.

In seinen Richtlinien für die Revolution ging er so weit, daß er sogar Farbe, Form und Symbolfiguren der Fahne bestimmte, die ihr voranwehen sollte. Und tatsächlich wurden Jahre später nach seinen Anweisungen Fahnentücher genäht und bemalt.

Die »Reformation des Kaisers Sigismund« wurde bald im ganzen

Inneres einer Buchdruckerei Anfang des 16. Jahrhunderts (anonymer Holzschnitt)

Reich gelesen, und als die erste Auflage vergriffen war, erschien eine
weitere. Im Jahre 1500 war schon die vierte Auflage in Umlauf.
Dieser Erfolg war nur möglich, weil ein Vierteljahrhundert, bevor die
erste politische Streitschrift verfaßt wurde, der Mainzer Bürger Johannes Gensfleisch zu Gutenberg eine Erfindung gemacht hatte, die
das religiöse, politische und kulturelle Leben seiner Zeit von Grund
auf veränderte.
Bücher hatte es schon vorher gegeben, aber sie waren entweder geschrieben und gezeichnet worden, oder im umständlichen und mühseligen Verfahren des Holztafeldrucks vervielfältigt. Dabei mußte spiegelverkehrt der gesamte Text, und zwar jeder Buchstabe einzeln, in
eine hölzerne Platte geschnitten werden, die dann geschwärzt und auf
Papier abgezogen wurde.
Es dauerte lange, bis eine solche Tafel fertig war, und sehr schnell

wurde sie wieder unbrauchbar, weil das Holz der Abnutzung nur bei einer kleinen Auflage von wenig mehr als hundert Blättern standhielt und dann alles erneut geschnitten werden mußte.

Gutenberg, wie er allgemein genannt wurde, hatte den genialen Einfall, metallene Lettern zu gießen, von denen man in je einer Gußform beliebige Mengen herstellen, zu jedem gewünschten Text zusammensetzen, wieder auseinandernehmen und neu verwenden konnte.

Im Jahre 1476, als die »Reformation des Kaisers Sigismund« erstmals erschien, gab es im Deutschen Reich, außer in Mainz, wo Gutenberg sein Werk begonnen hatte, schon Buchdruckereien in Köln, Straßburg und Lübeck, in Augsburg und Nürnberg, in Breslau, Rostock und Trient. Auch die Franzosen schickten Leute nach Mainz, um zu lernen und alle erforderlichen Gerätschaften einzukaufen, damit sie an der Sorbonne eine Druckerei einrichten konnten.

Ein Mittel war geschaffen worden, nicht nur das Wort Gottes unter die Menschen zu bringen, sondern auch juristische, historische, philosophische Arbeiten und die Klassiker des Altertums. Das Volk bekam die Chance, sich zu bilden. Die Verbreitung lyrischer und epischer Werke war nicht mehr die Angelegenheit fahrender Sänger oder das Privileg einer wohlhabenden Elite, die sich Schönschreiber leisten konnte. Dramen und Mysterienspiele brauchten nicht mehr einzeln kopiert, sondern konnten gedruckt und überall im Land aufgeführt werden.

So ging auch die erste politische Streitschrift, die ein unbekannter Priester verfaßt hatte, von Hand zu Hand. Und so wurde sie zum ideologischen Rüstzeug des Mannes, der als Planer und Organisator dreier Bundschuh-Aufstände in die Geschichte einging.

Joß Fritz war kein Anarchist und kein religiöser Schwärmer. Im Gegensatz zum Pfeiferhänslein hatte er ein Konzept für eine politische und soziale Neuordnung im Reich. Er war ein echter Reformer, und er war Pragmatiker. Nur so konnte er jahrelang seinen zähen Kampf unerkannt im Dunkeln führen und aus dem Nichts heraus eine perfekte Untergrundorganisation aufbauen.

Er konnte lesen und schreiben, führen und fechten. Er wußte sich zu kleiden wie ein Edelmann oder ein Mönch, wie ein Bürger oder ein Bauer, je nachdem, was die augenblickliche Lage erforderte. Er verstand auch sonst, sich ständig zu verwandeln und sich jeder Umgebung ohne Mühe anzupassen. Er hatte ein gutes Maß jener komödiantischen Talente, ohne die keiner zum Volksführer werden kann.

Joß Fritz war der geborene Volksführer, ein Mann mit Überzeugungskraft, getragen vom Glauben, er sei dazu berufen, die »Reformation des Kaisers Sigismund« in die Tat umzusetzen.

Als Sohn eines leibeigenen Bauern aus Untergrombach bei Bruchsal am Oberrhein war er von Geburt an selber Leibeigener des Bischofs von Speyer und hatte keine Chance, lesen und schreiben zu lernen. Der Leibeigene war ein billiges Produktionsmittel, und es wäre unökonomisch gewesen, ihn zum selbständigen Denken zu erziehen.

Was Joß Fritz wissen wollte, mußte er sich selber aneignen, und er wollte immer alles wissen, sein Leben lang. Um fremde Länder kennenzulernen, mußte er als Landsknecht hinter der Trommel hermarschieren, die Pike auf der Schulter. Um sich so kleiden zu können, wie es ihm gefiel, mußte er für Geld seinen Kopf riskieren. Um leben zu können, mußte er töten, und zwar Männer, die ihm oft weit näher standen, als die, deren Befehlen er folgte.

So machte er sich nach seinen Erfahrungen ein Bild von der Welt und den Menschen, von Macht und Ohnmacht, von der großen Gerechtigkeit in den Wolken und der maßlosen Ungerechtigkeit auf Erden. Dabei wuchs in ihm die Überzeugung, er sei dazu ausersehen, die Unterdrückten zu befreien, den Rechtlosen politischen Einfluß zu erkämpfen und dem Kaiser dabei zu helfen, das Reich zu reformieren.

Der Kaiser, unter dessen Regierung Joß Fritz im Herbst des Jahres 1501 seine konspirative Tätigkeit begann, war Sigismunds Großneffe Maximilian aus dem Hause Habsburg. Man nannte ihn den letzten Ritter.

Maximilian war ein Kaiser wie aus einer alten Sage: stark und kühn, ein Jäger und Bergsteiger, Dichter und Freund der Musik, ein glänzender Armbrustschütze und Reiter, siegreich auf allen Turnieren und voll von großartigen Plänen: Er wollte dem Reich eine Verfassung geben, ein einheitliches Recht, den ewigen Landfrieden. Aber alle Reformen scheiterten am Widerstand der Fürsten, denen es nur noch um ihren persönlichen Machtgewinn ging. Sie waren die Barriere zwischen dem Kaiser und dem Volk.

Die weltlichen Fürsten waren durchweg Nachkommen einstiger kaiserlicher oder königlicher Beamter, Landgrafen, die in bestimmten Landesteilen die kaiserliche Autorität zu repräsentierten, Markgrafen, die des Reiches Grenzen zu schützen hatten, Burggrafen, die seine festen Schlösser, Pfalzgrafen, die seine über das ganze Reich verstreuten Hofhaltungen verwalten mußten. Im Laufe der Jahrhunderte hatten sie sich immer mehr aus der Abhängigkeit gelöst, hatten immer mehr Macht errungen, waren immer selbständiger geworden, zu immer höheren Rängen aufgestiegen, wie etwa die Burggrafen von Nürnberg, die nun Kurfürsten von Brandenburg oder die Markgrafen von Meißen, die jetzt Kurfürsten von Sachsen waren. Sie konnten also den Kaiser wählen, und wer von ihnen gewählt werden wollte, der mußte ihnen schon entgegenkommen, mit Geld und immer neuen Konzessionen.

Was sich bei den weltlichen Fürsten in vielen Generationen entwickelt hatte, das vollzog sich bei den geistlichen in jeweils einem einzigen Leben. Ihr Machtbereich war nicht zu ererben und nicht zu vererben. Ob sie ihn errangen, war nur Sache ihres taktischen Geschicks, ihres Gespürs für die angemessenen Mittel, ihrer Tatkraft und Rücksichtslosigkeit. Es war schließlich ein Unterschied, ob man sein Leben als Pater in einem Kloster verbrachte, oder Abt, Bischof, Erzbischof, oder gar einer der drei geistlichen Kurfürsten von Mainz, Köln und Trier wurde, einer von jenen mächtigsten deutschen Reichsfürsten, die den Kaiser wählten und dafür ihre harten Bedingungen stellen konnten. Die Männer, die für diese Ämter in Frage kamen, stammten durchweg aus adeligen, oft fürstlichen Familien, oder waren wenigstens die Söhne reicher Patrizier, besaßen also schon wichtige Voraussetzungen für den Umgang mit der Macht. Aber es gab viele Interessenten für die wenigen bevorzugten Ämter im Reich, und man konnte nie genau vorher wissen, wann eines von ihnen frei wurde. Man mußte zäh sein und wachsam und Ellenbogen haben. Oft ging viel Zeit darüber hin, viele wertvolle Jahre. Wenn es dann endlich soweit war, dann mußte man sich beeilen, um auch etwas zu machen aus der Macht, die man nun in Händen hielt, aus den Möglichkeiten des Landes, dessen Herr man auf einmal war; man mußte sich beeilen, um mitzuspielen in der großen Politik oder, wenn man besonders edel war, wenigstens ein schönes Bauwerk für die Nachwelt hinterlassen. Einen Erben konnte ein geistlicher Fürst ja nicht haben, möglicherweise einige Kinder, die aber wurden nicht anerkannt, allenfalls abgefunden und meistens in ein angemessen nobles Kloster gesteckt, wo sie bis an ihr Lebensende wohlversorgt und weitgehend isoliert waren.

Die deutschen Reichsfürsten verfolgten ihre eigenen Interessen, weltliche und geistliche. Sie standen zwischen dem Kaiser und seinem Volk. Aus eigener Kraft konnte er ihre Macht nicht brechen. Dazu brauchte er die Masse des Volkes, aber zunächst einmal den Mann, der die direkte Verbindung zwischen Kaiser und Volk wiederherstellte, eine Verbindung, die in der Tradition des deutschen Königtums immer eng gewesen war.

Joß Fritz glaubte fest daran, daß er dazu berufen sei, dieser Mann zu werden.

Als er im Herbst 1501 seinen Dienst quittierte, fand er seine Heimat in einem traurigen Zustand. Die Pest war durchs Land gezogen, eine große Dürre hatte die Ernte vernichtet. Die Bauern konnten ihre Ab-

gaben nicht bezahlen, und der Bischof von Speyer ließ seine Steuer-
eintreiber ausschwärmen, daß sie den Leuten auch das Letzte heraus-
preßten.

In diesem Herbst machte Joß Fritz sich auf in die Dörfer, die Weiler,
die kleinen Städte. Er sprach mit den Leuten, hörte sich ihre Sorgen an
und sagte, wie er die Dinge sah. Er hatte ein Programm: Sie sollten
sich zusammenschließen und kämpfen für die Befreiung des Menschen aus Leibeigenschaft und Zinsabhängigkeit, für die Enteignung
allen Besitzes der Geistlichkeit zugunsten des Volkes. Für eine konsti-
tutionelle Monarchie mit einem Kaiser an der Spitze und einer gesetz-
gebenden Volksversammlung an seiner Seite, die alle Klassen aus allen
Gauen repräsentierte. Jeder sollte frei über seinen Körper, seine Arbeitskraft und den Boden verfügen, den er beackerte, über die Werkstatt, in der er arbeitete, und die Geräte, mit denen er schaffte. Die
geistlichen Herren aber sollten sich wieder auf das konzentrieren, wofür sie da waren und von der Allgemeinheit ernährt wurden: auf den
Gottesdienst. Die Söldnerheere der Bischöfe und Äbte sollten ebenso
aufgelöst werden wie ihre verschwenderischen Hofhaltungen.

Joß Fritz war um diese Zeit ein Mann von etwa dreißig mit reichen
Erfahrungen und einem gesunden Spürsinn. Er wußte, daß eine gefährliche Schwäche des Menschen seine Geschwätzigkeit ist. Und als
er nun in aller Behutsamkeit anfing, die ersten Gruppen seines Geheimbundes aufzustellen, erhob er die absolute Verschwiegenheit
zum obersten Grundsatz. Keiner durfte mehr erfahren, als er unbedingt wissen mußte, damit er im schlimmsten Falle auf der Folter auch
nicht mehr aussagen konnte. Alle Mitverschworenen wurden mit einem heiligen Eid und gemeinsamem Gebet zur Verschwiegenheit verpflichtet, und das wog schwer, denn die Aufständischen waren, wie
alle einfachen Menschen jener Zeit, von tiefer Gläubigkeit erfüllt.

Beim Aufbau seiner Organisation konnte Joß Fritz sich auf die Überbleibsel eines Geheimbundes stützen, der sich aus dem letzten Jahr-
zehnt des 15. Jahrhunderts erhalten hatte. Er hieß »Der Bundschuh«.
Der Name bezeichnete die traditionelle Fußbekleidung des kleinen
Mannes im Gegensatz zu den hohen Reitstiefeln der Ritter. Sie bestand aus einer derben Ledersohle und einem weichen, halbhohen
Schaft, der mit Lederriemen um Fuß und Wade festgebunden
wurde.

Der Bundschuh hatte eine für unser heutiges Empfinden schwer be-
greifliche symbolische Bedeutung. Er verkörperte Kraft und Redlich-
keit, aber auch den Mut, für Recht und Freiheit zu kämpfen. Immer
wenn eine Gruppe von Menschen sich durch die Machthaber ungerecht behandelt fühlte, war es Brauch, einen Bundschuh auf eine Stan-

ge zu stecken, um ihren Groll zu demonstrieren. Das Wort »Den Bundschuh aufwerfen« wurde zum Synonym für »Sich mit Waffen sein Recht verschaffen« – »Einen Aufstand machen«. Es wurde gefährlich, das Wort überhaupt in den Mund zu nehmen. Wer es tat, mußte damit rechnen, eingekerkert zu werden.

Als Joß Fritz durch die Lande zog und in aller Heimlichkeit anfing, Anhänger für seine Idee zu werben, wandte er sich zunächst an die Veteranen des Schlettstädter Bundschuhs von 1493; sie trafen sich immer noch nachts auf abgelegenen Waldlichtungen, pflegten den Zusammenhalt und warteten auf den Tag, an dem ein neuer Anführer unter sie trat, die alten waren samt und sonders geköpft worden.

Damals hatten in der Freien Reichsstadt Schlettstadt im Elsaß und in einigen benachbarten Dörfern Bauern und Bürger sich dagegen aufgelehnt, daß ihre Rechtssachen vom geistlichen Gericht des Bischofs von Straßburg verhandelt wurden, das heißt, von Theologen, die keinerlei Verständnis für Wesensart und Anliegen eines arbeitenden Menschen hatten und nach rein theologischen Gesichtspunkten Urteile fällten, die weltfremd und abwegig waren.

Der Aufruhr war im Keim erstickt worden. Der Bischof hatte sich großmütig gezeigt und nur die drei Anführer köpfen lassen, darunter den Schlettstädter Bürgermeister Ulmann. Bei allen anderen hatte er sich darauf beschränkt, ihnen die beiden Finger der rechten Hand abhacken zu lassen, mit denen sie dem Bundschuh die Treue geschworen hatten.

Joß Fritz brauchte also nur auf Männer zu achten, denen Zeige- und Mittelfinger der rechten Hand fehlten, und schon hatte er Freunde gewonnen, auf die er sich unbedingt verlassen konnte.

Außer Zuverlässigkeit und Verschwiegenheit erschien ihm bei der Aufstellung seiner Untergrundorganisation eine gut funktionierende Nachrichtenübermittlung besonders wichtig. Er kannte den Krieg und wußte, wie schwer es oft war, in kritischen Lagen die Verbindung zwischen getrennt operierenden Einheiten herzustellen. Das galt ganz besonders für seinen neuen Bundschuh, der vorwiegend aus Bauern und Kleinbürgern bestand, die nicht zusammen in Lagern biwakierten, sondern daheim in ihren Hütten hausten, aus denen sie im Bedarfsfall sehr rasch zum Einsatz geholt werden mußten.

Die Bundschuhleute selber waren in konspirativen Aktionen ungeübt und viel zu arglos. Die wenigen Geistlichen, Studenten und abgemusterten Landsknechte, die sich ihnen zugesellten, wurden für wichtigere Aufgaben gebraucht, etwa als Unterhändler oder Unterführer. So griff Joß Fritz auf Menschen zurück, die traditionsgemäß außerhalb der Gesellschaftsordnung standen, die als »unehrlich« galten, das

Ausgeschlossen aus der Gesellschaft waren nicht nur Bettler (links: eine Aufklärungsschrift »Liber vagatorum«, in der der Bürger vor dem Krieg der organisierten Bettler gewarnt wird), sondern auch die Fahrenden (rechts: ein fahrender Zahnbrecher behandelt einen Bauern, anonymer Kupferstich aus dem Jahre 1523).

heißt, als ehrlos: Gaukler und Bettler, Affenführer und Zahnbrecher, Entwurzelte, die irgendwann einmal, oft vor Generationen, in die unterste Kaste abgerutscht waren, aus der es selten ein Zurück gab.

Auch das Heilige Römische Reich, dessen ethische Grundhaltung vom Christentum bestimmt wurde, dieser Religion der Nächstenliebe und Brüderlichkeit, hatte seine Parias. Wer keinen festen Wohnsitz hatte, keiner Zunft angehörte und keinen jener Berufe ausübte, die als ehrbar anerkannt waren, galt eben als unehrlich. Der Abdecker etwa, weil er sich mit Aas befaßte, oder der Schäfer, der es notgedrungen auch tat, wenn eines seiner Tiere auf dem Felde verendete, und er den Kadaver beseitigen mußte. »Schäfer und Schinder sind Geschwisterkinder«, sagte ein altes Sprichwort. Erst eine Reichspolizeiverordnung von 1548 sprach Hirten und Schäfer ausdrücklich von jedem Makel frei, in der Erkenntnis, daß der Herr Jesus Christus sich selber als guten Hirten bezeichnet hatte. Da geistliche Fürsten sich Oberhirten nannten, ließ sich diese Diskriminierung nicht aufrechterhalten.

Auch Müller und Leineweber (»... Der Leineweber schlachtet alle Jahre zwei Schwein, das eine ist gestohlen, das and're nicht sein.«) galten lange Zeit als unehrlich, sowie Gerber, die sich mit der Verarbeitung von Tierfellen befaßten. Wenn der Galgen einer Ortschaft morsch geworden war und bei der Hinrichtung eines armen Sünders zusammenbrach, dann waren die Leineweber verpflichtet, einen neuen zu errichten und die Müller, die Leitern dafür zu liefern, obwohl beide mit Holzarbeiten nichts zu tun hatten.

Die weitaus größte Gruppe unter den »Unehrlichen« waren die Fahrenden: Quacksalber und Taschenspieler, Possenreißer und Seiltänzer, Wurmdoktoren, Bärenführer und Schauspieler. Jene Leute, die von Ort zu Ort zogen und all das sammelten, verbreiteten und verwahrten, was wir heute unseren Schatz an Volksliedern nennen, die Spielleute und Bänkelsänger, die alles besangen, was das Leben zu bieten hatte – Liebeslust und Liebesleid, Heldensagen und Schauermärchen –, waren und blieben bis an ihr Lebensende mit dem Makel behaftet, keine Ehre zu haben, auch nach dem Tode nicht: Wo sie umfielen, wurden ihre Kadaver beseitigt. Das war nicht Sache des Totengräbers, und kein Priester begleitete sie. Der Abdecker schleifte sie an den nächsten Kreuzweg und verscharrte sie dort.

Dieser Vorgang wurde »Eselsbegräbnis« genannt. Hatte sich der Tote, weil er am Ende seiner Kräfte und nicht mehr fähig gewesen war, mit den anderen weiterzuziehen, an irgendeinem Ast aufgehängt, um das klägliche Verenden etwas abzukürzen, dann mußte der Strick um seinen Hals geschlungen bleiben, und das Ende noch ein Stück aus der Erde heraussehen, damit jeder wußte, was das für ein Mensch gewesen war, der da unten lag. So verlangten es die guten Sitten.

In ihrer Außenseiterposition wurden diese Menschen durch ein starkes Zusammengehörigkeitsgefühl eng aneinander gebunden. Sie bildeten eine eigene Gesellschaft mit strengen Moralbegriffen, in die sie keinem Fremden Einblick gewährten, mit einer gewissen Rangordnung – es gab Bettlerkönige und Pfeiferkönige –, einer eigenen Geheimsprache, dem Rotwelsch, und eigenen Geheimzeichen, die sie niemandem verrieten. Verrat war überhaupt das Schlimmste und gegenseitige Hilfe eine Selbstverständlichkeit.

Joß Fritz, der Weitgereiste, hatte viele Freunde unter ihnen. Er kannte ihre Rangordnung und achtete sie. Als er seine konspirativen Wanderungen begann, machte er zunächst sieben Bettlerkönigen seine Aufwartung und weihte sie in seine Pläne ein. Damit gewann er ihr Vertrauen. Er wußte, daß sie die letzten waren, die ihn verraten würden.

Diese Leute, die auf den Landstraßen und in den ärmlichsten Herbergen zu Hause waren, konnten keine liebevollen Empfindungen für eine Gesellschaft hegen, die sie ständig demütigte. Sie waren die idealen Meldegänger für einen Mann, der den Umsturz dieser Gesellschaft plante.

Noch eine Gruppe, die bisher ein Schattendasein geführt hatte, gewann er für seine Pläne. Frauen galten bis dahin außerhalb des Hauses allenfalls noch auf dem Acker und im Stall als brauchbar. Auf den Gedanken, mit ihnen politische Fragen zu diskutieren, die damals immer in einem gewissen Umfang auch religiöse Fragen waren, kam kein Mensch mehr seit dem klassischen Altertum, wo es in den griechischen Stadtstaaten eine Selbstverständlichkeit gewesen war, in allen wichtigen Belangen Frauen um Rat zu fragen. Das war ja auch bei den Germanen durchaus üblich gewesen. Das Christentum hatte in der Beurteilung der Frau orientalische Maßstäbe in den europäischen Raum eingeführt.

Joß Fritz hatte auf seinen Feldzügen alle möglichen Arten von Frauen kennengelernt, in Klöstern und Bürgerhäusern, in Schenken und Marketenderzelten, auf Märkten und in Badestuben. Jetzt entdeckte er die Frau als Revolutionärin. Als er von Ort zu Ort zog und jeden Abend in einem anderen Haus sein Quartier fand, manchmal auch länger blieb und in den Familien lebte, als einer, der dazugehörte, fand er bald heraus, daß niemand unter den bedrückenden Verhältnissen mehr litt, als gerade die Frauen. Das sagte er ihnen, er nannte ihnen die Ursachen, und beschwor sie, ihre Chance zu erkennen, aus eigener Kraft an den Zuständen etwas zu ändern. So hatte noch nie ein Mann zu ihnen gesprochen, und niemand hörte Joß Fritz abends in den Dorfschenken aufmerksamer zu als die Frauen, und sie verstanden, wenn er sagte, es gäbe in seiner Geheimorganisation genügend Aufgaben, die eine Frau mindestens ebensogut durchführen könne wie ein Mann.

Als im Frühjahr 1502 das Eis auf dem Rhein geschmolzen war, gehörten 7000 Männer zum Bundschuh und 400 Frauen. Es waren auch etliche Bürger dabei, besonders aus Bruchsal, der Stadt, die der Bischof von Speyer in Unfreiheit hielt, ferner an die 500 entlassene Landsknechte. Einst waren sie vom väterlichen Bauernhof fortgegangen und hatten Kriegsdienste genommen, weil das kleine Stück Land daheim nicht alle Kinder ernähren konnte. Nun waren sie aus irgendeinem Grund nicht mehr zu gebrauchen, sei es, daß sie verwundet waren, sei es, daß der Fürst, der sie hatte anwerben lassen, zur Zeit keine kriegerischen Ziele verfolgte. Nun sollten sie sehen, wie sie allein zurechtkamen, und das war schwer, wenn nicht irgendwo in Europa ein anderer Fürst eine Armee zusammentrommelte.

Unter den Rittern, die sich dem Bundschuh zugesellten, war auch einer, der sich ganz besondere Verdienste erwarb. Er besaß eine kostbare Reliquie. Die hielt er unter dem Mantel verborgen, und wenn er in ein Dorf kam, holte er sie hervor und beschwor im Namen seines Heiligen die Leute, sie sollten sich dem Bundschuh anschließen.

Die Ritter, die sich um Aufnahme in den Bundschuh bewarben, waren ebenso wie die Bauern in drückende Abhängigkeit von ihren Landesherren geraten und sahen keinen anderen Ausweg mehr als den bewaffneten Aufstand. Aber Joß Fritz ließ zunächst einmal durch seine Freunde die häuslichen Verhältnisse dieser Männer überprüfen. Dabei fand er heraus, daß viele von ihnen auf ihren verschuldeten Gütern noch selber Leibeigene hielten, die sie aus eigenem Antrieb nicht hatten freilassen wollen. So ließ er ihnen sagen, sie gehörten nicht in den Bundschuh und wies sie ab. Dann waren da noch einige tausend Menschen, die im stillen zu jeder Hilfeleistung bereit waren, die es aber nicht wagten, sich offen zum Bundschuh zu bekennen. Ihre Zahl ist nur zu schätzen.

Am Sonntag Quasimodogeniti, dem 3. April 1502, gab Joß Fritz das Zeichen zum großen Schlag. Die Gaukler brachen ihre Zelte ab, die Quacksalber sattelten ihre Maultiere, die fahrenden Musikanten steckten ihre Fiedeln in den Beutel, die Zahnbrecher ihre Kneipzangen, und auf den Landstraßen ging ein großes Treiben los. Jeder eilte an den Ort, wo er seine Leute zu benachrichtigen hatte.

Der Plan, nach dem alles ablief, war einfach und überzeugend. Jeder wußte genau, was er zu tun hatte. Joß Fritz hatte als Landsknecht gelernt, wie ein kluger Feldherr vorgeht. Zuerst wollte er die Burg Obergrombach besetzen, die sich zweitausend Schritt ostwärts seines Heimatdorfes Untergrombach erhebt. Sie gehörte zu den Zwingburgen, mit deren Hilfe der Bischof von Speyer sein Land beherrschte.

Joß Fritz kannte da seit seiner Kindheit jeden Stein, und er kannte auch viele Kriegsknechte von der Besatzung. Wenn es ihm gelang, durch das offene Tor einzudringen, ohne die Festung erst belagern zu müssen, dann war sie rasch und ohne großes Blutvergießen einzunehmen, und damit hätte der Bundschuh dann eine wichtige Ausgangsstellung gewonnen, einen festen Rückhalt für alle folgenden Operationen. Obergrombach ließ sich leicht mit einem kleinen Teil der Streitmacht halten, das Gros konnte dann nach Bruchsal vorrücken, wo mehr als die Hälfte der Einwohner dem Bundschuh angehörten. Sie standen bereit, alle Tore zu öffnen, sobald sich das Heer der Stadt näherte.

In Bruchsal wollte Joß Fritz die Ausrüstung seiner Truppe mit den Waffen der Stadtsoldaten ergänzen, mit Troßfahrzeugen und vor allem Kanonen, denn das Bundschuh-Heer hatte noch keine Artillerie, und von Obergrombach durfte er keine Geschütze abziehen, um die Verteidigungskraft der Burg nicht zu schwächen.

Dann wollte er, verstärkt durch die Bruchsaler Bundschuher, Speyer besetzen und von da aus das ganze Bistum in seine Gewalt bringen, die Markgrafschaft Baden und das benachbarte Bistum Straßburg, worauf besonders die Veteranen des alten Schlettstädter Bundschuhs, die seinen Scharen moralischen Rückhalt gaben, schon lange warteten.

Den Überfall auf Obergrombach, der diese weitausgreifende Bewegung auslösen sollte, setzte Joß Fritz auf die Nacht zum Freitag, dem 22. April 1502, an. Dort wollten zwei Kriegsknechte von der Besatzung, die mit ihm befreundet waren und heimlich zum Bundschuh gehörten, in aller Stille das Schloßtor öffnen und den Vortrupp einlassen.

Ein großes Vorhaben, klug geplant und sorgsam bis in alle Einzelheiten vorbereitet, ohne Hast, zu guter Zeit.

Ein kompliziertes Räderwerk lief an. Viele tausend Menschen waren in den Bundschuh aufgenommen worden und hatten ihm unbedingte Treue und Verschwiegenheit geschworen. Alle hielten ihr Gelübde, bis auf einen. Er brach sein Schweigen und verriet alle.

Der Sekretär des Bischofs von Speyer, Georg Brenz, berichtet darüber in seinem Protokoll: »Im Jahre 1502 nach der Geburt Christi, unseres lieben Herrn, kam in der Woche nach dem Sonntag Quasimodogeniti zu dem Hochwürdigen, In Gott Fürsten und Herrn Ludwig Bischof zu Speyer allhier ein Fußknecht namens Lukas Rapp, gebürtig aus der Markgrafschaft Baden. Der sagte Seiner Gnaden im Beisein des Hofmeisters Hartmann Fuchs von Dornheim im Geheimen, daß sich eine Gesellschaft verschworen habe, genannt die Bundschuher. Dazu gehörten viele von Bruchsal, von Unter- und Obergrombach, von Weingarten und Pforzheim und vielen Orten ringsum. Die hätten vor, Bruchsal und etliche andere Städte einzunehmen. Wenn das geschehen sei, so hofften sie, würden sich alle Bauern und Bürger zu ihnen schlagen. Dann wollten sie den Pfaffen und Edelleuten Gesetze geben, sich selber befreien, und alle, die ihnen widerwärtig seien, totschlagen. Zuerst hielt man das für ein Geschwätz, aber nach wenigen Tagen kam Lukas wieder und zeigte einen jungen Bauern aus Untergrombach an, Fritz geheißen. Der wisse von dem allen.«

Jetzt also wurde dem Bischof und seinen Verwaltungsbeamten erstmals der Name des Mannes bekannt, der in einem Winter eine Untergrundarmee von etlichen tausend Menschen auf die Beine gebracht hatte. Nur der Familienname und ein paar ungenaue Personalien.

Bischof Ludwig von Helmstadt war ein alter Mann. Er regierte sein Bistum Speyer nun schon 24 Jahre und hatte vorwiegend gegen seine unerbittlich weitwuchernde Verschuldung anzukämpfen gehabt, die er teils von seinen Vorgängern übernommen hatte, teils seiner aufwendigen Hofhaltung verdankte. Jahr für Jahr hatte er sich voll darauf konzentrieren müssen, mit allen erdenklichen Tricks allein die 10 000 Gulden aus seinem Land herauszupressen, die er als Zinsen an seine Gläubiger zu zahlen hatte. Nun mußte er auch noch einen Aufstand niederschlagen, und nichts lag ihm so fern wie die Erkenntnis, daß möglicherweise das eine die Ursache des anderen war. Er schickte eine Reiterschar nach Obergrombach, die sollte, bevor sich die Bundschuher gesammelt hatten, das Schloß besetzen, die beiden Kriegsknechte festnehmen und alle, die vielleicht sonst noch mit den Aufrührern im Bunde waren. Dann sollten sie aus den Leuten auf der Folter heraushorchen, wer alles noch dazugehörte und so allmählich die ganze Bewegung aufrollen. Vor allem aber sollten sie diesen Fritz fangen und nach Speyer bringen.

Die Reisigen brachten die Burg ohne Schwierigkeiten in ihre Gewalt und machten sich daran, die Besatzung zu vernehmen. Bevor er an die Reihe kam, gelang es einem der beiden Verschworenen, aus dem Schloß zu entkommen und im unübersichtlichen Gestrüpp zu verschwinden. Er lief auf Schleichwegen zu Joß Fritz. Die beiden warnten noch so viele Bundschuher, wie sie erreichen konnten und tauchten dann im dichten Buschgelände des Rheintals unter.

Der andere Kriegsknecht sagte nichts, aber der Schloßbäcker war der harten Vernehmung nicht lange gewachsen. Er gab zu, von dem ganzen Aufstand gewußt zu haben und verriet auf der Folter seine Genossen einen nach dem anderen, auch solche aus Untergrombach, Bruchsal und Neuendorf, und die verrieten dann wieder welche aus Jöglingen und Udenheim, und nach und nach zerriß das ganze so fest gesponnene Netz.

In der Sorge, sein Amtsbruder in Speyer werde nicht hart genug mit den Aufrührern verfahren, eilte der Bischof von Straßburg ihm mit seinen Reisigen zu Hilfe und sorgte für ein entsprechend strenges Gericht. Auch der Markgraf von Baden, über dessen Grenzen flüchtende Bundschuher zu entkommen versuchten, schickte Truppen aus. Die ritten von Dorf zu Dorf und trieben die Verschwörer zusammen.

Zuerst wollte keiner etwas sagen, und manche hielten ihr Schweigen auch auf der Folter durch, aber doch wurde immer wieder hier und da ein neuer Name genannt. Die ganz jungen und die, die gar keinen Besitz hatten, an dem man sich schadlos halten konnte, ließ man bald wieder laufen, aber am Ende lagen an die hundert Männer in Bischof

Gefangene werden vernommen, eingespannt in den Stock (anonymer Holzschnitt, 1512).

Ludwigs Kerkern, und etliche, deren Zahl man nicht kennt, in den Verliesen der benachbarten Herrschaften und Fürstentümer.

Nachdem sie mehrfach von den Scharfrichtern auf der Folter peinlich vernommen worden waren, wurden wenigstens zehn geköpft, einige gevierteilt und ihre Reste an den Bäumen der Landstraßen aufgehängt, allen, die da vorbeikamen, zur Warnung. Eine große Zahl wurde des Landes verwiesen. Alle aber, deren man habhaft geworden war, verloren ihren gesamten Besitz an den Bischof. Doch half ihm das auch nur kurze Zeit. Die Hofhaltung verschlang einfach zuviel, und die finanziellen Sorgen blieben erdrückend.

Den Gefangenen ließ Bischof Ludwig von Helmstadt vor ihrer Entlassung durch den Scharfrichter Zeigefinger und Mittelfinger der rechten Hand abhacken, mit denen sie dem Bundschuh die Treue geschworen hatten, sofern das nicht schon neun Jahre vorher bei Schlettstadt geschehen war. Das Verfahren hatte sich bewährt: Die Verschworenen ließen sich so jederzeit leicht wiedererkennen.

Der bischöfliche Sekretär Georg Brenz schildert alle Strafen mit großer Sorgfalt und gibt seiner Hoffnung Ausdruck, daß, zumal in den Nachbarlanden, noch viele Bundschuher heimlich totgeschlagen worden sein mögen »... den anderen zur Vermahnung, dergleichen conspiracion so bald nicht wieder vorzunehmen ...«

In dem zusammenfassenden Abschlußbericht, den der Historiker J. Trithemius in seinen »Annales Hirsaugenses« in lateinischer Sprache abgefaßt hat, wird zum ersten Mal die ganze Reichweite der Verschwörung beleuchtet, ihr Umfang und alle Interna ihrer Organisation.

»... Artikel eins ihres Bekenntnisses: Sie erklären, den Bundschuh begonnen zu haben, um mit Gewalt das Joch der Dienstbarkeit abzuwerfen und sich nach Art der Schweizer ihre Freiheit mit den Waffen zu erstreiten.

Zweitens gestanden sie, daß jeder, der sich zu ihrem kecken Vorhaben bekannte, erst fünf Vaterunser zum Gedächtnis der fünf vornehmsten Wunden Christi kniend habe beten müssen, damit Gott ihrem Beginnen Erfolg beschiede.

Drittens wählten sie zu ihren Schutzheiligen unsere Mutter, die Heilige Maria, und den Heiligen Johannes, und ihre Losung lautete so: Fragt ein Verschwörer den anderen: ›Was ist euer Wesen?‹, so antwortet dieser: ›Wir können vor lauter Pfaffen nicht genesen!‹ ...«

An dieser Stelle konnte sich der Chronist nicht versagen, einen persönlichen Kommentar anzubringen. Er notierte: »O iniquita rusticana semper clero molesta! – O bäurische Widerborstigkeit! Daß du immer dem Klerus Kummer machen mußt!«

Zusammengefaßt heißt es in den zehn folgenden Kapiteln des Protokolls: Unter der Folter, aber auch ohne sie, gaben die Gefangenen zu, daß sie beschlossen hatten, alle Herrschaft und Obrigkeit abzuschaffen. Sie glaubten fest, daß keiner der geknechteten Untertanen sich dieser Bewegung entziehen könne, daß alle Bauern und Bürger sich ihr aus Liebe zur Freiheit ohne jeden Zwang anschließen würden. Sie gestanden, daß sie vor allem gegen Domkirchen, Stiftskirchen und Klöster vorgehen wollten, gegen den ganzen Klerus, um dessen Schätze unter das Volk zu verteilen. Sie hatten gelobt, in keinem Ort nach einem Sieg länger als 24 Stunden zu bleiben, sondern immer gleich weiterzuziehen und nicht zu rasten, bis alles unterworfen sei. Endlich wollten sie erzwingen, daß Jagd und Fischwaid, Feld, Wald und alles sonst, was gemeinhin dem Fürsten persönlich zukommt, wieder in den Gemeinbesitz übergehen sollte.

Sie erreichten nichts von alledem. Sie hatten verloren. Ihr Bundschuh war zerschlagen, die Hoffnung, der Mut, ihr Besitz, soweit sie je welchen gehabt hatten. Und niemand brauchte sich vor ihrer Rache zu fürchten. Sie hatten aufgehört, eine Gefahr zu sein. Ihre Führer waren hingerichtet worden oder verschollen, und den kläglichen Rest konnte der Bischof mühelos im Zusammenspiel mit den benachbarten Fürsten durch seine Späher überwachen lassen.

Bischof Ludwig von Helmstadt überlebte den blutigen Frühling des Jahres 1502 nicht lange. Gehetzt von seinen Gläubigern, gehaßt von den Menschen, deren Oberhirte er war, dabei stets im Glauben, als besonders milder Herrscher von seinem Volk geliebt zu werden, starb er schon zwei Jahre später. Zuvor hatte er dem Fußknecht Lukas Rapp noch mehrfach die Gnade großzügiger Geschenke erwiesen. Sogar sein Nachfolger Bischof Philipp zeigte sich diesem Manne gegenüber noch erkenntlich. Der Sekretär Georg Brenz, den er von seinem Vorgänger übernommen hatte, schrieb später an den Rand seines Berichtes über Aufdeckung und Niederschlagung der Bundschuh-Verschwörung: »... danach, über etliche Jahre, gedachte mein gnädiger Herr, Bischof Philipp des Knechtes Lukas Wohltat und Warnung und verlieh ihm zu Speyer eine Pfründe als Stuhlbruder (Gerichtsbeisitzer)...«

Noch lange suchten Späher und Spitzel in allen möglichen Verstecken mit allen möglichen Mitteln Joß Fritz, aber sie fanden ihn nicht.

Der Feldhüter von Lehen

Zehn Jahre gingen dahin. Vom Bundschuh sprach im Bistum Speyer niemand mehr gern. Höchstens, wenn mal einer in der Schenke den Weinbecher besonders ungeschickt in seiner dreifingerigen Hand hielt und ein Fremder, der es nicht wissen konnte, dumme Fragen stellte, dann sagte einer, der es wußte: »Das ist noch vom Bundschuh.« Aber sonst schwieg man lieber darüber.

Vier Tagesmärsche südlich von Bruchsal dagegen, im Umkreis der Stadt Freiburg im Breisgau, hörte man jetzt häufiger dieses Wort, das vorher hier weitgehend unbekannt gewesen war. In dem Dorfe Lehen, eine Stunde westlich von Freiburg, lebte seit einiger Zeit ein Feldhüter, der aus der Fremde zugewandert war, ein großer, kräftiger Mann von Ende Dreißig. Er hatte viele Länder gesehen, war weit herumgekommen in der Welt, hatte als Landsknecht reiten, schießen und fechten gelernt, konnte sogar – was außerordentlich selten war – in Büchern lesen und wußte sich auch sonst in vielen Lagen nützlich zu machen. Beim Vogelschießen mit der Armbrust beeindruckte er die Männer, beim Tanz die Frauen, und alle zusammen, wenn er abends in der Schenke die erstaunlichsten Geschichten zu erzählen wußte. Er war ein Mann, der die Menschen für sich einzunehmen verstand, und hatte bald viele Freunde gewonnen. Auch sein Herr, Balthasar von Blumeneck, dessen Ländereien er bewachte, war sehr zufrieden mit ihm: Seit dieser neue Feldhüter in Lehen war, wurde in weitem Umkreis nicht mehr gestohlen und kein Vieh mehr weggetrieben.

Dabei machte all dieses ehrlose Gelichter, diese Quacksalber, Gaukler und Spielleute, die man verachtete und fürchtete und die man doch nicht missen mochte, nicht etwa einen weiten Bogen um den Amtsbereich des neuen Feldhüters. Im Gegenteil, sie gingen zu ihm und fragten höflich an, ob sie hier ihren Karren abstellen, da ihr Zelt aufschlagen, dort auf dem Anger ihre Kunststücke vorführen dürften. Seine Autorität war so groß, daß nichts Unrechtes da geschah, wo er die Verantwortung hatte.

Die Leute im Ort und in der Nachbarschaft mochten ihn, obwohl er ein Fremder war. Eigentlich wußten sie nicht viel mehr von ihm, als daß er Joß Fritz hieß, und wer hatte hier unten in Lehen schon einmal davon reden hören, was sich vor zehn Jahren da oben in Bruchsal ereignet hatte? Dazwischen lag manche Landesgrenze und manch anderes Ereignis.

So fand Joß Fritz im Herbst 1512 im Breisgau eine gute Ausgangsposition für einen neuen Bundschuh. Er hatte Möglichkeiten, mit jedem zu sprechen, mit dem er sprechen wollte, ohne Argwohn zu erregen. Er hatte seine Erfahrungen gemacht bei seinem ersten Versuch. So etwas sollte ihm ein zweites Mal nicht passieren. Er hatte aus den Erfahrungen gelernt.

Hier im Breisgau war alles anders als im Bistum Speyer. Überall im Reich war alles immer anders als nebenan. Das wußte er nun. Zehn Jahre war er über viele Grenzen hinweg durch viele Länder dieses Reichs gewandert, durch Kurfürstentümer und Reichsgrafschaften, durch Freie Städte und Herzogtümer, mit offenen Augen und offenen Ohren. Er wußte mehr als vorher und sah manches anders als früher. Die große Enttäuschung des Jahres 1502 hatte ihre Spuren in ihm hinterlassen, aber sie hatte ihn nicht gebrochen. Sein Ziel war das gleiche geblieben: Er mußte dem Kaiser helfen, das Reich zu reformieren.

Das Reich war so groß. Es vereinigte viele Länder und Landschaften in seinen Grenzen, Städte und Kulturen, Sprachen und Völker. Germanen, Romanen und Slawen wohnten da beieinander und durcheinander, Kelten, Juden und Magyaren, und zwischendurch kreuz und quer nomadisierende Zigeuner. Es hieß das Römische Reich Deutscher Nation, und seine erste Universität war in Prag, der vorwiegend slawischen Hauptstadt Böhmens mit vorwiegend deutschen Professoren gegründet worden, die in lateinischer Sprache lehrten. Wien, Heidelberg und Köln waren die nächsten gewesen, Erfurt und Leipzig, Rostock und Löwen. In diesem Herbst 1512 gab es schon sechzehn Universitäten in Deutschland. Des Reiches Vielgestalt, die Fülle seiner Möglichkeiten, die farbige Universalität, war seine Stärke und seine Schwäche zugleich.

Sieben Kurfürsten wählten den Kaiser, drei geistliche, vier weltliche. Sie hatten nur eines gemeinsam: Jeder dachte zuerst an sich und ließ sich seine Stimme auf die verschiedenste Weise bezahlen. Alles andere war ständigen Schwankungen unterworfen, bedingt durch das politische Alltagsgeschäft. Nach altem Brauch, der noch von den Frankenkaisern stammte, hatte jeder Kurfürst ein Erzamt inne, das ihn eng, geradezu körperlich eng, an den Kaiser band. Der König von Böhmen als Erzschenk mußte dem Kaiser nach der Wahl den Becher reichen, der Kurfürst von der Pfalz als Erztruchseß die Schüssel, der von Sachsen trug ihm als Erzmarschall das Schwert, und der von Brandenburg als Erzkämmerer reichte ihm das Wasser für die Handwaschung. Die drei Erzbischöfe waren Erzkanzler, der von Mainz, der unter allen

Kurfürsten die erste Stimme hatte, für die deutschen Lande, der von Trier für Lothringen und der von Köln für die Lombardei. Diese symbolischen Funktionen hatten eine tiefere Bedeutung: Die vornehmsten Fürsten des Reiches dienten einer Idee, die durch den Kaiser verkörpert wurde.

Aber im Laufe der Jahrhunderte war dieser Sinn verlorengegangen. Die wachsende Macht der Reichsfürsten ließ keine Geste des Dienens mehr zu, wenn sie auch noch so symbolisch war. Die Kurfürsten beauftragten Hofbeamte, sie bei den feierlichen Handreichungen zu vertreten. Sie wollten nicht dienen, sondern herrschen. Folgerichtig verlor die Idee immer mehr an Inhalt.

Mit der Macht der Kurfürsten wuchs auch ihr Ehrgeiz, sie unübersehbar zu demonstrieren, und die anderen Territorialherren mühten sich, es ihnen gleichzutun und einander an Prachtentfaltung zu überbieten: Bischöfe und Äbte, Herzöge, Markgrafen, Landgrafen, Grafen, Reichsfreiherrn. Zumal die Geistlichen hatten es nicht schwer, sich wirkungsvoll darzustellen. Sie waren ohne Ausnahme von jeglicher Steuer befreit.

Und ständig lagen sie alle im Streit miteinander und vor allem mit den wohlhabenden Reichsstädten. Wenn sich einer über den anderen ärgerte, erklärte er ihm die Fehde und ließ durch seine Kriegsknechte dessen Burgen und Schlösser zusammenschießen, stürmen und plündern. Fehde war der anerkannte Begriff für alle internen Kriegszüge. Sie galt nahezu als legitim, zumindest als nicht ehrenrührig. Die weitaus beliebtesten Fehdeobjekte waren die Städte, weil sich in ihnen am meisten Beute machen ließ.

Und jede dieser Fehden ergab eine neue Narbe in der Einheit des Reiches. Unaufhaltsam zerbrach, zerbröckelte und zerfiel es in immer kleinere Partikel. Maximilian, der letzte Ritter, der, wie es schien, einen idealen Repräsentanten dieser Einheit darstellte, war nicht in der Lage, den Auflösungsprozeß aufzuhalten. Bei seinen mittelalterlichen Turnieren stach er alle Gegner ab, auf dem Felde focht er siegreich gegen Türken, Ungarn und Franzosen, durch geschickte Heiratspolitik mehrte er den Reichsbesitz. Seine erste Frau Maria brachte ihm die wertvollen burgundischen Lande, die zweite, Bianca Sforza, eine bedeutende Mitgift in Gold. Darüber hinaus verrieten zahlreiche natürliche Kinder, von denen er vierzehn sogar anerkannte, daß er auch außerhalb seiner dynastischen Pflichten ein engagierter Mann war. Ein Mann, für den Erfolg geboren.

Aber dieser Mann brachte es nicht fertig, in den 26 Jahren seiner Regierung (1493 bis 1519) die barbarische Unsitte der Fehde auszumerzen, die jedem verschuldeten Raufbold die Möglichkeit gab, unter irgendeinem Vorwand ein geordnetes Gemeinwesen zu überfallen und auszuplündern, was dann auch noch als Ehrenhandel galt.

Dieser Kaiser schaffte es auch nicht, von Rechts wegen und in der Praxis die Leibeigenschaft zu beseitigen, die dem christlichen Ethos ebenso widersprach wie jedem menschlichen Empfinden und aller politischen Vernunft. Er riskierte es einfach nicht, die Grund- und Leibherren aller Grade zu verärgern, indem er ihren Produktionsmitteln klarmachte, daß sie Menschen und Staatsbürger seien.

Maximilian war nicht in der Lage, die inneren Reformen durchzusetzen, die er dem Volk versprochen hatte: Die Reichsgewalt zu zentralisieren, Verwaltung und Rechtswesen zu modernisieren, unerträgliche soziale Mißstände abzubauen und das Volk an der Verantwortung zu beteiligen. Er brachte es nicht fertig, die Kräfte zu mobilisieren, die in diesem Volk schlummerten, nicht nur in den wirtschaftlich starken und selbstbewußten Städten, die seit Jahrhunderten verschiedenartige Modelle oligarchischer und demokratischer Formen der Selbstverwaltung entwickelten, sondern ebenso auf den Dörfern unter der traditionsbewußten Landbevölkerung.

Maximilian war außerstande, die Unabhängigkeitsbestrebungen der Schweizer zu verstehen oder gar für das Reich zu nutzen. Die hatten sich ursprünglich gar nicht gegen das Reich und den Kaiser gerichtet, sondern nur gegen den korrupten Funktionärsapparat der österreichischen Verwaltung, die keinerlei Interesse für Mentalität und Rechtsauffassung der Schweizer aufbrachte.

In den Alpentälern hatten sich, ähnlich wie auf den friesischen Inseln und in den norddeutschen Marschlanden, Reste einer alten germanischen Gesellschaftsordnung erhalten, nach der Grundformel: Alle Menschen sind frei, und den, der sie führt, der über sie richtet, der ihnen vorbetet, wählen sie sich selber.

Maximilian war nicht nur deutscher Kaiser. Er war zunächst einmal Habsburger. Seine Familie stammte aus der Schweiz und sah in ihren Schweizer Besitzungen Kernstücke ihrer Hausmacht. Die Habsburger waren Landgrafen von Aargau, Zürichgau und Thurgau, waren Vögte etlicher Klöster und hatten ringsum im ganzen Land reichen Grundbesitz. Unter früheren Kaisern aus unterschiedlichen Häusern hatten Schweizer Städte und Landgemeinden immer wieder ihre Reichsfreiheit bestätigt bekommen. Die Habsburger aber empfanden sich in ihrem Stammland zuallererst als Territorialfürsten, die über die Bevölkerung verfügen konnten, wie ein Gutsherr über Leibeigene und Zinspflichtige.

Gegen diese Einstellung, die ihrem Wesen im Kern zuwider war, wehrten sich die Schweizer. In einem langen und schmerzhaften Trennungsprozeß, der sich über 200 Jahre hinzog, lösten sich die Eidgenossen aus dem Reichsverband. Sie begannen mit so maßvollen Forderungen wie der, daß man ihnen keinen landfremden Richter vorsetzen solle. Als dann in ununterbrochener Folge nur noch Habsburger auf dem Kaiserthron saßen, übertrugen die Schweizer ihren Groll gegen diese Familie auch auf die Institution des Kaisertums und auf das Reich, das nun ausschließlich von Habsburgern repräsentiert wurde.

Es hätte viele Möglichkeiten gegeben, das Verhältnis des Kaiserhauses zu seinen Stammlanden zu verbessern. Maximilian sah nur eine einzige: Er wollte aufsässige Untertanen züchtigen und glaubte, er könne die Schweizer mit Waffengewalt zum Gehorsam zwingen. Sie schlugen sein Heer vernichtend, und neun Wochen vor Beginn des neuen Jahrhunderts, am 22. Oktober 1499, bestätigte der Frieden von Basel den Eidgenossen ihre endgültige Unabhängigkeit.

Das Reich hatte einen seiner tragenden Pfeiler verloren. Es hatte die Zelle abgestoßen, von der zuallererst eine Erneuerung hätte ausgehen können.

Diese Entwicklung beeinflußte das Weltbild des einstigen Landsknechts Joß Fritz erheblich. Er hatte in den neun Jahren, in denen er untertauchen mußte, in verschiedenen Heeren als Söldner Dienst getan. Die Landsknechte waren die bestinformierten Leute ihrer Zeit. Sie kamen herum in der Welt, sahen viel, hörten viel, lernten Menschen aus anderen Ländern kennen und sprachen mit ihnen. In jedem Landsknechtsheer fochten Schweizer, Söhne armer Bergbauern, die auf diese Weise zur Ernährung ihrer Familie beitrugen. Und ausnahmslos waren sie stolz darauf, daß sich schon 1291 die freien Bauern von Uri, Schwyz und Unterwalden zusammengetan hatten, um das Kernstück eines Staates zu schaffen, der jetzt festen Bestand gewonnen hatte.

Für Joß Fritz bedeutete das die wichtige Erkenntnis: Es war also möglich, daß einfache Menschen aus Dörfern, Marktflecken und abgelegenen Gehöften gemeinsam eine stabile Ordnung durchdachten, erkämpften und verwirklichten, wenn jeder sich ein bißchen Stolz und Würde bewahrt hatte, einen Rest überkommenen Rechtsempfindens und ein gutes Maß zäher Entschlossenheit.

Auch der Breisgau gehörte zur Hausmacht der Habsburger. Hier regierte der Erzherzog Maximilian von Österreich, der zugleich deutscher Kaiser war. Wer das Übel mit seinen Wurzeln ausreißen wollte, der mußte für Maximilian gegen Maximilian kämpfen, denn unter den adeligen Gutsbesitzern, die zugleich Grundherren und Gerichtsherren waren, stand Maximilian mit seinen ausgedehnten Ländereien an erster Stelle, so daß er oftmals in Personalunion Kaiser, Landesherr, Gutsherr, Leibherr und Gerichtsherr war. Und es kam gelegentlich vor, daß er in einer seiner vielen Herrschaften unter der Gerichtslinde über seine Untertanen Recht sprach. Der Kaiser, den Joß Fritz als alleinige weltliche Instanz zwischen Gott und den Menschen wollte gelten lassen, war also möglicherweise nicht unbedingt identisch mit jenem Kaiser, der zur Zeit auf dem Thron saß. Er war vielleicht nur eine Kunstfigur, eine theoretische Gestalt, über deren Realisation man sich noch klarzuwerden hatte.

In einer anonymen Schrift, die in den Jahren um 1510 im Süden des Reiches entstand, war bereits offen von einem Wahlkaiser die Rede, einem Mann aus dem Volk, der nicht durch die Familientradition festgelegt und nicht durch reichen Besitz verdorben war, einen Bauern, der als Kaiser ewigen Frieden schaffen und für ein einheitliches Recht sorgen sollte, das jede Unsicherheit und jede Willkür ausschloß.

Von dieser Schrift, die später mit dem Titel »Der Oberrheinische Revolutionär« versehen wurde, sind gedruckte Exemplare nicht bekannt, nur eine Handschrift. Wahrscheinlich wurde sie überhaupt nie gedruckt und allenfalls mit Gänsekiel und Tinte vervielfältigt, aber viel spricht dafür, daß der Verfasser von Ort zu Ort gezogen ist und seine Thesen mündlich verbreitet hat.

Leidenschaftlich wettert er in seiner Schrift gegen die Rechtlosigkeit im Reich, gegen die Zersetzung der kaiserlichen Autorität durch die Landesfürsten, gegen die willkürlich festgesetzten Steuern, Zölle, Abgaben aller Art, gegen den Wucher der Pfandleiher, gegen Standesprivilegien und Standesdünkel »... wir alle sind Brüder von Adam her!« Er baut auf die Kraft des unverdorbenen Bauernstandes und wünscht sich einen Kaiser aus diesem Kräftereservoir, »... einen schlichten frommen Mann ... denn das Volk macht einen Kaiser, und nicht der Kaiser macht das Volk«. Wieweit diese Schrift Joß Fritz beeinflußt hat, ist unbekannt, jedenfalls entstand sie, und ihr Inhalt wurde verbreitet, wenn sie auch nicht die Bedeutung gewann wie zehn Jahre zuvor die »Reformation des Kaisers Sigismund«. Sie war ein Zeugnis der Gedanken und Empfindungen, die in jener Zeit die Menschen bewegten, sie drückte Wünsche aus, Hoffnungen, Erwartungen, aus denen leicht Forderungen werden konnten, wenn der Kaiser sie nicht beizeiten aus freien Stücken erfüllte.

Dem Kaiser in seiner idealen Gestalt mußte daran liegen, den Menschen in seinem Reich ihren Stolz wiederzugeben, ihre Freiheit und Würde, weil er nur so ihr Verantwortungsgefühl dem Staat gegenüber gewinnen konnte. Wer die Einheit von Kaiser, Reich und Volk anstrebte, der mußte entschlossen sein, alle Instanzen auszuschalten, die dieser Einheit im Wege waren, die weltliche Macht geistlicher Fürsten ebenso, wie die Herrschaftsansprüche der Territorialherren aller Größenordnungen.

Was aber, wenn der Kaiser in seinen Stammlanden zugleich auch noch ein Reichsfürst war, der allein an seine Hausmacht dachte, oder ein Grundherr, der seine Bauern in menschenunwürdiger Abhängigkeit hielt, um Profit aus ihnen zu ziehen?

Das Volk mußte ihn in seinen niederen Funktionen in Frage stellen, um ihn in seiner einzig anerkennenswerten Funktion als Kaiser zu stärken. Oder es mußte sich einen anderen wählen, der frei von solchen Abhängigkeiten war, die ihn an eine Familienmachtpolitik, an Standesrücksichten, an ein traditionelles Besitzdenken banden.

Joß Fritz zog seine Schlüsse aus den Erfahrungen, die er 1502 mit seinem Bundschuh im Bistum Speyer gemacht hatte. Er verzichtete darauf, von Anfang an eine weitreichende Organisation zu schaffen. Er stellte nur kleine Stammgruppen auf für eine Armee, deren einzelne Abteilungen von ihren Unterführern bei Bedarf unmittelbar vor dem Einsatz zusammengebracht werden sollten, womit er das Sicherheitsrisiko auf ein Minimum reduzierte.

Kaum mehr als 200 Mann gehörten im Sommer 1513 zu diesem harten Kern, darunter ein paar Landsknechtshauptleute, auch einige Ritter und Schultheißen, in der Masse aber Bauern und Handwerker. Die Verbindung zwischen ihnen hielten wieder Gaukler und Landstreicher aufrecht, die sich nach dem Obergrombacher Debakel als treue Freunde erwiesen und Joß Fritz geholfen hatten, sich zu verbergen.

Dieses Mal sah er als erstes Angriffsziel Freiburg im Breisgau vor. Da hatte er in jeder Handwerkszunft einen zuverlässigen Vertrauten, der seinerseits eine Schar von Männern an der Hand hatte, die bestimmt mitmachen wollten und bereit waren, sich jederzeit auf Abruf dem Bundschuh anzuschließen.

Im Sommer 1513, während er bei dem Gutsherrn Balthasar von Blumeneck als Feldhüter diente, arbeitete Joß Fritz im geheimen seine Pläne aus, organisierte, agitierte, vermied es aber sorgsam, Mitverschworene im größeren Rahmen zusammenzuführen. Noch wußte kaum einer vom anderen. Nur seine engsten Vertrauten wußten von allen. Das waren der Bäckerknecht Hieronymus, der Pater Johannes und Else.

Bevor er seinen Dienst beim Herrn von Blumeneck in Lehen angetreten hatte, war Joß Fritz einige Zeit in Stockach am Bodensee gewesen und hatte dort die Bauerntochter Else Schmid geheiratet. Sie hatte sich inzwischen zur Schlüsselfigur, nicht nur in seinem Privatleben, sondern auch in seiner politischen Existenz entwickelt. Weil außer ihm bisher noch niemand auf den Gedanken gekommen war, die Frau als politisches Geschöpf zu entdecken, konnte sie unbeachtet wirken.

Der Bäckerknecht Hieronymus arbeitete unten in der Lehener Mühle. Er stammte von der Etsch, war weit herumgekommen, wußte sich in einigen Sprachen verständlich zu machen und bewährte sich als rechte Hand, als Koordinator, als Kurier, als ein Mann, der nichts vergaß und schweigen konnte.

Pater Johannes war der Pfarrer von Lehen. Er hatte sehr rasch erkannt, was das für ein Mann war, der da bei den Blumenecks als Feldhüter Dienst tat und wirkte unermüdlich für ihn und seine Ziele, machte in der Kirche in aller Vorsicht seine Gemeinde mit den neuen Ideen vertraut und hatte vermutlich auch an der Aufstellung des politischen Programms seinen Anteil, das dem Aufruhr, der im Herbst losbrechen sollte, als ideologisches Rüstzeug zugrunde lag.

Dieses Programm ging in vielen Punkten über das aus dem Jahre 1502 hinaus. So sah es eine generelle Entschuldung der Zinspflichtigen vor, setzte einen Maximalzins von 5 Prozent fest, forderte eine einheitliche Gesetzgebung für das ganze Reich, erklärte ausnahmslos alle Gewässer und Gehölze für Gemeinbesitz, ebenso wie alle Ländereien des Klerus und seine Schätze an Geld, Gold und Edelsteinen, alles, was nicht dem Gottesdienst, der Armenpflege und dem einfachen Lebensunterhalt diente. Kaiser und Papst wurden ausdrücklich als Institutionen anerkannt, das Gestrüpp von Zwischeninstanzen aber, das die unmittelbare Verbindung von ihnen zum Volk unterbrochen hatte, sollte ausgerottet werden.

Im August, als die Ernte eingebracht war, rief Joß Fritz zum ersten Mal den Stamm seines Lehener Bundschuhs zu einer gemeinsamen Lagebesprechung zusammen. Sie trafen sich auf der Hartmatte, einem abgelegenen Wiesengrund am Wege von Lehen nach Mundenhof, wo niemand sie belauschen konnte. Sie trafen sich bei Nacht.

Joß Fritz trug ihnen sein Programm vor, und sie billigten es. Sie wählten ihn zu ihrem Feldhauptmann und einen aus ihren Reihen, der Jakob Hauser hieß, zum Fähnrich, mehrere andere zu Weibeln (Feldwebel, Unterführer). Endlich beschlossen sie, sich in den nächsten Wochen zu sammeln zum Angriff auf Freiburg, um dann von da aus den Bundschuh weiterzutragen über den Rhein ins Elsaß, hinauf in die Markgrafschaft Baden, nach Schwaben hinüber, dann den Rhein hinab ins Bistum Speyer, Joß Fritzens Heimat, wo er es schon einmal versucht hatte und samt seinen Freunden so kläglich gescheitert war.

Als alle Pläne besprochen waren, fehlte Joß Fritz nur noch ein Symbol, das seine straff organisierte Schar als ordentlich geführte Truppe kenntlich machte: die Fahne.

Er brauchte sie aus zwei Gründen. Einmal hatte er als Landsknecht auf seinen Feldzügen erfahren, wie wichtig eine Fahne als Element der Ordnung ist, als weithin sichtbares Feldzeichen, zu dem alle Versprengten jederzeit zurückfinden konnten. Noch wichtiger aber war die Fahne wegen der mystischen Kraft, die den Gestalten innewohnte, welche auf ihre Seide eingemalt waren. Von ihnen hatte Joß Fritz ganz exakte Vorstellungen. Er hielt sich dabei genau an die Richtlinien, die in der »Reformation des Kaisers Sigismund« aufgezeichnet waren: Auf weißer Seide sollte der Gekreuzigte über einem Bundschuh stehen zwischen der Heiligen Jungfrau Maria und Johannes dem Täufer, davor sollte ein Bauer knien und darüber die Krone des Kaisers und die Tiara des Papstes schweben. Die Rückseite sollte dann nur den Reichsadler auf blauem Grund zeigen.

Der Sinn dieser Symbole war einleuchtend: Der Bundschuh wollte die bestehende Ordnung nicht umstürzen, sondern nur die Schlacken entfernen, die sich in ihrem Gefüge festgesetzt und sie funktionsuntüchtig gemacht hatten. Er bekannte sich zum Christentum und zum Reichsgedanken, zeigte also weder atheistische, noch anarchistische Elemente.

Die Fahne, die über dem ganzen Unternehmen wehte, sollte dessen Anliegen deutlich machen und ihm darüber hinaus die Weihe eines Kreuzzuges geben.

Zuerst ließ Joß Fritz durch Freunde bei dem Freiburger Meister Friedrich anfragen, einem Maler, der im Rufe hoher Kunstfertigkeit stand. Der freute sich anfangs sehr, als er hörte, welch figurenreiches Arrangement er auf weiße Seide malen sollte. Als ihm aber als Mittelpunkt und Krönung des Ganzen ein Bundschuh zugemutet wurde, weigerte er sich entsetzt, dieses gefährliche Symbol darzustellen.

Es traf sich gut, daß zu derselben Zeit ein anderer Freiburger Maler namens Theodosius im Auftrag von Pater Johannes die Lehener Kirche restaurierte. Der brauchte nun gar nichts zu fürchten, weil der Lehener Pfarrer im Bundschuh nichts Böses sah, sondern nur ein Zeichen der Erneuerung. Dennoch traute Theodosius sich nicht, dieses von der Obrigkeit geächtete Zeichen zu malen und wies den Auftrag zurück.

Joß Fritz kamen Bedenken. Es konnte gefährlich werden, wenn es sich in der Gegend herumsprach, daß der Feldhüter des Herrn von Blumeneck den Auftrag für eine Bundschuhfahne an den Mann zu bringen versuchte. Er nahm sich ein paar Tage Urlaub, angeblich um eine Erbschaftssache zu ordnen, schwang sich auf sein Pferd und machte sich auf den Weg in die Freie Reichsstadt Heilbronn, wo ihn niemand kannte und wo die Leute andere Begriffe hatten von der Freiheit und ihren Symbolen.

Das war ein Ritt von vier Tagen, den Schwarzwald hinauf, den Neckar hinunter und vier Tage wieder zurück. Dann brauchte ja auch der Maler noch seine Zeit für die Arbeit, eine Woche wenigstens.

Auch der Heilbronner Meister reagierte mißtrauisch auf das Reizwort Bundschuh, aber Joß Fritz zeigte ihm eine Handvoll Schweizer Münzen, sprach in Schweizer Tonfall mit ihm, den er seinen Kameraden abgehört hatte, und erklärte, er brauche die Fahne für seinen Gasthof in Stein im Kanton Schaffhausen. Da solle sie von der Galerie hängen, den Gästen zur Erbauung, und der Bundschuh darin dürfe nicht fehlen, weil die Familie von Schuhmachern abstamme und seit Generationen den Bundschuh im Wappen führe.

Das sah der Maler ein. Ihn beeindruckte auch das Geld und das sichere Auftreten des Fremden. Er ließ alle anderen Arbeiten liegen und malte die Fahne.

Darüber ging viel Zeit ins Land. Der Sankt Michaelstag war schon vorbei, als Joß Fritz von Heilbronn fortritt, mit dem zusammengefalteten Fahnentuch unter dem Mantel, und es dauerte noch vier Tage, den Neckar hinauf, den Schwarzwald hinunter, bis er sich endlich wieder Lehen näherte. Zum Tag, an dem sich die Führer des Bundschuhs noch einmal heimlich treffen und die letzten Einzelheiten für den Ausbruch des Aufstandes festsetzen wollten, hatte er den 9. Oktober 1513 bestimmt. Alles war vorbereitet. Einsam gelegene Schenken dienten als Meldekopf. Die Wirte speicherten Nachrichten oder Warnungen und gaben sie auf Abruf weiter. Gaukler, Spielleute und Bettler hielten die Verbindung zwischen ihnen und den Bauernhaufen aufrecht, die sich auf ein Stichwort hin an den verabredeten Punkten treffen sollten. Die fahrenden Leute hatten den Auftrag, an bestimmten Stellen Feuer zu legen, einmal um unter den Nichteingeweihten Unruhe zu stiften, vor allem aber als weithin sichtbares Fanal, das allen Menschen in weitem Umfang signalisieren sollte: Nun ist es soweit!

Nur die etwa vierzig Männer, die im Bundschuh nach und nach Unterführerfunktionen übernommen hatten, waren in die größeren Zusammenhänge eingeweiht. Es waren bewährte Landsknechtsführer unter ihnen, wie die einstigen Hauptleute Georg Schneider und Thomas Wirth zu Egentzschweiler, wie die Edelleute Stefan von Derdingen und Jost von Bretten. Jeder hatte in seinem Bereich seine besonderen Aufgaben, im Elsaß, im Breisgau, im Schwarzwald, in der Markgrafschaft Baden.

Und der Mann, der alle Fäden dieses komplizierten Netzes gesponnen hatte und fest in der Hand hielt, der unbestrittene Führer, der den höchst empfindlichen Apparat dieser Organisation vollkommen überblickte, der ritt durch die Lande, ohne Verbindung zu den anderen, ohne Möglichkeit, zu erfahren, was während seiner Abwesenheit geschah, mit einer seidenen Fahne unter dem Mantel. Der kühle Planer und Organisator, dieses Naturtalent der Konspiration, trug zugleich mit der seidenen Fahne noch Restbestände einer uralten, irrationalen Mystik mit sich herum, den dunklen Glauben an einen Zauber, an die magnetische Kraft des Feldzeichens, das die Menschen aus weitem Umkreis zu sich heranziehen und aus dem Lehener Bundschuh eine gewaltige Volksbewegung machen konnte.

Während Joß Fritz über die abgeernteten Felder ritt, durch braune und gelbe Wälder, an Flußufern entlang, über Bergpfade, bestrebt, nicht unnötig aufzufallen, geschah daheim folgendes:

Drei Männer, die zum Bundschuh gehörten, hielten nicht weit von Freiburg entfernt einen Bauern an, der des Weges kam, und fragten ihn, ob er auch schon dabei wäre. Er war mißtrauisch und wollte sich ihnen entziehen. Das ärgerte sie und sie nahmen ihn in die Mitte und drängten ihn vom Weg ab in einen nahen Wald. Da behämmerten sie ihn: Es ginge doch auch um seine Sache, er dürfe nicht abseits stehen; es gäbe kaum noch einen Bauern weit und breit im Land, der nicht zum Bundschuh geschworen hätte, und der Tag sei ganz nahe, an dem losgeschlagen würde und in Freiburg würden sie anfangen, dieser reichen Stadt, in der es von allem genug für alle gäbe. Der Bauer wollte nicht losschlagen; er hatte seine Ernte eingebracht und wollte seine Ruhe haben. Er hatte nicht nur Angst vor der Obrigkeit und vor der Kirche, sondern auch vor dem Blutvergießen. Es war zuviel geschehen in seinem Leben. Das sagte er ihnen. Als sie einsahen, daß sie ihn mit Gewalt nicht in den Bundschuh pressen konnten, da zwangen sie ihn, ihnen wenigstens zu schwören, über alles, was sie ihm anvertraut hatten, unbedingt Stillschweigen zu bewahren. Er schwor und wollte sich dann verdrücken. Aber sie trauten ihm nicht und folgten ihm. Er fing an zu laufen. Sie liefen hinter ihm her, und auf einmal befiel sie die Furcht, sie hätten ihm zuviel anvertraut und er würde sie verraten. Da wollten sie ihn niedermachen. Das spürte er, und er rannte immer schneller. Er war aus dem Wald, bevor sie ihn eingeholt hatten. Da war die Straße und da waren Menschen. Die wurden aufmerksam auf den flüchtenden Bauern und sahen ihm entgegen. Die drei Bundschuher wagten sich nicht mehr aus dem Wald heraus und gaben auf.

Der Bauer lief heim und geradewegs zu seinem Pfarrer. Dem gestand er: Zwar habe er Stillschweigen geschworen, aber er wisse von einem Verbrechen, das geplant sei, und der geistliche Herr möge ihn von seinem Eid entbinden. Das tat der Pfarrer, und der Bauer erzählte ihm alles, was er mit den drei Bundschuhern erlebt und was sie ihm gesagt hatten.

Der Geistliche war durch sein Beichtgeheimnis gebunden, aber andererseits sah er ein großes Verhängnis auf die Stadt Freiburg und auf das ganze Land zukommen, und es schien ihm gerechtfertigt, in dieser Sache den Rat der Stadt ins Vertrauen zu ziehen. Als die Freiburger Ratsherrn wußten, was geplant war, verstärkten sie augenblicklich alle Wachen auf Mauern und Türmen und schickten Meldereiter zum Markgrafen von Baden, zu den benachbarten Städten und Herrschaftssitzen, sowie nach Ensisheim, wo die Verwaltung der habsburgischen Besitzungen im Oberelsaß residierte, ganz nahe der Kirche, in der noch der zentnerschwere Meteor verwahrt wurde, der im Jahre 1492 vom Himmel gefallen war, ein geheimnisvolles Zeichen, das niemand recht zu deuten gewußt hatte.

Eine große Unruhe brach aus ringsum im Land. Städte und Burgen stellten sich auf ihre Verteidigung ein, wer Waffen tragen konnte, machte sich bereit, und viele, die insgeheim dem Bundschuh angehört hatten, wollten auf einmal davon nichts mehr wissen. Zwei Männer, die sich etwas davon versprachen, wenn sie noch zur rechten Zeit die Fronten wechselten, machten sich an den Markgraf Philipp von Baden heran und sagten, sie wüßten alles über die Verschwörung, und ihr Gewissen geböte ihnen, es zu verraten.

Es waren ein gewisser Michael Hauser aus Schallstadt und Hans Manz aus Wolfenweiler. Hauser hatte mit dem Fähnrich Jakob Hauser aus Lehen nichts zu tun. Er war noch ziemlich neu beim Bundschuh und kannte nur wenige Namen; er wußte aber, daß es sich da um ein weitreichendes Unternehmen handelte. Manz gehörte von Anfang an dazu, kannte nahezu alle Unterführer und auch viele der neugeworbenen Bundschuher. Er wußte, wer der »Hauptsächer« war: Joß Fritz, und er verriet sie alle.

In der Nacht zum 7. Oktober 1513 fielen an die zweihundert Reiter aus Freiburg in Lehen ein, schleppten die Männer, deren Namen Hans Manz genannt hatte, aus ihren Häusern und folterten sie, um mehr Namen zu erfahren, aber jeder sagte, er selber sei wohl Mitglied des Bundschuh, aber er wisse von keinem Genossen hier in der Nähe.

Die Reiter drangen auch in das Feldhüterhaus ein und durchstöberten es bis in den letzten Winkel. Sie fanden aber Joß Fritz nicht, nur Else, und die nahmen sie mit. So sehr in der Folge alle Gefangenen »peinlich verhört wurden«, wie es hieß, wenn man mit Daumenschrauben und auf dem Streckbrett befragt, mit glühenden Zangen gezwickt und

51

Körperstrafen und Hinrichtungsarten im Mittelalter (anonymer Holzschnitt)

an den Händen aufgehängt wurde, keiner gab zu, den Namen Joß Fritz je im Zusammenhang mit dem Bundschuh gehört zu haben, er sei nur als der bewährte Feldhüter bekannt.

Auch den Pater Johannes hatten die Reiter aus Lehen nach Freiburg mitgenommen. Dort holten ihn Reisige des Bischofs von Konstanz ab, dessen Jurisdiktion der Pater unterstand und der den Fall mit äußerster Sorgfalt zu untersuchen versprach. Über den Pater Johannes war seitdem nichts mehr zu erfahren.

Obwohl die meisten Gefangenen aus unterschiedlichen Herrschaften stammten und den jeweiligen Gerichtsherren unterstanden, arbeitete die Justiz zügig und in harmonischer Übereinstimmung. An drei verschiedenen Orten wurden fünf Männer geviertailt, das heißt, entweder von Pferden auseinandergerissen, oder vom Scharfrichter mit dem Richtbeil zerhackt. Das wurde in den einzelnen Gegenden individuell gehandhabt. Es waren die Bundschuher Zyriak und Marx Stüdlen, Konrad Braun, der Altvogt Hans Endelin und sein Sohn. Acht Männer wurden geköpft, unzähligen die Schwurfinger abgeschlagen. Über die, die irgendwo auf der Flucht niedergemacht wurden, ohne daß man groß darüber sprach, sind Zahlen nie aufgezeichnet worden.

Als Joß Fritz sich dem Dorfe Lehen näherte, war alles schon vorbei. Der Bundschuh war zerschlagen. Die meisten Männer saßen in den Kerkern ringsum auf den Burgen und Schlössern, oder in den Verliesen der Stadtbefestigungen, wurden gefoltert und verhört. Und in den Kanzleien wurden Gänsekiele gespitzt, Protokolle angelegt und Vernehmungsergebnisse aktenkundig gemacht. Aber keiner der Gefangenen nannte andere Namen als die von Genossen, von denen er genau wußte, daß sie auch schon eingekerkert waren. Von den fahrenden Leuten und den Frauen war außer Else niemand gefangen worden, weil den Behörden der Gedanke absurd erschien, solche Leute könnten beteiligt gewesen sein.

Joß Fritz hielt sich verborgen, blieb aber in der Gegend, um sich umzuhorchen, um zu beobachten, was weiter geschah, um vor allem herauszubekommen, was aus Else geworden war. Auch jetzt bewährten sich wieder einmal seine Freunde von der Landstraße. Sie kamen mit Fiedeln und Tamburins, mit Bären an der Kette und Affen auf der Schulter ungehindert überall hin, erfuhren alles, worüber in Städten und Dörfern und oben auf den Burgen geredet wurde. Sie konnten Joß Fritz bald berichten, daß Else in Freiburg gefangen saß, daß es ihr aber nicht schlecht ging, weil sie eine hübsche junge Frau war, die es überzeugend verstand, sich dumm zu stellen. So konnte er aus seinen ständig wechselnden Verstecken die Verbindung zu ihr halten, und

Gaukler und Bärenführer (Holzschnitt von Hans Burgkmair)

bald wußte auch sie, daß er entkommen war und sich auf das Wiedersehen mit ihr freute.

Auf die Dauer aber konnte er in der Gegend nicht bleiben. Schließlich wußte jeder, daß er die treibende Kraft des Aufstands gewesen war und daß sein Kopf mehr galt, als der von einem Dutzend anderer Bundschuher. Natürlich hätte es den Triumph der Sieger gekrönt, wenn man auch ihn hätte vierteilen können.

Er veränderte sich rasch und vollkommen, versteckte seine auffällig bunte, geschlitzte Landsknechtkleidung, den breiten Hut mit den Reiherfedern irgendwo in einem verlassenen Fuchsbau, zog sich ein formloses häres Gewand an, das ihm seine Freunde besorgt hatten und ging schleppend, mühsam und stark gebeugt, was den Vorteil hatte, daß ihm nicht jeder gleich ins Gesicht sehen konnte. So begab er sich mit Stab und Sackleinentasche als frommer Pilger auf die Wallfahrt in die Schweiz, in den Kanton Schwyz, über den Etzelpaß. Da betete er lange und inbrünstig in der St. Meinradskapelle und zog weiter nach Einsiedeln, immer noch mit der Bundschuhfahne um den Brustkorb gewickelt.

In Einsiedeln dann, in jener Kapelle, zu deren Einweihung einst, wie die Legende berichtet, der Herr Jesus Christus selbeigen, inmitten einer Engelsschar, vom Himmel gestiegen sei, legte Joß Fritz das Feldzeichen des großen Aufstandes vor dem Gnadenbild der Heiligen

Mutter Gottes nieder und weihte es ihr, weil er nun doch auf absehbare Zeit keine rechte Verwendung dafür sehen konnte. Dann verrichtete er die vorgeschriebenen Gebete, durch die er laut Verheißung von Papst Leo VIII. aus dem Jahre 948 einen vollkommenen Ablaß erwirkte. Sein Verhältnis zur Kirche war damit geklärt, ob allerdings die weltlichen Behörden durch diese Pilgerfahrt in ihrem Entschluß wankend werden würden, Joß Fritz durch den Scharfrichter in vier Teile zerhacken zu lassen, daran hatte er ernste Zweifel. Also tauchte er unter, wie schon so oft.

Mal wurde er hier gesehen, mal da, aber nie konnte jemand Genaues sagen, und wenn von irgendeiner Obrigkeit Häscher ausgeschickt wurden, ihn zu fangen, dann war er längst wieder fort. Ständig wechselte er sein Aussehen. Meistens war er in der Schweiz, wohin sich viele Bundschuher geflüchtet hatten. Aber ihre Hoffnung, dort sicher zu sein, erfüllte sich nicht, obwohl sie erklärten, sie hätten doch nichts anderes gewollt als jene Schweizer Nationalhelden, die einst für Freiheit und Unabhängigkeit der Eidgenossenschaft gekämpft hatten.

Die Schweizer aber meinten, das sei doch etwas anderes und gewährten den Flüchtlingen kein Asyl, sondern kerkerten sie ein und begannen, sie zu foltern. Sie wollten nämlich gern nähere Einzelheiten über den Bundschuh erfahren, der auch schon unter den Schweizer Bauern Anhänger gefunden hatte. Mit den Vernehmungsprotokollen wollten sie dann den kaiserlichen Abgesandten und den Vertretern des Rates von Freiburg gefällig sein, die in dieser Sache in die Schweiz gekommen waren, um Unterlagen für ihre Fahndung daheim zu erhalten. So griffen die Schaffhausener erst August Enderlin, dann Thomas Müller, die beide von Anfang an enge Vertraute von Joß Fritz gewesen waren, und folterten sie lange, um zu erfahren, wo ihr Anführer steckte. Aber beide sagten nichts, soviel Mühe sich die Henkersknechte auch gaben.

Joß Fritz war unauffindbar. Er war geschlagen, aber nicht gebrochen. Er verschwand nur für einige Zeit, nur solange es nötig war, um dann wieder dazusein, wenn es Sinn hatte, neu zu planen, zu handeln, aktiv zu werden. Zweimal noch in seinem Leben griff er ein in die deutsche Geschichte. Zunächst hielt er sich im Dunkeln. Mehrfach wurde er auch in Lehen gesehen, obwohl da immer noch nach ihm gesucht wurde. Seit dem 26. Oktober war Else wieder da. Die Freiburger hatten sie laufen lassen, nachdem sie Urfehde geschworen, Wohlverhalten also, und die Kosten ihrer Haft bezahlt hatte. Niemand tat ihr etwas. Kein Mensch traute der jungen hübschen Frau irgendwelche politischen Aktivitäten zu, außer den alten Bundschuhern, und die schwiegen. Es hieß allerdings, daß Else jetzt ein recht lockeres Leben führte und daß immer mal Männerstimmen in ihrem Haus zu hören waren. Es gab aber auch Leute, die behaupteten, sie hätten die Stimme von Joß Fritz erkannt, der sich bei Sturm und Regen, wenn sich sonst kein Mensch hinausgetraut hätte, bei seiner Frau eingeschlichen habe.

Im späten Herbst, als es im Schwarzwald anfing zu schneien, endete die Jagd auf die letzten versprengten Verschwörer. Es wäre unnötige Kraftverschwendung gewesen, weiterzusuchen. Es hatte keinen Sinn mehr. Der Bundschuh war endgültig zerschlagen. Um den Rest brauchte man sich keine Gedanken zu machen.

Hans Böheims Marsch auf Würzburg vor bald vierzig Jahren war die Aktion ohne Organisation gewesen. Joß Fritzens Lehener Bundschuh war die Organisation ohne Aktion, der perfekt konstruierte Apparat, der zerstört wurde, bevor er hatte anlaufen können.

So endete das Jahr 1513 unter einer Schneedecke. Es war das Jahr, in dem der Maler Mathis Nithart, den man auch Matthias Grünewald nannte, seine Arbeit am Isenheimer Altar begann, das Jahr, in dem man in den Häusern gebildeter Bürger das »Lob der Narrheit« des Humanisten Erasmus von Rotterdam las und die Schriften Ulrichs von Hutten, der in wilder Leidenschaft gegen die Entartungen des Papsttums und der Kirche wetterte und mit seinen 23 Jahren schon ein berühmter Mann war. Es war das Jahr, in dem in Rom Papst Julius II. gestorben war, »il Papa terribile«, der schreckliche Papst, ein brutaler Machtmensch, den man selten anders als in einer Rüstung und bewaffnet gesehen hatte, der aber auch Michelangelo zu sich herangezogen und die Sixtinische Kapelle hatte erbauen lassen. Nun saß Giovanni Medici unter dem Namen Leo X. auf dem Throne Petri, ein genialer Geschäftsmann von 38 Jahren, der zu leben und zu herrschen verstand, den sein Vater Lorenzo der Prächtige von klein auf dazu erzogen hatte, Pracht und Macht als Einheit zu sehen und mit größter Selbstverständlichkeit zu handhaben. Leo X. hatte das kostbare Erbe der Medici in seinem Blut: die Fähigkeit, immer neue Geldquellen zu erschließen, die so ertragreich waren, daß selbst das aufwendigste Leben und die kostspieligsten Liebhabereien sie nicht erschöpfen konnten. In der sicheren Erkenntnis, daß das ganz große Geld immer nur von der Masse der ganz kleinen Leute kommen kann, erschloß sich Leo die ergiebigste Einnahmequelle seiner Zeit: den Ablaßhandel.

In diesem Jahre 1513 lehrte an der Universität von Wittenberg an der Elbe der Professor Dr. Martin Luther, ein dreißigjähriger Augustinermönch, der noch im vorletzten Sommer mit eigenen Augen das Heilige Rom erlebt hatte, den Sumpf, die Korruption, die Leichtfertigkeit, mit der lästige Menschen beiseite geräumt wurden, diese zynische

Der Bundtschu
Diß biechlein sagt von dem bö
sen fürnemen der Bundtschuher/wye es sich
angesengt geendet vnd aus kumen ist

Flugblätter waren zu Anfang des 16. Jahrhunderts eine wichtige Informationsquelle (links: ein Bote mit Post und Flugblättern, rechts: das Titelblatt einer Flugschrift über die aufrührerischen Bauern von Pamphilus Gengenbach, 1514).

Verachtung alles dessen, was von den Kanzeln herab unablässig verkündet wurde. Aber Martin Luther war nicht heimgekehrt, um, wie etwa der sieben Jahre jüngere Ulrich von Hutten, gegen die Zersetzung des Christentums durch eine in ihrem Mark verseuchte Kirche zu kämpfen. Als treuer Sohn dieser Kirche, der die Krankheit noch nicht wahrhaben mochte, lehrte er die Studenten, die sich um ihn scharten, in Demut unbeirrbar zu glauben an die durch die Tradition geheiligte Autorität aller kirchlichen Institutionen. Martin Luther war einer der wenigen ruhenden Pole in diesem unruhigen Jahr 1513, ein Mann von bulliger Gestalt, mit kurzem kräftigem Hals, einer, der so leicht nicht zu beirren war, nicht zu verunsichern, alles andere als ein Aufrührer: Ein Bewahrer und Beschützer, und die Universität Wittenberg, an der er lehrte, war noch ein Ort der geistigen Ausgewogenheit und Ordnung.

Die große Unruhe dieses Jahres hatte sich nicht auf die Gebiete beschränkt, in denen der Bundschuh heimisch war. In vielen Städten des Reiches waren Handwerker und Kleinbürger gegen die oligarchische

Selbstherrlichkeit der Ratsversammlungen aufgestanden, deren Mitglieder sich immer nur wieder aus den wenigen Patrizierfamilien ergänzten und kaum noch in der Lage und bereit waren, die Interessen der Bürger zu vertreten. In Regensburg, Chemnitz und Lübeck hatte es Aufstände gegeben, in Schweinfurt, Höxter und Göttingen, in Worms, Leipzig und Braunschweig. Die Klagen waren überall die gleichen: Korruption, Amtsmißbrauch, Vetternwirtschaft, richterliche Willkür, Verschwendung von Steuergeldern, Einführung von immer neuen Abgaben. Die Bürger von Köln waren am weitesten gegangen: Sie hatten ihren alten Rat abgesetzt und sieben Ratsherren köpfen lassen.

In dem kalten Winter, der das Jahr 1513 beendete, brachten die fahrenden Spielleute neue Lieder mit in die Schenken, die schilderten, was der kleine Mann für Plagen hatte im Leben, was er alles gewagt und getan hatte, um des göttlichen Rechtes und der Freiheit willen, welch kläglicher Erfolg all seinem Mühen und seiner Tapferkeit beschieden war ringsum im Reich, in den Städten und Landschaften von der Ostsee bis hinunter nach Kärnten und ins Herzogtum Krain, vom Elsaß bis nach Sachsen. Es waren lange Lieder, und alle endeten traurig auf dem Richtblock oder am Galgen, und zuletzt spielten immer die Büttel eine Rolle, der Henker, der Scharfrichter.

Manchmal tauchten auch Boten auf, die mit gedruckten Flugblättern von Ort zu Ort zogen, auf denen die gleichen Geschichten dargestellt waren, in wenigen Worten, aber mit großen, eindrucksvollen Bildern, damit auch solche sie verstehen konnten, die nie gelernt hatten zu lesen, und das waren bei weitem die meisten.

Auch von Joß Fritz war die Rede in diesen Liedern und Druckschriften, von dem Sohn eines leibeigenen Bauern, der von Geburt her selber leibeigen gewesen war, der dann ein Landsknecht und frei und endlich der Hauptsächer des Bundschuhs von Lehen geworden, dem es um die Not des Menschen auf Erden gegangen war, um sein göttliches Recht und um die Freiheit zu leben als ein Mensch, und teilzuhaben an den Gaben Gottes: den Fischen im Wasser, dem Wild im Wald, den Rebhühnern und Fasanen und anderen Vögeln in der Luft.

Sogar eine ausführlich gedruckte Chronik erschien über Joß Fritz und den Bundschuh zu Lehen. Der Baseler Buchdrucker Pamphilus Gengenbach, der mit Vorliebe seine Texte selber schrieb, brachte eine Flugschrift heraus, die rasch verbreitet wurde. Sie begann so:
»Als man zählte nach der Geburt unseres Herrn Jesu Christi 1513 Jahre, hat es sich begeben, daß in einem Dorfe, genannt Lehen, im Breisgau gelegen, gewesen ist ein Brotbäckerknecht, genannt Hieronymus,

gebürtig von der Etsch, und ein anderer Joß Frytz, der Hauptsächer und Anfänger des Handels. Die zwei sind oft und dick zusammengegangen mit etlichen Personen mehr und haben vom Bundschuh geredet ... «

Die Schilderung der Geschehnisse war ausführlich und doch nur ein Teil der Flugschrift. Viel wichtiger war deren Kernstück, das die Artikel enthielt, die Joß Fritz dem Bundschuh als theoretisches Rüstzeug zugrunde gelegt hatte. Eingekleidet in die lange und traurige Geschichte des Aufstandes, der gescheitert war, bevor er begonnen hatte, standen diese explosiven Grundsatzforderungen und machten nun ihren Weg durch das Reich. Jedermann konnte sehen, daß es nicht gegen Gott gegangen war, nicht gegen Kaiser und Reich, nicht einmal gegen Kirche und Papst, sondern nur gegen alle die, welche sich zwischen den einfachen Menschen und die gottgewollten Gewalten gedrängt hatten.

Der Gaispeter
und
der Arme Konrad

Der Glaube an die unanfechtbare Gültigkeit eines Gottesurteils war im mittelalterlichen Menschen tief verwurzelt und hielt sich hartnäckig auch weiterhin durch das sechzehnte, siebzehnte und achtzehnte Jahrhundert hindurch, unberührt von Renaissance und Reformation, von Humanismus und Aufklärung.

Bei zahlreichen Hexenprozessen verfuhr man mit Frauen, die man für Gespielinnen des Teufels hielt oder den Mitmenschen gern als solche präsentieren wollte, so: Man fesselte sie an Händen und Füßen und ließ sie im Beisein geistlicher Sachverständiger vor den Augen einer großen Öffentlichkeit, die für jede Abwechslung dankbar war, vom Henker in einen Fluß werfen. Schwammen sie oben, so war der Beweis erbracht, daß sie mit dem Satan im Bunde waren; man mußte sie also so schnell wie möglich verbrennen. Ertranken sie, dann war damit ihre Unschuld festgestellt. Zwar lebten sie nicht mehr, aber sie durften der Wohltat eines christlichen Begräbnisses teilhaftig werden.

Ob der Gaispeter, den die zeitgenössischen Chroniken als verschlagenen Leichtfuß schildern, in seinem Innersten von der Gültigkeit eines Gottesurteils wirklich überzeugt war, ist fraglich, die Leute aber, die an seiner spektakulären Demonstration am 15. April 1514 teilnahmen, waren es mit Sicherheit, und für sie war das, was er da im Remstal veranstaltete, alles andere als ein verspäteter Fastnachtsscherz, sondern eine große Tat. Peter Gais war ein junger Mann, verheiratet, Vater von vier kleinen Kindern, ein Mensch mit Phantasie, der ausgefallene Ideen hatte und das Talent, die Leute in seinen Bann zu ziehen. Er wohnte in Beutelsbach im Remstal, hatte da auch einigen Grundbesitz, war aber ziemlich verschuldet.

Am Ostersonnabend, dem 15. April 1514, fand er sich in der Frühe mit Freunden zusammen, und jeder von ihnen brachte andere Freunde mit, bis es mehr als hundert waren. Die zogen zum Rathaus und holten sich die Trommeln und Pfeifen heraus, die dort verwahrt wurden. Dann marschierten sie mit klingendem Spiel zur Fleischwaage, wo die neuen Gewichte lagerten, die für alle Leute im Ort maßgebend waren. Diese neuen Gewichte waren auf Befehl des Herzogs eingeführt worden, als er eingesehen hatte, daß die direkten Steuern nicht mehr zu erhöhen waren und dazu übergegangen war, indirekte Steuern auf Fleisch, Mehl und Wein zu erheben. Die Gewichtsbezeichnungen waren unverändert geblieben, das Gewicht aber herabgesetzt. Ein Pfund hieß zwar noch Pfund, wog aber nur noch etwa zwei Drittel seines eigentlichen Gewichts. Das bedeutete, daß der Käufer ein Pfund bezahlen mußte, aber kaum mehr als etwa dreihundert Gramm bekam. Der Rest waren die indirekten Steuern.

Der Gaispeter und seine Freunde holten die Gewichte aus der Fleischwaage und trugen sie in festlichem Umzug hinter den Musikanten her hinunter zur Rems. Weil es so viele Menschen waren und so fröhliche Musik, wurden immer neue Leute auf den Umzug aufmerksam und eilten herbei. Unten am Ufer ordnete Peter Gais all die Menschen zu einem weiten Halbkreis. Dann trat er in die Mitte, ließ sich die Gewichte reichen und hob sie in die Höhe. Als es ganz still um ihn herum geworden war, rief er feierlich wie bei einer heiligen Handlung: »Wenn der Herzog recht hat, dann sollen die Gewichte oben auf dem Wasser schwimmen, haben aber die Bauern recht, dann sollen sie auf den Grund des Flusses sinken!« Damit warf er sie in die Rems, und sie versanken sofort.

Unter den Bauern brach großer Jubel aus. Der Gaispeter hatte den Taschenspielertrick der herzoglichen Finanzverwaltung mit dem Taschenspielertrick eines Weinbauern aus dem Remstal aufgehoben, ins Lächerliche gezogen, ad absurdum geführt, und zwar mit einem Mittel, das bei der Beweisaufnahme zumal geistlicher Gerichte als unwiderlegbares Indiz galt.

Der Erfolg berauschte die Bauern. Sie holten die Gewichte wieder aus dem Wasser und zogen mit ihnen weiter von Ort zu Ort. Überall wiederholte der Gaispeter das große Schaustück, und überall wurden er und seine Freunde herzlich willkommen geheißen. Sie tranken aus manchem Weinkrug und fühlten sich stark und frei und waren bald davon überzeugt, daß mit dieser Demonstration die herzogliche Steuergesetzgebung schon außer Kraft gesetzt sei. Und je weiter sie zogen, desto mehr wurden sie, und um so größer wurden die Pläne, die sie besprachen: Sie müßten sich bewaffnen und die größeren Städte in der Nähe besetzen, vor allem die Reichsstädte Esslingen und Gmünd, in denen die Bürger genauso dächten wie sie und genauso litten.

Zunächst einmal zogen sie nach Schorndorf, der Amtsstadt des Remstals. Als sie da ankamen, waren sie schon mehr als dreitausend, aber sie fanden die Tore verschlossen und konnten nicht in die Stadt gelangen. So blieben sie draußen und riefen zu den Wachen auf den Mauern hinauf, sie sollten herunterkommen, die Tore öffnen und sie einlassen, es ginge um das alte Recht und die neuen Steuern.

Nach einiger Zeit öffneten sich die Tore und heraus kamen der

Zwei Widersacher der Bauern: Ulrich Herzog von Württemberg (1487–1550) und Philipp Landgraf von Hessen (1504–1567)

Schorndorfer Statthalter Adelmann von Adelmannsfelden und der Stadtvogt Georg von Gaisberg, gefolgt von Knechten und Mägden, die Weinkrüge trugen und Körbe mit Backwerk. Der Statthalter lud die Bauern herzlich ein, die ganze Sache doch bei Wein und Brot zu besprechen, wie es ein schöner alter Brauch im Remstal sei. Die Bauern fanden, das sei ein guter Vorschlag, und so tranken sie miteinander und aßen und redeten.

Adelmann von Adelmannsfelden hörte sich ihre Beschwerden an und sagte dann, er sei doch nur der Statthalter des Herzogs hier im Amte Schorndorf und habe auf die württembergische Steuergesetzgebung nicht den geringsten Einfluß. Herzog Ulrich sei aber leider nicht im Lande, sondern nach Norden geritten, ins Hessische, zum Landgrafen Philipp, und werde frühestens in zwei Wochen wieder zurücksein, dann könnten sie ihm alles vorbringen, was sie auf dem Herzen hätten.

Den Bauern leuchtete ein, daß sie in dieser besonderen Lage nicht ungeduldig sein dürften. Sie bedankten sich für die freundliche Bewirtung und zogen guter Dinge heim in ihre Dörfer, um noch ein wenig Schlaf zu bekommen und am anderen Morgen rechtzeitig und leidlich nüchtern zum anstrengenden Ostersonntags-Hochamt in der Kirche zu sein.

Ulrich war oft unterwegs. Er liebte es, einzuladen und eingeladen zu werden. Er war jetzt 27 Jahre alt und seit 16 Jahren Herzog von Württemberg. Anfangs hatte er unter der Vormundschaft einiger lästiger älterer Verwandter regiert, seit elf Jahren tat er es selber uneingeschränkt und ungezwungen, seit Kaiser Maximilian ihn vorzeitig für volljährig erklärt hatte – zum Vergnügen einiger weniger Hofbeamter, und zum Kummer seiner Landeskinder, die seine Extravaganzen aber mit frommem Gleichmut ertrugen, da sie in der letzten Zeit von ihren Herrschern nicht gerade verwöhnt worden waren.

Der allseits verehrte und vielbesungene Eberhard im Barte war 1496 gestorben. Er hatte die Universität Tübingen gegründet, seine Residenz von Urach nach Stuttgart verlegt und bei Kaiser Maximilian erwirkt, daß die gar nicht besonders große Grafschaft Württemberg zum Herzogtum erhoben wurde. Da er keine Kinder hatte, war ihm sein jüngerer Vetter Eberhard II. gefolgt, ein brutaler Genußmensch und ohne die geringste Einstellung zu seinem Amt und seinen Pflichten. Er schaffte es in zwei Jahren, die Finanzen des Landes restlos zu zerrütten und die traditionelle Verehrung des Volkes für sein Herrscherhaus in ohnmächtigen Zorn zu verwandeln. 1498 mußte er zurücktreten und das Land verlassen. Kaiser Maximilian stellte bekümmert fest, daß Eberhard II. »... nur mit liederlichen Buben haushielt, davon zu reden erbärmlich wäre ...«

Nun hätte Eberhards jüngerer Bruder Heinrich Herzog werden müssen, aber Heinrich war zur Ausübung irgendwelcher Tätigkeiten, gleich welcher Art, weitgehend untauglich. Er wurde vorwiegend hinter Gittern gehalten, da er schwer berechenbar war. Allerdings gab man ihm, um die Erbfolge zu sichern, nacheinander zwei standesgemäße Gemahlinnen. Zunächst die Pfalzgräfin Elisabeth aus dem Hause Zweibrücken, dann die Gräfin Eva von Salm. Mit ihnen zeugte er insgesamt drei Kinder. Auf Ulrich, den ältesten, kam nun die Herzogskrone.

Ulrich war, bedingt durch die besonderen Familienverhältnisse, ohne jegliche Erziehung aufgewachsen, vollkommen roh, wild und zügellos, auf keinen Beruf vorbereitet, am wenigsten auf den des Landesvaters. Als er mit elf Jahren Herzog wurde, sah er zunächst darin nur das Privilegium, stundenlang am Tisch zu sitzen und alles in sich hineinzuschlingen, was aufgetragen wurde. Bald war er vollkommen verfettet. Dann fielen ihm eines Tages, als er mit seinem Gefolge nahe dem Kloster Maulbronn ein Bad nahm, die hämischen Blicke seiner Kammerjunker auf. Von da an galoppierte er viele Stunden täglich durch sein Land, um abzunehmen. Daß er dabei die Pferde zuschandenritt und die Äcker seiner Untertanen verwüstete, kümmerte ihn wenig. Auch als Jäger kannte er weder Maß noch Rücksicht. Niemand außer ihm, seinen Forstleuten und Höflingen durfte irgendein Wild schießen. Die Bauern hatten nicht einmal das Recht, Wildschweine, Hirsche und Rehe zu verjagen, wenn sie die junge Saat vernichteten oder den Obstbäumen die Rinde abfraßen. Wagten Bauern es doch einmal und wurden dabei ertappt, dann ließ der Herzog ihnen die Augen ausstechen, damit sie sich nie wieder über den Anblick des Wildes zu ärgern brauchten.

Obwohl es in Württemberg genügend adlige Familien gab, deren Söhne und Töchter alle Voraussetzungen erfüllten, den Hofstaat des Herzogs zu zieren, holte Ulrich mit Vorliebe von außerhalb Angehörige der angesehensten Fürstengeschlechter des Reiches nach Stuttgart für ein besonders hohes Salär, um auf diese Weise seinen Rang und seine Bedeutung augenfällig zu machen. Er ließ auch Musikanten, Sänger und Ballette von weither kommen, am liebsten aus dem Ausland, und honorierte sie über Gebühr, veranstaltete ein Fest nach dem anderen, reiste stets nur mit großem Gefolge und gab Unsummen für Prunkkarossen, Prunkharnische und Prunkschabracken aus.

Im März 1511 trat Ulrich in ein nahes Verwandtschaftsverhältnis zu Kaiser Maximilian: Er heiratete die bayerische Prinzessin Sabina, deren Mutter Maximilians Schwester Kunigunde war. Die Hochzeit nahm er zum Anlaß, aller Welt zu beweisen, welch reiches und mächtiges Land sein junges Herzogtum war, obwohl jedem seiner Gäste klar war, daß die Anstrengungen aller Württemberger kaum dazu ausreichten, wenigstens die Zinsen für Ulrichs Schulden aufzubringen, von einer Tilgung ganz zu schweigen.

Die Hochzeit dauerte vom 2. bis zum 6. März. Insgesamt 7000 Gäste kamen nach Stuttgart. Da es im Schloß nicht annähernd so viele Gästezimmer gab, wurden die Bürger angewiesen, ihre Häuser den herzoglichen Gästen zur Verfügung zu stellen und sich so lange irgendwoanders eine Unterkuft zu suchen. Die Hochzeit kostete so viel, wie das gesamte Jahreseinkommen der Bürger des Landes ausmachte. Nahezu alle weltlichen und geistlichen Fürsten Deutschlands waren geladen, 54 Grafen, 31 Prälaten und Dekane, die Vertreter von 63 Reichsstädten, und alle diese Gäste erschienen mit reichlich Gefolge und Dienerschaft, mit Pferden und Reitburschen. 136 Ochsen und 1800 Kälber wurden geschlachtet, 6000 Scheffel Getreide verbacken; aus zwei Brunnen liefen Tag und Nacht Rot- und Weißwein.

Der protzigen Hochzeit folgte eine triste Ehe. Erzogen in christlicher Demut nach dem Grundsatz, daß die Frau dem Manne untertan sein

Deutsche Landsknechte, im vielfarbigen »verhauenen« Wams und unterschiedlich gemusterten Hosen (Kupferstich von Daniel Hopfer, um 1500)

müsse, ließ Sabina die wunderlichsten Dinge mit sich geschehen, so etwa, daß Ulrich seine Sporen anschnallte und auf ihr ritt wie auf einem Pferde. Wenn sie ihm einmal nicht sogleich zu Willen war, hetzte er seine Hunde auf sie oder verprügelte sie. Als Kaiser Maximilian Ulrichs merkwürdiges Gebaren zu Ohren kam, war er doch befremdet und bat ihn in dieser Sache um Auskunft. Schließlich ging es um seine Nichte Sabina, die Enkelin Kaiser Friedrichs III.; aber Ulrich beschwichtigte ihn sogleich, er habe doch Sabina nicht schlimm geschlagen, sondern immer nur ein wenig. Nach fünfjährigem Martyrium gab sie auf und floh zu ihren Eltern nach Bayern zurück. Ulrich hatte schon beizeiten seine Bemühungen auf Ursula Thumb konzentriert, die Tochter seines Erbmarschalls, der auch Stadthauptmann von Stuttgart war und diese Ehre sehr zu schätzen wußte. So also war der Mann, der 1514, im Jahre des »Armen Konrad«, über das fruchtbare und gar nicht so arme Herzogtum Württemberg herrschte; und alle Menschen dieses Landes sollten ihre vornehmste Aufgabe darin sehen, ein Leben lang dafür zu arbeiten, seine verschwenderische Hofhaltung zu finanzieren und die Zinsen für seine Schulden aufzubringen. Wie er sie mit seinen Gewichten betrog, so betrog er sie auch mit seinen Münzen, die er aus immer billigeren Legierungen schlagen ließ.

Die Ausbeutung durch den Landesfürsten und alles, was damit zusammenhing, war aber nur ein Grund zum Aufstand, immerhin war der Herzog eine gottgegebene Erscheinung, die man in Demut zu akzeptieren hatte, wie Hagelschlag und Feuersbrunst, wie andererseits aber auch gute Weinjahre, Kindersegen und reiche Ernten. So etwas unterlag höherer Fügung, und man hatte sich damit irgendwie abzufinden. Was die Württemberger vor allem erregte, war etwas, was sie nicht widerstandslos hinnehmen mußten. Sie hingen an ihrem alten deutschen Recht. Sie waren es gewohnt, daß nach überlieferten Normen Männer richteten, die zu ihnen gehörten, die aus ihrer vertrauten Welt stammten und zu denen sie Vertrauen hatten. Jetzt war überall das römische Recht eingeführt worden, und Doctores der Jurisprudenz handhaben es, die keineswegs alle auf der jungen Universität Tübingen studiert hatten, sondern vorwiegend solche, die ihr Wissen aus Prag, Leipzig oder Wien geholt hatten, oder gar – was als besonders fein galt – aus Bologna oder Paris. Fremde Männer, die in einer unverständlichen Sprache unbegreifliche Urteile verkündeten und deren Denkvorgängen der kleine Mann nicht zu folgen vermochte, die es ihrerseits auch für unangemessen hielten, sich mit ihm auseinanderzusetzen.

Das Remstal, aus dem im Frühjahr 1514 der »Arme Konrad« hervorging, war alles andere als trauriges Ödland, in dem nur Schafe weideten; es war ein blühender Garten, der Früchte aller Art und vor allem einen edlen Wein hervorbrachte. Die meisten Leute dort hatten eine gesunde Lebensbasis, einige sogar einen gewissen Wohlstand. Wenn in der Landwirtschaft im Winter wenig zu tun war, gab es Arbeit in den Wäldern. Ein Problem waren höchstens die Landsknechte, die aus dem Remstal stammten und eine besondere Gruppe von Saisonarbeitern darstellten. Als dritte, vierte und fünfte Söhne, denen der väterliche Betrieb kein Auskommen mehr bot, waren sie Werbern gefolgt, die durch das Tal gezogen waren, und für den Feldzug irgendeines Landesfürsten ein Fähnlein zusammengetrommelt hatten. Gab es dann eine Weile nichts mehr zu hauen und zu stechen, lagen sie irgendwo in den Schenken an den Heerstraßen herum, in der Hoffnung, daß da noch ein Ritter vorbeikäme, der einem anderen Ritter, einem Grafen oder einer Stadt die Fehde angesagt hatte, bei der es was zu verdienen gab. Wenn aber der Winter vor der Tür stand und weit und breit kein Krieg in Sicht war, dann kehrten sie halt auch mal wieder heim in das Dorf, aus dem sie stammten, und waren immer sehr erstaunt, wie klein da inzwischen alles geworden war, das Elternhaus, die Schenke, das ganze Leben. Sie kamen in ihrer protzigen Tracht, im mehrfarbigen Wams mit geschlitzten Puffärmeln und Pluderhosen in leuchtenden Farben, das ausladende Barett mit dicken Federbüschen auf dem Kopf, den Beidhänder, das lange Schwert, an der Seite, mit großem Imponiergehabe, das Gemächte als ungeheure Knolle in Seide weit vor der Hose herausgestellt, und hinter sich noch einen Buben, der das Gepäck schleppte.

Sie hatten große Städte gesehen in Frankreich und Ungarn, in Italien oder Niederburgund, Paläste mit weitgeschwungenen Treppenhäusern, Stadtschlösser, Patrizierhäuser, hatten Beute gemacht und meistens auch schon wieder verspielt oder versoffen, hatten jedenfalls ganz andere Maßstäbe bekommen vom Ansichnehmen und Wegwerfen als ein Bauer aus dem Remstal. Sie hatten mit teuren Huren geschlafen in all den schönen fernen Ländern, und jede war sehr bemüht gewesen, einem so gewaltigen Mann zu Gefallen zu sein, der mit goldenen Ringen zahlen konnte. Vielleicht hatten sie auch eine Syphilis mitgebracht, die modische Krankheit, die von den spanischen Eroberern aus dem neuentdeckten Amerika immer wieder frisch ins alte Europa importiert wurde.

Die Landsknechte waren Arbeitslose eigener Art. Schlagen und Stechen war ihr Beruf. Nur wenige konnten auch schießen, weil Hakenbüchsen teuer waren, und nur eine kleine Oberschicht das Geld dafür zusammenbrachte. Solche »Doppelsöldner« waren hochbezahlte Spezialisten.

Immer wenn der Winter kam, saßen sie daheim in der viel zu eng gewordenen Welt, waren zu nichts mehr zu gebrauchen, weil sie den banalen Verrichtungen des Bauernalltags längst entwachsen waren, schwadronierten und räsonierten. Und jedesmal, wenn ein Winter vorbei war, warteten sie doch nur wieder darauf, daß Werber mit Trommeln und Pfeifen die Landstraße entlangkamen und von Kriegen redeten, von prallen Kriegen mit reichen Städten in warmen Gegenden. Aber oft ging das ganze Frühjahr darüber hin, bis die Werber kamen. Wie gut tat es dann, wenn ein Mann wie der Gaispeter sich zum Armen Konrad ausrief und auch mit Trommeln und Pfeifen vor all den Leuten herzog und etwas vorhatte, auch wenn es erst einmal nur Schorndorf war, oder Esslingen, oder Gmünd, oder sonst eine schöne Stadt in der Nähe. Landsknechte waren immer mit dabei, wenn etwas geschah. Zu jedem Bauernhaufen gehörten sie, und keineswegs alle nur, weil sie sich im Innersten noch dem Stall zugehörig fühlten, aus dem sie stammten. Viele zogen auch einfach nur deswegen mit, weil es zu ihrem Beruf geworden war, immer dabei zu sein, wenn irgendwo dreingeschlagen wurde.

Der Arme Konrad war keine bestimmte Person. Er war ein Begriff, nicht anders als der Bundschuh. Man nannte ihn auch den »armen Konz«, wie Hinz und Kunz, ein Name als Bezeichnung für den kleinen Mann. Man hätte auch sagen können »Der arme Teufel« oder »Der arme Hund«. Oft waren die Bauern von Rittern und Bürgern geringschätzig so genannt worden; nun hatten sie den Namen aus Trotz selber übernommen.

Der Chronist Gabelkofer, der von 1559 bis 1616 lebte, schreibt rückschauend über das, was sich vor seiner Geburt ereignet hatte, in seiner Chronik: »... daß vor etlichen Jahren zu Schorndorf ein armer aber scherziger Gesell, Conrat genannt, gewohnt und sich hart ernährt und sich durchgeschlagen hat, der darnach andere, die ihm an Vermögen und Verstand gleich gewesen, zu Gesellen angenommen ...« Er führte den Namen also auf eine bestimmte Person zurück, aber es gab mehrere im Laufe der Zeit, die sich »Armer Konrad« nannten oder einen Armen Konrad ausriefen. Aus einem Männernamen war die Bezeichnung für eine Bewegung geworden, in der sich eine Gruppe Gleichgesinnter zusammengefunden hatte.

Am Ostersonnabend 1514 gab Peter Gais den Anstoß zum Armen Konrad. Der Gaispeter war wohl der Mann, der einen spektakulären Anfang machen, ein Signal geben, ein eindrucksvolles Schaustück veranstalten konnte, das die Menschen mitriß. Aber er war nicht der Mann, der einen Aufstand führen, einer großen politischen Unternehmung mit klaren Zielen und festen Vorsätzen Richtung und Antrieb verleihen konnte. Doch stellten sich bald Männer ein, die dazu in der Lage waren.

Da war vor allen Dingen Hans Volmar aus Beutelsbach, jenem Ort, in dem einst das Schloß gestanden hatte, aus dem das württembergische Herrscherhaus hervorgegangen war, ein wohlhabender und angesehener Mann, der alles, was er bisher geschaffen hatte, aufs Spiel setzte, um dem alten Recht wieder zur Geltung zu verhelfen. Dann war da der Messerschmied Kaspar Pregizer, ein Schorndorfer Bürger. Er stellte sein Haus in der Amtsstadt als Kanzlei für den Armen Konrad zur Verfügung, in der richtigen Erkenntnis, daß jeder Bund seine Zentrale haben müsse, seinen räumlichen Mittelpunkt, der allen Mitgliedern bekannt war und allen jederzeit für Besprechungen zur Verfügung stand. Auch der Jurist Ulrich Entenmair war Schorndorfer, ein belesener und in Rechtssachen erfahrener Mann.

Von seinen Hofbeamten wegen der Vorgänge vom 15. April alarmiert, brach Ulrich seine vergnügliche Osterreise nach Hessen vorzeitig ab und ritt mit dem ganzen Gefolge nach Stuttgart zurück. Da ließ er sich berichten, was eigentlich genau geschehen sei, und erfuhr, daß sich sein Volk im Remstal empört habe. Die Rechnung war klar: Wenn er jetzt zu all seinen sonstigen Ausgaben noch eine Strafaktion gegen Bauern und Bürger hätte finanzieren müssen, das heißt, ausgerechnet gegen die Leute, die ihm das Geld verdienten, dann hätte er nicht nur seine einzigen Einnahmequellen vernichtet, sondern auch keinen einzigen Bankier in der ganzen Welt finden können, der bereit gewesen wäre, ihm diese Wahnsinnstat zu kreditieren. Es blieb ihm gar nichts anderes übrig, als seine Landeskinder freundlich zu stimmen.

Schon von Stuttgart aus ließ er im ganzen Land verkünden, daß die indirekten Steuern mit sofortiger Wirkung abgeschafft seien. Dann ritt er mit einem kleinen Gefolge von achtzig Reitern nach Schorndorf, ließ sich noch einmal von seinem Statthalter schildern, wie die Revolte verlaufen war und befahl ihm, möglichst viele Aufrührer zusammenzutrommeln. Es kamen auch etliche, und Herzog Ulrich erklärte ihnen, daß die ungeliebte Steuer bereits aufgehoben sei, daß er darauf verzichten wolle, die Übeltäter zu bestrafen und daß er in der allernächsten Zeit einen Landtag einberufen werde, auf dem alle Gemeinden seines Landes die Möglichkeit hätten, ihre Sorgen und Beschwerden vorzubringen. Er zeigte sich also überraschend entgegenkommend, denn den Landtag hatte er, entgegen früheren Versprechungen, schon lange nicht mehr einberufen.

Die Leute gaben sich zufrieden, und für einige Zeit war auch Ruhe im Land. Aber schon am 28. Mai trafen sich in Untertürkheim wieder zahlreiche Anhänger des Armen Konrad, um miteinander ihre Beschwerden abzusprechen, ihre Vorstellungen und Vorschläge abzustimmen. Sie kamen nicht nur aus dem Amt Schorndorf, sondern auch aus den Ämtern Böblingen und Leonberg, Marbach und Markgröningen, Backnang und Urach, und es waren auch nicht nur Bauern und Ackerbürger, sondern auch Handwerker und Handelsleute, die sich in vielen Städten schon ganz offen zum Armen Konrad bekannt hatten. Sie alle waren entschlossen, gemeinsam ihre Interessen auf dem Landtag zu vertreten, jeder auch die des anderen, als ob es seine eigenen wären.

Dieser Landtag, auch die Landstände genannt, war keine freigewählte Vertretung des ganzen Volkes, sondern nur eine Zusammenkunft der Stände, deren jeder seine Delegierten selber bestimmte und die in ihrer Gesamtheit keinerlei gesetzgebende Gewalt, sondern nur beratende Funktionen hatten. Sie konnten nicht einmal aus eigener Initiative beschließen zusammenzutreten, sondern waren darauf angewiesen, daß der Landesherr sie zusammenrief, und das tat er nur, wenn er Geld brauchte, oder sonst in Schwierigkeiten war. Die Stände waren: der Adel, die Städte, die Geistlichkeit. Die Dörfer wurden durch ihre

»Ehrbarkeit« vertreten, das heißt, durch jene ländliche Herrenschicht, die sich im Laufe von Generationen in den Dörfern gebildet hatte: Schultheißen, Getreide- und Weinhändler, wohlhabende Leute mit größerem Grundbesitz. Ihre Interessen konnten nicht identisch sein mit denen der kleinen Leute, wie sich auch das städtische Proletariat durch seine Ratsherrn unzureichend repräsentiert fühlte, die zum Teil Patrizierfamilien mit nahezu fürstlichem Lebenszuschnitt entstammten.

Herzog Ulrich rief den Landtag zum 25. Juni 1514 nach Stuttgart ein. Es waren also noch vier Wochen Zeit für den Armen Konrad, sich zu organisieren und auf eine einheitliche Linie festzulegen. In immer mehr württembergischen Städten bildeten sich Zellen und Gruppen,

Die Bauern organisieren sich
(Holzschnitt von Hans Tirol)

nahmen Verbindung zueinander und zu den Remstälern auf, die im Haus des Messerschmieds Kaspar Pregizer die Kanzlei des Armen Konrad eingerichtet hatten. Da saß der rechtskundige Ulrich Entenmair und sammelte Wünsche und Anliegen von Leuten, die oft noch nie im Leben in die Lage gekommen waren, einem gebildeten Menschen ihre Not zu klagen und aufzuzählen, was ihrer Meinung nach Voraussetzung sei für ein menschenwürdiges Leben. Es kamen aber nicht nur solche, die Klagen und Forderungen vorzubringen hatten, sondern auch solche, die etwas einbringen wollten in die gemeinsame Sache: Erfahrungen, Einfluß, Fähigkeiten oder auch Geld, wie der reiche Bantelhans aus Dettingen, der sich wie ein Ritter kleidete und in etlichen Feldzügen gefochten hatte, oder der Kaufmann Thomas Bader aus demselben Ort, der sein ganzes Vermögen einsetzte, um dem Bund zu einer soliden finanziellen Grundlage zu verhelfen, ohne die es, wie er meinte, nicht ginge; ferner kamen Leute wie die beiden Metzinger Jörg Vögtlin und Martin Metzger, die, obwohl sie selber gar nicht zu den besonders hart Betroffenen gehörten, alles, was sie besaßen, zur Verfügung stellten, um dem alten Recht wieder zur Geltung zu verhelfen.

Die erste profilierte Führerpersönlichkeit war ein reicher Bauer namens Singerhans aus Würtingen, ein Mann, der planen und in größeren Zusammenhängen denken konte. Mit Freunden aus Münsingen und Urach arbeitete er Pläne aus, wie sie ihre beiden Städte besetzen könnten, um dann, verstärkt durch deren Bürger, ins Remstal zu ziehen. Dort wollten sie sich mit den Schorndorfern zusammentun und nach Zuzug weiterer Kräfte aus anderen Städten mit der geballten Kraft eines vereinigten Armen Konrad in Stuttgart einrücken, um vor dem Landtag überzeugend den Willen und die Entschlossenheit des kleinen Mannes zu demonstrieren, der seine Forderungen selber vorbringen konnte, und sich nicht durch die Ämter vertreten lassen mußte.

Neben dem hohen politischen Ziel ging es dem Singerhans nicht zuletzt um solche scheinbar zweitrangigen bäuerlichen Anliegen, für die kein herzoglicher Beamter bisher Verständnis gezeigt hatte: daß die Forstleute nicht bedenkenlos durch Felder und junge Anpflanzungen reiten durften, daß die Bauern nicht widerstandslos ertragen mußten, wie ihnen das Wild ihr Getreide wegfraß oder die Vögel ihre Reben, daß auch Amtspersonen verpflichtet sein sollten, auf bäuerliche Eingaben mit einem Bescheid zu antworten, statt sie einfach unter den Tisch zu fegen, daß nicht auch die kleinste Amtshandlung mit hohen Bearbeitungsgebühren belastet werde; vor allem, daß am Ende die Wälder mit allem Getier wieder das werden sollten, was sie einst gewesen waren: Gemeinbesitz. Das hohe politische Ziel aber war: Es könne nur einen Herrn geben, den Kaiser, wie es ja auch nur einen Gott gäbe.

Die Bauern von der Münsinger Alb wählten den Singerhans zu ihrem Hauptmann, und er ritt in der gemeinsamen Sache im Lande umher, um Freunde zu gewinnen, sich mit ihnen abzusprechen und alles wohl zu durchdenken, weil das, was sie vorhatten, keine Sache sei, die man dem Zufall überlassen dürfe, sondern die genau geplant werden müsse.

Aber was er vorhatte, sprach sich nicht nur unter denen herum, die es betraf, sondern kam auch denen zu Ohren, aus deren Abhängigkeit er die Bauern befreien wollte. Als er in der zweiten Juniwoche des Jahres 1514 mit seinem Freund Konrad Griesinger von einer Besprechung in Pfullingen nach Hause zurückritt, überfiel die beiden auf dem Wege an einer unübersichtlichen Stelle der Forstmeister Stephan Weiler mit etlichen Soldknechten, die ihnen in einer Dickung aufgelauert hatten. Die beiden Männer wehrten sich verzweifelt, aber gegen die Übermacht konnten sie nichts ausrichten. Den Griesinger stachen die Reiter vom Pferd, daß er zu Boden stürzte. Den Singerhans hieben sie aus dem Sattel, zerrten ihn hoch, banden ihn auf sein Pferd und schafften ihn, ohne sich um seine Wunden zu kümmern, nach Urach. Da warfen sie ihn ins Gefängnis und folterten ihn, um mehr von ihm zu erfahren, aber sooft sie auch die Prozedur wiederholten, sie brachten doch nicht die Namen seiner Freunde aus ihm heraus. Dann ließen sie ihn in dem Kerker liegen, in seinem Blut und seinen Ausscheidungen.

Am anderen Tag fanden Bauern den schwerverletzten Griesinger im Gras am Wege. Sie holten einen Karren voll mit Strohbündeln, packten den Mann darauf und brachten ihn nach Hause. Dabei erfuhren sie, was geschehen war, und später hörten sie von anderen, die aus Urach kamen, daß ihr Hauptmann dort gefangengehalten und gefoltert werde. Da rotteten sie sich zusammen und zogen vor die Stadt. In Urach waren die Tore geschlossen, und die Stadtknechte ließen niemanden ein. Die Bauern verlangten den Vogt zu sprechen, aber der wollte mit ihnen nicht reden. So lagerten sie sich vor dem Tor und warteten. Es war Juni und also die Zeit, in der das Heu eingefahren werden mußte. Sie konnten es sich nicht leisten, lange hier zu liegen und zu warten, ob etwas geschah. Ab und zu riefen sie zu den Mauern hinauf, sie wollten den Singerhans freihaben, aber sie bekamen keine Antwort.

Auch der Rat der Stadt war über den Forstmeister verärgert, der mit seinem eigenmächtigen Vorgehen in die städtischen Rechte eingegriffen hatte, und schickte in dieser Sache eine Beschwerde an die herzogliche Regierung in Stuttgart. Der Uracher Vogt, dem die Befestigungsanlagen und damit auch die Gefängnisse unterstanden, war ebenso ein herzoglicher Beamter wie der Forstmeister. Das komplizierte den Fall. Einige Bürger gingen hinaus zu den Bauern und sagten ihnen, wie die Lage war. Sie hätten erfahren, daß auch die Stuttgarter Bürger auf ihrer Seite stünden und ebenfalls schon eine Beschwerde über das Vorgehen dieses Forstmeisters eingereicht hätten.

Die Bauern sahen ein, daß diese verfahrene Angelegenheit so rasch nicht zu klären war; und dann war da auch die Angst, es könne ein langer Regen kommen und das Gras umlegen. Sie zogen heim und machten sich daran, zu mähen, das Heu zu wenden und einzufahren.

Von da an war längere Zeit keine Unruhe mehr auf der Münsinger Alb. Der Singerhans lag gebrochen in seinem Kerker. Man hörte nie wieder etwas von ihm, und weit und breit fand sich kein anderer, der seine Aufgabe hätte übernehmen können.

Anderswo aber wuchs die Unruhe, als sich die Nachricht vom Überfall auf den Singerhans verbreitete und als von Truppenbewegungen an den Landesgrenzen gemunkelt wurde. Ein Gerücht lief um, Herzog Ulrich habe die Nachbarfürsten um Hilfe gerufen: Landgraf Philipp von Hessen, Kurfürst Ludwig von der Pfalz, Markgraf Christoph von Baden, den Bischof von Würzburg, den Bischof von Konstanz. Die Menschen fühlten sich hintergangen, bedroht, im Zustand völliger Rechtlosigkeit, jeder Willkür ausgeliefert.

An vielen Orten geschah etwas, aber es geschah ohne Zusammenhang: In Calw drangen ein paar hundert Bauern in die Stadt ein, zwangen dem Vogt die Stadtschlüssel ab und stellten selber die Wachen auf Mauern und Türme. Die Bauern aus dem Amt Marbach nahmen die Kirchweih zum Anlaß, sich mit Bürgern zusammenzutun und das Rathaus zu besetzen. Als sie dann aber zur Besinnung kamen, fühlten sie sich dem, was möglicherweise auf sie zukam, doch nicht gewachsen und zogen sich wieder zurück. In Backnang setzten Bürger und Bauern den Rat ab und wählten aus ihren eignen Reihen einen neuen, in dem acht Männer aus der Stadt saßen und sechzehn aus den Landgebieten, die zum Amt gehörten. Auch in Leonberg ging die Bürgerschaft offen gegen den Vogt und die Stadtverwaltung vor, und ihre Position war gar nicht schlecht, da sich ihr drei Ratsherren angeschlossen hatten. Aber die Sorge, wie sich die Stadtknechte, die ja besoldete Berufskrieger waren, im Ernstfall verhalten würden, bedrückte sie. So verließen die Leonberger ihre eigene Stadt und schlugen draußen auf dem Engelberg ein befestigtes Lager auf. Von da aus schickten sie Abgesandte nach Schorndorf, weil sie mit den Remstälern zusammengehen wollten, und auch in andere Städte, von denen sie hofften, daß sich die Dinge dort ähnlich entwickelten.

Die radikalste städtische Zelle entstand in Markgröningen. Da wirkte der Pfarrer Dr. Reinhard Gaislin, ein Mann, der ähnlich gelagert war wie Thomas Müntzer, welcher zu dieser Zeit noch in Frankfurt an der Oder lebte, gerade erst zum Priester geweiht war und erst zehn Jahre später in Mühlhausen sein Gottesreich auf Erden gründete.

Der unruhige Gaislin kam aus dem ruhigen Tübingen. Da hatte er einige Jahre als Professor gewirkt und war dann als Stadtpfarrer nach Markgröningen gegangen. Dort verbreitete er nun solche Gedanken wie: Reichtum sei Diebstahl an der Allgemeinheit, man müsse also den Reichen das Ihre nehmen und es den Armen geben. Die Wohlhabenden beobachteten seine Entwicklung mit Besorgnis, den Erfolglosen und Benachteiligten aber tat es wohl, daß ihnen ein Geistlicher sagte, die Ungerechtigkeiten, denen sie ausgesetzt seien, widersprächen dem Geiste des Christentums, also seien ihre Beschwerden und Forderungen berechtigt vor Gott und den Menschen. Unter seinem Einfluß bildete sich in Markgröningen eine große Gruppe von Aufrührern, die zu einschneidenden Veränderungen, notfalls mit Gewalt, entschlossen waren.

Aber auch wo Gaislin nicht predigte, an anderen Orten Württembergs war jetzt häufig nicht mehr allein davon die Rede, daß man dem alten Recht, das außer Kraft und in Vergessenheit geraten sei, wieder Geltung verschaffen müsse, sondern immer häufiger wurde auch vom göttlichen Recht gesprochen, das die geistige Grundlage des Bundschuh gewesen war, als er unter dem Wahlspruch »Wir wollen der Gerechtigkeit einen Beistand tun!« angetreten war. Vieles vom Gedankengut des Bundschuh ging in den Köpfen der württembergischen Bauern um.

Ein alter Mann, der auf seinem Weg von einem Dorf zum anderen im Gestrüpp am Straßenrand einen ausgetretenen Schuh fand, den jemand weggeworfen hatte, steckte ihn auf seinen Wanderstock, schwenkte ihn und erzählte allen Leuten, denen er begegnete, das sei der Bundschuh. Dieses gefährliche Reizwort, das Landesherrn und Regierungen im Schwarzwald und jenseits des Rheins im vergangenen Jahr in Angst und Schrecken versetzt hatte, machte also immer noch seine Runde. Diese Angst war es, die Herzog Ulrich mit seinen Nachbarn verband, so sehr seine Interessen sonst auch auf die eigenen Belange konzentriert waren. Da er von allen die geringsten Mittel zur Verfügung hatte, war er auf ihre Unterstützung angewiesen, die er aber nur erhalten konnte, wenn auch sie darin einen Vorteil sahen.

Als die Bauern merkten, daß sich allerlei Kriegsvolk an den Grenzen zusammenzog, stellten sie Wachen auf den Bergkuppen auf und setzten Späher in hohe Bäume, um beizeiten Bescheid zu wissen, wenn fremde Truppen ins Land eindrangen.

Das alles waren keine guten Voraussetzungen für einen ruhigen Verlauf des Landtages, der das Klima bereinigen und für lange Zeit vernünftige Verhältnisse im Land schaffen sollte: die gereizte Stimmung, das gegenseitige Belauern, die Angst vor Gewalt, das schwindende Vertrauen zum Herzog, den doch Gottes Gnade für sein hohes Amt auserwählt hatte.

Die Reaktionen auf all diese Belastungen waren unterschiedlich: Die Leonberger bildeten kriegsmäßig gegliederte bewaffnete Verbände aus den Männern aller Ortschaften im Amtsbereich mit freigewählten Hauptleuten, Fähnrichen und Weibeln, ganz so, als sei da ein Krieg ausgebrochen und sie müßten jederzeit auf einen bewaffneten Überfall gerüstet sein. Die Stuttgarter und Tübinger dagegen schickten Bürgervertreter, die weithin Vertrauen und Ansehen genossen, über die Dörfer, um die Bauern zu beschwören, doch erst einmal in Ruhe den Verlauf des Landtages abzuwarten und nicht durch übereilte Aktionen eine verhängnisvolle Entwicklung auszulösen.

Jede Gemeinde im Land sah die Dinge anders und hatte ihre eigenen Vorstellungen. Es gab Führerpersönlichkeiten unter ihnen, aber es fehlte der Mann großen Zuschnitts, der diese Vorstellungen ordnen und die Kräfte zusammenfassen konnte. Es fehlte der Mann mit staatsmännischem Blick und zwingender Integrationskraft, der den Fachjuristen gewachsen war, den fürstlichen Bankiers, den Kaufherrn, den diplomatisch geschulten Geistlichen. Die große Masse hatte sich den naiven Glauben an den gottgegebenen Herrn bewahrt, der ihr Bestes wollte, den aber schlechte Berater gegen sein Volk abschlossen, bewußt in Unkenntnis hielten und zu ihren Zwecken ausnutzten. Es fehlte der Mann, der diesem Volk zu der Einsicht verhalf, daß die schlechten Berater nur wirken konnten, weil sie im Namen ihres Herzogs zu seinem Nutzen wirkten. Wenn es das einmal begriffen hatte, dann konnte es auch begreifen, daß es sein Geschick selber in die Hände nehmen mußte.

Ulrich hatte es nicht schwer, mit der großen Unruhe fertig zu werden, da die meisten Kräfte durcheinander und gegeneinander wirkten. Die Uneinigkeit der Untertanen, die Kenntnislosigkeit der meisten von ihnen, ihre Unfähigkeit politisch zu denken, ihre Forderungen klar zu formulieren und gemeinsam durchzusetzen, dazu die völlige Fehleinschätzung seiner Persönlichkeit, das alles kam ihm zustatten. Dagegen waren die Kriegsknechte, die er mühsam und stückweise auf Kredit zusammenwarb, ein Instrument von zweifelhaftem Wert, und auf die verbündeten Fürsten war nur so lange Verlaß, wie sich ihre Interessen mit seinen deckten. Um ihnen klarzumachen, wie ernst die Lage sei, lud er sie oder ihre engsten politischen Berater ein, als Gäste an dem Landtag teilzunehmen. Auch ein Gesandter des Kaisers kam, und die Bischöfe von Würzburg, Straßburg und Konstanz waren ebenfalls persönlich engagiert, da jeder damit rechnen mußte, daß auch bei ihm demnächst etwas geschehen konnte.

Was die Lage besonders kritisch machte, war die Unberechenbarkeit einer Bewegung, deren Umfang und deren Durchschlagskraft noch gar nicht abzusehen war. So ließ sich nicht voraussagen, wie weit sich in den Städten nicht nur Ackerbürger, sondern auch Handwerker und Kaufleute mit den Bauern solidarisierten. Überall gab es Mißstimmungen zwischen dem weitgehend aristokratischen Rat, den Vögten, die beamtete Kriegsleute waren, dem wohlhabenden Besitzbürgertum und dem besitzlosen Kleinbürgertum, das ganz unverhohlen mit den Bauern zusammenging.

Schon vor Beginn des Landtages trafen sich in Stuttgart Abgeordnete verschiedener Städte und verfaßten Sendbriefe an alle grenznahen Gemeinden, sie sollten auf der Hut sein und sofort nach Stuttgart melden, wenn Bewaffnete die Landesgrenzen überschritten. Auch Stadtvertretungen, die Ulrich unbedingt ergeben waren, schien nämlich der Gedanke unerträglich, daß eine interne württembergische Auseinandersetzung von fremden Truppen entschieden werden sollte.

Als dann der Landtag begann, wurde es den geladenen Gästen sehr bald deutlich, daß dieses Württemberg ein Land war, in dem sich seit Urzeiten gewisse demokratische Ansprüche und Gepflogenheiten lebendig erhalten hatten und sich von oben nur dann vollkommen außer Kraft setzen ließen, wenn es gelang, Interessenzusammenhänge zu spalten und Gruppengegensätze herauszuarbeiten.

Viele Landgemeinden hatten Abgeordnete nach Stuttgart geschickt, obwohl ihnen kein Sitz im Landtag zustand. Sie waren gekommen mit dem festen Entschluß, sich auf ihre Weise Gehör zu verschaffen, indem sie vom alten Recht jedes Mannes Gebrauch machten, sich persönlich an den Landesherrn zu wenden und offen mit ihm zu sprechen. Tausende von Bauern zogen durch die Gassen der Hauptstadt. Das irritierte den Herzog und seine Regierung. Geradezu erschreckend wirkte aber der erste Antrag, den die Vertreter mehrerer Städte vorbrachten: Zur Überwachung der herzoglichen Regierung, die das Mißtrauen des ganzen Landes erregt hatte, sollte ihr ein Kontrollorgan beigegeben werden, das aus je vier Vertretern des Ritterstandes, der Städte und der Landgemeinden zu bilden war. Das hätte zwar nicht dem prozentualen Anteil dieser drei Gruppen an der Gesamtbevölkerung entsprochen, wohl aber jedem der drei Stände einen Einfluß auf das Regierungsgeschehen eingeräumt, zumindest einen Einblick in sonst undurchschaubare Vorgänge ermöglicht.

Die herzogliche Regierung bestand aus drei starken Männern: dem Marschall Konrad von Thumb, mit dem Ulrich nicht zuletzt durch die Tatsache verbunden war, daß dessen Tochter Ursula seine Geliebte war, dem Kanzler Dr. Gregor Lamparter und dem Kämmerer Heinrich Lorcher, der die Finanzen verwaltete. Diese drei Männer mit der unbegrenzten Machtfülle mußten nun miterleben, wie die städtischen Delegierten vor den Vertretern der Stände, den Prälaten, den auswärtigen Gesandten, und, was ihnen besonders gefährlich werden konnte, sogar vor dem Herzog, ungeschminkt ihr Mißtrauen aussprachen und einen Gesetzentwurf einbrachten, der im Endeffekt zu ihrer Entmachtung führen mußte.

Die Forderungen des Landtags gingen noch weiter. Sie enthielten so revolutionäre Vorschläge wie den, daß der Herzog von diesem neu zu bildenden Zwölferrat für seinen Hofstaat einen festen Etat zugewiesen bekommen sollte, aus dem er seine Hofbeamten besolden, Baulichkeiten und Stallungen in Ordnung halten und seinen enormen Bedarf an Reit- und Zugpferden bestreiten sollte. Die Erträge seines persönlichen Grundbesitzes sollten ebenso zur Finanzierung seiner Ausgaben herangezogen werden wie die aller Steuerzahler. Das sollte auch für Klöster, Stifte und Pfarreien gelten, die wie alle kirchlichen Institutionen im Reich bisher von allen Steuern befreit waren. Deren Liegenschaften sollten in Zukunft so bemessen sein, daß die Erträge für die Ernährung des Personals ausreichten. Alles was darüber hinausging – und die Kirche war durchweg der bedeutendste Großgrundbesitzer – sollte verstaatlicht werden, ein Vorschlag, der nun wieder die geistlichen Landtagsabgeordneten verstimmte. Endlich sollte ein unabhängiges Gericht ein Untersuchungsverfahren gegen die drei herzoglichen Berater einleiten, um festzustellen, was sie seit ihrem Dienstantritt an Amtsmißbrauch, Unterschlagungen, Übertretungen, Vergehen und Verbrechen begangen hätten.

Dieser Katalog von Forderungen erschreckte den Herzog und seine Vertrauten ebenso wie die Sprache, mit der er vorgebracht wurde und die Unbefangenheit, mit der sich die Württemberger auf die demokratischen Traditionen ihres Landes besannen. Sicher wirkte auch die Tatsache mit, daß Stuttgart voll war von Delegationen der Landbevölkerung, mit denen viele Bürger offensichtlich sympathisierten, und daß sich um Schorndorf und Leonberg herum schon bewaffnete Bauernscharen sammelten, Erdwälle aufwarfen und sich auf eine bewaffnete Auseinandersetzung einstellten.

Um sich dem Druck der Volksmassen in seiner Hauptstadt zu entziehen, ritt Ulrich mit seiner Regierung und dem gesamten Gefolge ins ruhige Tübingen, wo er vor ärgerlichen Überraschungen sicher war. Von dort aus ließ er den Abgeordneten des Landtages mitteilen, sie sollten nachkommen, es würde jetzt in Tübingen weiterverhandelt. Sie gehorchten, und die Stände tagten bis zum 8. Juli 1514 ohne jede Beeinflussung durch die Basis. Die Abgeordneten vertraten die Interessen ihres Standes. Die Abgesandten der Landgemeinden blieben in Stuttgart und schickten dem Herzog eine Ergebenheitsadresse: Sie würden in Ruhe den Ausgang des Tübinger Landtages abwarten, danach aber möge er wieder nach Stuttgart kommen, damit sie ihm persönlich die Beschwerden ihrer Gemeinden vortragen könnten; zu dem Zweck seien sie gekommen, und sie würden nicht wieder nach Hause zurückkehren, ohne mit ihm gesprochen zu haben.

Ulrich ließ sie zunächst im unklaren, ob er mit ihnen reden wolle oder nicht. Im Augenblick interessierte ihn nur das: Er brauchte Geld, also mußte er dem Landtag sorgsam abgemessene Konzessionen machen. Das war ein zähes und listiges Feilschen, und seine drei starken Männer bewiesen ihm einmal wieder, wie gut sie das konnten und wie nützlich sie ihm waren. Am Ende verpflichtete er sich zu Leistungen, die ihn nichts kosteten und die im einzelnen schwer zu kontrollieren waren, etwa dazu, den Forstleuten zu verbieten, mit ihren Pferden die Saat zu zertrampeln, oder den Bauern zu gestatten, das Wild von ihren Äckern und die Vögel aus ihren Weinbergen zu verjagen, oder die Beamten anzuweisen, sich die Klagen der Bauern anzuhören und Stellung dazu zu nehmen. Dafür verpflichtete sich der Landtag, die Schulden des Herzogs in Höhe von 910000 Gulden zu übernehmen, was hauptsächlich den Bauern zur Last fiel, die rund zwei Drittel der Bevölkerung ausmachten und die sich zu diesem Punkt überhaupt nicht hatten äußern können.

Als er diesen günstigen Abschluß unter Dach hatte, zeigte sich Herzog Ulrich nicht mehr bereit, sich die Sorgen und Nöte seiner Bauern anzuhören. Er ritt auf sein Schloß und ließ die Bauern wissen, sie sollten sich mit ihren Anliegen an die Beamten wenden; es sei ja deren Aufgabe, sich damit zu beschäftigen.

Was nachblieb, war Resignation. Es hatte keinen Sinn. Was nützte es, daß die überwältigende Mehrheit des Volkes die bestehenden Zustände für unerträglich hielt, wenn sie nicht zu einer einheitlichen Willensbildung fähig war! Was nützte es, wenn jede Stadt, jedes Dorf, jedes Amt ein paar entschlossene Männer hatte, aber der eine fehlte, der sie einigen und ihren geballten Willen in eine Richtung führen konnte? Nach und nach lenkten alle ein, dachten an ihre Ernte, was ja auch so abwegig nicht war, dachten an das, was sie besaßen und was sie verlieren konnten, wenn das Land anfing zu brennen, und wenn es auch nur eine Hütte war, eine Ziege, ein paar Hühner. Nach und nach rückten die Bauernhaufen aus Stuttgart ab, tief enttäuscht und notgedrungen entschlossen, ihren Leuten daheim klarzumachen, daß der Tübinger Vertrag auch sein Gutes habe.

Die Leonberger blieben noch einige Zeit auf dem Engelberg, aber dann kamen Nachrichten, daß Landsknechte und Reisige des Kurfürsten von der Pfalz schon den Kreßbach hoch von Bretten her auf Maulbronn vorrückten. Und dann dachten sie an ihre Familien, und sie machten sich klar, welche Greuel so ein Kriegsvolk anrichten konnte: Häuser plündern und niederbrennen, Äcker verwüsten, das Vieh wegtreiben, die Frauen vergewaltigen. Als sie das alles bedacht und besprochen hatten, gaben auch sie auf und erklärten sich bereit, den Tübinger Vertrag anzuerkennen und sich ihrem gottgegebenen Herzog zu beugen.

Nur die Leute aus dem Remstal, die sich in Schorndorf versammelt hatten, gaben nicht auf. Herzog Ulrich schickte ihnen eine Botschaft, alle sollten sich unbewaffnet auf dem Wasen vor der Stadt versammeln und ihm huldigen. Sie kamen. Es waren siebentausend im ganzen, aber sie kamen nicht unbewaffnet, sondern mit Spießen und Keulen und wenn sie Landsknechte gewesen waren, mit Beidhändern und Hellebarden; auch Hakenbüchsen waren dabei. Ulrich, der sie bestellt hatte, zeigte sich nicht, sondern ließ ihnen den Tübinger Vertrag durch seinen Marschall Konrad von Thumb verlesen. Und gerade diesen Konrad von Thumb machten sie doch für all die Mißwirtschaft im Land verantwortlich.

Sie hörten ihm nicht lange zu. Erst rief einer etwas dazwischen, dann noch einer, und dann brach der ganze Haß aus ihnen heraus: Sie nannten Thumb einen, der ihre Steuergelder vertan, der das Land in Schulden gerissen, der den Herzog dazu verführt habe, sich gegen sein eigenes Volk zu wenden und Nichtstuer und Blender zu mästen auf Kosten seiner Bauern und ihrer Kinder.

Als Konrad von Thumb merkte, daß es unmöglich war, gegen all die Flüche und Verwünschungen anzukommen, brach er ab, warf sein Pferd herum und galoppierte in die Stadt zurück, um dem Herzog zu berichten. Kurz darauf kam Ulrich inmitten einer Eskorte von achtzig gepanzerten Reitern auf gepanzerten Pferden, offensichtlich aufs höchste gereizt, auf den Wasen geritten.

Die Bauern empfingen ihn schweigend, auf ihre Waffen gestützt. Nun geschah, worauf sie so lange gewartet hatten: Ihr Herzog kam zu ihnen! Aber schon bald war es auch dem letzten klar, daß er nicht gekommen war, um sich ihre Beschwerden anzuhören, sondern um ihnen seine Beschwerden mit aller Schärfe deutlich zu machen: Er war enttäuscht von ihnen, empört über ihre Halsstarrigkeit, außer sich über ihre Aufsässigkeit. Er tadelte sie, grollte ihnen, aber am Ende war dann doch wieder seine Güte stärker als sein Zorn, und er erklärte sich bereit, ihnen zu vergeben und auf harte Bestrafung, die sie weiß Gott verdient hätten, gnädig zu verzichten, wenn sie brav nach Hause gingen, fleißig arbeiteten und ihre Steuern zahlten.

Es war das alte Lied, und er beherrschte es perfekt, aber es war das falsche Lied. Mit wenigen Sätzen hatte Ulrich endgültig das Bild zerstört, das sich die Bauern von ihrem Herrscher trotz aller Zweifel wenigstens noch in verschwommenen Umrissen bewahrt hatten: Dieser Mann da in seinem Hochmut und seiner Verblendung war gar nicht das Opfer gewissenloser Hofschranzen, der war in eigener Person verantwortlich für alle Ungerechtigkeit im Lande; der war selber der Verschwender, der Menschenverächter, dem Recht und Gerechtigkeit ganz gleichgültig waren, dem es allein um Macht und Lebensgenuß ging.

Niemand hatte den Herzog unterbrochen. In die Stille, die seiner Rede folgte, trat Konrad von Thumb und rief den Bauern zu, jetzt sollten sie sich in aller Form zu ihrem angestammten Herrn bekennen, und jeder, der sich ihm zugehörig fühle, solle aus der Masse heraus- und an ihn herantreten, damit alle sehen könnten, daß er seinem Herzog die Treue bekunde. Nichts geschah. Der Marschall wartete. Alle Bauern blieben stehen, wie sie gestanden hatten. Keiner trat vor und stellte sich neben den Herzog. Ulrich saß da in voller Rüstung auf seinem Pferd, ein gepanzerter Mann auf einem gepanzerten Pferd, inmitten eines gepanzerten Gefolges und seiner drei Minister diesen siebentausend Remstälern gegenüber, und nicht ein einziger wollte sich zu ihm bekennen. Herzog Ulrich sah sich hilflos einer Situation ausgeliefert, in der ihm bewiesen wurde, was sein Volk von ihm dachte.

Erst nach und nach fingen die Leute an zu reden, aber sie hatten keinen Wortführer und redeten durcheinander und riefen ihm zu, welches Unrecht er ihnen angetan hätte in den vierzehn Jahren seiner Regierung, und wie er das Land ruiniert und ihr Geld vertan hätte und am Ende auch ihr Vertrauen. Dazwischen scheute ein Pferd, und dann klirrten Waffen gegen Harnische, und ein anderes Pferd bäumte sich auf, und ein drittes keilte aus. Das Gefolge geriet in Unordnung. Und dann gab Herzog Ulrich das Zeichen zum Anreiten.

In dem Augenblick flog ein Spieß zwischen seine Reiter, und dann noch einige mehr, und dann stach einer mit seiner Hellebarde nach Ulrichs Pferd, aber weil er ein Bauer war, und weil es ihm leid tat, ein so schönes Pferd totzustechen, traf er nur das Sattelzeug. Einer hob seine Hakenbüchse, von denen es einige unter ihnen gab, und einer rief: »Schieß doch auf ihn! Schieß doch auf den Lumpen!« Aber so eine Hakenbüchse zu bedienen, war eine umständliche Sache. Sie mußte geladen und die Bleikugel mit einem Papierpfropf festgestopft sein, und sie konnte mit einiger Hoffnung auf Treffsicherheit nur abgefeuert werden, wenn sie auf einer Gabel aufgelegt wurde, dann mußte das Pulver auf der Pfanne liegen und die Lunte angehalten werden. In der Zeit konnte ein Reiter leicht entkommen. Mancher der alten Landsknechte wußte, wie es gemacht wird, aber keiner war auf eine so unvorstellbare Entwicklung der Dinge vorbereitet gewesen, daß ein Untertan auf seinen eigenen Landesherrn schießen sollte. Dieses war der Augenblick der Entscheidung, einer dieser wenigen Augenblicke in der Geschichte, in denen sich eine ganze komplizierte Entwicklung zu einer einzigen Sekunde des Handelns oder Nichthandelns verdichtet. Er verging ungenutzt. Der mit der Hellebarde stach in den Sattel, der mit der Hakenbüchse brachte den Schuß nicht heraus. Ihr Hauptmann Hans Volmar aus Beutelsbach, den sie gewählt hatten samt Fähnrich und Weibel, stand mitten unter ihnen, ein ernsthafter, redlicher und mannhafter Anführer, aber daß diese Stunde seine Stunde war, erkannte er nicht. Den Entschluß, in die siebentausend Mann hineinzurufen: »Fangt den Herzog!«, den konnte er nicht fassen. Keiner von den siebentausend Mann war in der Lage, von sich aus aus dem Gebäude von Demut und Ehrfurcht auszubrechen, in dem sie aufgewachsen waren.

Es wäre nicht einmal ein politischer Mord gewesen, allenfalls politischer Totschlag, ein Novum, für das die Jurisprudenz noch keine Definition parat gehabt hätte. Nichts war geplant, und nichts wäre aus niedrigen Beweggründen und heimtückisch geschehen, sondern alles ganz offen aus der langandauernden Not und der augenblicklichen Demütigung heraus. Und alles wäre anders gelaufen auf lange Zeit. Dieser Augenblick hätte die Geburtsstunde der Demokratie in Württemberg sein können, wie sie wenige Meilen weiter, in der Schweiz, ja schon praktiziert wurde, oder wenigstens einer konstitutionellen Monarchie, wenn Ulrich interniert und durch seinen erst sechzehnjährigen Halbbruder ersetzt worden wäre. Dem hätte man von Anfang an Berater beigeben können, Ritter, Bürger, Bauern, Geistliche, die sich dem Staat und allen Ständen des Volkes gleichermaßen verpflichtet gefühlt hätten. Aber nichts geschah.

Ulrich entkam mit seinem Gefolge. Die Kavalkade galoppierte auf die Stadt zu.

Inzwischen hatten die Schorndorfer ihre Tore verrammelt und Türme und Mauern besetzt. Die Stadt war gut befestigt. Achtzehn Türme verstärkten die Mauern. Als der Herzog mit seinen Reitern ankam und der Marschall hinaufrief, man solle sie gefälligst einlassen, schwiegen die Männer hinter den Zinnen, und der Vogt und seine Soldknechte waren nirgendwo zu sehen.

Ulrich erkannte, daß hier nichts zu machen war. Er wendete sein Pferd und ritt auf sein festes Schloß nach Stuttgart zurück. Was wollte er mit seinen paar Rittern, Reisigen und Landsknechten gegen diese siebentausend Mann machen, denen er gerade noch entronnen war? Vor allem brauchte er Geld. Notgedrungen versuchte er es noch einmal mit Güte und ließ ein Schreiben nach Schorndorf schicken, die Remstäler sollten doch vernünftig sein, den Tübinger Vertrag anerkennen und ihm das durch Gesandte nach Stuttgart melden lassen.

Die Meinung der Leute war geteilt. Einige waren zu allem entschlossen, aber es gab auch viele, die sich von gewaltsamen Auseinandersetzungen überhaupt nichts versprachen und dafür stimmten, das Angebot des Herzogs anzunehmen. Bauern und Bürger hielten die wichtigsten Punkte der Stadtbefestigung besetzt und hatten den Vogt und seine Soldknechte schwören lassen, nichts gegen sie zu unternehmen. Diese Berufskrieger hielten sich also abwartend im Hintergrund, während in Kaspar Pregizers Haus, in der Kanzlei des Armen Konrad, unter Hans Volmars Vorsitz die planenden und führenden Männer beisammensaßen und berieten, wie sich ihr Vorhaben auf eine breitere Basis stellen ließe. Sie arbeiteten erste Satzungen aus und regten an, jede Ortschaft im Amt und darüber hinaus solle Delegierte nach Schorndorf schicken, damit möglichst viele daran beteiligt würden, die Grundordnung festzulegen.

Während die einen bereits eine Art Vorverfassung aushandelten, gingen andere durch die Straßen und verkündeten überall, sie sollten doch einfach in Waffen durch das ganze Land ziehen, dabei immer gewaltiger werden an Zahl und Macht und es auf diese Weise freimachen von jeglicher Herrschaft.

Dieser Vorschlag fand eine stabile Mehrheit. Die Bauern, die ihn hauptsächlich stützten, verließen mit ihren Waffen die Stadt. Es schlossen sich ihnen auch etliche Bürger an, die meisten aber hielten es für klüger, zu Hause zu bleiben.

Die Schar zog mit Trommeln und Pfeifen an der Rems entlang und schlug vor Beutelsbach auf dem Kappelberg, im Anblick des Rotenbergs, wo einst das Stammschloß der württembergischen Grafen gestanden hatte, ein festes Lager auf. Das sprach sich herum, und bald kam Zuzug aus allen möglichen anderen Orten, und von Tag zu Tag wurden es mehr. Es waren auch Menschen dabei, die aus dem Schwarzwald, vom Oberrhein oder aus dem Elsaß herübergekommen waren und außer trüben Erinnerungen an den mißglückten Bundschuh noch einiges von dessen Ideengut mitbrachten. Und dann saßen sie beieinander, machten ihre Waffen scharf und beredeten, was nun geschehen müsse. Die einen hatten weitreichende Pläne für eine Neuordnung des Rechts, der Staatsform, des Sozialgefüges im ganzen Reich, die anderen oft nicht mehr als wildes Kampfgeschrei. Es tauchten auch Leute im Lager auf, die streuten Weissagungen aus, die sie irgendwo aufgeschnappt hatten, oder sie sprachen von geheimnisvollen Himmelszeichen, die sie mit eigenen Augen gesehen hätten, oder rechneten Tage und Stunden aus, an denen auch die verwegensten Pläne gelingen müßten.

Herzog Ulrich wartete vergebens auf die Abgesandten der Remstäler. Er war zäh. Er gab den Versuch nicht auf, ihren Willen zu brechen, ohne selber ein Risiko einzugehen und schickte nun seinerseits Abgesandte ins Lager auf dem Kappelberg und ließ denen, die sich da verschanzt hatten, wieder einmal anbieten, wenn sie den Tübinger Vertrag anerkennen wollten, würde er ihnen verzeihen. Sie ließen ihm wieder einmal antworten, ihr Entschluß sei noch nicht gefaßt, sie würden von sich hören lassen.

Ihr Entschluß war aber schon gefaßt. Sie wollten endlich ein Programm verwirklichen, das etwa so aussah: Vom Kappelberg aus beginnend wollten sie erst Württemberg und dann die Nachbarländer befreien, alle Abhängigkeiten, Fronen, Dienstleistungen und Abgaben abschaffen, die geistlichen und weltlichen Herren zu leisten waren, und nur das anerkennen, was der Kaiser zu beanspruchen habe. Diesem wollten sie als freie Menschen gegenüberstehen und sich nicht von unzähligen Zwischeninstanzen wie unmündige Kinder gängeln lassen. Den kirchlichen Grundbesitz wollten sie auf das notwendigste Maß beschränken und alles darüber hinaus in Gemeinbesitz überführen, um aus diesen Mitteln Arme und Kranke versorgen zu können. Falls Herzog Ulrich sich solchen vernünftigen und maßvollen Reformen widersetze, wollten sie ihn entmachten und einen neuen Landesherrn wählen, etwa Ulrichs elf Jahre jüngeren Stiefbruder Georg, der unter dem Einfluß verantwortungsbewußter Erzieher sich noch zu einem annehmbaren Herzog entwickeln konnte. Nicht alle Delegierten wollten sich mit Ulrichs Festnahme begnügen, einige vertraten die Ansicht, man müsse ihn hinrichten, weil er sonst nie Ruhe geben würde.

Während sich die Remstäler auf dem Kappelberg in Zukunftsvisionen und Grundsatzgesprächen erschöpften, kam zu ihnen ein junger Stuttgarter Bürger ins Lager, der Jörg Tiegel hieß und den Vorschlag mitbrachte, es würde ihrer Sache einen großen Auftrieb geben, wenn sie die herzogliche Hauptstadt Stuttgart besetzten, wo viele Bürger auf ihrer Seite stünden. Er hatte auch schon einen fertigen Plan: In einer Nacht, über die man sich einigen müsse, wollte er eines der Stadttore, das Zwingertor, öffnen und die Bauern einlassen. Vier Soldknechte, die an diesem Tor Dienst taten und da auch schliefen, wollten mitmachen. Er selbst wohnte bei seiner Mutter in einem Haus gleich neben dem Zwingertor und konnte also ohne Aufsehen zu erregen alles beobachten, was sich in diesem Bereich der Befestigung abspielte.

Der Vorschlag gefiel den Männern auf dem Kappelberg, und am anderen Tag zogen an die tausend Mann von ihnen nach Stuttgart, unauffällig, in kleinen Gruppen, auf verschiedenen Wegen. Und als es dunkel war, lagerten sie sich in einigem Abstand vom Zwingertor weit verstreut im Gebüsch. Sie warteten die Mitternacht ab, aber nichts geschah. Jörg Tiegel erschien nicht auf der Turmkrone, und es wurde ihnen auch sonst kein Zeichen gegeben. Das Tor blieb verschlossen. Die Nacht verging. Als es dämmerte, zogen sie sich wieder zurück und hielten sich in den Wäldern verborgen. Bei Sonnenaufgang machten sich ein paar von ihnen auf den Weg in die Stadt, so wie Bauern eben früh in eine Stadt gehen. Da horchten sie sich auf dem Markt um und erfuhren bald, weil jeder es jedem erzählte, in der Nacht seien ein paar Stadtknechte belauscht worden, die sich angeschickt hätten, das Zwingertor zu öffnen, und Jörg Tiegel sei in die Sache verwickelt gewesen. Man habe sie entwaffnet und ins Gefängnis geworfen.

Die Bauern verschwanden einzeln wieder aus Stuttgart und sagten es draußen den anderen, die in den Wäldern auf sie warteten. Daraufhin zogen die tausend Mann wieder zu ihrem Lager auf dem Kappelberg wie sie gekommen waren: unauffällig, in kleinen Gruppen, auf verschiedenen Wegen. Und keiner von ihnen kam auf den Gedanken, daß unter ihnen welche waren, denen der Herzog durch seine Leute Vergünstigungen hatte versprechen lassen, wenn sie ihm von allem berichteten, was auf dem Kappelberg geplant wurde.

Zwischen dem Lager, das ja nicht hermetisch abgeschlossen war, und dem Schloß in Stuttgart war ein ständiger Verkehr, und Herzog Ulrich war genau informiert über alle Vorschläge und Gegenvorschläge, mit denen sich die Bauern immer wieder auseinandergesetzt hatten. Er wußte auch, daß die Unsicherheit unter ihnen ständig wuchs, die Unruhe, die Sorge, ob daheim alles in Ordnung war, das Haus, die Frau, die Kinder, das Vieh. Und immer wieder bekam er bestätigt, daß die meisten von ihnen im Grunde gar nichts anderes wollten, als in Ruhe arbeiten, daß sie vor jedem offenen Aufruhr zurückschreckten, vor jedem Blutvergießen. Ihr Verlangen nach dem alten Recht war schon zur Formel geworden. Ein kleines Entgegenkommen genügte, und sie würden zu allem bereit sein. Einer der Späher des Herzogs faßte seinen Bericht über die Stimmung im Lager in dem Satz zusammen: »Das ist ein armes, verstörtes, ganz verzagtes und von Sorgen erfülltes Volk.«

Der Herzog nutzte die Stimmung aus und zeigte ein kleines Entgegenkommen. Er ließ denen auf dem Kappelberg mitteilen, wenn sie den Tübinger Vertrag im Augenblick nun gar nicht anerkennen möchten, dann wolle er sie nicht weiter drängen, sondern in Frieden heimgehen lassen, nach und nach ihren Beschwerden Abhilfe schaffen und bei einem späteren Landtag ihre Zustimmung gewinnen.

Um die Sache in eine verbindliche Form zu bringen, kamen herzogliche Beamte und Abgeordnete des Landtags nach Beutelsbach und verhandelten unterhalb des Kappelberges in einem Wirtshaus mit dem Bauernhauptmann Hans Volmar, dem Juristen Ulrich Entenmair und anderen Führern der Remstäler. Am 27. Juli unterschrieben sie einen Vertrag, der die Bauern verpflichtete, das Lager zu räumen und sich in ihre Gemeinden zurückzuziehen; dafür bekamen sie die Zusicherung, daß all ihre Klagen und Vorbehalte noch einmal in gesonderten Verhandlungen geklärt und zum Gegenstand eines neuen Vertrages gemacht werden würden.

Das hörte sich sehr freundlich an, und man fand auch das Verhandlungsklima nicht unangenehm. Die Bauern räumten das Lager auf dem Kappelberg und gingen heim. Nur wenige trauten dem Frieden nicht und verschwanden im stillen aus dem Lande.

Inzwischen hatte sich Ulrichs Lage grundlegend geändert. Der Bischof von Würzburg schickte in Erinnerung an den Kummer, den das Pfeiferhänslein seinem Amtsvorgänger vor vierzig Jahren bereitet hatte, und besorgt, der Arme Konrad könne auch auf sein Gebiet übergreifen, den Marschall Ludwig von Hutten mit bald tausend Landsknechten und dreihundert Reitern. Die Tübinger, stets bemüht, ihrem Ruf als die Bravsten der Braven gerecht zu werden, stellten dem Herzog fünfhundert Kriegsknechte zu Fuß zur Verfügung. Der Truchseß Georg von Waldburg, mit seinen 26 Jahren schon ein erfahrener und weitbekannter Heerführer, der den Krieg wie ein erfolgreicher Unternehmer betrieb und todsicher spürte, wo es etwas zu gewinnen gab, führte Ulrich siebenhundert Mann zu, davon hundert zu Pferde, und seine gefürchtete schwere Artillerie. Auch der Bischof von Konstanz, der Markgraf von Baden, der Kurfürst von der Pfalz hatten allesamt keine Lust mehr, tatenlos zuzusehen, wie es in dem Gefahrenherd Württemberg immer weiter glomm und schickten ihre

Truppen. Da sich nun so viele Fürsten um Ulrichs Wohl sorgten wie um ihr eigenes, fanden auch die großen Bankhäuser, daß der Herzog von Württemberg so kreditunwürdig gar nicht sei und schickten ihm neue Darlehen, damit er sich auch selber einige Fähnlein Landsknechte anwerben konnte.

Die Männer, die da in den Schenken an den großen Heerstraßen herumsaßen, immer noch auf Werber warteten und langsam unruhig wurden, weil der Sommer schon halb vorbei und der nächste Winter gar nicht mehr so fern war, fanden es am Ende doch vernünftiger, für einen leidlichen Sold gegen die Bauern zu kämpfen, als ohne jede Hoffnung auf Gewinn für deren verlorene Sache den Kopf zu riskieren. Auch die Städte Cannstatt, Kirchheim und Balingen kamen zum Schluß, daß sie von der Gnade des Herzogs mehr zu erhoffen hatten als vom Dank der Bauern; so nützten sie das günstige Überangebot an Berufskriegern aus, stellten je ein Fähnlein auf und schickten die Truppen ihrem Herzog Ulrich.

Die ersten, die seine Rache traf, waren die Waiblinger. Auf ihrem Weg vom Kappelberg nach Hause wurden sie von Kriegsknechten des Tübinger Fähnleins überfallen. Auch unter den Waiblingern gab es ein paar Spitzel, und die bezeichneten den Tübingern, welche ihrer Genossen sie für harmlos und welche für gefährlich hielten. Die Landsknechte ließen die Harmlosen laufen, die anderen legten sie in Ketten, von denen sie ausreichende Mengen in ihrem Troß führten, schleppten sie so nach Waiblingen und ließen sich da von ihnen ihre Häuser zeigen. Die plünderten sie aus, und alles, was sie nicht mitnehmen konnten, zertrümmerten sie. Dann trieben sie die Gefangenen in Ketten vor sich her nach Schorndorf und warfen sie dort in die Verliese.

Eine andre Rotte fiel bei Nacht in Beutelsbach ein und holte den Bauernhauptmann Hans Volmar und seine beiden Stellvertreter aus den Betten. Die waren vollkommen überrascht und wehrten sich nicht, weil sie nicht damit hatten rechnen können, daß der Herzog sie so kurz, nachdem er sie noch als seine Vertragspartner anerkannt hatte, wie Verbrecher behandelte. Sie hielten das alles für ein großes Mißverständnis und ließen sich widerstandslos binden und wie Vieh in ihre Amtsstadt treiben. Überall schwärmten Reisige und Soldknechte umher und fingen Bauern ein, die ihnen von den Spitzeln als Rädelsführer angegeben wurden. In den Kerkern von Schorndorf sahen sie sich wieder.

Sobald das geschehen war und keine zusammenhängende Zelle eines möglichen Widerstandes mehr bestand, kam Ulrich selber in die Stadt geritten, vor deren Mauern er die schlimmste Demütigung seines Lebens empfangen hatte. Alle Mitglieder seines Gefolges, die damals dabeigewesen waren, kamen auch jetzt, außerdem die Truppen, die er inzwischen angeworben hatte. Unter den Schorndorfern hatten sich inzwischen die durchgesetzt, die seinerzeit zu Ruhe und Mäßigung geraten hatten. Sie hießen ihren Landesherrn ehrerbietig willkommen, als er an der Spitze der glanzvollen Kavalkade und seiner Landsknechtsfähnlein in die Stadt einzog.

Diese waren ja alle erst ganz kurz in seinen Diensten, und er wollte ihnen mit einer ganz großen Geste klarmachen, welch nobler Kriegsherr er sei und daß es sich lohne, unter seinen Fahnen zu dienen. So gab er ihnen die Häuser derer zur Plünderung frei, die sich zum Armen Konrad bekannt hatten oder sonst bei den Unruhen hervorgetreten waren. Das Haus des Messerschmieds Pregizer, in dem die Kanzlei des Armen Konrad untergebracht gewesen war, fanden sie leer. Der Meister hatte seine Familie und auch das letzte Geld, das ihm noch verblieben war, mitgenommen. Man konnte also nur die Fenster einschlagen, Decken und Kissen zerschlitzen und die Möbel zertrümmern. In den Häusern der anderen führenden Männer war es ähnlich. Sie hatten das meiste für den Armen Konrad aufgewendet, und die große Masse der Kleinbürger oder der Besitzlosen, die irgendwo eine Kammer mit einem Strohlager zur Miete bewohnten, die hatten überhaupt nichts, was einen Landsknecht interessieren konnte. Es ergab sich bald ganz von selber, daß die Kriegsknechte mehr Gefallen an den sehr viel üppigeren Häusern der wohlhabenden Bürger fanden, die sich am Aufruhr gar nicht beteiligt hatten. Sie holten heraus, was Wert hatte und demolierten den Rest. Der Herzog, der auf ihr Wohlwollen größten Wert legte, ließ sie gewähren, man konnte schließlich den Fall auch so auslegen, daß sich die ganze Stadt unbotmäßig verhalten hatte und nun entsprechend gezüchtigt wurde. Indessen schweiften die Büttel durch die Straßen und fingen alle Leute ein, die irgend jemand mit dem Armen Konrad in Verbindung brachte. Entfliehen konnte keiner. Die Stadttore waren verschlossen und wurden von den Kriegsknechten des Herzogs bewacht. So konnten auch keine Nachrichten hinausdringen von dem, was hier geschah. Die Menschen draußen erfuhren es erst sehr viel später.

Indessen schickte Ulrich seine Boten in die anderen Orte im Remstal und ließ dort ausrichten, alle wehrhaften Männer sollten sich vor den Toren ihrer Amtsstadt einfinden, er wolle zu ihnen sprechen. Es kamen dreitausendvierhundert, und sie kamen in Waffen. Ulrich ließ sie von seinen Landsknechten umstellen.

Als sie begriffen, daß er sie übertölpelt hatte und daß es kein Entkommen gab, befahl er ihnen, ihre Waffen abzulegen. Sie gehorchten. Sie hatten keine andere Möglichkeit, und sie taten es sogar gutwillig, denn sie waren durchweg Leute, die gar nicht zum Armen Konrad gehört hatten, Ältere, Unschlüssige, die ohnehin schon jede Hoffnung aufgegeben hatten, Kranke, oder auch solche, die vor allem und zuerst Ruhe und Frieden hatten haben wollen. Die anderen, die sich zum Armen Konrad bekannt hatten, waren dem Aufruf gar nicht gefolgt, sondern hatten sich in Sicherheit gebracht.

Und wie sie dastanden, wehrlos, von schwerbewaffneten Kriegsknechten und Reisigen umgeben, ließ ihnen der Herzog von einem Kanzlisten vorlesen, der Landtag habe beschlossen, daß alle Bewohner des Amtes Schorndorf verpflichtet seien, den Tübinger Vertrag ohne Widerrede anzuerkennen, wer sich aber in der jüngsten Zeit des Ungehorsams in Wort und Tat gegen den gnädigen Herrn schuldig gemacht habe, der sei festzunehmen und harten Strafen zuzuführen.

Jetzt war es auch dem Arglosesten klar, daß der Vertrag, der am 27. Juli im Beutelsbacher Wirtshaus geschlossen worden war, nur den einen einzigen Sinn gehabt hatte, die Bauern in Sicherheit zu wiegen. Aber nun war es zu spät. Die Kriegsknechte gingen mit den Spitzeln die Reihen ab und ließen sich jeden bezeichnen, der nur mal ein kekkes Wort gesagt, oder seinen Unwillen über die herzogliche Regierung bekundet hatte. Sie wurden von den anderen abgesondert und mit Stricken aneinandergefesselt. Es waren 1600 im ganzen. Da der Platz in den Schorndorfer Kerkern begrenzt war, wurden dort nur die untergebracht, die noch eingehender vernommen werden sollten. Dort waren nämlich auch die Folterkammern eingerichtet, in denen die herzoglichen Untersuchungsrichter mit Hilfe des Scharfrichters und seiner Gesellen die Gefangenen immer wieder von neuem nach Einzelheiten des Armen Konrad befragten. Die anderen wurden ins Rathaus getrieben, aber auch da war der Raum begrenzt. Die Büttel behalfen sich so, daß sie die Gefangenen in die Zimmer schoben, und wenn das eine mit dicht aneinandergedrängten Menschen gefüllt war, preßten sie sie mit der Tür zusammen, schlossen ab und nahmen den nächsten Raum. So brachten sie schließlich alle unter.

Die Hoffnung, bisher unbekannten organisatorischen Zusammenhängen auf die Spur zu kommen, erfüllte sich nicht, so sehr die Männer in den Türmen auch allen Graden der Folter unterworfen wurden. Es kam nicht mehr dabei heraus, als das, was die Beamten schon von ihren Spitzeln wußten.

Die Gefangenen im Rathaus ließ man in der Enge stehen, in der sie kaum atmen konnten, gab ihnen nichts zu essen und nichts zu trinken am 2. und am 3. August. Am Morgen des 4., einem Freitag, ließ Herzog Ulrich ihre Türen öffnen und befahl, die Männer aus den Zimmern, aus dem Rathaus, aus der Stadt zu führen, hinunter zur Rems,

so nahe ans Ufer, daß sie das Wasser dicht vor sich sehen, aber so weit
entfernt, daß sie nicht trinken konnten und auch nicht abwaschen,
was an ihnen hing und klebte. Da standen sie einige Stunden, bis weit
über die Mittagszeit hinaus, umsummt von Fliegenschwärmen, umringt von den Hellebarden ihrer Bewacher. Es war ein heißer Tag, und
erst als es kühler geworden war, kam der Herzog auf die Wiese herun-
tergeritten.
Die Gefangenen mußten niederknien und den Kopf vor ihm neigen.
Gut eine halbe Stunde ließ er sie in dieser Sklavenhaltung verharren,
dann durften sie aufstehen, und ein Kanzlist verkündete ihnen das Urteil: Weil sie sich gegen ihren Landesherrn erhoben hätten, dürften sie
ihr Leben lang nie wieder Waffen tragen, und wenn in ihrem Hause
mehr gefunden würde als das Messer, das sie zum Schweineschlachten
und Brotschneiden brauchten, dann würde es ihnen sehr schlecht ergehen. – Und nun dürften sie auf den Tübinger Vertrag ihrem Herrn
die Treue schwören und dann nach Hause gehen.
Sie schworen und gingen nach Hause.
Der 6. August 1514 war ein Sonntag, und es fanden weder Folterungen, noch Verurteilungen an diesem Tage statt, denn alle Menschen,
die anzuklagen und zu richten, die Urteile zu vollstrecken hatten,
oder auch nur im Gedränge als Zuschauer die Hälse reckten, waren in
den Kirchen und dankten Gott dem Herrn für seine Gnade.
Am Morgen, dem 7. August, trieben die Stadtknechte alle, die in den
städtischen Kerkern festgesetzt und verhört worden waren, auf den
Wasen vor der Stadt, wo das Gericht stattfinden sollte. Achtundvier-
zig Gefangene führten sie in Ketten vor, und die hatten nicht mehr auf
dem Leibe, als sie in jener Nacht angehabt hatten, in der sie aus tiefem
Schlaf gerissen und aus dem Stroh gezerrt worden waren. Einige hundert Männer, denen niemand irgendeine Beziehung zum Armen Konrad hatte nachweisen können, durften ungefesselt erscheinen. Ihnen
erklärte der Kanzler Lamparter, der Herzog wolle sie unverdient milde behandeln, sie müßten nur auf den Tübinger Vertrag schwören und
sich eidlich verpflichten, jedes Urteil widerstandslos anzunehmen. Sie
schworen, und ihnen wurde eine Geldstrafe auferlegt, die sie zeitlebens zu Schuldnern des Herzogs machte. Die gleiche Strafe bekamen
auch die Männer in Ketten, aber das war nur der Anfang. Jeder einzelne erhielt noch eine Zusatzstrafe zugemessen, und die wurde auch
gleich vollstreckt. Einigen brannte der Scharfrichter mit einem glühenden Eisen ein Mal in die Stirn, anderen schlug er Finger von den
Händen ab, mehrere wurden von den Henkern samt Frau und Kindern mit Ruten aus dem Lande gepeitscht. Als letzte ließ sich der Herzog den Bauernhauptmann Hans Volmar aus Beutelsbach, dessen

Bestrafung von Knechten (Holzschnitt von Hans Burgkmair in den »Bildern zu Schimpf und Ernst«)

Fähnrich und dessen Weibel vorführen. Alle drei mußten im Angesicht der Stadt vor den Augen ihrer Mitangeklagten und Zuschauer im Gras niederknien, und der Scharfrichter hieb ihnen den Kopf ab.

Am 8. August bestätigte Herzog Ulrich sieben weitere Todesurteile und ließ sie ebenfalls sofort vollstrecken. Die Köpfe wurden den Bütteln ihrer Heimatstädte mitgegeben, mit der Auflage, sie an besonders markanten Stellen über den Stadttoren aufzuspießen, dem Volk zur Unterhaltung, jenen aber, die immer noch Gedanken an neuen Aufruhr im Herzen trügen, zur Warnung.

Am Abend, als der Gerichtstag beendet war, ritt Herzog Ulrich eiligst nach Stuttgart. Dort hatte er für den nächsten Tag einen Prozeß angesetzt, von dem er keine Phase versäumen wollte, ging es doch um die Männer, die sich in seiner eigenen Landeshauptstadt gegen ihn empört hatten.

In Stuttgart versammelte sich das Gericht am 9. August in der Frühe auf dem Markt. Der Herzog saß in der Mitte. Der Scharfrichter stand mit seinen Gesellen abseits und wartete auf seine Stunde. Ihre Kleidung war rot, wie die Sitte es verlangte. Rundherum drängte sich das Volk. Die Menschen hingen halb aus den Fenstern der Häuser oder saßen auf den Dächern. Jörg Tiegel und die vier Männer von der Stadtwache wurden in Ketten vorgeführt. Sie leugneten nicht, sie versuchten nichts zu beschönigen, sie bekannten sich dazu, daß sie dem Armen Konrad zum Einzug in die Stadt hatten verhelfen wollen. Alles ging rasch und einfach. Es lagen keine Ruten da, und kein Gehilfe des Scharfrichters machte Brandeisen im Feuer glühend. Die vier mußten niederknien, und der Meister schlug ihnen die Köpfe ab. Dann schlang ihnen der Abdecker einen Strick um die Fußknöchel, knotete sie aneinander, spannte ein Pferd davor und schleifte die Körper hinaus auf den Schindanger, wo er sie gegen die amtlich festgesetzte Gebühr zu verscharren hatte.

Die Köpfe blieben zunächst auf dem Pflaster liegen, weil erst geklärt werden mußte, in welcher Reihenfolge und auf welchen Turmhelmen sie aufgespießt werden sollten. Da drängte sich Jörg Tiegels Mutter, die alte Legelin, durch die Menge, griff sich den Kopf ihres Sohnes, drückte ihn an sich, fiel vor dem Herzog auf die Knie und bat ihn, ihr wenigstens Jörgels Kopf zu lassen. Ulrich winkte verärgert ab, und dann waren auch schon die Gehilfen des Scharfrichters bei ihr, entrissen ihr den Kopf und warfen ihn zu den anderen.

Am Abend, als der Herzog wieder auf seinem Schloß war und das Volk sich verlaufen hatte, als es still geworden war in der Stadt, schlich sich die Legelin aus ihrem Haus, schlang einen Strick um das Querholz des Kruzifix am Ilgenzwinger und erhängte sich. Eine Nacht lang hing sie neben dem Heiland, und so fanden die Leute sie am Morgen. Dann aber holte sie sehr schnell der Abdecker herunter und verscharrte sie neben dem Körper ihres Sohnes auf dem Schindanger. Sein Kopf steckte ganz dicht bei seinem Elternhaus auf dem Dachhelm des Zwingertors.

Am 11. August saß Herzog Ulrich zu Gericht über die Männer des Armen Konrad, die sich dem Verfahren durch die Flucht in die Fremde oder in den Untergrund entzogen hatten. Er verurteilte alle in Abwesenheit zum Tode: den Schorndorfer Messerschmied Kaspar Pregizer, in dessen Haus sich die Kanzlei des Armen Konrad befunden hatte, und dessen drei Söhne, den Bauernkanzler Ulrich Entenmair, der die Klagen, Anliegen und Zukunftspläne des Armen Konrad formuliert und kodifiziert hatte, die Aufrufe verfaßt und die Briefe an die befreundeten Ortschaften geschrieben hatte. Auch wer sonst unter den Beutelsbachern und Schorndorfern eine Rolle gespielt hatte, kam auf die Liste der zum Tode Verurteilten, und nicht zuletzt Peter Gais, der mit seinem Gottesgericht in der Rems den Anstoß zu dem allen gegeben hatte.

Die herzogliche Kanzlei schickte Sendschreiben an alle benachbarten Fürsten, setzte sie von den Urteilen in Kenntnis und fügte eine Liste mit den Namen der Verurteilten bei und bat darum, all diese

»... Feinde, Anfechter und gemeine Beschädiger des Heiligen Glaubens und der christlichen Kirche, Verächter und Niederdrücker aller Obrigkeit, Ketzer und Irrer des Friedens an Leib und Gut zu strafen als schändliche, verräterische, verurteilte Buben, deren Sinn eine vergiftete Schlange sei, den heiligen Glauben zu verachten und abzutilgen: Kaisertum, Königreich, Herzog- und Fürstentum, Graf- und Herrschaften, Stadt und Dörfer zu vergiften, die Dienstbarkeit aufzuheben und alle Dinge gemein zu machen ...«

Dieses Schreiben, hundertfach kopiert, machte seine Runde, und das herzoglich württembergische Ersuchen, den Männern des Armen Konrad kein Asyl zu gewähren, sondern sie auszuliefern oder selber an ihnen das Todesurteil zu vollstrecken, bekam besonderes Gewicht dadurch, daß Kaiser Maximilian die Reichsacht gegen die Verurteilten verhängte und den Heiligen Vater bat, diese Maßnahme durch den päpstlichen Kirchenbann noch zu verschärfen.

Aber Rom war weit, und der Heilige Vater, Papst Leo X. aus dem reichen Haus Medici, war zunächst einmal Politiker und Geschäftsmann und dachte in weit größeren Maßstäben. Was sollte es ihm einbringen, wenn er gegen eine Handvoll armer Teufel, denen allenfalls eine Hütte, ein kleiner Weingarten, ein paar Schweine, oder auch nur eine Ziege gehörte, den Kirchenbann schleuderte, nur um dem hochverschuldeten Herrn eines kleinen deutschen Fürstentums einen Gefallen zu tun? Es fand sich auch kein Kardinal im päpstlichen Hofstaat, der ein Interesse daran gehabt hätte, in dieser, aus römischer Sicht banalen Affäre aktiv zu werden.

Herzog Ulrich aber blieb noch längere Zeit aktiv. Als die Ruhe im Land wieder einigermaßen hergestellt war, ließ er seine Reiter noch einmal ausschwärmen. Jeder dieser Trupps wurde von einem Scharfrichter begleitet, dessen Gesellen das gesamte Folterinstrumentarium mit sich führten. Auf diese Weise ließen sich den Leuten, die es ganz überraschend traf, weil sie glaubten, der Schrecken sei nun überstanden, doch noch einige Namen von versteckten Männern des Armen Konrad entlocken.

Es wurde jetzt aber nicht mehr geköpft, nicht mehr mit Ruten gestäupt, nicht mehr des Landes verwiesen; es gab nur noch Geldstrafen, sehr hohe und kaum zu erfüllende Geldstrafen, die praktisch auf eine Enteignung hinausliefen. Herzog Ulrich erließ auch Aufrufe an all seine Landeskinder, die ins Ausland geflüchtet und nicht zum Tode verurteilt worden waren, mit dem Versprechen, sie könnten sich eine straflose Heimkehr gegen bestimmte Zahlungen erkaufen. Aber es vertraute ihm niemand mehr, und keiner kam.

Um vor Überraschungen in Zukunft sicher zu sein, baute die herzogliche Regierung das Spitzelsystem, das sich beim Leonberger Haufen auf dem Engelberg und bei den Remstälern auf dem Kappelberg bewährt hatte, zu einer festen Institution aus und schuf so eine erste Geheimpolizei.

Als dann der Herbst kam, war wirklich Ruhe im Land, und die Menschen hatten nur die eine Sorge, wie sie den Winter überleben sollten, war doch so vieles verdorben in diesem langen heißen Sommer, das Korn auf den Halmen, das Vieh auf der Weide, und so vieles war zerschlagen in den Häusern und in den Menschen.

Der zeitgenössische Chronist Kilian Leib (er starb 1550) erinnerte sich, daß er später einmal, nach diesem blutigen Sommer, ein Gedicht über Herzog Ulrich gelesen hatte, das auf die Wand einer Schenke gekritzelt war:

> Ich bin jung und nicht alt,
> gerade, hübsch und wohlgestalt,
> groß genug und kein Zwerg,
> Herzog und Henker von Württemberg.

Stara pravda
Revolte im Herzogtum Krain

Im Sommer 1515 brach im Südosten des Reiches, im Herzogtum Krain, überraschend und völlig ungeplant ein Bauernaufstand aus, der sein ganz eigenes Gepräge hatte: Mit einem Minimum an System entlud sich ein Maximum an emotionaler Vitalität und Grausamkeit.

Krain hatte einst zum germanischen Langobardenreich gehört. Es war im sechsten Jahrhundert von slawischen Stämmen erobert worden, die sich dort festgesetzt und ihre Sprache und Kultur bewahrt hatten. Seit Karl dem Großen gehörte das Land zum Reich, bis 1072 als Teil des Herzogtums Kärnten, von da ab als selbständiges Herzogtum, das seit 1335 im Besitz der Habsburger war, eine Grenzmark gegen Kroatien und Ungarn. Krajna bedeutet Grenze, und Krajnici sind Grenzbewohner.

Das Reich war nie ein germanischer Nationalstaat. Wie Burgund und weite Teile Oberitaliens, in denen romanische Sprachen gesprochen wurden, wie Oberschlesien, die Lausitz und andere Gebiete, in denen slawische Stämme gesiedelt hatten, so war auch das vorwiegend von Slowenen, den sogenannten Windischen, bewohnte Krain ein fester Bestandteil dieses Reiches, und die Krainer hatten seine Grenzen bei den vielen Türkeneinfällen immer wieder verteidigt.

Im Sommer 1515 entstand unter den windischen Bauern im Herzogtum Krain ein Lied, dessen Text hauptsächlich aus deutschen Worten bestand, aber zwei in jeder Strophe wiederkehrende slowenische Passagen enthielt: »Le vkup! Le vkup, uboga gmajna!«, lautete die eine. Das heißt: »Zusammen, arme Gemeine!«. Die andere: »Stara pravda!«, zu deutsch: »Altes Recht!«. Das war also genau die Forderung, die jenseits der Alpen in Württemberg die Bauern im Armen Konrad erhoben hatten. Das Lied breitete sich rasch aus. Und die beiden Begriffe wurden zum alarmierenden Signal.

Das Lied hatte sechs Strophen. Die erste lautete so:

> Hört Leute zu!
> Der Bauern Unruh
> tat sich sehr ausbreiten.
> In kurzer Zeit
> zu Krieg und Streit
> kam mancher her von weiten.

Aus ihrer Gmain
taten sie schrein:
Stara pravda!
Und jeder wollt sich rächen,
des Herren Gut nun schwächen.
Le vkup! Le vkup! Le vkup!
Le vkup, uboga gmajna!

Das vergangene Jahr 1514 hatte nach einem dürren Frühling viel Regen und eine jämmerliche Ernte gebracht. Dieses Jahr 1515 brachte Plagen von Raupen und Heuschrecken, denen das Korn und ganze Wälder zum Opfer fielen, und bedenkliche Zeichen: Schwärme von schwarzen Krähen machten den Tag zur Nacht, einmal sollen drei Sonnen am Himmel gestanden haben wie ein brennendes Kleeblatt, und bei einem Gewittersturm sahen viele Menschen an verschiedenen Orten feurige Reiter über die Wolkenfelder jagen. Dann zog die Pest durch das Land, und der Krieg verschlang Menschen und Dinge und darüber hinaus noch Unsummen von Geld. Das Reich hatte sich mit zwei Feinden zugleich auseinanderzusetzen, den Franzosen im Südwesten und den Türken im Südosten.
Die Türken waren die ständige Bedrohung, unter der man seit Generationen aufwuchs, lebte und starb. Alle paar Jahre fielen Reiterheere in Krain, Kärnten oder die Steiermark ein, schleppten mit, was sich mitschleppen ließ, brannten nieder, was aus Holz oder Stroh war, erschlugen, was sich wehrte, und zerrten an Stricken hinter sich her, was sich schlachten oder gut verkaufen ließ: Kühe, Schweine und Menschen. Arbeitssklaven und junge Frauen erzielten auf den Sklavenmärkten am Bosporus hohe Preise. Die Adeligen in den Grenzmarken kamen meistens glimpflich davon: Sie flüchteten sich auf ihre Burgen, kurbelten die Brücken hoch, verkeilten die Tore, schossen, warfen Steine, gossen heißes Pech auf alles, was die Felshänge zu erklimmen versuchte. Die schnellen türkischen Reiterheere zogen bald weiter; auf eine längere Belagerung waren sie nicht eingerichtet. Auch die Bürger in den befestigten Städten hatten ihre Mauern und Gräben, hatten Geschütze und meistens Proviant für ein paar Wochen. Die Bauern aber hatten nur die eine einzige Möglichkeit: sich irgendwo zu verstecken, in einer Höhle, einer Schlucht, in dichtem Gestrüpp, und wenn alles vorbei war, wieder herauszukriechen und zu sehen, ob sich aus den Trümmern ihrer niedergebrannten Häuser noch etwas machen ließ. Und irgend etwas machten sie dann immer wieder aus ihrem Leben und fingen an, die verwüsteten Äcker zu pflügen und mit den Tieren, die sie in ihrem Versteck gerettet hatten, eine neue Zucht zu beginnen.

Die Pest (Holzschnitt von Hans Weiditz d. J.)

Der Krieg gegen die Franzosen war von ganz anderer Art, nicht ererbt, nicht durch die Tradition zur Selbstverständlichkeit geworden. Die deutschen Kaiser aus dem Hause Luxemburg und davor die Staufer hatten nie Schwierigkeiten mit Frankreich gehabt. Erst unter den Habsburgern entstand jene Rivalität, die sich nach und nach zu dem auswuchs, was später Erbfeindschaft genannt wurde. Bei dieser Entwicklung spielten neben dynastischen Fragen auch ganz persönliche Dinge eine Rolle. Maximilian hatte, um verwandtschaftliche Beziehungen zum französischen Königshaus zu schaffen, seine dreijährige Tochter Margarete mit dem dreizehnjährigen König Karl VIII. verlobt, der gerade auf den Thron gelangt war, und hatte sie auch gleich nach Paris geschickt, damit sie dort bei Hofe erzogen wurde und beizeiten in ihre Aufgabe als Landesmutter hineinwuchs.

Als sie zwölf war, schickte Karl sie wieder zurück. Er hatte sich inzwischen anderweitig verheiratet und zwar mit Anna, der einzigen Tochter und Erbin des letzten Herzogs der Bretagne. Das war für Maximilian zugleich eine schwere politische Niederlage und eine doppelte persönliche Beleidigung. Er war nämlich früh verwitwet, hatte sich Anna zur zweiten Frau ausersehen und war bereits mit ihr offiziell verlobt. Und nun hatte ein französisches Heer die bis dahin selbständige Bretagne unterworfen und den Herzog Franz gezwungen, seine

Tochter Anna König Karl VIII. zur Frau zu geben. Damit waren Maximilians Pläne, die Anwartschaft auf ein Herzogtum an der Atlantikküste als Mitgift zu erringen und so dem Hause Habsburg einen Brückenkopf in Westfrankreich zu schaffen und dazu noch den französischen König als Schwiegersohn in die eigenen Pläne einzubeziehen, restlos gescheitert. Statt dessen wurde der Grundstein zu einer Rivalität gelegt, die vierhundert Jahre später mit der völligen Vernichtung des Habsburgerreiches endete.

Maximilians zweite Frau wurde die Mailänder Herzogstochter Bianca Sforza. Da sie ausreichend regierungsfähige männliche Verwandte hatte, brachte sie kein Land mit in die Ehe, wohl aber 300 000 Golddukaten, die er dringend brauchte, um den Krieg gegen Frankreich führen zu können, der sich vorwiegend in Oberitalien abspielte, wo die Interessen der beiden Mächte zuerst aufeinanderstießen. Dieser Krieg nahm kein Ende und verschlang Unsummen. Kaiser Maximilian überlebte drei französische Könige, Ludwig XI., Karl VIII., Ludwig XII., die jung starben, diesen Krieg aber überlebte er nicht.

Am 1. Januar 1515 wurde Franz I. König von Frankreich, ein talentierter, ehrgeiziger junger Mann von zwanzig Jahren, der fest entschlossen war, eine Vormachtstellung der Habsburger in Europa zu verhindern. Sobald der Winter vorbei war, stellte er eine schlagkräftige Armee auf, für die er 30 000 deutsche Landsknechte anwarb in der klugen Erkenntnis, daß man Deutsche am besten bekämpfen kann, wenn man Deutsche auf sie ansetzt. Zunächst einmal stieß er auf das reiche Mailand vor. Aber sein Ziel war viel weiter gesteckt. Franz erklärte ganz offen, daß er nach Maximilians Tod die Kaiserkrone des Heiligen Römischen Reiches erringen wolle.

Das große Wettrüsten begann. Seit das Schießpulver erfunden war und alle überkommenen kriegerischen Traditionen entwertet hatte, war eine Armee ein sehr kostspieliges Instrument geworden, viel teurer als einst die prachtvollen Ritterheere, die man damit belohnte, daß man ihnen Land zu Lehen gab. Der Sold der Krieger zu Fuß und zu Pferd, der Landsknechte und Reisigen, Futter und Verpflegung, Troßfahrzeuge, Bleikugeln und Pulver, vor allem aber die Kanonen, diese von Meistern aus Bronze gegossenen Kunstwerke, kosteten Unsummen. Einen Krieg konnte sich nur leisten, wer ihn gewann. Siegreiche Kriege wurden finanziert mit erbeutetem Gut. Für einen verlorenen Krieg brachte keines der großen Bankhäuser auch nur einen Gulden auf, den bezahlte immer nur einer: der Bauer, der Bürger, der kleine Mann, der sich seine Habe erarbeitet hatte und seinen Betrieb in Ordnung hielt, der etwas hatte, was man ihm nehmen konnte, und wenn es auch nur seine Arbeitskraft war. Seine Möglichkeiten waren überschaubar. Er war gebunden an das Land durch seinen Besitz, sein Haus, seinen Acker, seine Werkstatt. Er konnte nicht weg. Man brauchte nur Beamte einzusetzen, die hart genug waren, Abgaben und Dienstleistungen ohne Rücksicht zu erzwingen, um alle Kräfte für den Vogt, den Grundherrn, den Landesherrn und endlich auch für den Kaiser und das Reich zu mobilisieren.

Im Herzogtum Krain war die Lage in diesem blutigen Jahr 1515 genauso, wie sie in der Schweiz bis zum Jahre 1499 gewesen war: Die habsburgischen Lande wurden von Vögten verwaltet, von Funktionären also, die kaum eine innere Bindung an das Land und die Menschen hatten, wohl aber ein starkes Interesse, sich ihren Herren unentbehrlich zu machen und damit ihre Macht und ihren Wohlstand zu mehren. Die Schweizer hatten sich in einem jahrhundertelangen zähen Kampf aus einer Abhängigkeit befreit, die mit der Würde des Menschen nicht mehr zu vereinbaren war. Sie hatten ihre Vögte vertrieben und einen Staat gegründet, in dem alle Macht vom Volke ausging. Im Stammland der Habsburger war eine Demokratie entstanden, die von habsburgischen Landen umgeben war und sich dennoch zu halten vermochte. Das war nur möglich, weil gute Voraussetzungen vorhanden waren. Die Schweiz war ein Land, das sich verteidigen ließ, die Heimat von Menschen, die entschlossen waren, sie zu verteidigen, die in ihren Gemeinden seit Urzeiten ein strenges Rechtsempfinden pflegten, ein ausgeprägtes Freiheitsgefühl und eine weitgehende Selbstverwaltung.

Vielleicht wollten die Krainer im Jahre 1515 etwas Ähnliches erreichen, zumindest träumten sie davon. Zu lange hatten sie in einem dichtverfilzten Geflecht von Abhängigkeiten gelebt, hatten Pflichten, Zwänge, Hörigkeiten als gottgegeben hingenommen und tief im Innern unter einer Schicht von Demut unterdrückten Haß genährt und allenfalls mal einen scheuen Traum von Freiheit. Ihnen fehlte die Möglichkeit, politisch zu denken, der Überblick, das Talent zum System, die staatsbildende Kraft, ihnen fehlten vor allem die Männer, die all so etwas hätten vermitteln können. Kein Geistlicher machte mit, kein Rechtsgelehrter, nur ganz wenige Bürger, kaum einer jener größeren Bauern, die führen konnten. Die windischen Bauern in Krain, die den Aufstand machten, waren die von ganz unten, mit denen keiner gehen wollte, der über ihnen stand, doch sie waren die große Mehrheit, eine schwer bewegliche, aber gewichtige Masse. Sie hatten keine politischen und keine religiösen Ziele. Ihre treibende Kraft war nur ihr soziales Unglück und ihr Haß gegen all die Vögte und Edelleute, die Freiherrn und Grafen, slowenische wie deutsche, diese ganz mächtige Herrenschicht, die sich zwischen sie und den Kaiser Maximilian geschoben hatte, der ja ihr Herzog von Krain war, den sie aber nie zu Gesicht bekamen.

Keiner von diesen Bauern konnte lesen oder schreiben, keiner hatte gelernt, seine Gedanken zu formulieren. Sie waren für den Acker geboren und wurden auf den Äckern verbraucht. Sie waren nicht einmal eine Summe von Menschen und Schicksalen, sondern ein Singularetantum: der Pöbel, damals meistens »Böfel« genannt, die Menge, die Masse, und so schwer beweglich war diese Masse, daß sie nicht einmal aus eigener Kraft den Aufstand begann, sie wurde hineingerissen, und als sie dann einmal in Bewegung war, da war sie nicht mehr zu halten.

Die Gottscheer waren es, die den ersten Funken zündeten. Die kleine Stadt Gottschee (heute Kočevje), fünfzig Kilometer südöstlich von Laibach (heute Ljubljana), war der Mittelpunkt einer deutschen Sprachinsel, zu der mehrere Dörfer gehörten. Hier hatten sich um 1350 etwa 300 Familien angesiedelt, die der Graf von Ortenburg, zu dessen Herrschaft dieser Landstrich gehörte, aus Franken und Thüringen geholt hatte, damit sie hier die Wirtschaft belebten, und damit das Land von ihren Kenntnissen Nutzen hätte. Sie waren Glasbläser, konnten hochwertige Gewebe aus Wolle oder Leinen fertigen, Werkzeuge aus Holz und Metall, auch Spinnräder und Webstühle. Sie waren also vorwiegend Handwerker, aber auch Bauern, und die wurden in den Dörfern um Gottschee herum seßhaft; sie alle zusammen bewahrten ihre Sprache und Kultur mitten zwischen den slawischen Nachbargemeinden, mit denen sie gemeinsam immer wieder die Reichsgrenze gegen die türkischen Reiterheere verteidigten, die von Süden her ins Land einfielen.

Im Winter waren manchmal Spielleute nach Gottschee gekommen, auch Männer mit Flugblättern aus den Ländern nördlich der Alpen mit Neuigkeiten von alledem, was sich im vergangenen Jahr in Württemberg abgespielt hatte. Es waren auch solche dabeigewesen, die kein Instrument spielen und nicht singen konnten, die aber das erzählten, was sie selber erlebt hatten. Sie hatten eine warme Suppe bekommen, waren für eine Nacht im Stroh untergeschlüpft und morgens weitergezogen, nach Süden, Leute, die aus Schwaben kamen und deutsch sprachen wie die Gottscheer und die auf der Suche nach einer Bleibe in der Fremde waren, wo man sie aufnahm und leben ließ, weil sie sich in der Heimat fürs erste nicht sehen lassen durften.

Man wußte in Gottschee also vom Armen Konrad, der im Herzogtum Württemberg aufgestanden war, um dem alten Recht neue Geltung zu verschaffen. Die Leute aus Gottschee, die ja nun bald zweihundert

Jahre im Land lebten, wurden von dem habsburgischen Vogt Georg von Thurn durch Abgaben, Dienstleistungen und kleinliche Schikanen bis an die Grenzen des Erträglichen gepeinigt und fanden, es sei an der Zeit, daß auch bei ihnen mal etwas geschehe. Sie wollten aber besonnen handeln und keinen Fehler machen. Vor allem wollten sie keine Gewalt anwenden, wenn es nicht unumgänglich sei. Von den Türkeneinfällen her wußten sie genau, was Gewalt ist und daß sie nichts anderes hervorbringen kann als immer neue Gewalt. Sie glaubten, man könne auch ohne sie Mut und Festigkeit beweisen und wählten besonnene Männer, die vernünftig zu reden verstanden und weithin großes Ansehen genossen. Die schickten sie zu dem Vogt, der im Namen des Kaisers das Land beherrschte.

Georg von Thurn empfing sie, hörte ihnen auch eine Weile zu, dann aber ärgerte er sich über die Art, mit der sie ruhig und höflich, aber klar und bestimmt vortrugen, was ihnen mißfiel und was ihrer Meinung nach geändert werden sollte. Er gab den Soldknechten, die hinter ihm standen, einen Wink, die Männer festzunehmen und zu binden. Drei von ihnen ließ er sofort im Schloßhof köpfen, die anderen zur Burg hinausjagen, damit sie überall im Land herumerzählten, wie es einem erginge, der vom alten Recht redete oder von Stara pravda, was ja dasselbe sei.

Sie brauchten es nicht herumzuerzählen. Die Nachricht vom Mord an den Gottscheer Abgesandten flog über die Berge wie jener Schwarm schwarzer Krähen, der die Menschen so sehr beunruhigt hatte. Von

Aufrührerische Bauern auf dem Marsch

Dorf zu Dorf ging es so: Die Männer kamen heim von den Feldern, hörten, was geschehen war, holten ihre Sensen und Hacken, ihre Messer und Dreschflegel, fanden sich zusammen und zogen weiter zum nächsten Dorf. In wenigen Tagen waren 90 000 Mann auf den Beinen, den Mord zu rächen. Unter dem Schlachtruf: »Stara pravda! – Le vkup, uboga gmajna!« vereinten sich die einzelnen Haufen. Unter dem Schlachtruf »Stara pravda!« zogen sie durch das Land. Zuerst stürmten sie die Burg des Herrn von Thurn, erschlugen ihn, seinen Stellvertreter Gregor Stersen und alle Soldknechte, die sie erwischten. Dann zogen sie weiter. Unter dem Schlachtruf »Stara pravda!« stürmten sie eine Burg nach der anderen, ein Schloß, einen Herrensitz, einen Gutshof nach dem anderen. Die aus den Städten kamen nicht mit, auch nicht die aus der Stadt Gottschee. Sie hatten Gewalt nicht gewollt, und diese Gewalt wollten sie auch nicht. Nur aus zwei Dörfern im Gottscheer Land schlossen sich die Männer den windischen Bauern an.

Die Krainer wollten Rache und sie nahmen Rache. Sie forderten das alte Recht, aber von einer neuen politischen oder sozialen Ordnung war nie die Rede. Sie ließen sich treiben von ihrem Haß und kamen nicht auf den Gedanken, dessen Triebkraft auszunutzen, um etwas Gutes daraus zu machen, das alte Recht in eine neue Gerechtigkeit umzumünzen, die jedem Bürger und Bauern im Land den gleichen Einfluß auf das Zusammenleben und die Gerichtsbarkeit einräumte. Sie bauten nichts auf. Sie brannten nieder, rissen ein, brachen ab, köpften, erstachen, ersäuften, warfen Gefangene von den Mauern, steckten die Köpfe der Enthaupteten auf Stangen und trugen sie vor sich her, wenn sie weiterzogen.

So rotteten sie die große Familie der Herren von Mündorf vollständig aus. Sie köpften Rudolf von Mündorf, seinen Bruder und all seine Söhne, auch die ganz kleinen, rissen seiner Frau und seinen Töchtern die Kleider vom Leib, gaben ihnen Lumpen und jagten sie vom Schloßhof. Kaspar von Wernecker, Marcus von Klissa, einen Adeligen nach dem anderen richteten sie hin, samt Söhnen und männlichen Gefolgsleuten. Die Schlösser Neudeck und Zobelsberg, Rudolfseck und Sauenstein, Maichau und Bulliggratz und viele viele andere plünderten sie, legten Feuer und rissen ab, was an Trümmern noch übrig war, soweit sich die gewaltigen Mauermassen überhaupt bewegen ließen. Und am Ende war es auch gar nicht mehr wichtig, ob der Besitzer ein brutaler Leuteschinder oder ein Patriarch war, der für seine Bauern gesorgt hatte.

Bald griffen die Unruhen nach Kärnten und in die Steiermark über. Auch dort nannten sich die Aufrührer »Der windische Bund«, aber die einzelnen Haufen operierten getrennt, ohne sich abzusprechen, ohne gemeinsame Grundforderungen zu erarbeiten. Das treibende Motiv war Haß, das Ziel Zerstörung. Die ernsten und wahrhaft berechtigten Anliegen gerieten unter dem Entsetzen in Vergessenheit. Das Ziel war immer nur das nächste Schloß.

Die windischen Bauern waren mit den württembergischen nicht zu vergleichen, weder an Bewaffnung, noch an Ordnung, noch an Mentalität. Sie konnten sich auf keinerlei demokratische Traditionen stützen. Sie waren immer nur Abhängige gewesen, Hörige, Leibeigene und vollkommen unpolitisch. Sie wußten, was sie nicht wollten, hatten aber keinerlei Vorstellungen von dem, was sie wollten.

Die Adeligen organisierten sich genausowenig wie die Bauern. Sie saßen isoliert auf ihren Burgen, ihren Schlössern, ihren Gutshöfen, warteten, ob etwas geschah, beteten früh und spät mit ihren Familien zu Gott, der Sturm möge vorüberziehen. Aber die Bauern hatten mehr Geduld als die Reiterheere der Türken, sie schlossen die Burgen ein und warteten ebenfalls. Sie hungerten die Leute aus, warfen irgendwann Planken über die Gräben und brachen die Tore auf. Und nun beteten die Menschen drinnen um einen leichten Tod und ließen sich köpfen und über die Mauern stürzen.

Nur die Kärntner Adeligen unternahmen etwas. Sie stellten ein kleines Heer von vierhundert Kriegsknechten zu Fuß und hundert zu Pferde auf und schickten es in die slowenischen Siedlungen südlich der Drau. Es wirkte allein schon durch seine Geschlossenheit, seine Farbenpracht, seine eindrucksvolle Bewaffnung und brauchte sich nur zu zeigen. Ins Herzogtum Krain wagte es allerdings nicht vorzudringen, weil es sich mit dem zahlenmäßig weit überlegenen windischen Bauernbund, dessen Kampfkraft schwer einzuschätzen war, nicht gern einlassen wollte.

Kaiser Maximilian, der schließlich auch Herzog von Kärnten, Krain und von der Steiermark war, verfolgte all diese Ereignisse aus der Ferne, betroffen zwar, aber doch nicht so sehr, daß er es für nötig gehalten hätte, persönlich einzugreifen. Er hatte keine feste Residenz, sondern war es gewohnt, durch sein großes Reich zu reisen und immer dort zu sein, wo er wichtige politische Entscheidungen zu treffen hatte. In Wien etwa, wo er sich in diesem Sommer mit den Königen von Polen und von Ungarn traf, oder in Brüssel, wo sein fünfzehnjähriger Enkel Karl als Herzog von Burgund residierte, nachdem Karls Vater, Maximilians Sohn, Philipp der Schöne schon 1506 mit 28 Jahren gestorben war. Karl, der ja auch Erbe der deutschen Lande war, sollte klug verheiratet werden, und Maximilian wollte ihm beizeiten die Wahl zum Kaiser sichern; er mußte also bemüht sein, wenigstens vier der sieben Kurfürstenstimmen rechtzeitig für seinen Enkel zu gewinnen.

Zwischen all diesen anstrengenden Reisen gab es manchmal aber auch Wochen der Entspannung. Maximilians Lieblingsstadt war Innsbruck, aber auch in Nürnberg und Augsburg hielt er sich gern auf, weil das kulturelle Leben dort ihm immer neue Anregungen bot. Und er liebte Anregungen aller Art. Er sah gern den Goldschmieden zu, wollte bei den Geschützgießern jeden einzelnen Arbeitsgang kennenlernen, der dazu nötig war, ein Kanonenrohr zu vollenden. Er stand in den Druckereien und lernte, selber die Lettern spiegelverkehrt in Zeilen zu setzen. Schiffsbauer und Kupferstecher faszinierten ihn, Waffenschmiede und Bildhauer. Jedes Handwerk hätte er am liebsten selber erlernt, und mit jedem Mann im Reich konnte er sich in dessen Sprache unterhalten. Deutsch, Französisch, Italienisch beherrschte er ebenso perfekt wie Tschechisch und Slowenisch. Die englischen Gesandten waren überrascht, als er sie in ihrer Muttersprache anredete, und mit dem päpstlichen Nuntius diskutierte er wie ein Theologieprofessor in fließendem Latein. Ständig ritten in seinem Gefolge berühmte Gelehrte und eine Schar von Hofpoeten, die ihm dabei halfen, die literarischen Ideen zu verwirklichen, die aus ihm heraussprudelten.

Maximilian, der sich gern als der letzte Ritter empfand, war zumindest der letzte mittelalterliche Herrscher ganz großen Zuschnitts. Wenn er betete, war es ein Staatsakt, wenn er auf seinen Reisen rastete, ein Staatsbankett. Er war erfüllt von immer neuen glänzenden und weitgreifenden Plänen. Die Söhne mächtiger Fürsten drängten sich an seinen Hof, um bei ihm die feine Art und den großen Stil zu lernen. Sein Geist war lebhaft, sein Interesse unersättlich, sein Gefolge glänzend, sein Lebenszuschnitt prachtvoll. Und zu diesem Mann kamen im Herbst 1515, als das große Blutvergießen seinen Höhepunkt erreicht hatte, die Abgesandten einiger Städte und Flecken des Herzogtums Krain im Glauben, ein Machtwort des Kaisers könne dem Wahnsinn der Zerstörung ein Ende setzen und der Vernunft wieder zu ihrem Recht verhelfen.

Sie kamen auf Maultieren und Eseln und waren Bürger, Ackerbürger, Bauern, deutsche und windische, ausgewählt nach dem Gesichtspunkt, daß sie den Mut aufbrachten, vor ihren Kaiser zu treten und ihn um Hilfe zu bitten. Die Gottscheer in ihrem Glauben an den Sinn von Recht und Ordnung und den Unsinn der Gewalt, waren auch dabei.

Der Kaiser war in Augsburg, als das Geschehen in Krain seinen Höhepunkt erreichte, also rund sechshundert Kilometer vom Unruhe-

Die kaiserliche Familie: Maximilian I. (1459–1519) und seine erste Frau Maria von Burgund. Zwischen ihnen ihr Sohn Philipp der Schöne (1478–1506). In der unteren Reihe von links Philipps Söhne Ferdinand (1503–1564), Karl V. (1500–1558, Kaiser von 1519–1558) und ihr Schwager König Ludwig von Ungarn und Böhmen (1506 bis 1526), nach dessen frühem Tod seine beiden Länder an das Haus Habsburg fielen.

herd entfernt. Das bedeutete einen Weg von bald drei Wochen, und der größte Teil der Strecke führte durchs Gebirge. Alle Nachrichten, die er bekam, waren also drei Wochen alt und längst durch Ereignisse überholt, von denen er wieder drei Wochen später erfuhr.

In Augsburg hatte Maximilian vor allem mit Jakob Fugger zu tun, jenem Mann, der es immer noch verstanden hatte, ihm Kredite zu verschaffen, wenn weit und breit niemand mehr in der Lage gewesen war, auch nur noch einen Gulden flüssig zu machen. Es ging um die Kaiserwahl seines Enkels Karl, die Maximilian unbedingt noch zu seinen Lebzeiten unter Dach bringen wollte. Das Nationalgefühl der Kurfürsten, ebenso wie ihr Glaube, Gott der Herr werde sie bei der Auswahl des rechten Mannes mit Weisheit segnen, hing vor allem von den Geldzuwendungen der Kandidaten ab. Das wußte auch König Franz I. von Frankreich, und er ließ jetzt bereits erkennen, daß er entschlossen war, sich die Reichsinsignien, die auf der Nürnberger Burg verwahrt wurden, einiges kosten zu lassen.

Jakob Fugger, den Maximilian zum Dank für seine Verdienste erst geadelt, dann in den Grafenstand erhoben hatte, stammte aus einer Leineweberfamilie, das heißt, seine Ahnen wurden also nach der mittelalterlichen Standesordnung zu den »unehrlichen Leuten« gezählt. Nicht nur als Bankier, als Handelsherr, als Besitzer zahlreicher Bergwerke spielte Jakob Fugger eine Rolle, in seinem Hause verkehrten auch Gelehrte und Dichter, Historiographen und Künstler, so der Maler und Holzschneider Hans Burgkmair, der viel für Kaiser Maximilian tätig war, oder Albrecht Dürer, der im drei Tagereisen entfernten Nürnberg lebte, den Kaiser häufig zeichnete und malte und auch ständig Entwürfe für ihn ausarbeitete.

Maximilian konzipierte mehrere Werke, die sich mit der deutschen Geschichte, der Genealogie des Hauses Habsburg, vor allem aber mit allegorischen Darstellungen seines eigenen Lebens befaßten, und zwar des Lebens, wie er es sich einmal gedacht hatte, das sich dem Fünfundfünfzigjährigen jetzt in der Rückschau aber doch anders darbot. Wie er in der deutschen Geschichte nicht mehr nur einen Ableger der römischen Geschichte sah, so empfand er auch die deutsche Sprache nicht als ein Vulgär-Idiom, auf das nur Nichtlateiner angewiesen waren, sondern als Sprache von Ausdruckskraft und Farbe. Die Titel der Werke, die nach seinen Angaben von Hofpoeten geschrieben wurden, sind deutsch, wie der »Theuerdank« (der, welcher an Abenteuer denkt), der »Weißkunig« (Der weise König), oder der »Triumphzug«. Unter dem Namen »Ehrenpforte« entstand nach Maximilians Wünschen eine titanische Komposition von 92 Holzschnittblättern, die dann zu einem einzigen gewaltigen Triumphbogen arrangiert werden sollten. Albrecht Dürer arbeitete mit mehreren Gesellen daran, und der Kaiser sah ihnen gelegentlich lange und interessiert in der Werkstatt zu.

Erfüllt von so vielen Ideen und Plänen, empfing Maximilian die Krainer Abgesandten mit großer Huld und hörte ihnen geduldig zu. So hatte er sich die Lage in der Grenzmark nicht vorgestellt. Er war bisher nur von Adeligen, windischen und deutschen, über die Untaten

der Bauern informiert worden. Daß die Ritter selber diesen Ausbruch durch die demütigenden Drangsalierungen der Bauern ausgelöst hatten, hörte er jetzt zum ersten Mal. Das Schlagwort »Stara pravda!« verstand er, und es erschreckte ihn nicht. Im Gegenteil: Er billigte es. »Altes Recht«, das war ein schönes Wort und paßte in die Vorstellungswelt eines mittelalterlichen Kaisers. Daß Grundherren und habsburgische Vögte ohne seine Billigung die windischen Bauern so schamlos unterdrückt hatten, empörte ihn. Es war durchaus in seinem Sinn, daß diesen Menschen die Grenzen ihrer Macht deutlich gemacht wurden. Er ließ ihnen durch Boten Sendschreiben zustellen, in denen er ihnen alle eigenmächtigen Veränderungen überlieferter Gesetze und Gebräuche verbot, und er versprach, er werde sich so bald wie möglich selber an Ort und Stelle davon überzeugen, ob seine Gebote auch beachtet würden.

Die krainischen Abgesandten machten sich dankbar und zufrieden auf den langen Heimweg. Das war es ja gewesen, was sie zu erreichen gehofft hatten: das Machtwort des Kaisers. Das mußte sich nur noch unter den schweifenden Bauernhaufen herumsprechen, dann konnte die Ruhe wieder einziehen in dem Land, das Ruhe so dringend brauchte.

Das Machtwort des Kaisers sprach sich auch herum, aber nicht alle windischen Bauern wollten daran glauben. Viele gingen heim, weil der Winter auf sie zukam, und vielleicht war nicht genug Korn im Haus, vielleicht nicht einmal genug Brennholz, und was sie an Beute gemacht hatten auf den Schlössern, das war in so viele Teile gegangen und meistens schon wieder vertan. Oft hatten sie auch lange Zeit weit und breit kein heiles Herrenhaus mehr gefunden, nur verkohlte Balken und verqualmte Ruinen. Viele Haufen lösten sich auf, einige blieben aber doch beisammen, weil sie meinten, es müsse noch etwas kommen, eine Wende, ein großes Wunder. Sie streiften weiter durchs Land bis in die abgelegensten Winkel hinein und fanden immer noch irgendwo ein Schloß, das sie ausplündern, in dem sie eine Zeit leben und das sie dann niederbrennen konnten. Und so brachten sie die Sache der Bauern in einen schlimmen Ruf und lieferten denen, die von Anfang an Gewalt gegen den Windischen Bund gefordert hatten, die besten Argumente.

Kaiser Maximilian hoffte immer noch, die Lage werde sich im Winter von selber beruhigen und ließ die Führer der übriggebliebenen Bauernhaufen durch Boten zu einem Gespräch mit einer kaiserlichen Kommission einladen, damit man zu einer Absprache käme, wie man dem Morden und Brennen endlich ein Ende machen könne. Aber keiner erschien, und sie schickten nicht einmal ein Schreiben, warum sie das Gespräch nicht wollten.

Als im Frühjahr 1516 immer noch kein Friede im Herzogtum Krain herrschte, und der Windische Bund sich wieder zu rühren begann, wies Kaiser Maximilian den Landeshauptmann der Steiermark, Sigismund von Dietrichstein an, ausreichend Kriegsvolk anzuwerben, eine schlagkräftige Armee aufzustellen und dann mit Entschlossenheit und Härte den Bauernaufstand endgültig niederzuschlagen.

Mit der Ernennung Dietrichsteins zum Oberkommandierenden gab der Kaiser zu erkennen, welche Bedeutung dieses Unternehmen für ihn hatte. Der junge Herr galt nämlich als Maximilians ausgemachter Liebling, ein mit allen Gaben und ritterlichen Tugenden ausgezeichneter Edelmann von kräftigem Wuchs und großer Behendigkeit, ein glänzender Turnierfechter und anmutiger Tänzer mit einer gewaltigen Nase und einem starken Kinn. Er war dem Kaiser so phantastisch ähnlich wie nur sehr selten ein legitimer Sohn seinem Vater. Als ob sich die Natur in diesem Fall einen besonderen Spaß gemacht hätte, war der junge Dietrichstein zum genauen, etwas verjüngten Ebenbild des Kaisers geraten. Man behandelte ihn bei Hofe mit besonderem Respekt und seine Entstehungsgeschichte mit angemessener Zurückhaltung, vor allem seiner schönen Mutter Barbara zuliebe, aber auch mit Rücksicht auf deren Gemahl, den alten Herrn Pankraz von Dietrichstein. Ihn hatte Maximilian mit Ehrenämtern und Pfründen, sie mit Geschenken reich bedacht, den jungen Sigismund zeichnete er durch ständige Huld und Rangerhöhungen aus. Er erhob ihn zum Reichsfreiherrn, ernannte ihn zum Landeshauptmann der Steiermark und erwies ihm eine besondere Gnade durch die Verfügung, man solle Dietrichstein einst nach seinem Tode mit ins kaiserliche Grab legen, zu Maximilians Füßen, was dann, fünfundzwanzig Jahre später, auch tatsächlich geschah. Im Sommer, bevor Sigismund von Dietrichstein mit seinem Heer gegen den windischen Bauernbund marschierte, richtete ihm Maximilian eine Hochzeit aus, von deren Pracht manch königlicher Prinz entzückt gewesen wäre und von der alle zeitgenössichen Chronisten mit ehrfürchtiger Bewunderung berichten. Am 23. Juli 1515 traute der Kardinalerzbischof von Salzburg, Matthäus Lang von Wellenburg, den Reichsfreiherrn Sigismund von Dietrichstein in der kaiserlichen Hofkapelle zu Wien mit Barbara von Rotthal, Freiin zu Thalberg. Der Kardinal war einer der natürlichen Söhne des Kaisers, zu denen sich Maximilian offen bekannte. Es waren noch drei andere Kardinäle zugegen. König Sigismund zu Polen und Kronprinz Ludwig von Ungarn führten die Braut zum Altar, König Wladislaw von Ungarn und Böhmen und Kaiser Maximilian persönlich den Bräutigam. Kurfürsten und Erzbischöfe, Herzöge und Bischöfe, Reichsfürsten und Äbte, Prinzen und Grafen folgten dem Brautzug, was alle Uneingeweihten als erstaunlich hohe Auszeichnung für das gerade aus dem niederen Adel aufgestiegene Brautpaar empfanden. Herzog Ulrich von Württemberg war ebenfalls unter den Gästen. Es gab 360 verschiedene Speisen in silbernen Schüsseln. Auch das Hochzeitsgeschenk des Kaisers war nicht kleinlich bemessen: Sigismund von Dietrichstein bekam drei Länder, die Herrschaften Hollenburg und Finkenstein in Kärnten, und die Herrschaft Aspang in Niederösterreich.

Entschlossen, sich bei seinem ersten kriegerischen Einsatz als Führer zu bewähren und mit ausreichenden Geldmitteln ausgestattet, stellte Dietrichstein sein Heer auf: fünf Fähnlein Landsknechte zu Fuß (etwa 2500 Mann), 850 Mann zu Pferde und ein paar leichte Geschütze, deren Stückzahl nicht überliefert ist. Im ganzen eine ansehnliche Streitmacht. Er sammelte die Fähnlein um Graz herum und marschierte in den ersten Sommertagen nach Süden. Bei Pettau (heute Ptuj) ging er über die Drau. Er ließ die Reisigen vor den Marschkolonnen ausschwärmen und alle Leute, die ihnen auf den Wegen und in den Ortschaften begegneten, aushorchen, um herauszufinden, wo die Hauptmacht des Windischen Bundes gerade steckte und was sie vorhatte.

Dietrichstein führte sein Heer nach Südwesten über Windisch-Feistritz (Slovenska Bistrica) nach Cilli (Celje), das Sanntal hinunter nach Ratschach (Radeče) und dann an der Save entlang nach Gurkfeld (Krško). Dort stießen seine Reiter auf vereinzelte Bauernschwärme, die sich rasch in den Wäldern und Seitentälern verloren. Als sie dann weiter durch das Savetal nach Südosten marschierten, vorsichtig und nach allen Seiten sichernd, da eine solche Marschkolonne im Gebirge schwerfällig und leicht angreifbar war, da kamen Reiter von der Spitze zurückgeritten und meldeten, daß sich die Masse des Windischen Bundes um Rann (Brežice) herum versammelt hätte.

Bald sahen sie auch schon die schwere Qualmwolke über dem Tal, und dann wehte ihnen dieser süßlich fade Geruch brennender Häuser entgegen, in denen Menschen und Vieh mitverbrannten, und Flüchtlinge kamen auf sie zugerannt, Frauen mit Bündeln und weinenden Kindern, und jeder schrie etwas heraus, was er erlebt hatte und was da vorne geschehen war. Die Bauern hatten die Stadt Rann gestürmt. Sie waren eingedrungen, ohne rechten Widerstand zu finden, denn der kaiserliche Schloßhauptmann Kiß Marco war mit seiner Handvoll Landsknechte hoffnungslos unterlegen gewesen. Als die meisten von ihnen erschlagen waren, hatte er sich gerade noch mit sechs Berittenen auf das Schloß retten können. Die Bauern waren ihnen zunächst nicht gefolgt, sondern hatten sich erst einmal über die Häuser hergemacht, jeden, der sich wehrte, erschlagen, und dann die Strohdächer und Schindeldächer über den Toten in Brand gesteckt. Danach erst waren sie Kiß Marco gefolgt, hatten die Burg eingeschlossen und angefangen, mit dem Hauptmann zu verhandeln, der oben auf dem Turm über dem Tor erschienen war. Sie hatten große Vorräte im Schloß zu finden gehofft und an die wollten sie so schnell wie möglich herankommen. Aber sie hatten nicht die Mittel, das Schloß zu berennen oder gar eine Bresche in die Mauern zu schießen. So machten sie Kiß Marco klar, er könne mit seinen sechs Mann die Burg auf die Dauer doch nicht halten. Wenn er jetzt gleich aufgäbe, würden sie ihm und all seinen Leuten den freien Abzug gestatten.

Der Hauptmann wußte, daß keine reichen Vorräte auf der Burg lagen, daß sie in einem schlechten Zustand war, mit etlichen schwachen Stellen, und daß er tatsächlich mit seinen sechs Mann nicht die geringste Aussicht hatte, sie gegen überraschende Angriffe bei Nacht zu sichern. So willigte er ein, ließ die Brücke herunter und ritt mit seinen Leuten aus dem Tor. Die Bauern hatten indessen heimlich von unten die Stützpfeiler angesägt. So brach die Brücke zusammen, und alle sieben Reiter stürzten mit ihren Pferden in den tiefen Graben. Unten standen Bauern bereit, die sie mit Hacken und Rechen zerstückelten.

Die anderen setzten die Brücke notdürftig instand und stürmten das Schloß. Sie fanden nichts von den Schätzen, mit denen sie fest gerechnet hatten, zogen enttäuscht wieder ab und lagerten sich unterhalb des Schlosses ratlos um die ausgebrannte Stadt herum. Erst durchstöberten sie eine Zeit noch die Trümmer, in der Hoffnung, vielleicht doch etwas zu finden, dann machten sie sich in ihrem Groll daran, die Dörfer in der Umgebung zu plündern, in denen Menschen wohnten, die ebenso arm waren wie sie.

In dieser Lage befand sich der Rest des Windischen Bundes, als der Reichsfreiherr von Dietrichstein mit seinen 850 Reisigen und 2500 Landsknechten zu Fuß durch das Savetal von Gurkfeld her angerückt kam. Er griff sofort an, aus der Bewegung, ohne sich erst bereitzustellen. Die Bauern kamen gar nicht dazu, eine Schlachtordnung zu bilden. Das hätten sie auch nicht gekonnt, weil sie es nie geübt hatten. Sie waren immer nur mit einer hundertfachen Übermacht über einzelne Herrensitze hergefallen und hatten die meist wehrlosen Bewohner erschlagen. Jetzt standen sie zum ersten Mal einem richtigen Heer gegenüber, ohne ausreichende Bewaffnung, ohne Erfahrung, ohne Führer. Da nützte auch ihre zahlenmäßige Überlegenheit nichts.

Ein Chronistenbericht schildert diese Begegnung so: »... Gott nahm ihnen das Herz, daß sie zerstoben wie ein Vogelschwarm oder eine Viehherde. Da hatten die Landsknechte nichts anderes mehr zu tun, als in die Kopflosen hineinzuhauen und hineinzustechen. Und es war ein solcher Jammer, daß alles ermordet ward, was man zu fassen bekam. Und die sie fingen, die vierteilten sie und köpften sie, wenn es in den Städten geschah, draußen aber an den Landstraßen hängten sie die windischen Bauern an die Bäume, daß sie da bündelweise hingen wie die Rebhühner oder die Wachteln ...«

Das große Zeremoniell des Tötens, das in jener Zeit sonst so streng gewahrt wurde, bei den Zweikämpfen, auf dem Schlachtfeld, auf der Jagd und bei Hinrichtungen, hier, bei der Vernichtung der Bauern fand es keinerlei Beachtung. Die feierlichen Riten, die dem Scharfrichter und seinen Gesellen, dem Henker und seinen Gehilfen den Vollzug ganz bestimmter Gesten und Handreichungen, Fragen und Gebete auferlegten, die strengen Anstandsregeln, die ihnen geboten, mit Würde nach überlieferten Formen ihres Amtes zu walten, die Bit-

Landsknechte beim Würfelspiel (Holzschnitt von Hans Franck)

te um Entschuldigung an das Opfer, die Frage an den Richter: »Habe ich es wohlgetan?«, das alles hatte hier keinerlei Gültigkeit mehr. Es wurde abgestochen, gehängt, erschlagen, weggeworfen.

Dem dumpfen Haß der Bauern entsprach die dumpfe Geringschätzung der Edelleute, die durchaus nicht alle gebildete und kultivierte Leute waren. Ulrich von Hutten war zwar nicht eine vereinzelte Erscheinung in seiner Zeit, er war aber auch nicht die Regel; und durchaus nicht jeder junge Herr hatte das Glück, einen berühmten Humanisten als Hauslehrer zu haben, wie Franz von Sickingen, der von Reuchlin unterrichtet worden war. Die meisten wurden zu Kriegsdienst und Jagd erzogen, beherrschten die Figuren feierlicher Reigentänze, lernten die Vögte zu kontrollieren, ob sie die Arbeit der Bauern auch ordentlich überwachten, und hörten an langen Winterabenden in den zugigen Gemächern ihrer Burgen von durchziehenden Spielleuten, was in der Welt geschah. Die Zeit des ritterlichen Minnesangs war vorbei wie die Zeit der ritterlichen Kampfmoral. Die Kunst des Liedes wurde jetzt von Bürgern, den Meistersingern, gepflegt, die Kriege von Söldnern, den Landsknechten, geführt, der Ritter hatte allenfalls die Möglichkeit, sie anzuwerben für Geld und sie für Geld zu führen, wie ein Unternehmer seine Bergwerke oder Handelshäuser. Der Bauer war nur ein Arbeitstier, weniger als ein Pferd, da man auf ihm nicht reiten konnte, weniger als eine Kuh, denn er gab keine Milch. Man konnte ihn jagen wie einen Hirsch, aber er hatte kein Geweih, das einem die Halle hätte schmücken können. Man konnte ihn braten, aber nicht essen. Man konnte ihn bündelweise an den Ästen der Bäume aufhängen wie Rebhühner oder Wachteln.

Von nun an war Ruhe im Herzogtum Krain. Es dauerte viele Jahre, bis die ärgsten Schäden beseitigt waren, die Hütten aufgebaut, die Häuser, die Brücken und endlich auch die Schlösser, bis die Äcker wieder bearbeitet werden konnten, bis wieder genug Vieh im Stall war, daß man etwas für die Zucht hatte und auch zum Schlachten. Über zehn Jahre lag eine tödliche Ruhe über dem Land.

Sigismund von Dietrichstein zog als Sieger in seine Landeshauptstadt Graz ein, ein schöner Mann an der Spitze eines bunten Landsknechtsheeres. Er konnte dem Kaiser melden, daß er den Auftrag rasch und erfolgreich ausgeführt hatte, und er konnte beruhigt die meisten seiner Landsknechte entlassen. Nur wenige behielt er, um für alle Fälle gerüstet zu sein, und mit solchen Fällen mußte man jederzeit rechnen, wenn auch für lange Zeit nicht in Krain. Sein Erfolg war unbestreitbar und überzeugend. Der junge Herr von Dietrichstein hatte sich empfohlen als ein Mann, der entschlossen durchzugreifen verstand. Schon jetzt zeichnete sich die Rolle ab, die er in den nächsten Jahren zu spielen hatte. Es war klug von ihm, sich einen kleinen Stamm bewährter Landsknechte zu halten als Grundstock für ein bewegliches Heer, das man im Bedarfsfall rasch aufstellen konnte.

Die aber, die fürs erste nicht gebraucht wurden, zogen durchs Land mit ihren Spießen, ihren Hellebarden, ihren Hakenbüchsen, saßen in den Schenken an den Heerstraßen herum und warteten auf einen neuen Kriegsherrn, der eine Fehde austragen wollte gegen eine Reichsstadt, einen Fürsten oder gar ein fernes Land. Sie saßen da, protzig in ihren zerhauenen Wämsern, vielfarbig und breit, den Beidhänder zwischen den Knien, tranken, prahlten mit ihren Heldentaten, tranken und würfelten, tranken und warteten.

Der Bundschuh
am Oberrhein

Im Frühjahr 1517 tauchte Joß Fritz wieder auf. Er wurde mehrfach gesehen, von verschiedenen Leuten an verschiedenen Orten. Einen festen Wohnsitz hatte er nicht. Es waren vier Jahre vergangen seit seinem zweiten Versuch, mit dem Bundschuh im Südwesten des Reiches eine politische Neuordnung zu erzwingen. Wer sich an sein Gesicht nicht mehr erinnern konnte, der erkannte ihn an dem schwarzen Muttermal über dem linken Handrücken. Das war sogar von den Behörden, die ihn seinerzeit verfolgt hatten, als besonderes Kennzeichen aktenkundig gemacht worden: ». . . hat ein male (ist swarz) uf der linken hant . . .«

Da die Suche nach Joß Fritz offiziell nie eingestellt worden war, konnte er es nicht wagen, sich irgendwo fest niederzulassen, wie damals in Lehen, als er Feldhüter bei Herrn von Blumeneck gewesen war. So streifte er durchs Land wie einer der vielen Kriegsknechte, die nach Werbern Ausschau hielten, in Pluderhosen und Puffärmeln aus rotem Tuch, über gelbem Seidenfutter geschlitzt, das Schwert an der Seite, das Barett im Nacken.

In diesem Frühjahr 1517 trieb sich viel Volk auf den Landstraßen herum. Nach den drei schlechten Jahren, in denen Mißernten und Viehseuchen großen Schaden und große Teuerung gebracht hatten, waren überall Handwerksburschen ohne Arbeit unterwegs, Bauernsöhne, die zu Hause nicht mehr satt werden konnten, auch solche, die aus der Heimat hatten fliehen müssen, als der Arme Konrad ein so klägliches Ende genommen hatte. Und alle suchten hier und da einen Heller zu verdienen mit irgendeiner Arbeit, die andere nicht machen wollten. Da niemand ohne Geld auf die Dauer leben konnte, wenn ihn keiner aufnahm, der ihn brauchte, ergab es sich von selber, daß viele Flüchtlinge bei dem fahrenden Volk endeten, in dieser Klasse, aus der es kein Zurück gab. Da lernten sie halt, die Trommel zu schlagen, auf dem Seil zu tanzen, ein paar Zauberkunststücke zu machen, oder sie verdienten sich Strohlager und Brot bei einem der Zahnbrecher, die immer mit großem Gefolge reisten, das durch Possen und lärmende Musik die Leute vor dem Vorhang von den Schreien der Patienten abzulenken hatte. Denn hinter dem Vorhang brach der Meister ohne Betäubung die Zähne aus dem Kiefer.

Dieser Kreis von Menschen, die sich schon mehrfach bewährt und Joß

Aufrührerische Bauern (Holzschnitt von Hans Burgkmair)

Fritz die Treue gehalten hatten, war größer geworden. Und unterwegs, wenn er nicht erkannt werden wollte, fand er immer bei den Gauklern, den Trödelhändlern und Wurmdoktoren einen Unterschlupf.

Die schweren Rückschläge, die er 1502 und 1513 hinnehmen mußte, hatten ihn nicht entmutigt. Der traurige Verlauf des Armen Konrad drüben in Württemberg hatte ihm nur bewiesen, wie recht er mit seinem Versuch gehabt hatte, zuerst einmal eine straffe Organisation aufzubauen und auf ein festes Programm einzustimmen, das nicht nur bäuerliche Interessen vertrat, sondern so breit angelegt war, daß jedermann im Reich den Wunsch haben mußte, es zu verwirklichen. Er hatte eingesehen, daß es selbst bei größter Verschwiegenheit unmöglich war, die Existenz einer solchen Organisation auf die Dauer völlig geheimzuhalten. Er hatte auch begriffen, daß die Führung eines so komplizierten Apparates keinesfalls in den Händen eines einzelnen Mannes liegen durfte. Er mußte die Verantwortung und bestimmte Aufgaben delegieren.

Er selber wollte weitgehend unerkannt im Hintergrund bleiben. Also konnte der zweite Mann gern eine auffällige Erscheinung sein. Er fand ihn in Stoffel von Freiburg, einem Landsknechtshauptmann von großer Autorität und eindrucksvollem Gehabe. Ihm überließ er die militärische Führung, während er sich die Einteilung und die ideologische

Ausrichtung der Bundschuher vorbehielt. Seine Frau Else spannte er auch wieder in sein System ein. Sie hatte vor allem die Rolle der Frau zu spielen, die ständig von Männern umworben wird. So fiel es nicht auf, daß unter den vielen auch immer mal Joß Fritz war, und so konnte sie, während sich die Leute über ihre Moral entrüsteten, Nachrichten sammeln und Richtlinien weitergeben. Nach der Entlassung aus dem Gefängnis seinerzeit lag zwar nichts mehr gegen sie vor, aber sie mußte damit rechnen, beobachtet zu werden, weil man über sie an ihren Mann heranzukommen hoffte.

Während Joß Fritz als verschollen galt und nur für seine Freunde existierte, benahm sich Stoffel von Freiburg durchaus nicht unauffällig. Er ritt, wie die Akten aussagen, einen Schimmel, trug einen weißen Mantel und ein schwarzes Samtbarett mit einem silbernen Pfeil darin, als ob er mit allen Mitteln das Interesse der Fahnder auf sich lenken wollte. Aber einer mußte ja deutlich erkennbar die Führung des Bundschuh repräsentieren, damit auch die Zweifler, die Zögernden, die Unentschlossenen sehen konnten: Hier ist eine Macht, die sich nicht verstecken muß, die vor Spitzeln keine Angst hat und offen für das Anliegen der Bauern und Bürger eintritt. Stoffel konnte sich zeigen, denn gegen ihn lag nichts vor, es war nur bekannt, daß er in der großen Gruppe entlassener Landsknechte viele Freunde hatte, in jener Gruppe, mit der niemand ohne dringende Not Streit suchte.

Ein anderer wichtiger Mann war Michel von Dinkelsbühl. Er hatte im

116

Ein Vertreter der organisierten Bauernschaft zieht als Agitator durchs Land (Titelholzschnitt einer Flugschrift, 1524).

Jahre 1514 beim Armen Konrad mitgemacht, war rechtzeitig vor dem großen Blutgericht aus Württemberg verschwunden und zog nun als Possenreißer und Taschenspieler mit seinem Wägelchen von Ort zu Ort. Michel reicherte seine Darbietungen mit politischen Witzen an und führte so seine Zuhörer ganz unauffällig an die Grundforderungen des Bundschuh heran. Nach der Vorstellung setzte er sich mit ihnen bei einem Becher Wein zusammen und man sprach über das Leben hier im Dorf, in der Stadt, im Land, über das Leben überhaupt. Dabei gewann Michel einen guten Eindruck, wen er für die Organisation gebrauchen konnte, und wer bereit war, am Tage der Befreiung bestimmte Aufgaben zu übernehmen, auch bei Gefahr für Leben und Gesundheit.

Die Leute, zu denen er Vertrauen hatte, warb er in aller Form für den Bundschuh an und zahlte ihnen im Auftrage von Joß Fritz einen Sold, damit sie sich ganz auf ihre Aufgabe konzentrieren konnten und nicht gezwungen waren, sich mühsam ihr Geld zu verdienen und dabei in unüberschaubare Abhängigkeiten zu geraten.

Woher Joß Fritz das Geld hatte, mit dem er fest besoldete Agenten verpflichten konnte, ist nie geklärt worden. Die Summe soll sich auf rund 2000 Gulden belaufen haben, dafür hätte man schon ein Fähnlein Landsknechte anwerben können. Wer konnte ein Interesse daran haben, dem notorischen Aufrührer Joß Fritz so viel Geld für einen solchen Zweck zur Verfügung zu stellen? Wem konnte daran liegen,

117

einen neuen Bundschuh zu finanzieren? Wer hatte überhaupt so
viel Geld?

Das große Geld jener Zeit sammelte sich in den Schatztruhen der
Kaufleute, der Bankiers und der geistlichen Fürsten, denen die Opfergaben der Gläubigen, auch der allerärmsten, zuflossen. Wenn sie auch
vieles davon verbauten, nach Rom schickten oder für den Unterhalt
eigener Leibwächter und Kriegsknechte verbrauchten, so blieb doch
immer noch einiges verfügbar. Aber gerade gegen die geistlichen Fürsten richtete sich vor allem der Zorn der Bundschuher, weil sie zuerst
Landesherrn und Grundherren waren, mit eiserner Strenge alle Abgaben eintrieben, ihre geistlichen Pflichten vernachlässigten und nichts
dazu taten, für eine gerechtere Verteilung der Werte zu sorgen. Es wäre Selbstmord gewesen, wenn sie den Bundschuh unterstützt
hätten.

Eine andere Gruppe, die Geld besaß, bildeten die Bankhäuser in den

*»Bauern auf dem Markt«
(Kupferstich von
Albrecht Dürer)*

Freien Reichsstädten. Sie, als die traditionellen Kreditoren der weltlichen Fürsten, Reichsfreiherrn und Reichsritter kamen als Finanziers des Bundschuhs ebenfalls nicht in Frage. Sie hätten sich selber einen tödlichen Schaden zugefügt, wenn sie dazu beigetragen hätten, ihre Schuldner zu vernichten und damit endgültig zahlungsunfähig zu machen. Auch die wohlhabenden Handelsherren hatten gewiß keine Neigung, eine gewaltsame Umverteilung der Vermögen zu unterstützen.

Eine Ausnahme waren die Juden. Sie gehörten zu den Parias des Heiligen Römischen Reiches, nicht nur die große Masse der Armen unter ihnen, auch die wenigen Wohlhabenden. Sie waren von allen Zünften und Gilden ausgeschlossen und durch strenge Gesetze auf die Ausübung ganz weniger Berufe angewiesen. Sie durften kein Handwerk erlernen, kein Geschäft eröffnen, keinen Grundbesitz erwerben. Den Armen blieb nur der Trödelhandel, den Wohlhabenden Geldgeschäfte und Pfandleihe, und zwar besonders heikle und risikoreiche Kreditgeschäfte, an denen die großen angesehenen Bankhäuser kein Interesse hatten. Ursprünglich war der Geldhandel Sache der Klöster gewesen, im Laufe der Jahrhunderte hatte sich aber die biblische Lehre herumgesprochen, daß Wucher jedem Christenmenschen verboten ist, auch dem Geistlichen. In einer Zeit, in der die Sicherheiten so gering, die Unsicherheiten aber, bei ständigen Kriegsunruhen, Seuchen und Feuersnot so groß waren, mußte jeder, der mit Geld arbeitete, hohe Zinsen nehmen. Zinssätze von zwanzig bis dreißig Prozent waren nicht ungewöhnlich. Am Ende hatten die Klöster diesen Geschäftszweig gar nicht so ungern an die Juden abgegeben. Ihr Geld bekamen sie ohnehin von ihren Gemeindekindern, die durchweg als ihre Zinspflichtigen oder Leibeigenen durch ein engmaschiges Netz von Verpflichtungen und Dienstleistungen an sie gebunden waren. Nun mußten sich die Bauern, wenn sie mit ihren Zahlungen in Rückstand gerieten, das Geld von den Juden leihen. Die Bauern trugen die Last, die Juden das Risiko, und die Geistlichen konnten den Zeigefinger heben und ausrufen: »Seht da! Die Wucherer!«

Es gab zahlreiche jüdische Geldhändler im Heiligen Römischen Reich, durchweg mit geringem, allenfalls mit mittlerem Geschäftsumfang. Sie konnten sich von einer grundsätzlichen Erneuerung des politischen oder sozialen Systems nur eine Besserung ihrer Lage erhoffen. Ständig lebten sie in der Gefahr, verbannt oder verbrannt zu werden. Der Kaiser schützte sie mit Gesetzen, in der Praxis aber waren sie vogelfrei. – Die Kirche predigte christliche Nächstenliebe, aber nicht dem Volk gegenüber, dem Christus entstammte. Im Gegenteil, sie nährte Aberglauben und Vorurteile.

Gerade im Elsaß, wo der erste Bundschuh mit dem Zentrum in Schlettstadt im Jahre 1493 so viele Anhänger gefunden hatte, und wo Joß Fritz nun besondere Aktivität entfaltete, gab es in vielen Städten jüdische Gemeinden und wendige jüdische Geldhändler mit politischem Weitblick, wie etwa Josel von Rosheim, dessen Bedeutung damals schon über das Elsaß hinausreichte. Da andere Geldgeber nicht erkennbar sind und die sehr hohe Summe von 2000 Gulden kaum von Bundschuhern aufgebracht wurde, um sie Bundschuhern auszahlen zu können, spricht einiges dafür, daß Joß Fritz das viele Geld von jüdischen Geldhändlern bekam. Beweise dafür gibt es allerdings nicht, und eine solche Unterstützung wäre auch für die Juden nicht ganz risikolos gewesen. Aber sie waren es gewohnt, mit einem hohen Risiko zu leben, und darin lag auch ihre einzige Chance.

Wäre der Bundschuh von 1517 ein reiner Bauernaufstand gewesen, hätte gewiß kein Jude Geld dafür gegeben. Die Bauern waren seit je

Immer wieder ein Treffpunkt der aufständischen Bauern war die dörfliche Kirchweih (Holzschnitt von Hans Sebald Beham).

von ihren Geistlichen zur Judenfeindschaft erzogen worden, zum Haß gegen die Rechtlosen, die keine Waffe tragen und sich nicht wehren durften, die jeder ungestraft als Unmenschen verleumden konnte, welche Kinder schächteten, Hostien durchstachen und Brunnen vergifteten.

Dieses in Jahrhunderten aufgebaute Schreckensbild war mit ein paar vernünftigen Worten nicht abzubauen. Aber der dritte Bundschuh, den Joß Fritz organisierte, war nicht nur auf den Bauern zugeschnitten, sondern ebenso auf den Bürger, und der hatte schon ein ganz anderes Verhältnis zu den Juden, mit denen er oft seit Generationen in einer Stadt Straße an Straße wohnte.

Die Leute in den Städten, nach drei Jahren der Mißernten, Pestilenz und Teuerung, hatten Hunger. Denen klang das, was Joß Fritz beklagte und was er verlangte, als käme es aus ihrem eigenen Munde. Sie hatten nur nie gewagt, es selber auszusprechen. Nun hörten sie, daß viele Menschen links und rechts des Rheins genau das gleiche erlitten, das gleiche erhofften und das gleiche zu erkämpfen entschlossen waren.

Die Forderungen des dritten Bundschuhs paßte Joß Fritz nicht mehr den Bedürfnissen und Erwartungen eines einzelnen Standes an, sondern erhob sie grundsätzlich für alle, die in einem neuen Staat nach neuen Gesetzen unter einer neuen Standesordnung leben sollten, allein nach den Geboten der göttlichen Gerechtigkeit, wie sie in der »Reformation des Kaisers Sigismund« festgelegt waren.

Es waren radikale Forderungen: Landesherrn und Großgrundbesitzer, geistliche wie weltliche, sollten verjagt, und notfalls erschlagen werden. Alle Zölle, Steuern und sonstige Abgaben sollten abgeschafft, Zinsen nur gezahlt werden, soweit sie der Tilgung einer Schuld dienten, der Besitz der Klöster in Gemeinbesitz überführt, der Unterhalt der Geistlichen garantiert, alle darüber hinausreichenden Einkünfte aber für die Kranken- und Armenpflege verwandt werden, für die Alten und Hilflosen.

Die Institutionen Kaiser, Papst und Kirche sollten unangetastet bleiben, alle machthungrigen und geldgierigen Zwischeninstanzen aber ausgeschaltet oder auf ihre eigentlichen Aufgaben beschränkt werden.

Außer Bürgern und Bauern wurde noch eine dritte Gruppe durch den Bundschuh vertreten, und zwar eine Gruppe, für die es in der genau festgelegten Standesordnung jener Zeit gar keine Bezeichnung gab, die zwar existierte, die aber keinerlei Rechte hatte. Das waren die Namenlosen, die in keinen Zusammenhang paßten, die Heimatlosen, die eine Bleibe suchten, die Verachteten, die bestimmte Berufe ausübten, welche von niemandem anerkannt wurden, die Ausgestoßenen, die um Einordnung rangen. All jene Leute waren es, die man pauschal »die Unehrlichen« nannte, weil man ihnen die Ehre nicht zubilligte, die jeder Stand für sich in Anspruch nehmen konnte: Ritter, Bürger, Geistliche. Das waren die Entwurzelten, denen das Haus verbrannt und die Habe zerschlagen war, die daheim keine Möglichkeit mehr fanden zu leben, Kriegsinvaliden, Landsknechte, die zu alt geworden waren, um noch zu kämpfen. Auch Frauen waren darunter, die als junge Mädchen von irgendwelchem Kriegsvolk mitgeschleppt und zu Huren gemacht worden waren, und die nun, da keiner sie mehr wollte, auf der Straße lagen. Auch solche waren dabei, die mal vor Hunger ein Stück Brot gestohlen hatten und denen dafür vom Scharfrichter die rechte Hand abgehackt worden war, der kleine Dieb, dem das linke Ohr eingeschlitzt worden war, damit jedermann ihn bis zum letzten Tag seines Lebens als Schlitzohr erkennen konnte, Kranke, Blatternarbige, die außerhalb der Orte in Höhlen hausten. Und alle hatten, so tief unten sie auch sein mochten, ihre Träume von einem Christentum, in dem es wirklich Christenliebe gab, von einer Welt, in der Platz auch für sie war als Mensch unter Menschen. Und jeder von ihnen konnte sich auf eine Stelle in der Bibel berufen, die gerade ihm die Liebe des Herrn Jesus Christus zubilligte. Für sie hatte das Wort von der göttlichen Gerechtigkeit, um die zu kämpfen sich lohnte, eine besondere Bedeutung.

Joß Fritz wollte im September 1517 den Bundschuh in Rosheim sammeln und von dort aus zunächst im Elsaß und dann auch auf dem rechten Rheinufer aktiv werden. Die alte Freie Reichsstadt Rosheim an der Heerstraße zwischen Schlettstadt und Zabern war der ideale Ausgangspunkt für eine Volksbewegung. Im Westen lagen die schützenden Vogesen, im Osten öffnete sich das weite Rheintal mit all seinen Verkehrswegen. Die Stadt war wohlhabend, gesegnet mit heilkräftigen Quellen, die besonders gegen die Gicht halfen und lebhaft besucht wurden, mit Weinbergen, Hopfenfeldern und Töpfereien. Von den rund dreitausend Einwohnern hatten sich schon mehr als die Hälfte dem Bundschuh verschworen. In Rosheim gab es auch eine wohlhabende Judengemeinde, und hier lebte seit 1514 der aus Hagenau stammende Josel ben Gerson, der den Namen seiner neuen Heimatstadt als deutschen Familiennamen angenommen hatte und nun Josel von Rosheim hieß. Er war ein gebildeter Mann, der deutsch und lateinisch, französisch und hebräisch diskutieren konnte, und nebenbei noch ein erfolgreicher Geldkaufmann. Als Sprecher der elsässischen Juden genoß er solches Ansehen, daß ihn nicht nur mehrere

Fürsten und kaiserliche Hofbeamte, sondern Kaiser Maximilian persönlich empfangen hatten.

Joß Fritz hatte nach seinen Mißerfolgen im Bistum Speyer und in der Markgrafschaft Baden aus mehreren Gründen den Schwerpunkt des Bundschuhs ins Elsaß verlegt. Dieses Land, das einst Kaiser Friedrich II. »... seiner teutschen Erblande geliebtestes ...« genannt hatte, war jetzt alles andere als eine politische Einheit, sondern nur noch ein Flickenteppich ineinander verzahnter Herrschaftsgebiete, mit Exklaven und Enklaven gesprenkelt. Der Kurfürst von der Pfalz, der Markgraf von Baden, der Fürst von Hanau regierten hier nebeneinander und durcheinander mit den Bischöfen von Straßburg, Metz und Speyer. Zwischendrin gab es Reichsgrafschaften, Reichsritterschaften, habsburgische Vogteien und zehn Freie Reichsstädte, darunter Colmar, Hagenau und Mülhausen, Rosheim, Schlettstadt und Weißenburg, zu denen durchweg noch Dörfer gehörten, die nicht selten von zwei oder drei Landesgrenzen eingeengt waren.

Die politische Zerrissenheit machte den Menschen das Leben schwer und begünstigte den Aufruhr. Wo man auch war, immer galten schon wenige Meilen weiter andere Gesetze und andere Münzen. Andere Herren verlangten andere Abgaben, Zölle und Dienstleistungen. Für Joß Fritz brachten die vielen Grenzen den Vorteil, daß sie die Fahndung und Verfolgung erschwerten, da jede der Herrschaften eifersüchtig auf ihre Landeshoheit bedacht war. Notfalls war er immer schon nach wenigen Meilen in einem anderen Land.

Am 8. September, als die Ernte eingebracht und in Zabern die berühmte Kirchweih war, zu der das Volk von weither angereist kam, wollten die Bundschuher die allgemeine Unruhe auf den Landstraßen ausnutzen, um mit zweitausend Mann nach Rosheim zu ziehen, wo die Bürger, die zu ihnen gehörten, die Befestigungsanlagen der Stadt besetzen sollten. Dann wollten sie vereint nach Zabern marschieren, im Festestrubel die Stadt nehmen und später mit ihren Zaberner Freunden auch nach Hagenau und Weißenburg ziehen.

Aber schon im August beichtete einer von ihnen, in Sorge, er könne etwas Unrechtes tun, für das er dann im Jenseits büßen müsse, seinem Priester, was er und seine Freunde vorhatten. Der Priester erfuhr auch die Namen einiger Freunde und meldete, ohne sich ans Beichtgeheimnis gebunden zu fühlen, das Komplott den Behörden. An den verschiedensten Orten wurden Bundschuher festgenommen, gefoltert und verhört. So kamen rasch immer mehr Namen heraus, auch der des Mannes, der die großangelegte Werbung durchgeführt hatte und am allermeisten wußte, weil er ja die Besoldung in der Hand hatte: Michel von Dinkelsbühl.

Er war nicht schwer zu finden, da viele sein Wägelchen kannten, mit dem er von Kirmes zu Kirmes reiste und das so schön bunt bemalt war. Als sie ihn hatten, brauchten sie ihn gar nicht erst zu foltern. Er glaubte wohl, er könne seinen Kopf retten, deshalb sagte er, was er wußte, und verriet alle Namen, die er kannte. Aus Michel von Dinkelsbühl liefen die Geständnisse heraus wie Wasser aus einem lecken Topf. Er beschrieb genau Stoffel von Freiburg mit dem weißen Mantel auf dem weißen Pferd, mit dem Silberpfeil im schwarzen Barett, und wußte auch anzugeben, daß sich der Hauptmann zur Zeit im Suggental im Schwarzwald aufhalte, wo er den rechtsrheinischen Abschnitt des Aufstandes organisiere, der achtzehn Tage nach dem Überfall auf Rosheim ausbrechen solle.

Wo Joß Fritz gerade war, wußte Michel nicht, aber er wies auf das dunkle Muttermal an dessen linkem Handrücken hin, wußte, daß er einen silbernen Ring trug und schilderte genau die Kleidung: einen schwarzen französischen Überrock über einem ziegelfarbenen Wams und ebensolchen Hosen, geschlitzt, oder »zerhauen«, wie es in der Modesprache der Landsknechte hieß. Er vermutete ihn in Villingen oder in Horb.

Als dritten wichtigen Mann gab Michel von Dinkelsbühl den ehemaligen Landsknecht Markus Kuffer an, der als Hauptmann im Bundschuh viele Menschen zu führen hatte, also auch viele Bundschuher kannte und in alle taktischen Pläne bis in die Einzelheiten eingeweiht war. Michel selber wußte nur, daß es am 8. September in Rosheim losgehen sollte, daß gleichzeitig die Landstreicher an bestimmten Stellen Feuer legen sollten, um Signale zu geben und Verwirrung zu stiften, daß sich am 26. September jenseits des Rheins zweitausend Mann auf dem Kniebis treffen und von dort aus den Schwarzwald durchdringen wollten. Alle Bundschuher seien an einem großen »H« zu erkennen, das sie sich aufs Brusttuch gemalt hätten: den Anfangsbuchstaben des Wortes Heiland. Sogar das Losungswort gab Michel preis: »Sanct Jörg!«

All seine Angaben wurden aufgeschrieben, und durch dieses Vernehmungsprotokoll kennen wir so viele Einzelheiten aus dem dritten Bundschuh, den Joß Fritz wieder einmal so perfekt organisiert hatte und der wieder einmal so kläglich scheiterte. Der oberrheinische Bundschuh wurde nicht in einem Gefecht zerschlagen, sondern in den Verliesen und Kellergewölben der Stadttürme und Festungstore aufgerieben. Nach und nach, hier und dort wurden Menschen gejagt, gefangen, gefoltert. Die meisten ließen sich lieber totschlagen, als ihre Freunde zu verraten, aber das, was die wenigen verrieten, reichte aus, um den Bund endgültig auszutilgen. Viele wurden geköpft, verstümmelt, des Landes verwiesen. Das ging so bis in den Oktober hinein.

Auch Michel von Dinkelsbühl kam nicht so davon, wie er gehofft hatte. Als aus seinem Kopf nichts mehr an interessanten Informationen herauszuholen war, bekam der Scharfrichter einen Wink und schlug ihn ab.

Stoffel von Freiburg konnte entkommen, und Joß Fritz war weder in Horb noch in Villingen zu finden. Es tauchte auch nirgendwo ein Mann auf, der einen schwarzen französischen Rock überm ziegelroten Wams und ebensolchen Hosen trug mit einem silbernen Ring am Finger, und schließlich konnte man nicht jedem den Ärmel aufstreifen, um über dem linken Handgelenk nach einem dunklen Muttermal zu suchen.

Er blieb verschollen. Manchmal wußten Leute zu berichten, sie hätten ihn gesehen, ganz woanders, und er hätte geschworen, nicht eher Ruhe zu finden, als bis er wüßte, daß der Bundschuh obgesiegt habe. Acht Jahre später, im großen Bauernkrieg, tauchte er noch einmal auf, und die ihm begegnet waren, wußten zu berichten, er sei ein alter Mann mit einem grauen Bart. Nach dem blutigen Sommer des Jahres 1525 wurde er dann nicht mehr gesehen, eine der starken Figuren der deutschen Geschichte, denen reiche Gaben beschieden waren, aber nie ein Erfolg, die Freunde und Gefährten fanden, aber nie gleichwertige Mitstreiter. Er war Organisator und Ideologe, der gegebene Helfer des Staatsmanns, des Reformators, des Heerführers. Diese lebten in derselben Welt zur selben Zeit wie er: Franz von Sickingen, Martin Luther, Götz von Berlichingen oder Florian Geyer. Er begegnete ihnen nie. Das Naturtalent, als Leibeigener geboren, hatte keine Möglichkeit, mit einem von ihnen zusammenzugehen.

Am letzten Oktobertag, als allmählich wieder Ruhe im Elsaß und im Schwarzwald herrschte, löste ein Mann gut zwanzig Tagereisen ostwärts von Rosheim in der jungen Universitätsstadt Wittenberg an der Elbe einen ganz anderen Aufruhr aus, der die Stadt, das Kurfürstentum Sachsen, das Heilige Römische Reich, die ganze christliche Welt erschütterte, der sie auseinanderbrechen ließ, in zwei Teile, die dann viele Generationen hindurch einander blutig bekämpften.

Martin Luther
Hoffnung für Bauern und Bürger

Ob Martin Luther am 31. Oktober 1517 das Papier mit seinen 95 Thesen gegen den Ablaßhandel buchstäblich an die Tür der Schloßkirche zu Wittenberg geschlagen hat, ist fraglich. Das zu tun, war nämlich die Aufgabe des Pedells, und zwar nicht nur bei einer, sondern bei allen Kirchen der Stadt; so verlangte es der Brauch, wenn einer der Gelehrten seine Kollegen zu einer Disputation einlud. Sicher ist aber, daß der Augustinerpater und Theologieprofessor Luther an diesem Tag seine Schrift an den für den Ablaßhandel verantwortlichen Kurfürsten von Mainz, Erzbischof Albrecht, abschickte, mit der Bitte: ». . . das schamlose Treiben und die lästerlichen Reden der Ablaß-Prediger zu unterbinden . . .«

Das war sein Anliegen. Daß er damit zunächst leidenschaftliche Diskussionen in immer weiterem Umkreis, und im Endeffekt die Reformation auslöste, hatte er ursprünglich nicht beabsichtigt.

Martin Luther stammte aus einer freien thüringischen Bauernfamilie, die seit Generationen in Möhra, fünfzehn Kilometer südlich von Eisenach einen Hof besaß, der traditionsgemäß immer an den jüngsten Sohn weitervererbt wurde. Martins Vater Hans war eines von vielen Kindern, die der kleine Betrieb auf die Dauer nicht ernähren konnte. Er wanderte nach Nordosten und fand 130 Kilometer von der Heimat entfernt bei Eisleben in der Grafschaft Mansfeld im Kupferbergbau Arbeit.

Im Mansfeldischen wurde schon seit 1199 Kupfer gewonnen und nach einem besonderen Verfahren verhüttet. Der Kupferschiefer, der anfangs im Tagebau, später auch unter Tage abgebaut wurde, enthielt 3 Prozent Kupfer und dazu noch ein Promille Silber. In ganz Europa war die Reinheit des Mansfeldischen Kupfers berühmt, es wurde in viele Länder exportiert.

Hans Luther fing als Säuberbube an, wurde Fördermann, Hauer und schließlich Hüttenmeister. Als er etwas Geld gespart hatte, nahm er das Wagnis auf sich, einen eigenen Hüttenbetrieb zu pachten und selber Bergleute zu beschäftigen. Er wurde ein erfolgreicher kleiner Unternehmer, der bald auch an mehreren anderen Hüttenbetrieben beteiligt war.

Das war die soziale Umwelt, in die Martin Luther am 10. November 1483 hineingeboren wurde. Er lebte die ersten dreizehn Jahre bei den

Eltern, wurde zu einem frommen Menschen erzogen, lernte in der Mansfeldischen Schule Lesen und Schreiben, Rechnen und Latein, wuchs heran im geordneten Haushalt eines redlichen Mannes, in der geordneten Gemeinschaft der katholischen Kirche, in der geordneten Welt des Bergbaus und des Hüttenwesens. Die Männer, die zu Beginn einer gerade sich entwickelnden Industriegesellschaft in der Endphase der feudalen Gesellschaftsordnung des Mittelalters hier Kupfer produzierten, waren freie Lohnarbeiter und bildeten eine selbstbewußte, ganz eigenständige Schicht mit einem starken Zusammengehörigkeits-

*Die Abbildung zeigt
eine frühe Darstel-
lung des Berg- und
Hüttenwesens.*

gefühl. Sie schufen in mehreren komplizierten Arbeitsgängen einen wichtigen Rohstoff für Kasserollen und Kanonen, für Kirchenglocken und Königsmonumente (das Zinn für die Bronze kam aus Altenberg in Sachsen), sie kannten ihren Wert, waren nicht an bestimmte Reviere gebunden und konnten ungehindert den Arbeitsplatz wechseln, wenn sie anderswo günstigere Bedingungen geboten bekamen.

Das geschah nicht selten. Deutsche Bergleute galten wegen ihrer Kenntnisse und Erfahrungen viel in der Welt. Der Bergbau im Siegerland und in Sachsen, im Harz und im Thüringer Wald hatte Tradition.

Deutsche Steiger, Hauer und Bergzimmerleute arbeiteten in Frankreich und Spanien, in Ungarn und Polen. Der Serbenkönig Stefan Dečanski ließ Anfang des 14. Jahrhunderts sogar in Kosovska Mitrovica, 250 km südlich von Belgrad, eine sächsische Kirche errichten, um seinen deutschen Bergleuten im Zinkbergwerk Stari Trg etwas heimatliche Atmosphäre zu bieten.

Die ersten dreizehn Jahre seines Lebens vor diesem gesellschaftlichen Hintergrund prägten den jungen Luther nicht weniger als die folgenden in der Schule, auf der Universität und im Kloster. Im Frühjahr 1497 wanderte er die 80 Kilometer nach Magdeburg, um da das Gymnasium zu besuchen.

Die Bildung jener Zeit beruhte zuallererst auf der Kenntnis der lateinischen Sprache. Es war eine Grundvoraussetzung, daß man lateinisch schrieb, lateinisch diskutierte und am Ende auch lateinisch dachte.

Da die deutsche Sprache von gebildeten Leuten nicht gebraucht und also auch nur schleppend weiterentwickelt wurde, blieb sie derb und drastisch. Luther aber liebte diese pralle, ausdrucksstarke Sprache, in der sich seine Eltern unterhielten, die Bergleute daheim und das bunte Volk auf den Landstraßen, mit dem er immer wieder Tage und Wochen zusammenlebte.

Wenn er in den Ferien seine Eltern besuchte, mußte er hin und zurück 160 Kilometer laufen, und zwei Jahre später, als er aufs Gymnasium in Eisenach ging, 240 Kilometer. Das bedeutete, da man damals wegen der miserablen Straßenverhältnisse kaum mehr als 25 Kilometer am Tage auf den ausgefahrenen Sandwegen zurücklegen konnte, zweimal drei Tage, beziehungsweise zweimal fünf Tage. Da gesellten sich einem die verschiedensten Weggenossen zu, man lernte ihr Schicksal kennen, ihre Lebensweise, ihre Gedanken über Gott und die Welt. Die Straße war das lebendige Gegengewicht gegen die düsteren Gewölbe der Lateinschule.

Hans Luther hielt seinen Sohn knapp. Was Martin für Kost und Logis brauchte, mußte er sich mit Kurrende-Singen verdienen, wie mancher Scholar, mancher seiner Freunde.

Mit siebzehn war der junge Luther soweit, daß er den Vorlesungen auf der Universität folgen konnte. Er wanderte nach Erfurt, in die alte prächtige Metropole Thüringens mit ihren acht Toren, all den Kirchen und Klöstern und dem berühmten Dom »Beatae Maria Virginis«. Schon seit dem 8. Jahrhundert war Erfurt Stadt, seit 1392 Universität, nach Prag, Wien, Heidelberg und Köln die fünftälteste im Reich, wohlhabend durch ein blühendes Handwerk, einen lebhaften Handel und das Salz, das nahe der Stadt im Untertagebau gefördert wurde.

Als Student brauchte Martin nicht mehr für Geld zu singen. Hans Luther schickte ihm genug. Er ließ den Sohn, wie ein Freund der Familie aufschrieb »... von seinem ehrlichen Berggut und dem Ertrag zweier Feueröfen zu Erfurt studieren ...« Martin sollte Rechtsgelehrter werden, das war der Beruf der Zukunft. Seit das römische Recht das deutsche Recht verdrängt hatte, war es nicht mehr, was es immer gewesen war: »Das Rechte«, das von Gott Gegebene, das der Mensch zu suchen und zu finden hatte, jeder Mensch, der denken und fühlen konnte. Jetzt war es eine Summe von Regeln, die unter festen Paragraphen in Büchern kodifiziert waren. Überall brauchte man Männer, die diese Bücher zu lesen und auszulegen verstanden. Wer das konnte, dem standen alle Türen offen, der wurde nicht nur als Ankläger, als Verteidiger, als Richter gebraucht, sondern auch als Ratgeber der Fürsten, der großen Bankhäuser, der städtischen Verwaltungen, als Minister, als Ratsherr, als Bürgermeister. Hans Luther wollte, daß seinem Sohn alle Türen offenstanden.

Der Student der Rechte Martin Luther trug einen Degen, wie nun einmal ein Mann von Ehre eine Waffe zu tragen hatte. Er diskutierte bis in die Nächte hinein und las alles, was er in die Finger bekam, mit unersättlichem Heißhunger. In Erfurt lehrten zwei berühmte Humanisten, Johannes Lang und Crotus Rubianus. Sie öffneten den Studenten die geistige Welt des klassischen Altertums mit ihren Dichtern, Philosophen, Satirikern, und ebenso die antike Götterwelt. Sie galten als ausgeprägte Freidenker, in deren Vorstellungswelt sich die lebensfrohen Gestalten der griechisch-römischen Mythologie aufs unbefangenste mit den sittenstrengen christlichen Heiligen vermengten. Diese Sicht der Dinge war ein Privileg der Gebildeten, wie die Kenntnis der lateinischen Sprache, wie das Vergnügen an Gedankenspielen, Wortspielen, intellektuellen Rätselspielen. Der Humanismus war eine geisteswissenschaftliche Bewegung, die naturgemäß in Widerspruch zur totalitären Kirche geraten mußte, die aber nicht daran dachte, sich im Machtbereich dieser Kirche reformatorisch zu betätigen.

Diese Humanisten waren Esoteriker, denen jederzeit bewußt war, daß sie bestenfalls von einem Prozent aller Deutschen verstanden wurden. Das genügte ihnen auch. Die restlichen neunundneunzig Prozent interessierten sie nicht.

Vier Jahre lebte Martin Luther in dieser Welt, hörte lateinisch, las lateinisch, diskutierte lateinisch. Am Abend aber, wenn er mit seinen Kommilitonen beisammensaß und die Laute schlug, sang er die deutschen Lieder, die er in den Herbergen unterwegs gehört hatte, und das waren nicht so fromme Lieder wie die, mit denen er sich die kleinen

Münzen vor den großen Haustüren ersungen hatte, wenn er als Scholar im schwarzen Kittel durch die Straßen gezogen war.

In der Universitätsbibliothek fand er auch eine Bibel und zum ersten Mal in seinem Leben warf er selber einen Blick hinein. Es war das Vorrecht der Geistlichen, dieses Buch zu lesen und zu deuten. Den neunundneunzig Menschen unter hundert, die nicht einmal deutsch, geschweige denn lateinisch oder griechisch lesen konnten, blieb die Bibel zeit ihres Lebens eine Quelle, zu der sie keinen unmittelbaren Zutritt hatten.

Mit achtzehn wurde Martin Luther Baccalaureus, mit einundzwanzig, im Frühjahr 1505, Magister. Und dann auf einmal, am 2. Juli desselben Jahres, fühlte er bei einem schweren Gewitter, das über Erfurt niederging, das unwiderstehliche Verlangen, seinem Gewissen zu folgen und Geistlicher zu werden. Er lud noch einmal all seine Freunde ein, sang und trank mit ihnen und teilte ihnen dann, während sie ihn fassungslos umstanden, ganz ruhig mit, daß er sich entschlossen habe, Abschied von seinem bisherigen Leben und von ihrer gemeinsamen Welt zu nehmen. Dann ging er zum Augustinerkloster und bat um Aufnahme. Zwei Jahre später, am 2. Mai 1507, wurde er zum Priester geweiht. Jetzt erst erfuhr sein Vater, den er aus diesem Anlaß nach Erfurt geladen hatte, daß der Sohn ihm seinen Wunsch nicht erfüllt hatte und nicht Rechtsgelehrter geworden war. Er hatte, ohne es seinen Eltern mitzuteilen, das Gelübde der Keuschheit, der Armut und des Gehorsams abgelegt, mit dem man allenfalls in der Hierarchie der katholischen Kirche Karriere machen konnte, wenn auch nur eine ganz bescheidene, da alle bedeutenden Ämter und Pfründen den Söhnen der Fürsten, der Grafen, der Reichsfreiherrn vorbehalten waren.

Martin Luther dachte aber an gar keine Karriere, sondern nur an sein Gewissen und an sein Verhältnis zu Gott. In dieser Phase seines Lebens hatte er keinerlei Beziehung zu irgendwelchen Dingen, die außerhalb seines Klosterlebens vor sich gingen, das sich in strenger Askese vollzog. Er peinigte sich, unterwarf sich den niedrigsten Diensten und verzehrte sich in der Furcht vor Gottes Zorn, im Bangen um die ewige Seligkeit, im Flehen um Gnade und Vergebung der Sünden.

Hilfe und Rat fand er bei seinem Prior, dem Augustinerprovinzial Johannes von Staupitz. Der hatte an der Neugründung der Universität Wittenberg großen Anteil gehabt, und er sorgte auch dafür, daß Luther dort im Jahre 1508 einen Lehrstuhl für Philosophie bekam und 1510 den Auftrag, mit Sendschreiben des Augustinerordens nach Rom zu wandern.

Es war eine Wanderung von 1500 Kilometern, sechzig Tagen also, davon viele über Gebirge, das Erzgebirge, den Böhmerwald, den Bayerischen Wald, die Alpen. Die Straßen waren breit ausgefahrene Sand- und Lehmwege mit tiefen Spuren, in denen Wasser stand und die von den Lastfuhrwerken und den Trossen und Kanonen der Heereszüge immer tiefer eingeschnitten wurden. Oder es waren schmale, abschüssige Paßstraßen mit losem Geröll und Steinschlag.

Keiner reiste allein, alle auf den Straßen waren miteinander verbunden. Man konnte die Zweige der Bäume anfassen, die Schafe, wenn sie den Weg kreuzten, die Schulter des Genossen, der ein paar Meilen neben einem hertrottete. Wenn es regnete, stand man dicht beieinander unter der Buche oder in der Kapelle am Straßenkreuz. Die wenigen Reisewagen der Fürsten oder der reichen Handelsherren traten kaum in Erscheinung. Man sah sie, eskortiert von einem berittenen Gefolge, nur selten. Auch Wanderer zu Pferde waren selten, ein reicher Student, ein Rechtsgelehrter, der einen Streitfall außerhalb zu erledigen hatte, ein Ritter, der mit seinen Gefährten in einer Fehde unterwegs war. Wer ein Maultier oder einen Esel hatte, ließ sie das Gepäck tragen, Bündel und Kisten. Die meisten waren zu Fuß und hatten nicht mehr als ihre Umhängetasche, die Wolldecke auf dem Rücken, den Stecken in der Hand. So zogen sie nebeneinander her oder einander entgegen, in kleinen Gruppen oder in Scharen, rasteten im Schatten eines Rotdorns, einer Linde, einer Kirchhofsmauer, wechselten die Weggenossen, gingen weiter: Handwerksburschen, Nonnen und Feuerschlucker, Trödelhändler, Kuriere und Soldknechte, Bergknappen, fahrende Scholaren und fromme Pilger, die nach Rom wollten, weil eine Schuld ihr Gewissen drückte, von der sie an der Quelle aller Frömmigkeit freizukommen hofften. Und dann immer wieder die von bewaffneten Reitern gesicherten sechs- und achtspännigen Lastfuhrwerke der Handelsherren. Sie holten Seide und Elfenbein aus dem Süden, Weihrauch, Baumwolle und Gewürze, und dafür brachten sie Silberzeug aus Thüringen und Bernstein von der Samlandküste zu den Märkten am Mittelmeer und am Bosporus, und die reichen Erzeugnisse des Kunsthandwerks aus Nürnberg, Augsburg, Erfurt und anderen Orten, die in aller Welt gefragt waren.

Von den schönen alten Römerstraßen, diesen unvergleichlichen Zeugnissen einer kraftvollen Kultur und einer die halbe Welt beherrschenden Wirtschaftsmacht, war nichts übriggeblieben. Ein Netz von 290 000 Kilometern gepflasterter Straßen hatte das alte Römische Reich durchzogen, davon 86 000 Kilometer Hauptverkehrswege, auf denen ein Reisender, wenn er gut zu Fuß war, 50 Kilometer am Tag

133

zurücklegen konnte, ein Reiter bei mehrfachem Pferdewechsel sogar 85 bis 90. Jetzt waren sie völlig zerstört. Zu jedem Bauvorhaben in der Nähe hatten sich die Leute alles aus ihnen herausgebrochen, was sie gebrauchen konnten. Und es gab keine zentrale Reichsgewalt, die sich verpflichtet gefühlt hätte, die Wege instandzusetzen und zu unterhalten. Die Straßen des Heiligen Römischen Reiches im sechzehnten Jahrhundert waren elende, viele hundert Meter breite Furchen quer durch die Landschaft, über denen bei Trockenheit ständig eine schwere Staubwolke stand, und die sich bei jedem Regenguß in einen tiefen Morast verwandelten.

Martin Luther trug die Mönchskutte und den Wanderstab. Von solchen Leuten waren Tausende unterwegs. Die meisten von ihnen bettelten sich, getreu ihren Ordensregeln zusammen, was sie zum Essen brauchten, und jeder gab ihnen, in der Hoffnung, daß es sich im Jenseits vorteilhaft auswirken würde. Auch Luther gehörte einem Bettelorden an. Laufen mußten sie alle, wenn nicht einmal ein Kaufmann oder eine Dame aus reichem Hause so einen armen, fußkranken Kleriker ein Stück in ihrem Reisewagen mitnahmen.

Nachts schliefen die geistlichen Wanderer in Klöstern und Eremitagen am Wege, und nach diesen Quartieren bemaßen sich von selber die Strecken, die sie am Tage zurücklegten. Aber nun, als Martin Luther reiste, war es schon Herbst, und nicht jedes Ziel ließ sich erreichen, bevor es dämmerte. Da blieben dann nur die Herbergen, in denen all die anderen Leute von der Landstraße unterkamen.

Reisen war enges Beieinander und intensive Begegnung, war ständig neue Auseinandersetzung mit dem Unvorhersehbaren. Da stand eine Stadt still und leer, und einer sagte: »Die Pest ist in der Stadt, wir müssen einen Umweg machen.« Da lag ein Toter am Wegrand ohne Kleider und Bündel, und einer sagte: »Der ist erschlagen worden, wir müssen ihn begraben.« Da sperrte eine Burg an der engsten Stelle ein Tal, und einer sagte: »Hier sind gestern Kaufleute ausgeplündert worden, wir müssen umkehren.« Die Zeitungen, die Boten in ihren Ledertaschen von Stadt zu Stadt trugen, befaßten sich mit dem großen Geschehen, mit drohenden Kometen und Sonnenfinsternis oder mit der Eroberung des neuen Erdteils jenseits des Ozeans. Von den Tagesereignissen in der Nachbarschaft konnten sie keine Notiz nehmen, weil alles zu lange dauerte: das Schreiben, das Setzen, das Drukken, das Austeilen.

Und dann öffnete sich dem Mönch aus Wittenberg nach über einem Monat mühseligen Wanderns bergauf und bergab, an Flüssen entlang, nach großer Kälte und Schnee, die weite, warme Welt südlich der Alpen. Der Landschaft, den Städten und dem Leben in ihnen gab die

Sonne gleich ganz andere Farben. Alles war leichter, flüssiger, tänzerischer. Nicht mehr hohe, strenge Dome waren der Mittelpunkt, sondern marmorne Palazzi, und zwischen der weltlichen Pracht und der geistlichen gab es kaum noch Unterschiede.

Auch die Weggenossen hatten andere Gesichter und andere Geschichten. Neben den entfleischten Asketenköpfen deutscher Mönche und Rompilger tauchten immer häufiger die rosigen Wangen italienischer Kleriker auf, die keinesfalls von Entbehrungen und Gewissensqualen gezeichnet waren, sondern vom Lachen über die zahllosen kecken Geschichten, in denen die weltlichen Versuchungen geistlicher Herren behandelt wurden. Eine ganze umfangreiche italienische Unterhaltungsliteratur bezog ihren Stoff aus den Randgebieten des Zölibats. Man verstand einander, und man verstand diese Geschichten, das war der Vorteil des Lateins, und dennoch verstand man einander überhaupt nicht, der heitere Italiener nicht den unfrohen Deutschen, und der von Glaubenseifer durchdrungene Mensch, der über die Alpen gekommen war, nicht diese verweltlichten römischen Kleriker, die so laut über sich selber lachen konnten, wenn sie in bester Laune zwischen singenden Freundinnen oder schönen sanften Chorknaben unter den Blätterlauben den Abend genossen, Weinkenner, Menschenkenner, Lebenskenner, denen die Deutschen nichts entgegenzusetzen hatten als die genaue Kenntnis frommer Schriften.

Je mehr sie sich Rom näherten, dem Ziel, nach dem sie alle strebten, um so deutlicher stand die Unbeschwertheit des Südens dem düsteren Ernst des Nordens gegenüber, um so größer wurde die Unruhe der Pilger: die Hauptstadt der Christenheit! Das heilige Rom, das schon so lange ihre Phantasie beschäftigt hatte, der Drehpunkt all ihrer Gespräche! Da thronte der Papst, Gottes Stellvertreter auf Erden, dem die Macht gegeben war, das Gute vom Bösen zu scheiden und nach eigenem Ermessen den einen Christenmenschen der Verdammnis preiszugeben, den anderen aber vom Fegefeuer zu befreien, selbst wenn der erste ein Huhn gestohlen, der zweite aber seinen Vater erschlagen hatte. Was für ein Mann war das, der da, in Gold und Edelsteine gefaßt, Gottes Entscheidungen so grundlegend beeinflußte und die Christenheit mit strengen Gesetzen und harten Geldforderungen traktierte?

Und eines Tages war da diese Stadt, deren Anblick alle Gespräche zum Schweigen brachte und nur noch stummes Staunen, Ehrfurcht und Bewunderung auslöste.

Vier Wochen war Martin Luther in Rom, vier Wochen hilflos ausgesetzt dem Glanz, dem Wirbel, den ungeheuren Dimensionen der Ein-

Das Lasterleben der Päpste (anonymer Holzschnitt auf einem Flugblatt Anfang des 16. Jahrhunderts)

drücke. Er erledigte seine Aufträge und erfüllte seine Pflichten, alleingelassen mit seinen Gedanken und Enttäuschungen, eingeschlossen in die Eremitage seiner Gewissensnot.

Dieses Rom war nicht Gottes Heiligtum auf Erden. In der Residenz des Heiligen Vaters, in der Hauptstadt der Christenheit waren Glanz und Ekel, waren Glorie und Elend fest miteinander verklebt. Da gab es so viele Bordelle wie sonst nirgendwo auf der Welt, einige von ihnen gehörten sogar Kardinälen, die damit ihr Luxusleben finanzierten. Und überall in den Straßen und Schenken wirbelte das Volk der Kleriker aller Schattierungen durcheinander und sprach über den Heiligen Vater, als sei er nicht Gottes Stellvertreter, sondern eine Novellenfigur, von Boccaccio erfunden.

Und mitten unter ihnen dieser Mönch aus Wittenberg, ausgemergelt von Hunger und Selbstkasteiung, eingekapselt in die Hüllen seiner Bindungen: die heilige Kirche, das Kloster, die Regeln seines Eremitenordens, die kahle Zelle und die Wände, in denen sich seine Seele verzehrte vor Sehnsucht nach der Gnade Gottes. Er war 28 Jahre alt.

Der Papst, unter dessen Pontifikat er geboren worden war, Sixtus IV., hatte die Sixtinische Kapelle von den erlesensten Künstlern errichten und ausgestalten lassen. Er war – und all so etwas hörte man in Rom – als Minoritenmönch im härenen Gewand demütig in die Stadt gekommen, doch sobald die Kardinäle ihn zum Papst gewählt hatten, waren aus allen Ecken und Winkeln seine Kinder und Neffen hervorgekrochen wie die Ratten und hatten alles bekommen, was sie verlangten: Fürstentümer und Pfründe, Kardinalshüte und Landgüter; und die Priester draußen in der Welt hatten Mühe, ihren Gläubigen das Geld aus den Taschen zu ziehen, das der Heilige Vater in Rom verpulverte.

Auch sein Nachfolger Innozenz VIII. (1484–1492) hatte sich vorwiegend der Versorgung der Kinder gewidmet, die er im Laufe seines erfüllten Priesterlebens gezeugt hatte, aber darüber hinaus noch zwei geistige Werke von bleibendem Wert geschaffen. Das erste war ein Leitfaden für die Bewertung von Sünden aller Art in 42 Kapiteln. So kostete etwa ein Mord, den ein Geistlicher vorsätzlich begangen hatte, nach deutschem Geld zwei Gulden und acht Groschen, während für die Absolution eines Ketzers vierzehn Gulden und acht Groschen zu entrichten waren.

Das zweite war die Hexenbulle, mit der Innozenz VIII. die Rechtsgrundlagen für jene Prozesse schuf, die noch dreihundert Jahre nach seinem Tod praktiziert wurden. Als Anklage genügte oft, daß eine Frau rote Haare hatte. Unter der Folter gestand sie immer, mit dem Teufel geschlafen zu haben. Dann wurde sie verbrannt, und ihr Vermögen verfiel der Kirche. Die Gefahr, daß sich jemand fand, der den Wahnsinn dieses Verfahrens anklagte, bestand nicht. Wer sich für Hexen einsetzte, wurde der Hexenmeisterei überführt und endete ebenfalls auf dem Scheiterhaufen. Deutlich wies Innozenz darauf hin, daß das Hexenunwesen in Deutschland besonders verbreitet sei. Das hatte einen praktischen Grund: Aus Deutschland flossen die Gelder besonders üppig nach Rom, und erfahrungsgemäß zahlten die Deutschen am freudigsten, wenn man ihnen Komplexe einimpfte.

Über Alexander VI. (1492–1503), in dessen Pontifikat Luthers Schüler- und Studentenzeit fiel, waren die meisten Geschichten in Umlauf, von Morden, Intrigen, Inzest und deftigen Orgien. Mit seinen sechs Söhnen und drei Töchtern bot er immer noch unerschöpflichen Gesprächsstoff für lange Abende in Schenken und Palästen. Der päpstliche Zeremonienmeister Burkhard hatte viele Szenen in seinem »Diarium« ganz genau geschildert, wie etwa die berühmte Nacht der fünfzig Kurtisanen, in der der Heilige Vater vor den Augen seiner schönen Tochter Lucrezia Borgia unter dem Gewieher des hohen Gefolges fünfzig Huren zwischen vielarmigen Leuchtern mit brennenden Kerzen auf dem Fußboden herumkriechen und Kastanien vom Parkett schnappen ließ.

In diesem Herbst 1511, als Luther in Rom war, saß Julius II. auf dem Stuhle Petri, ein weitblickender Politiker und großer Krieger, der seine Truppen grundsätzlich selber in vorderster Linie anführte und eiserne Zucht unter ihnen hielt, »il Papa terribile«, der dauernd auf der Suche nach neuen Kriegsschauplätzen war und am liebsten in voller Rüstung herumlief, obwohl ihm die Syphilis schwer zu schaffen machte. Seine Leistung im Kirchenwesen erschöpfte sich darin, daß er eine herrliche neue Tiara anfertigen ließ, jene bombastische Kopfbedeckung mit drei Kronen übereinander und besetzt mit Edelsteinen. Sie war ungeheuer schwer, und er tat damit seinen Nachfolgern einen bösen Tort an, die keine starknackigen Krieger waren und unter dem Gewicht des Prunkstücks schwer zu leiden hatten.

Vier Wochen lebte Martin Luther in der Hauptstadt der Christenheit. Er war nicht blind und schloß auch nicht bewußt die Augen, um zu übersehen, was er übersehen wollte. Er nahm alle erdenklichen Bußen auf sich, um für sich und seine Eltern weitreichenden Ablaß zu erlangen. Er betete, beichtete, geißelte sich, rutschte auf den Knien die heilige Treppe hinauf und mußte am Ende begreifen, daß Gott ihm hier nicht näher war als in Wittenberg. Die Lebenslust, der Luxus, die Laster von Menschen, die dieselben Gelübde abgelegt hatten wie er, widerten ihn an, aber sein Glaube an die Autorität der Kirche und des Papstes blieb ungebrochen.

Für viele Pilger war die Ewige Stadt, in der sie sich an den verschiedensten Orten aus den verschiedensten Anlässen immer wieder neuen Ablaß verdienen konnten, ein Schock. Sicher hatte Gott der Herr bei der Auswahl seiner Stellvertreter in jüngster Zeit keine besonders

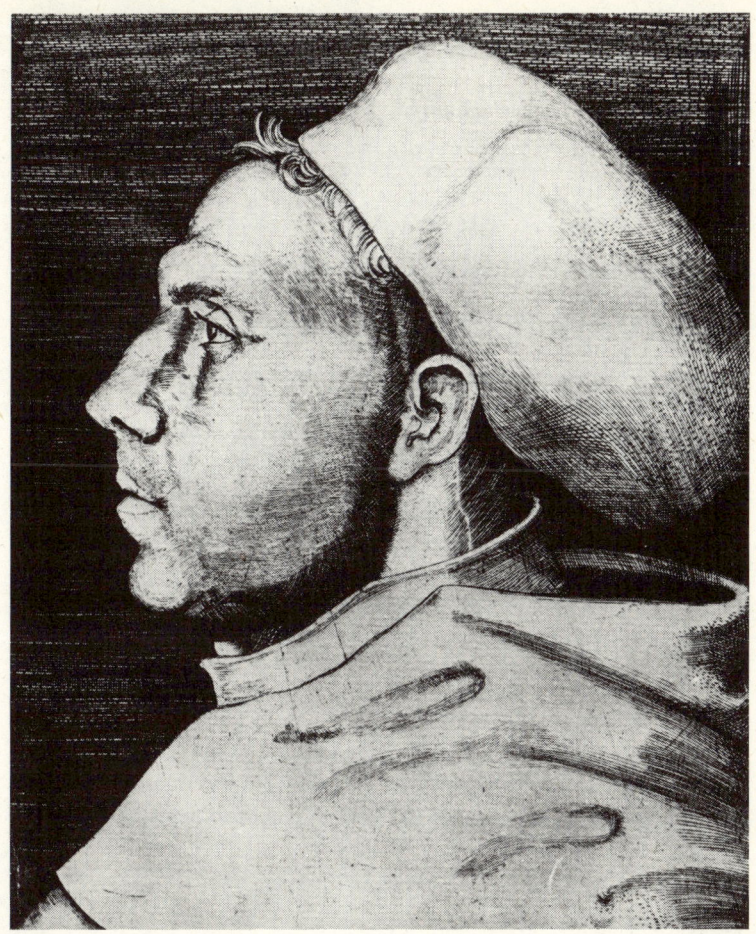

Martin Luther als Augustinermönch (Kupferstich von Lukas Cranach d. Ä., 1521)

glückliche Hand gehabt, oder der Teufel hatte die Weisheit der Kardinäle bei der Wahl in die Irre gelenkt. Auf den Gedanken, daß diese Wahl ein Schacherhandel der mächtigen Familien aus Rom, Mailand und Genua war, konnte keiner der arglosen Deutschen kommen.

Der Mann, der so sehr unter seinen Rom-Erfahrungen litt, war noch nicht der Reformator Luther – den machte erst später seine Kirche aus ihm, als sie ihn verstieß –, das war noch der naive junge Augustinerpater, der seine Ordensregeln und seine Gelübde wörtlich nahm. Als er nach Wittenberg zurückkam, hatte er all die Verfallserscheinungen wohl registriert, nicht aber – wie sein Zeitgenosse Ulrich von Hutten – den Schluß daraus gezogen, daß die römische Hierarchie kein Recht mehr habe, kritische Instanz in allen Fragen des Glaubens und der Moral und dazu die alles beherrschende politische Weltmacht zu sein; daß die Kirche vielmehr von Grund auf erneuert werden müsse.

Martin Luther war eher der Bewahrende als der Bewegende, der dynamische Konservative, der nur aus der Defensive zum Revolutionär wurde, wenn es darum ging, das Ursprüngliche, das Wesentliche zu behüten, die Wahrheiten, die er erkannt hatte.

Im Oktober 1512 wurde er Doktor der Theologie. An der Universität hielt er Vorlesungen, in der Stadtkirche predigte er, und immer drängten sich Leute hinzu, die gar nicht in seine Gemeinde gehörten, die es nur zu dem Mann hinzog, der so eindringlich in ihrer Sprache die Heilige Schrift deutete.

In Widerspruch zu seiner Kirche geriet Martin Luther erst sechs Jahre nach seiner Romreise über die Ablaßfrage, aber den Keim dazu hatten seine römischen Erfahrungen gelegt.

Der Ablaß war ursprünglich der Nachlaß einer von der Kirche auferlegten Bußleistung und bezog sich auf die von ihr als Genugtuung verhängten Strafen. Die Kirche hatte die Schlüsselgewalt, das heißt die Machtbefugnis, nach der Beichte entweder die Absolution zu erteilen oder zu versagen. Ihrem Recht, dem Gläubigen für begangene Sünden bestimmte zeitliche Strafen aufzuerlegen, entsprach das Recht, diese Strafen auch zu erlassen. Bußleistungen konnten gute Werke sein, Gebete, Almosen, Wallfahrten, Fasten oder die Teilnahme an einem Kreuzzug. Der vollkommene Ablaß war allein dem Papst vorbehalten, der Jubiläumsablaß wurde seit 1300 alle hundert Jahre wirksam. Die Rompilger bekamen zahlreiche Möglichkeiten geboten, sich an besonders heiligen Orten und besonderen Gedenktagen einen reichen Vorrat an Ablaß zu erwerben.

Zu den zeitlichen Strafen zählte auch das Fegefeuer, ein von der Erde aus nicht einsehbarer und deswegen schwer zu lokalisierender Übergangsort zwischen dem Diesseits und dem Himmel. Dort mußten die Gläubigen nach ihrem Tode in den reinigenden Flammen all das nachholen, was sie auf Erden an Bußen und Genugtuungen zu vollbringen versäumt hatten, um dann erst von dort aus in den Himmel aufzusteigen. Nach gängiger Vorstellung lag dieser Ort im Inneren der Erde, nach Dante auf der anderen Erdhälfte. Aber diese Version war nicht mehr aufrechtzuerhalten, nachdem Amerigo Vespucci und Pedro Alvarez Cabral sich schon recht eingehend auf der anderen Erdhälfte umgesehen hatten. So verzichtete man mehr und mehr auf Versuche, das Fegefeuer geographisch einzuordnen.

Da die Kirche die Reinigung im Fegefeuer als zeitliche Strafe verhängen konnte, hatte sie auch die Möglichkeit, sie dem Sünder ganz oder teilweise zu erlassen. Der Gläubige konnte also schon auf Erden Vorsorge treffen, daß er den unmeßbaren Qualen in dieser heißen Übergangszone zwischen Himmel und Erde entging, wenn er bestimmte Leistungen vollbrachte. Als solche konnten auch fromme Spenden angesehen werden, und dieser Ausweg aus lästigen und zeitraubenden Verpflichtungen war immer beliebter geworden; schließlich hatte sich daraus ein System von Ablösungszahlungen nach festen Tarifen entwickelt, die zu einer wichtigen Einnahmequelle der Kirchenbehörden geworden waren.

Am 14. März 1513 bestieg Giovanni Medici unter dem Papstnamen Leo X. den Stuhl Petri, ein früh verfetteter Verschwender, der Freude an derben Späßen hatte, und den ausgeprägten Erwerbssinn aller Medici. Schon als Junge von dreizehn Jahren war er Kardinal geworden und also berechtigt, Päpste zu wählen. Als er dann mit achtunddreißig selber zum Papst gekrönt wurde, fiel einigen entsetzten Höflingen ein, daß das Haupt der Christenheit noch gar nicht zum Priester geweiht worden war, was dann schleunigst in kleinstem Kreise nachgeholt wurde. Er selber hatte auch nicht daran gedacht, weil ihn theologische Fragen kaum interessierten, und kirchliche Formalitäten schon gar nicht. Dagegen interessierte ihn brennend, wie er seine Hofhaltung und seine Baupläne finanzieren sollte. Mit seinem sicheren Gespür für das große Geld kam er darauf, daß der Ablaßhandel eine ergiebige und noch nicht annähernd erschlossene Einnahmequelle war. Die Ware, die er zu bieten hatte, war die Befreiung von langdauernden Höllenqualen. Der Wert der Befreiung war um so größer, je schrecklicher die Qualen ausgemalt wurden. Wer die Befreiung verkaufen wollte, mußte es verstehen, so eindringlich wie möglich diese Qualen darzustellen. Die Ablaßhändler mußten die Fähigkeiten eines hervorragenden Komödianten mit denen eines Steuereintreibers verbinden.

Gottes Stellvertreter auf Erden war ein hart kalkulierender Geschäftsmann mit großem Hang zur Prachtentfaltung. Gottes Ebenbild war er kaum. Der dicke Kopf mit der riesigen Nase saß übergangslos auf einem unförmigen Körper, der von zwei kurzen, krummen, spindeldürren Beinen nur mühsam getragen wurde. Meistens mußte der Papst sich auf starke Gefolgsleute stützen, die ihn durch Gänge und Säle des Vatikans geleiteten. Die bodenlangen Gewänder waren vorteilhaft für ihn, allein schon deswegen war eigentlich nur eine geistliche Karriere für ihn in Frage gekommen. Die weltliche Mode der Zeit verlangte, daß Männer ihre Beine von den Schuhen bis zum Schritt in enganliegenden Beinkleidern aus Seide oder Wolle zeigten, damit das Spiel jedes einzelnen Muskels sichtbar wurde. Die erstrebenswerte Gottähnlichkeit des Menschen hatte in der Renaissance zu den seelischen und geistigen auch noch eine körperliche Komponente bekommen. In den sakralen Kunstwerken christlicher Maler und Bildhauer war der Einfluß der antiken Götterwelt unübersehbar. Diesem klassischen Schönheitsideal entsprach der neue Papst so wenig wie allen Vorstellungen von väterlicher Güte und christlicher Demut. Der Geldmensch war auch ein Machtmensch. Um für seinen Neffen Lorenzo eine Herzogskrone zu erwerben, verjagte Leo X. den Herzog von Urbino und gab Lorenzo das heißersehnte Herzogtum, und als sich der Heilige Vater 1517 durch den Kardinal Petruccio beunruhigt fühlte, ließ er ihn vorsichtshalber hinrichten.

Das große Werk, das Denkmal Leos X. zu Lebzeiten, sollte die Peterskirche in Rom werden, aber ihm war klar, daß ein Kunstwerk von solchen Dimensionen auch einen Preis hatte, der alles überstieg, was in absehbarer Zeit aufzutreiben war. Die einzige Möglichkeit bot ein rigoroser Ausbau des Ablaßhandels. Wie ein undurchdringliches Netz, in dessen Maschen auch die allerkleinsten Münzen hängenblieben, mußte das Vertriebssystem über die Menschheit geworfen werden.

Bei diesem Vorhaben bekam der Heilige Vater einen energischen Helfer in dem Erzbischof Albrecht von Mainz. Albrecht war der zweite Sohn des früh verstorbenen brandenburgischen Kurfürsten Johann Cicero. Den Kurhut hatte Albrechts älterer Bruder Joachim Nestor schon als Fünfzehnjähriger geerbt. Wenn auch Albrecht ein Fürstentum haben wollte, war er darauf angewiesen, es sich selber zu schaffen. Das gelang ihm rasch. Mit 23 Jahren wurde er 1513 Administrator des Bistums Halberstadt und Erzbischof von Magdeburg. Ein Jahr später auch Erzbischof und Kurfürst von Mainz. Er war also dreimal deutscher Reichsfürst. Eine derartige Machtzusammenballung hatte es überhaupt noch nicht gegeben, und ein solcher dreifacher Machterwerb war natürlich nicht billig.

Allein dem Papst hatte Albrecht 10 000 Gulden an Palliengeldern zu zahlen. Das Pallium, symbolträchtiger Teil des Erzbischöflichen Ornats, konnte nur der Papst verleihen, als Ausdruck der kirchlichen und weltlichen Gewalt über die Erzdiözese, und dafür verlangte der Heilige Vater, wenn es sich nicht um Verwandte oder enge Freunde handelte, sehr viel Geld. Mit allen möglichen Nebenkosten ging es summa summarum um 21 000 Gulden. Da Albrecht sie nicht hatte,

Die Ablaßtätigkeit des Dominikaners Johannes Tetzel, rechts als Kommissar des Kardinals Albrecht von Mainz (Kupferstich nach einem zeitgenössischen Bild), war der äußere Anlaß von Luthers Thesenanschlag vom 31. 10. 1517; die Zeichnung von Albrecht Dürer zeigt Albrecht von Brandenburg (1490–1545), der Erzbischof von Mainz und Magdeburg, dazu Administrator des Bistums Halberstadt war (links).

lieh er sie sich vom Bankhaus Fugger in Augsburg, das damit erstmals in der europäischen Geschichte eine Rolle spielte im Bereich des großen politischen Geldhandels, den vorher mailändische, venetianische und römische Bankiers beherrscht hatten. Albrecht ließ alle versprochenen Zahlungen in die verschiedenen Kanäle und Kapillaren fließen, zahlte die verlangten 10 000 Gulden an den Papst und handelte dafür beim Heiligen Vater die Konzession ein, daß er seine Gelder durch den Ablaßhandel in Deutschland wieder eintreiben könnte, wenn er den Papst entsprechend beteiligte. Die Gewinne sollten nach einem bestimmten Schlüssel aufgeteilt werden. Die eine Hälfte war nach Rom zu überweisen, wo die Fugger eine Filiale unterhielten, von der anderen Hälfte sollte der Erzbischof seine Schulden bei den Fuggern bezahlen, aber so, daß immer auch noch etwas für ihn blieb.

Die Augsburger Bankiers halfen Erzbischof Albrecht, sein Verteilersystem aufzubauen und gaben jedem seiner Ablaßkrämer einen ihrer Bankangestellten mit, der die Aufgabe hatte, immer sofort den Fuggerschen Anteil an den Gewinnen abzuzweigen und nach Augsburg zu schaffen.

Der aktivste dieser Ablaßverkäufer, der skrupelloseste und einfallsreichste war der Leipziger Dominikanerpater und Theologieprofessor Johann Tetzel. Der wendige Sachse betrieb sein Geschäft wie ein Hausierer, der mit allen erdenklichen Tricks bei jedem seine Waren an den Mann bringt. Er war 1455 geboren, also schon ein reifer Mann von bald sechzig Jahren, als er groß ins Geschäft kam, pfiffig, zäh und unglaublich vital.

Tetzel arbeitete nur nach einer genauen Preisliste, damit er niemals Ärger mit Reklamationen von Leuten bekam, die schon einmal bei ihm gekauft hatten, dann rückfällig geworden waren und abermals seinen Beistand in Anspruch nehmen wollten. Am teuersten war bei ihm Unzucht mit Tieren, die kostete zwölf Dukaten, Kirchenraub neun und Totschlag nur sieben. Erstaunlich billig war Vatermord: ganze vier Dukaten.

Absolute Straffreiheit garantierte Professor Tetzel selbst in außergewöhnlichen Fällen, die auf seiner Preisliste nicht erfaßt waren und die er besonders kalkulieren mußte. Er machte sich sogar anheischig, einem Mann, der die heilige Jungfrau Maria beschlafen hätte, jegliche Unannehmlichkeit im Jenseits zu ersparen, gegen angemessene Gebühren, versteht sich. Sein Werbespruch wurde berühmt: »Wenn das Geld im Kasten klingt, die Seele in den Himmel springt.«

Ununterbrochen war Tetzel im Einsatz, unermüdlich zog er durch die Lande und verkaufte seine Ablaßzettel mit der Raffinesse fliegender Händler. Sein persönliches Engagement ging so weit, daß er in Innsbruck, als er den Fall einer ehrbaren Bürgersfrau unter Einsatz aller ihm gegebenen Mittel bearbeitet hatte, wegen Ehebruchs vor Gericht gestellt und zum Tode durch Ersäufen im Inn verurteilt wurde. Es gelang ihm aber noch rechtzeitig, einen Hilferuf an Erzbischof Albrecht zu schicken. Der ließ sogleich einen seiner geistlichen Diplomaten nach Innsbruck galoppieren und Tetzel auslösen. Damit diese peinliche Affäre vor den Augen der Welt absolut korrekt behandelt wurde, erteilte der Heilige Vater dem berühmten Ablaßhändler sogleich die Absolution, und Tetzel konnte weiter durch die Lande ziehen und sein ertragreiches Geschäft betreiben, das den großen Gewinn bei der Masse der kleinen Leute einbrachte, den zinspflichtigen Bauern, den Ackerbürgern, den Handwerkern.

Das Leben des kleinen Mannes zu dieser Zeit bestand aus Arbeit, Hunger und der Angst vor den Qualen im Fegefeuer, die von der Kirche sorgsam geschürt wurde. Da hier im Diesseits nach dem traurigen Ende des Armen Konrad und des Bundschuhs anscheinend nichts zu ändern war, wollte er wenigstens drüben seine Ruhe haben, und vielleicht sogar ein bißchen Seligkeit im Paradies, wenn er sie sich auch noch so teuer erkaufen mußte. Auch der Ärmste, und gerade der, war

Der Bapst kan allein auslegen
Die Schrifft / vnd irthum ausfegen
Wie der Esel allein pfeiffen
Kan : vnd die noten recht greiffen;
Mart. Luth. D. 1545.

Mit dem Ablaßhandel (links: ein Ablaßbrief aus dem 15. Jahrhundert) finanzierten die Päpste ihren aufwendigen Lebensstil. Dieser und der Unfehlbarkeitsanspruch (rechts: eine Karikatur darauf von Lucas Cranach) erregten den Unwillen Martin Luthers und vieler Zeitgenossen.

bereit, sein Letztes herzugeben, um einen solchen Zettel zu erstehen, den er im Jenseits vorweisen konnte und der ihm bevorzugte Behandlung garantierte. Die Gelder, die dabei zusammenkamen, flossen in breitem Strom über die Alpen nach Rom, und die Römer scherzten: »Wir leben nicht schlecht von den Sünden der Deutschen.«

Viele Flugblätter wurden gedruckt und unter der Hand in Deutschland verbreitet. Sie verhöhnten das Ablaßunwesen und waren, da ja die meisten Menschen nicht lesen konnten, mit drastischen Holzschnitten illustriert. Es entstand eine neuartige Untergrundliteratur allein über dieses Thema, wie auch über das lasterhafte Leben der Geistlichkeit, über die Mönche, die in ihren Klöstern nichts produzierten, sondern die Bauern für sich arbeiten ließen und zwangsläufig auf dumme Gedanken kommen mußten: »Was ein Mönch tut, würde der Teufel zu denken sich schämen.« Das Lachen über diese Schriften und Karikaturen erleichterte schon, aber es befreite nicht. Der Hohn half dem Unterdrückten wenig gegen die Übermacht der Unterdrücker. Wenn dem Wort nicht die Tat folgte, war es in den Wind gesprochen.

Luthers Thesen waren das Wort und die Tat zugleich. Was er als Diskussionsgrundlage gedacht hatte, allenfalls als Therapie, war in den Augen der Welt ein Angriff mit offenem Visier gegen das herrschende System, dessen Selbstgefälligkeit sich zum Zynismus gesteigert hatte; das war die Kampfansage gegen einen seelenlosen Machtapparat, der seine Daseinsberechtigung aus der Heiligen Schrift ableitete und dauernd gegen Sinn und Wesen dieser Schrift verstieß.

Der Mann, der die Tat beging, war kein Bauer, aber ein Bauernsproß, der ihre Not kannte und ihre Sprache sprach. Er war keiner von der Landstraße oder aus dem Stadtproletariat, aber er wußte, was Armut und Hunger ist, und was es heißt, sich sein Brot zusammenzubetteln. Er war Professor, Doktor der Theologie, konnte griechisch lesen, lateinisch diskutieren, beherrschte den Wortschatz der Gelehrten und konnte der Obrigkeit, der kirchlichen wie der weltlichen, begreiflich machen, was die Menschen dachten und empfanden. So kannten ihn die Wittenberger, und so lernten ihn die Leute in immer weiterem Umkreis kennen.

Die 95 Thesen verbreiteten sich wie ein Schwelbrand. Nun zeigte sich, welch wirksames Instrument eine Druckerpresse war. In wenigen Wochen verteilten sich diese Grundanliegen gegen das Ablaßunwesen in ganz Deutschland. Überall fand sich einer, der die Texte den anderen vorlesen konnte, und viele hörten zu, lernten auswendig, trugen weiter, was sie behalten hatten, diskutierten es mit Freunden, mit Fremden, die vorbeikamen und Luthers Thesen mitnahmen, wenn sie weiterzogen.

Die Schriften des Mannes, der sich einst dem Einsiedlerorden der Augustiner angeschlossen hatte, um in strengster Klausur sein Verhältnis zu Gott zu klären, drangen hinaus in die Welt und wurden zur Streitfrage von europäischem Rang, die an der Sorbonne in Paris ebenso leidenschaftlich diskutiert wurde wie an den deutschen Universitäten.

Luther verteidigte seinen Grundsatz, daß die Gnade Gottes nicht durch Geld und gute Werke zu erwerben sei wie eine käufliche Sache, sondern daß der Mensch sie nur durch seinen Glauben gewinnen könne. Er verfaßte seinen »Sermon von dem Ablaß und der Gnade« und diskutierte diese Frage im April 1518 in Heidelberg mit den Theologen der deutschen Kongregation des Augustinerordens. Hier gewann er viele Freunde und Anhänger. Unter den Universitätslehrern, Ordensgeistlichen und Studenten, die sich ihm sofort anschlossen, waren die beiden Schwaben Johann Brenz, der dann die Reformation nach Württemberg brachte, und Ehrhard Schnepf, der sie erst in Weilburg und dann an der Marburger Universität verbreitete. Auch Sebastian Franck und Martin Bucer bekannten sich zu Luther. Beide waren acht Jahre jünger als er, beide Dominikanerpatres, beide hatten in Heidelberg Griechisch und Hebräisch, Philosophie und Theologie studiert.

Sebastian Franck aus Donauwörth löste sich bald von der alten Kirche, faßte aber in der neuen nie richtig Fuß. Er interessierte sich vorwiegend für die Historie, mußte sich von Zeit zu Zeit als Seifensieder durchschlagen, erlernte dann die Buchdruckerei und machte eine eigene Werkstatt auf, in der er seine Werke selber setzen und drucken konnte. Unter den vielen Büchern, die er verfaßte, war auch das erste Geschichtsbuch in deutscher Sprache: »Germania oder Cronica des gantzen teutschen Landes«.

Martin Bucer aus Schlettstadt im Elsaß trat drei Jahre nach seiner Heidelberger Begegnung mit Luther aus dem Dominikanerorden aus und wurde Hofprediger bei Kurfürst Friedrich von der Pfalz, den er sogleich für die Reformation gewann, dann Burgkaplan bei Franz von Sickingen und nach dessen Tod 1523 Pfarrer in Straßburg, wo er sich für die Ausbreitung der neuen Lehre in der ganzen Stadt einsetzte.

Viele Priester predigten jetzt schon im Geiste Luthers von den Kanzeln, und was an Schriften im Lande verbreitet wurde, kam nicht mehr nur aus den Ledertaschen der Boten, die mit Flugblättern handelten. Es gab bereits Verleger, die gebundene Werke auf den Messen von Leipzig und Frankfurt am Main an Buchhändler verkauften, und die auch an vielen wichtigen Orten Agenten unterhielten. Den bedeutendsten Betrieb dieser Art hatte die Familie Koburger in Nürnberg aufgebaut. Antonius Koburger, der 1513 gestorben war, hatte seinen Erben 276 Titel hinterlassen, einen Betrieb mit 24 Pressen, mit über hundert Setzern, Druckern, Buchbindern und Korrektoren, dazu Filialen in Wien, Paris und Ofen (Budapest), in Krakau, Rom und Basel, in Danzig und Breslau, dazu ein dichtes Vertreternetz. Der Kölner Franz Birckmann vertrieb seine Bücher nach England, Frankreich und in die Niederlande.

Es konnte nicht ausbleiben, daß die Wellen der großen deutschen Unruhe auch in Rom spürbar wurden. Anfangs zeigte Papst Leo X. keine Neigung, auch nur einen Gedanken an das zu verschwenden, was dieser sächsische Bettelmönch in dem ihm völlig unbekannten Nest Wittenberg an Thesen aufgestellt hatte, aber dann kamen doch mehrere besorgte Briefe von treuen Anhängern der römischen Kirche, die ihn beunruhigten. Der erste, der sich rührte, war verständlicherweise Tetzel, aber auch Erzbischof Albrecht von Mainz zeigte sich nervös, mußte er doch fürchten, daß sein ganzes Schuldentilgungssystem, an dem schließlich auch der Heilige Vater nicht uninteressiert war, lahmgelegt wurde. Er drängte auf drastische Maßnahmen gegen Luther.

Luther wollte auf keinen Fall einen Bruch mit seiner Kirche und schickte am 8. Mai 1518 ein Schreiben an den Papst, in dem er ihm seine Thesen darlegte und erläuterte, mit dem einzigen Ziel, verstanden zu werden. Aber er bekam keine Antwort.

Der Papst beschränkte sich darauf, Luthers Landesherrn, dem Kurfürsten von Sachsen, die Aufforderung zu schicken, den Wittenberger Professor auszuliefern. Aber Kurfürst Friedrich weigerte sich. Er selber neigte durchaus noch nicht Luthers Lehre zu, im Gegenteil, er war ein treuer Sohn der Kirche und ein leidenschaftlicher Sammler seltener Reliquien, aber er hatte ein ausgeprägtes Ehrempfinden und wäre sich schäbig vorgekommen, wenn er eines seiner Landeskinder, die unter seinem Schutz standen, ausgeliefert hätte. Der Papst mochte keinen Druck auf ihn ausüben; das war nicht eine Frage des Zartgefühls, sondern des politischen Kalküls: Er brauchte den sächsischen Kurfürsten.

Kaiser Maximilian war zwar erst 59 Jahre alt, zeigte aber in der letzten Zeit Abbauerscheinungen. Man mußte mit seinem Ende rechnen und an eine Neuwahl denken. Papst Leo X. wollte unbedingt verhindern, daß Maximilians Enkel Karl, der zu dieser Zeit achtzehn Jahre alt und schon König von Burgund, Kastilien und Aragon war, auch noch die deutschen Lande erbte. Das hätte dem Hause Habsburg zu einem Übergewicht in Europa verholfen, das dem Heiligen Stuhl in Rom sehr lästig hätte werden können. Der Papst begünstigte die Kandidatur von Franz I., König von Frankreich, mit dem er schon sehr vorteilhafte politische Geschäfte gemacht hatte. Von den sieben deutschen Kurfürsten konnte Leo X. sich auf die drei geistlichen einigermaßen verlassen. Er mußte also von den vier weltlichen wenigstens einen auf seine Seite ziehen und setzte auf Friedrich von Sachsen. Also war er freundlich zu ihm, verzichtete auf Luthers Auslieferung und begnügte sich damit, daß sein Legat, der Kardinal Cajetan, den lästigen Augustinermönch in Augsburg vernahm.

Der Reichstag in Augsburg im Sommer 1518 war der letzte, an dem Maximilian teilnahm, und er war der letzte einer Epoche, die nur noch durch diesen Kaiser repräsentiert wurde. Das Reich war allenfalls dem Namen nach ein Kaiserreich. In Wahrheit war es eine Ansammlung unterschiedlicher Herrschaftsgebiete, die durchweg miteinander wegen gemeinsamer Grenzen in latentem Zwist lagen. Kaiser Maximilian I. war eine Respektsperson, nicht viel mehr. Die beiden Anliegen, um derentwillen er vor allem nach Augsburg gekommen war und die ihm so sehr am Herzen lagen, einmal ein Kreuzzug gegen die Türken und dann die Wahl seines Enkels Karl zum römischen König, solange der römische Kaiser Maximilian noch lebte, zur Sicherung der Erbfolge also, wurden mit ehrerbietiger Gleichgültigkeit und ohne Ergebnis behandelt.

Es ging ihm nicht gut. Er hatte sich vorzeitig verbraucht auf seinen Reisen, seinen Kriegen, mit seinem ganzen unruhigen Leben. Abends, wenn die Musici aufspielten in den festlichen Sälen, bat er noch die Frauen und Töchter der Augsburger Patrizier zum Tanz, die Damen der Fugger und Welser, der Gossembrot und Peutinger, und dann führte er sie mit seiner Grazie und seiner Würde zum Reigen, zur Pavane, zur Gaillarde. Es war, als ob er Abschied nehmen wollte von allem Schönen dieser Stadt, die er so gern gehabt, in der er so glückliche Tage und so erfreuliche Begegnungen erlebt hatte. Es war, als nähme er Abschied von sich selber.

Am 28. August brach er auf. Der Reichstag war für ihn zu Ende. Was sollte er hier noch? Das Reich, so wie es einmal gewesen war, bestand nicht mehr, und die Hoffnung, es könne doch noch so werden, wie er es sich einst gedacht hatte, die hatte er längst begraben. In diesem Reich herrschten die Fürsten und die Grafen, die Bischöfe und die Äbte miteinander und gegeneinander, vor allem aber gegen den Kaiser. Das Geld für den Kreuzzug zum Schutz der Südostgrenze wollten sie nicht bewilligen, und sie weigerten sich, durch eine vorzeitig geregelte Erbfolge Ruhe in die politische Entwicklung zu bringen. Die eine Macht schacherte mit der anderen um Gewinne und Einfluß. Das war es. Seine Zeit war vorbei. Selbst für den letzten Ritter gab es nun keinen Platz mehr, es sei denn als Bronzedenkmal oder als holzgeschnittene Idealfigur im »Theuerdank« oder im »Weißkunig«. Außer einem herrlichen Sarkophag hatte er nichts mehr zu erwarten.

Als Maximilian mit seinem Gefolge fortritt, verhielt er noch einmal draußen auf dem Lechfeld und sah auf Augsburg zurück, seine Freie Reichsstadt, die stolze, prächtige, mächtige, in der längst die großen Bankhäuser die Herrschaft des Kapitals über alle anderen Werte angetreten hatten. Er blickte hinüber zu den Türmen und sagte: »Grüß dich Gott, liebes Augsburg! Wir haben frohen Mut in dir gehabt und werden dich nun nie wiedersehen!« Dann ritt er fort.

Erst ein paar Wochen, nachdem der Kaiser Augsburg verlassen hatte, traf Luther dort ein. Sie begegneten einander nicht, und wenn es geschehen wäre, hätte der Kaiser den Mönch nicht bemerkt.

In den Tagen vom 13. bis zum 15. Oktober 1518, als der Augsburger Reichstag praktisch schon beendet war, traf Martin Luther mit dem Dominikanergeneral Cajetan zusammen, der seit einem Jahr Kardinal war. Es wurde kein Gespräch. Der päpstliche Legat behandelte Luther mit ausgesuchter Geringschätzung. Die Argumente des Bettelmönchs interessierten ihn nicht. Er verlangte einfach den Widerruf. Aber Luther wollte nicht widerrufen, es sei denn, man könne ihn aus der Heiligen Schrift widerlegen. Luther kannte die Bibel und wußte, daß das unmöglich war. Er verlangte, daß ein Konzil über seine Thesen entscheiden solle, aber Cajetan ging auf gar nichts ein.

Luther gab es auf und reiste ab. Einmal weil er eingesehen hatte, daß es sinnlos war und dann, weil Freunde ihn gewarnt hatten, daß es gefährlich gewesen wäre, länger zu bleiben. Zu oft schon waren Menschen spurlos verschwunden oder irgendwo draußen tot aufgefunden worden, die das Mißfallen römischer Prälaten erregt hatten und deren Wirkung auf die Öffentlichkeit möglichst rasch und möglichst unauffällig hatte ausgeschaltet werden sollen. Nicht immer war der Scheiterhaufen das beste Mittel. Und Luthers Wirkung auf die Öffentlichkeit war unübersehbar geworden. Der größte Teil der studentischen Jugend bekannte sich zu ihm, die Humanisten, etliche aus der niederen Geistlichkeit und vor allem die große Menge der Bürger und Bauern, die jedes Wort von ihm begierig aufnahmen und weitertrugen. Auch viele Reichsritter, die sich entrechtet und von ihren Landesfürsten übervorteilt fühlten, hatten sich schon der Reformation angeschlossen.

Im Winter hielt Luther wieder Vorlesungen in Wittenberg. Im Juli 1519 reiste er nach Leipzig. Zwei Freunde begleiteten ihn, Johann Agricola, der auch aus Eisleben stammte, sein Schüler gewesen war und jetzt als junger Professor in Wittenberg lehrte, und Philipp Melanchthon, dieses geistvolle Universalgenie, das mit seinen zweiundzwanzig Jahren schon als glänzender Denker, Analytiker und leidenschaftlicher Diskutierer weithin bekannt war. Eigentlich hieß er Schwarzerd, aber er hatte seinen Namen, wie es damals unter Humanisten Sitte war, ins Griechische übersetzt. Melanchthon war der Sohn eines Waffenschmieds aus Bretten in der Pfalz und studierte seit August 1518 in Wittenberg. Erst war er der Schüler, aber schon sehr bald der Freund des fünfzehn Jahre älteren Reformators geworden.

In Leipzig traf Luther auf den Ingolstädter Professor Dr. Johann Eck, einen Mann, der Mathematik, beide Rechte, Philosophie, alte Sprachen und Theologie studiert hatte und als unschlagbarer Meister der scharfen polemischen Disputation galt. Die Streitgespräche zogen sich vom 27. Juni bis zum 16. Juli 1519 hin. Ihr Ergebnis war, daß Luther bestritt, die Päpste seien von Gott eingesetzt, und daß er erklärte, ebenso wie die Päpste könnten auch die Konzilien irren, zwei vermessene Behauptungen in Ecks Augen.

Während Luther und Melanchthon nach Wittenberg zurückreisten,

Von der Freyhayt
Aines Christen
menschen.

Martinus Luther

Vuittenbergae

Anno domini.

1 5 2 0

machte sich Eck, verbittert über die Wortgewalt des schlichten vierschrötigen Mannes, dem er im sicheren Gefühl absoluter Überlegenheit gegenübergetreten war und den er nicht hatte ausstechen können, daran, sein Werk »De Primatu Petri« (Vom Vorrang des Papstes) zu verfassen. Das brachte er selber nach Rom, entschlossen, diesen Wittenberger Mönch zu vernichten. Bei der Gelegenheit erwirkte er die Bannbulle gegen Luther. Sie wurde unter dem 15. Juni 1520 ausgestellt, verurteilte 41 von Luthers Lehrsätzen und drohte ihm den Kirchenbann an, wenn er diese nicht innerhalb von 60 Tagen widerriefe.

Er widerrief nicht. Er beantwortete das päpstliche Schreiben auf seine Weise: Am Morgen des 10. Dezember 1520, um neun Uhr, warf er die Bannbulle und das Corpus Juris Canonicae, das Gesetzbuch des geistlichen Rechts, vor dem Elstertor zu Wittenberg unter dem Jubel der Bürger und Studenten auf einen Scheiterhaufen, den seine Freunde in der Nacht errichtet und nun angezündet hatten. Und immer mehr Menschen drängten sich hinzu, aus der Stadt und aus den Dörfern der Umgebung, angezogen von dem Qualm und der großen Unruhe, aus Dobien und Teuchel, aus Piesteritz und Pratau und von immer weiter her.

Damit war der Bruch mit der Kirche, an die sich nicht viele so eng gebunden gefühlt hatten, wie gerade Martin Luther, endgültig vollzogen.

In diesem späten Herbst des Jahres 1520 waren nun schon viele seiner Schriften in Umlauf, und das in einer Zeit, in der man Bücher las und weitergab, damit auch andere sie lesen, vorlesen und wieder weitergeben konnten.

Nach seinem »Sermon gegen den Wucher«, in dem er die Gefahren des Kapitalismus aufzeichnete, der sich in dieser Zeit, an der Schwelle von der Naturalwirtschaft zur Geldwirtschaft zu entwickeln begann, und deren Ausmaße er im Zusammenhang mit dem Ablaßwucher kennengelernt hatte, verfaßte er seine drei reformatorischen Hauptschriften:

»An den christlichen Adel deutscher Nation, von des christlichen Standes Besserung«;

»Von der babylonischen Gefangenschaft der Kirche«;

»Von der Freiheit eines Christenmenschen«.

Mit ihnen rief er die Christenheit zum Kampf gegen die Vorherrschaft des Papstes und des Klerus auf, gegen den Verwaltungs-, Besteuerungs- und Herrschaftsapparat der Kirche, gegen die Ausschließlichkeitsansprüche des Priesterstandes, der sich in vielen Instanzen zwischen Gott und die Menschen gedrängt und die Gnadenmittel in Machtmittel verwandelt hatte, mit deren Hilfe er eine Schreckensherrschaft über die Gläubigen ausübte. Er forderte die weltliche Obrigkeit auf, an der Reform der Kirche mitzuwirken, erklärte alle Getauften für gleichberechtigt und die Sakramente, außer der Taufe und dem Abendmahl, für ungültig. Den Menschen machte er klar, daß sie in einem unmittelbaren Verhältnis zu Gott stünden, einem Gott, der nicht nur der rächende und strafende sei, sondern dessen Gnade jeder Mensch durch seinen Glauben erwerben könne. Diese Schriften verbreiteten sich in wenigen Tagen über ganz Deutschland und lösten Unruhe und starke Bewegung aus, Empörung bei denen, die sich in der Kirchenhierarchie Macht und sichere Pfründen erworben hatten, und bei denen, die unbeirrbar am Überlieferten festhalten wollten, Hoffnung bei denen, die unter dem Druck eines gnadenlosen Herrschaftssystems lebten, außerhalb der unübersteigbaren Mauern von Privilegien und Standesordnungen.

Die Sehnsucht nach dem Erlöser war aber tief in ihnen allen. Und nun kam einer und sprach aus, was sie empfanden: Welch grenzenlose Menschenverachtung duldete die Kirche, die doch Nächstenliebe predigte! Wie fern war Gott den Menschen gerückt, daß sie ihn nur noch über zahllose Sperren erreichen konnten, an denen immer ein Priester saß und die Hand aufhielt! Wie fern war Christus den Menschen gerückt, ein Toter am Kreuz, verwaltet von einer kleinen Gruppe, die das Vorrecht besaß, seine Gnade zu verkaufen!

Wie fern war der Mensch dem Menschen gerückt! Nicht nur in der Kirche trennte der Lettner den Priester vom Laien. Das ganze Leben war ein System von Lettnern. Wie viele Landesherren und Grundherren, Zinsherren und Leibherren hatten sich zwischen den Mann aus dem Volke und seinen Kaiser gestellt, wieviele Gelehrte zwischen den Menschen und sein Recht, das so unverständlich geworden war wie der lateinische Bibeltext, das nicht mehr gesucht, sondern verwaltet und zugeteilt wurde.

Aus dem einst Freien war der kleine Mann geworden, in seiner Summe »der Böfel« genannt, der Pöbel, der sein Dasein im Vertrauen auf die ewige Seligkeit verbringen mußte, vom ersten bis zum letzten Tag eingespannt, eingesperrt, ohne Möglichkeit, sich zu bilden, unfrei in seinen Entscheidungen, abhängig von der Gnade derer, die ihn beherrschten und behandelten wie ein Werkzeug, wie ein Zugtier.

Welche Verachtung des Lebens duldete die Kirche, abgesehen von den Mönchen und Nonnen, die sich in den Spitälern aufrieben, um Alte und Kranke zu pflegen. Das Leben zählte nicht. Es war Arbeit, Hunger, Seuche, Krieg und früher Tod: das sündige Fleisch im Jammertal. Die Befreiung von seiner Erbärmlichkeit im Jenseits war die einzige Erlösung, die die Kirche zu bieten hatte, vorausgesetzt, man zahlte entsprechend dafür.

Der kleine Mann, dieses fronende, beichtende, sündige Fleisch, das nicht lesende, nicht schreibende, angeblich auch nicht denkende und so leicht zu lenkende Geschöpf Gottes ohne Eigenleben – jetzt ließ man ihn denken. Das war es, was Luther auslöste. Wenn die meisten auch seine drei großen Schriften nicht lesen konnten, so konnten sie doch jedes Wort hören und begreifen.

Joß Fritz und seine Freunde hatten von Haus zu Haus gehen müssen, um immer wieder von neuem ihre Gedanken zu verbreiten, um ihren Bundschuh insgeheim zu organisieren und um dann den Verrat zu erleben. Der Arme Konrad hatte sich verzettelt in ungeordneten und unzusammenhängenden Kraftproben, die nie im richtigen Augenblick am rechten Ort erfolgten. Die Krainer Bauern hatten in dumpfer Verzweiflung über ihre erbärmliche Existenz nichts anderes fertiggebracht als blutige Haßausbrüche ohne Sinn und Ziel. Dieser Doktor Luther gab allem, was jene empfunden hatten, den Klagen und Beschwernissen, nachträglich die Rechtfertigung, und für die Zukunft den Sinn, die Richtung, das Wort.

War er der Mann, der fortsetzte, was jene nicht hatten vollenden können? Nachdem auch der Bundschuh am Oberrhein gescheitert war, herrschte Ruhe in den Dörfern. So leicht waren die Toten nicht zu ersetzen, die Verstümmelten, die Verbannten. Erst einmal mußte alles wieder heilgemacht werden, soweit das überhaupt möglich war, die verwüsteten Äcker bebaut, die niedergebrannten Hütten neu errichtet, das entlaufene Vieh in den Wäldern eingefangen, für den zerschlagenen Hausrat Ersatz beschafft werden. In dem Winter 1520 auf 1521 waren seit dem Armen Konrad immerhin schon sieben Jahre vergangen, und seit dem letzten Bundschuh vier, da war mancher Mann nachgewachsen. Und jetzt gingen diese Worte des Dr. Martin Luther durchs Land, der ein Enkel von zwei Bauern war und der Sohn eines Bergmanns. Seine Schriften streuten sie aus; seine Freunde predigten sie in den Kirchen und erklärten sie auf den Gassen jedem, der danach fragte.

War Luther der Erlöser, der Arme Konrad, der Führer des kommenden Bundschuh?

Der Obrigkeit zumindest erschien er gefährlich. Erzbischof Albrecht, Kurfürst von Mainz, ließ Luthers Schriften demonstrativ in der Öffentlichkeit verbrennen, aber damit löste er nur neue Reaktionen bei den verschiedensten Leuten aus, wie jenes Gedicht bei Ulrich von Hutten, der nicht weniger gefährlich war:

> Hier brennt des frommen Luthers Schrift,
> weil, Gott, sie dein Gesetz betrifft ...
> Hier brennen, Gott, viel gute Wort.
> Hier wird des Herren Lehr' ermord't ...
> Hier wird des Papstes Stand geehrt
> und unterdrückt, was du gelehrt ...
> Hier wird verkauft der Himmel dein,
> verurteilt zu der Hölle Pein
> ein jeder, der dagegen sagt.
> Hier wird, wer Wahrheit pflegt, verjagt.
> Hier wird das deutsche Volk beraubt,
> für Geld viel böse Ding erlaubt,
> bedacht auch nicht der Seelen Heil.
> Hier bist du, Herrgott, selber feil ...
> Jedoch wird Luther jetzt geschänd't,

sein Schrift und gute Lehr verbrennt ...
Kann ich dir aber Beistand tun
und raten diesen Sachen nun,
so will ich, was ich hab an Gut
nichts sparen, noch mein eigen Blut ...
Gott den Gerechten nie verließ,
verlaß dich drauf, es ist gewiß!
Ich hab's gewagt.

Ulrich Reichsfreiherr von Hutten war eines der vielen Genies, an denen das junge sechzehnte Jahrhundert so reich war. Er kam von der Burg Stekkelberg bei Fulda, dem Familiensitz der Huttens, und wurde mit elf ins Stift Fulda gebracht, um zum Priester erzogen zu werden. Da gefiel es ihm auf die Dauer nicht, und mit siebzehn lief er fort. Das war 1505, dem Jahr, da Luther ins Kloster ging. Ein Jahr studierte Hutten in Köln, ein Jahr in Erfurt bei denselben Professoren, deren Vorlesungen auch Luther besucht hatte, ein Jahr in Frankfurt an der Oder, ein Jahr in Leipzig: Latein, Griechisch, Philosophie, Rhetorik. Die Unruhe, eines seiner ausgeprägten Wesensmerkmale, zeichnete sich ebenso früh ab wie die Fülle seiner Talente. Er dichtete in lateinischer Sprache und beherrschte vollendet jedes Versmaß. Ein paar Monate studierte er in Greifswald, ein paar Monate in Rostock, ein paar Monate in Wien. Er ritt, er focht, er liebte. Mal hatte er Geld, meistens hatte er keines. Mal war er unten, meistens ganz oben. Der Vater unterstützte ihn nicht, weil er nicht vergessen konnte, daß Ulrich aus dem Kloster geflohen war. 1512 ging er nach Pavia, auf die berühmte alte Universität, die unter Kaiser Karl IV. 1361 gegründet worden war. Es war sein Pech, daß gerade in der Zeit, als er da war, die Schweizer Landsknechte des Papstes die Stadt plünderten und auch ihm alles wegnahmen, was er hatte. Um zu überleben, schlug er sich selber als Landsknecht durch, aber nicht im päpstlichen, sondern im kaiserlichen Heer. Er zeigte, daß er kämpfen konnte, erst mit dem Spieß, mit der Hellebarde, mit dem Schwert und bald darauf auch mit der Feder.

Am 7. Mai 1515 ermordete Herzog Ulrich von Württemberg, der ein Jahr zuvor mit Wortbrüchen und maßloser Grausamkeit den Armen Konrad niedergeschlagen hatte, auf der Jagd im Böblinger Wald hinterrücks seinen Stallmeister Hans von Hutten, den er im Verdacht hatte, die Herzogin Sabina, die Ulrich so erniedrigend behandelte, heimlich getröstet zu haben. Zwei Möglichkeiten hätte der Herzog gehabt, er hätte seinen Stallmeister vor ein ordentliches Gericht stellen oder sich mit ihm duellieren können. Er wählte eine dritte, die miserabelste.

Ulrich von Hutten erregte sich zutiefst über den Mord an seinem Vetter und verfaßte in seinem Zorn fünf Traktate, in denen er die Hintergründe des Verbrechens aufdeckte und den Herzog von Württemberg bloßstellte. Damit trug er wesentlich dazu bei, daß der Kaiser die Reichsacht über Herzog Ulrich verhängte.

Auf diese Weise hörten viele von dem jungen Edelmann mit dem unkonventionellen Lebenslauf, der es gewagt hatte, als einzelner gegen einen regierenden Fürsten anzutreten. Sein Vater schrieb ihm, daß er ihm die Flucht aus dem Kloster verzeihe und ihn wieder als seinen Sohn anerkenne, weil er so ritterlich für die Familienehre gefochten habe.

Schon bald darauf trat Ulrich von Hutten abermals an die Öffentlichkeit. Das war, als die Kölner Dominikaner, unterstützt von den Universitäten Paris, Löwen und Mainz, den Humanisten Johannes Reuchlin angriffen, weil er sich gegen die Verbrennung aller hebräischen Schriften der jüdischen Glaubensgemeinschaften eingesetzt hatte, die von jenen verlangt worden war. Hutten schrieb gegen die Feinde von Wissenschaft und Forschung, gegen die Rückschrittlichen und Unbelehrbaren. Auch an den Dunkelmännerbriefen hatte er großen Anteil. Das waren Schriften in einem betont lächerlichen, sogenannten Küchenlatein verfaßt, in denen Reuchlins Feinde vor aller Welt verspottet wurden. Sie waren viel wirkungsvoller als jede scharfe Polemik.

Noch war Hutten einer aus der Elite der humanistisch gebildeten jungen Herren, wenn auch einer der talentiertesten, noch schrieb er nur auf lateinisch. Seine Gedichte und Kampfschriften entzückten eine dünne Oberschicht. Kaiser Maximilian ehrte ihn mit dem Lorbeerkranz und dem goldenen Ring und ernannte ihn zu seinem Dichter. Auf dem Augsburger Reichstag von 1518, dem letzten, den der alte Kaiser erlebte, gab Hutten eine Schrift heraus, in der er mit großer innerer Beteiligung für den Aufruf Maximilians eintrat, alle Kräfte des Reiches zusammenzufassen zu einem gemeinsamen Krieg gegen die Türken, die unaufhaltsam von Südosten her gegen dessen Grenzen vordrangen. Hutten geißelte die traditionelle Uneinigkeit der Deutschen und ihren Hang, lieber sich gegenseitig zu bekämpfen, als fremde Angreifer zurückzuweisen.

Eine Zeitlang lebte er am Hofe Albrechts von Mainz und lernte den mächtigen Kirchenfürsten mit den drei Mitren als einen gebildeten, weltoffenen Mann kennen, den religiöse Fragen nur am Rande beschäftigten und der nur auf dem Umweg über das Pallium zum Kurhut hatte kommen können. Hutten sah, daß Albrecht in ernste Geldschwierigkeiten geraten war, die immer größer wurden, da der Ablaßhandel spürbare Einbußen erlitten hatte und daß er zu all seinen Schulden noch das Geld für eine elegante und aufwendige Hofhaltung zusammenbringen mußte. Dieser kühlrechnende Politiker und intelligente Musenfreund mit den vielen Gesichtern interessierte Hutten. Albrecht fand Gefallen an dem jungen Genie und hätte gern seinen Hofstaat mit ihm geschmückt, zumal Hutten einen pikanten Hauch von Aufruhr und Umsturz in das höfische Zeremoniell und die wohlgeordnete Pracht einbrachte. Aber Ulrich von Hutten wollte das alles nur kennenlernen, und als er es kannte, wollte er nicht länger bleiben und zog weiter.

In das Jahr 1519 fielen zwei Begegnungen, die ihn entscheidend beeinflußten. Er traf Franz von Sickingen, den legendären Reichsritter, Höfling und Feldherrn, dem die politische Einigung Deutschlands am Herzen lag, und Martin Luther, der an der religiösen Erneuerung arbeitete. Sie wurden Weggenossen für die kommenden Jahre.

Seine nächste Kampfschrift war »Vadiscus, oder die Römische Dreifaltigkeit«, eine Sammlung allen Unrechts und Unheils, das seit Jahrhunderten von Rom her über Deutschland gekommen war, und »Die Anschauenden«, eine sarkastische Schilderung des zersplitterten, verfallenden, sich selber zerstörenden Deutschland, wie es sich in der Allegorie dem hoch über den Wolken schwebenden Sonnengott darbot.

Und wieder trieb ihn die Unruhe umher, nach Italien, in die Niederlande. Unterwegs bekam er immer häufiger Warnungen von Freunden, seine Schriften seien inzwischen so verbreitet und hätten so viel böses Blut gemacht, daß er mit Maßnahmen der Kurie gegen ihn rechnen müsse. Auch aus Mainz kam so ein Wink, und möglicherweise sogar von Erzbischof Albrecht selber, der Heilige Vater habe den Erzbischof aufgefordert, die frechen Lästerer zum Schweigen zu bringen, und unter denen sei Ulrich von Hutten der schlimmste. Der Papst hatte viele Möglichkeiten, Menschen, die ihm mißfielen, zum Schweigen zu bringen. Die Freunde drängten Hutten, dieses Umherziehen einzustellen und sich an einen sicheren Ort zu begeben.

Er ritt rheinaufwärts und durchs Nahetal zu Franz von Sickingen auf die Ebernburg bei Kreuznach. Der nahm ihn auf zu all den anderen, die bei ihm Schutz gesucht hatten. Und hier, wo er sicher war, wo er endlich einmal Ruhe fand, um mit sich ins reine zu kommen und seine Aufgaben zu erkennen, wurde Hutten klar, wie sehr er es genossen hatte, immer wegen der subtilen Kenntnisse der lateinischen Sprache bewundert zu werden, wegen seiner geschickten Wortwahl, seiner eleganten Satzkonstruktionen. Hier erkannte er, daß er die Pflicht hatte, sich allen verständlich zu machen, nicht nur den humanistisch

Gebildeten, den Geistlichen, den Rechtsgelehrten, sondern ebenso den kleinen Landedelleuten, den Bürgern, den Bauern, damit gerade sie nicht immer auf die Übersetzungen der Geistlichen angewiesen waren. Wenn man entschlossen war, eine neue Ordnung zu schaffen, dann mußte jeder einzelne darin seinen Platz haben. Jeder mußte den anderen verstehen können, und die Menschen durften nicht von vornherein durch zwei verschiedene Sprachen in zwei Gruppen von unterschiedlichem Bildungswert geteilt werden. Jetzt fing er an, sich um das vernachlässigte, das ungefüge Deutsch zu bemühen, das seit der Zeit der Minnesänger immer mehr an Bedeutung verloren hatte und zum Idiom der kleinen Leute abgesunken war.

Hier auf der Ebernburg schrieb Ulrich von Hutten seine erste deutsche Kampfschrift: »Klag und Vormahnung gegen den übermäßigen Gewalt des Babsts«. Und auf der Ebernburg erkannte er, daß es seine Aufgabe von nun an sei, an der Seite Luthers und Franz von Sickingens für ein deutsches Reich zu kämpfen, das von allen demütigenden Abhängigkeiten ebenso frei sein sollte, wie von innerem Hader, Unterdrückung und Rechtlosigkeit. Und er schrieb:

> Ist niemand da, den das bewegt?
> Ist jemand, der dazu will tun?
> Wohlauf, ihr frommen Deutschen nun,
> viel Harnisch haben wir, viel Pferd,
> viel Hellebarden und auch Schwert.
> Und hilft die freundlich Mahnung nit,
> so wollen wir sie brauchen mit.
> Es fraget weiter keiner nach,
> mit uns ist Gottes Hilf und Rach ...
> Sie haben Gottes Wort verkehrt,
> das christlich Volk mit Trug beschwert.
> Die Lügen woll'n wir tilgen ab,
> auf daß ein Licht die Wahrheit hab,
> die sie verfinstert und erdrückt.
> Gott segne, wer ins Feld mit rückt!
> Ich hoff, es mancher Ritter tu,
> manch Graf, manch Edelmann dazu,
> manch Bürger, der in seiner Stadt
> der Sachen auch Beschwernis hat,
> auf daß ich nicht aufruf umsonst.
> Wohlauf, wir haben Gottes Gunst.
> Wer wollte dabei bleib'n daheim?
> Ich hab's gewagt, das ist mein Reim.

Ulrich von Hutten begnügte sich nicht damit, Gedichte zu machen und die Deutschen zum Widerstand gegen ein morsches Herrschaftssystem aufzurufen. Von vornherein hatte sein Wollen praktische Konsequenzen.

Franz von Sickingen hatte gelernt, große Truppenverbände auch unter schwierigsten Bedingungen zu führen, er wußte mit Kaisern und Königen, mit Fürsten und Bischöfen wohl umzugehen. Er hatte immer eine Schar bewaffneter Reiter und Landsknechte in seinen Diensten, deren Anzahl er jederzeit auf tausend, dreitausend, siebentausend vergrößern konnte. Ihm folgten alle gern, er war noch keinem den Sold schuldig geblieben. Franz von Sickingen war ein Mann, der in großen Dimensionen denken konnte und für die Sache des Reiches zu begeistern war, zwei Jahre älter als Luther, in diesem Jahr 1520 also, als Ulrich von Hutten sich in seinen Schutz begab, 39 Jahre alt. Er hatte auf seinen Schlössern, der Ebernburg, Landstuhl und Hohenburg im Elsaß seit jeher jedem Asyl geboten, der sich verfolgt fühlte und nannte sie die »Burgen der Gerechtigkeit«. Dort trafen sich manch große Geister seiner Zeit, wie Martin Bucer oder Kaspar Aquila, einer der ersten Anhänger Luthers, oder Ökolampadius, der eigentlich Hußgen hieß und aus dem Brigittenkloster Altenmünster bei Augsburg vertrieben worden war, weil ihn die Mönche bei der heimlichen Lektüre von Luthers Schriften ertappt hatten. Franz von Sickingen hatte auf der Ebernburg für seine Freunde sogar eine vorbildlich ausgestattete Buchdruckerei einrichten lassen, damit sie ungehindert ihre Werke herausbringen konnten. Anfangs war er nur der Beschützer der Verfolgten, bald wurde er unter ihrem Einfluß auch ein überzeugter Anhänger Luthers.

Da Martin Luther innerhalb der vorgeschriebenen Frist nicht widerrufen hatte, sprach Papst Leo X. am 3. Januar 1521 den Kirchenbann gegen ihn aus. Dem mußte zwangsläufig die Reichsacht als Akt der weltlichen Verdammung folgen, das heißt, damit wäre Luther friedlos, rechtlos und vogelfrei gewesen, jeder hätte ihn fangen und erschlagen können, ohne Rechenschaft ablegen zu müssen. Aber Kurfürst Friedrich von Sachsen, den man den Weisen nannte, wollte den Versuch nicht aufgeben, zu einer gütlichen Einigung zu kommen. Er erreichte es, daß Luther auf den Reichstag zitiert wurde, der im April in Worms tagen sollte, und daß er freies Geleit bewilligt bekam.

Viele Leute erwarteten, daß der Mönch, der lange Zeit seines Klosterlebens in strenger Klausur verbracht hatte und dem alles aufwendige weltliche Treiben zuwider war, geblendet vom Glanz und der Pracht dieser Versammlung, bei der sich alle Fürsten des Reiches um den Kaiser scharten, seinen Trotz aufgeben und sich zu irgendeiner akzeptablen Form des Widerrufs bewegen lassen würde, damit diese leidige Geschichte endlich zu einem Abschluß gebracht werden könne. Die aber kannten Luther nicht, und die ihn kannten, rieten ihm dringend ab, nach Worms zu reisen, weil man nie im voraus wissen könne, auf welche Weise er stillgemacht werden sollte. Aber Luther sagte: »Ihr könnt mit allem rechnen, nur damit nicht, daß ich fliehe oder daß ich widerrufe. Fliehen will ich nicht, widerrufen kann ich nicht, so wahr mich mein Herr Jesus stärkt.«

Dieses Mal konnte Melanchthon nicht mitreisen. Luther umarmte ihn zum Abschied und sagte: »Komm ich nicht wieder, und morden mich meine Feinde, so beschwöre ich dich, lieber Bruder: laß nicht ab zu lehren und bei der Wahrheit zu beharren.«

Die Reise über sechshundert Kilometer von Wittenberg nach Worms verlief unter ganz anderen Bedingungen als all seine Reisen vorher: Der Magistrat der Stadt Wittenberg hatte ihm einen Reisewagen geschenkt und Begleitung mitgegeben, damit er nicht irgendwo unterwegs unauffällig erschlagen würde. Überall standen Menschen am Wege, mit ihren Schafen, mit Kindern auf dem Arm. Und immer schon wußten die Leute im nächsten Dorf, in der nächsten Stadt, daß der Mann auf dem Weg zu ihnen war, dessen Namen sie kannten, dessen Worte sie kannten aus seinen Schriften. Sie kamen von den Feldern gelaufen, aus den Steinbrüchen, das Werkzeug in der Hand. Oft hielt er an und sprach mit ihnen.

Als der Zug sich nach vier Tagen Erfurt näherte, der Stadt, in der er ein lustiger Student gewesen war, bis ihn die Gewissensnot ins Kloster getrieben hatte, da wartete schon zwei Meilen vor der Stadt ein großer Menschenhaufen auf ihn, und sobald er heran war, umringten sie ihn und fragten ihn, ob er ihnen nicht eine Predigt halten wollte. Er tat es, und so ging es weiter von Ort zu Ort.

In Eisenach wurde er krank, ein Fieber befiel ihn und große Schwäche. Auch hier beschworen ihn Freunde, er solle auf keinen Fall nach Worms gehen, dort würde er zu Asche verbrannt, wie einst Dr. Johan Hus, den man auch zu einem Reichstag zitiert, dem man auch freies Geleit zugesichert und den man dann doch verbrannt habe. Aber er sagte ihnen: »Und wenn meine Feinde ein Feuer machen, das von Worms bis Wittenberg reicht, so will ich doch im Namen des Herrn erscheinen!«

So schlecht er sich fühlte, er reiste weiter, und überall lagerten Menschen am Wege, Männer und Frauen und Kinder, die aus ihren Dörfern gekommen waren und aufstanden, wenn sein Wagen sich näherte, um ihn zu sehen, oder ein Wort von ihm zu hören.

Als er schon die Türme von Worms aus dem Rheintal wachsen sah, kam ihm ein Mann entgegengeritten, der beugte sich zu ihm in den Wagen und sagte, er sei ein Bote des kurfürstlich sächsischen Geheimschreibers Spalatin und solle ihn im Auftrag seines Herrn bewegen, augenblicklich umzukehren. Georg Burkhard Spalatin war Luthers alter Freund. Sie hatten in Erfurt zusammen studiert, und jeder wußte, daß er sich auf den anderen unbedingt verlassen konnte. Spalatin war erst Kurfürst Friedrichs Hofkaplan, dann, wegen seiner besonderen Fähigkeiten und seiner Verschwiegenheit dessen Geheimschreiber und Ratgeber geworden. Er hatte immer zu Martin Luther gehalten. Wenn Spalatin, der mit dem Kurfürsten schon seit dem 28. Januar in Worms war und die Verhältnisse dort inzwischen kannte, ihm diese Warnung schickte, dann hatte er bestimmt triftige Gründe. Aber Luther sagte dem Boten: »Und wenn in Worms so viele Teufel wären wie Ziegel auf den Dächern, so wollte ich doch hinein!«

Und am 16. April 1521 zog er ein in die Stadt im Wonnegau, in der einst Ariovist gelebt hatte und später die Burgunderkönige des Nibelungenliedes, in der die Hunnen gehaust und Karl der Große Hof gehalten hatte. Seit 1074 war Worms Freie Reichsstadt. Vor den Toren wartete der Reichsherold. Luther kam ja auf Zitation des Kaisers, und da verlangte es die gute Sitte, daß der Herold ihn einbrachte. Die Straßen waren voll von Menschen, Bürgern und Fremden, die in die Stadt gekommen waren. Sie umdrängten den Mönch, wie sie keinen der vielen Fürsten umdrängt hatten, die schon eingetroffen waren, mit Ausnahme vom jungen Kaiser.

Der zähe Kampf um die Krone war nun doch gegen den französischen König Franz I. entschieden worden. Am 28. Juni 1519 hatten die deutschen Kurfürsten nach langem Schaukeln und Schachern in Frankfurt am Main Maximilians Enkel Karl zum deutschen Kaiser gewählt. Am 22. Oktober 1520 hatten ihn die drei geistlichen Kurfürsten, die Erzbischöfe von Köln, Mainz und Trier, im Aachener Dom vor allen Fürsten und Würdenträgern des Reiches in Weihrauchwolken unter Tausenden von Kerzen vor Tausenden von Zuschauern in einem stundenlangen Zeremoniell von byzantinischem Pomp zum Kaiser gekrönt.

Karl V., am 24. Februar 1500 als Sohn Philipps des Schönen und Johanna der Wahnsinnigen von Aragon geboren, war väterlicherseits der Enkel Kaiser Maximilians und der Kaiserin Maria, die dem Reich die burgundischen Lande als Erbe eingebracht hatte, mütterlicherseits der Enkel von Ferdinand dem Katholischen und Isabella von Kastilien. Mit sechs, nach seines Vaters Tod, hatte er die burgundischen Lande geerbt, mit sechzehn die der spanischen Königreiche Aragon und Kastilien, Neapel, Sizilien, dazu die neuentdeckten Kolonien in

Amerika, die sich ständig weiter ausdehnten; mit neunzehn, nach Kaiser Maximilians Tod, die deutschen Herzogtümer Österreich, Kärnten, Steiermark, Krain und die vorderösterreichischen Besitzungen im Schwarzwald, im Elsaß, am Oberrhein. Nun war er Kaiser eines Reiches, zu dem er nicht die geringsten inneren Beziehungen hatte. Deutschland lag an der Peripherie des Machtgebildes, in dessen Dimensionen er dachte. Es wurde von unruhigen Menschen bewohnt, die ständig von so abstrakten Dingen redeten wie Glaube und Freiheit, wie Recht und Gerechtigkeit, während es für ihn nur eine einzige gültige Ordnung gab, in die sich jeder kritiklos einzufügen hatte: die der katholischen Kirche.

Er war in drei Sprachen erzogen worden: Französisch, Lateinisch, Spanisch. In ihnen dachte er, in ihnen äußerte er sich. Das genügte. Den Ehrgeiz seines Großvaters, sich mit jedem Menschen in seinem Reich unterhalten zu können, hatte er nicht. Wer ihn verstehen wollte – worauf er nicht unbedingt Wert legte –, der sollte sich um eine seiner Sprachen bemühen. In dem Weltreich, das sich bis ans Mittelmeer und über den Atlantischen Ozean hinweg erstreckte, bedeutete dieses Deutschland ein Machtpotential unter vielen und einen Unruheherd unter vielen. Am 24. Februar 1521, als der Reichstag in Worms schon vier Wochen tagte, war Karl V. einundzwanzig Jahre alt geworden, ein Mann, zum Herrschen geboren, zum Herrschen erzogen und gewillt, unter allen Umständen mit allen Mitteln zu herrschen, intelligent, zäh, zielstrebig und absolut gefühlsarm.

Vor seiner Wahl hatten die Kurfürsten, die sich genau über ihn informiert hatten, eine Zeitlang mit dem Gedanken gespielt, statt seiner und statt des französischen Königs lieber Friedrich den Weisen zum Kaiser zu wählen, den warmherzigen, tapferen, klugen und ritterlichen Kurfürsten von Sachsen. Anhänger beider anderer Kandidaten waren dazu bereit, weil sie es für eine gute Lösung in ihrem Dilemma hielten, die deutsche Krone entweder einem spanischen oder einem französischen König antragen zu müssen. Aber Friedrich hatte abgelehnt unter Hinweis auf sein kleines, armes Fürstentum, das sich mit der Hausmacht der beiden anderen Prätendenten nicht messen konnte.

Und diesem jungen Kaiser, der in der strengen Zucht der katholischen Kirche die Grundvoraussetzung für die Ordnung seines Reiches sah, sollte Martin Luther gegenübertreten.

Am Morgen des 17. April erschien der Reichsmarschall, begleitet von einigen Trabanten, in seinem Quartier, um ihn abzuholen. Auch das verlangte der Brauch. Sie versuchten, auf dem üblichen Wege über die Straßen zum Bischofshof an der Nordseite des Doms zu gelangen, wo der Reichstag versammelt war, aber das war unmöglich. Die Straßen waren vollgestopft mit Menschen, die Martin Luther sehen wollten, andere lehnten sich weit aus den Fenstern oder hockten rittlings auf den Firsten und Dachgauben. Es blieb nur ein mühsamer Umweg durch Hinterhäuser, Höfe und Gärten. Als sie endlich im Bischofshof ankamen, waren schon alle Fürsten im Saal versammelt. Im Vorhof standen mehrere Ritter. Einer von ihnen trat auf Luther zu, legte ihm die Hand auf die Schulter und sagte: »Mönchlein, Mönchlein, du gehst jetzt einen Gang, dergleichen ich und mancher Obrister auch in der allerernstlichsten Schlachtordnung nicht getan haben. Bist du aber aufrechter Meinung und deiner Sache gewiß, so fahre in Gottes Namen fort und sei getrost: Gott wird dich nicht verlassen.« Das war Georg von Frundsberg, der große Landsknechtsführer, der acht Jahre vorher, in der Schlacht bei Vicenza schon einmal einen oft zitierten Ausspruch getan hatte: »Viel Feind, viel Ehr!« Es tat gut, so einen auf seiner Seite zu wissen.

Und dann gingen die Saaltüren auf, und da saß auf einem goldenen Thron der junge Kaiser mit unbewegtem Gesicht, mit langem Kinn und starkem Unterbiß, wie sein Vater und Großvater, und musterte ungerührt mit schwarzen Augen unter schweren Lidern den Mann, der in seiner Mönchskutte so verloren unter all dem Samt und Goldbrokat, den Ketten, Ringen und Edelsteinen in der hohen Saaltür stand. Vor Karl V. in langen Reihen saßen die Fürsten des Reiches, die Markgrafen, Landgrafen, Burggrafen, die Erzbischöfe, Bischöfe, Äbte, die Reichsfreiherrn und Reichsritter, die Bürgermeister der Freien Städte, und alle mit ihren Ratgebern, fünftausend Menschen im ganzen.

Auf einem Tisch vor dem Kaiser lagen Luthers Schriften. Der Vikar des Erzbischofs von Trier führte Luther an den Tisch und fragte ihn, ob er der Verfasser dieser Schriften sei und ob er widerrufe.

Geblendet von all dem Glanz, hilflos in dieser erdrückenden Umgebung, sagte Martin Luther, ja, es seien seine Schriften, aber wegen der zweiten Frage bäte er um Bedenkzeit. Der Kaiser gewährte sie ihm.

Am anderen Nachmittag gegen vier Uhr wurde er wieder zum Bischofshof geleitet, aber dort nicht gleich in den Saal gerufen, weil noch ein anderer Tagesordnungspunkt verhandelt wurde. Zwei Stunden mußte er warten, dann öffneten sich wieder die Türen. In dem Saal unter den schweren Gewölben brannten an den Stützpfeilern Pechfackeln in eisernen Ringen. Nun kannte er den Raum, die Luft, die Menschenfülle, die Pracht der Gewänder. Luther trat vor und begann: »Allergnädigster Herr, Gnädigste Kurfürsten, Fürsten und Herren ...« Er hatte seine Sicherheit wieder. Er gab eine Erklärung ab. Er sprach deutsch. Als ihm jemand zuraunte, daß der Kaiser ihn nicht verstehen könne, übersetzte er das Ganze noch einmal mühelos in glattes Gelehrtenlatein. Dann schnitt ihm der Vikar des Kurfürsten von Trier das Wort ab und sagte, er solle nicht reden, sondern eine klare Antwort geben, ob er nun widerrufen wolle oder nicht, daraufhin sagte Luther, er könne nur widerrufen, wenn er aus der Heiligen Schrift widerlegt werde, weil es nicht gut sei, etwas gegen das Gewissen zu tun. Er schloß: »Hier stehe ich, ich kann nicht anders. Gott helfe mir! Amen!«

Darauf erklärte der Vikar, jetzt würden der Kaiser und der Reichstag beraten, was weiter mit einem solchen Ketzer zu geschehen habe und entließ ihn. Als Luther hinausging, war zu spüren, daß er nicht nur Feinde im Saal zurückließ, sondern viele Menschen beeindruckt und einige sicher auch gewonnen hatte.

Am Abend, als er wieder in seinem Quartier war, brachte ein Bote in einer schweren silbernen Kanne Bier, das berühmte Eimbecker Bier. Als Luther hörte, Herzog Erich von Braunschweig schicke ihm die Kanne, nahm er beruhigt einen tiefen Schluck. Gehörte Herzog Erich auch nicht zu den Anhängern seiner Reformen, so wäre er doch der letzte gewesen, der einem Menschen einen vergifteten Trunk gesandt hätte.

Am Abend sagte Kurfürst Friedrich von Sachsen zu seinem vertrauten Ratgeber Spalatin: »Schön hat der Doktor Martin geredet vor dem Kaiser und allen Fürsten und Ständen des Reichs! Es ist mir nur zu herzhaft gewest!«

Bis zum 25. April mußte sich Luther zur Verfügung des Reichstags halten. In dieser Zeit gab sich der päpstliche Nuntius Hieronymus Aleander große Mühe, den Kaiser dazu zu bewegen, Luther festnehmen zu lassen, mit der Begründung, daß man einem Ketzer gegenüber niemals sein Versprechen zu halten brauche. Aber das war nicht des jungen Kaisers Stil. Er sagte: »Ich habe keine Lust zu erröten, wie einst Kaiser Sigismund«, womit er auf die Verbrennung des Johannes Hus auf dem Konstanzer Konzil anspielte, die Sigismund geduldet hatte, obwohl Hus auf seine Weisung hin freies Geleit zugesichert worden war.

Es gab aber auch deutliche Zeichen in der Stadt, daß es nicht ungefährlich gewesen wäre, Martin Luther Gewalt anzutun. Eines Morgens hing ein Papier an der Rathaustür, das in der Nacht dort angeschlagen worden war. Darauf stand in ungelenken großen Buchstaben zu lesen: »Schlecht schreib ich, doch einen großen Schaden mein ich. Mit 8000 Mann kriegen will ich. Bundschuh! Bundschuh! Bundschuh!«

164

Bald wußte jeder in der Stadt, daß der Ritter Hermann von dem Busche diesen Aufruf verfaßt hatte, der eine gefährliche Drohung enthielt: Wenn ein Adliger das verpönte Reizwort »Bundschuh« gebrauchte, dann bedeutete das nicht weniger, als daß die Ritter mit dem Gedanken spielten, mit den Bauern zusammenzugehen. Hermann von dem Busche war ein alter Freund Franz von Sickingens, und wenn er sich anheischig machte, achttausend Mann auf die Beine zu bringen, dann konnte man sicher sein, daß er sich schon mit etlichen anderen Freunden abgesprochen hatte. Der Bundschuh war ursprünglich eine rein bäuerliche Bewegung gewesen, der sich nach und nach immer mehr Bürger angeschlossen hatten. Wenn nun auch die Ritter sich dazugesellen wollten, mit all ihren Möglichkeiten, ihren Verbindungen, ihren Erfahrungen, dann konnte das einen radikalen Umsturz bedeuten.

Vielleicht war es nicht nur kaiserliche Noblesse, sondern auch politisches Kalkül, daß Luther am Abend des 25. April die Genehmigung bekam, heimzureisen, um zu vermeiden, daß ihm hier vielleicht doch noch etwas geschah, was dann, vom Reichstag ausgehend, das ganze Reich in Brand gesetzt hätte. Am 26. morgens verließ er Worms. Während er in seinem Reisewagen holpernd und schlingernd nach Osten schaukelte, arbeitete der päpstliche Nuntius Aleander schon eifrig am Text des Beschlusses, mit dem die Reichsacht über Luther verhängt werden sollte. Darin hieß es, er habe »...als böser Feind in Gestalt eines Menschen mit angenommener Mönchskutte vieler Ketzer verdammte Ketzerei in einer stinkenden Pfütze gesammelt. Darum solle von nun an niemand diesen Luther hausen, atzen, tränken, seine Bücher verkaufen, kaufen, lesen, abschreiben oder drucken...«.

Am 26. Mai wurde die Reichsacht ausgesprochen. Jeder konnte ihn bedenkenlos erschlagen, ersäufen, erwürgen, ohne den geringsten Nachteil davon zu haben. Am 4. Mai, als er mit seinem Reisewagen dicht bei Eisenach die Straße von Worms nach Wittenberg verlassen hatte und nach Süden abgebogen war, in Richtung auf Möhra, wo sein Vater einst geboren worden war und wo noch mehrere nahe Verwandte lebten, die er gern besuchen wollte, überfielen ihn zwei Ritter mit ihren Knechten. Sie zogen ihn aus dem Wagen, setzten ihn auf ein Pferd und führten ihn den langen gewundenen Weg, durch dichte Wälder hindurch, zur Wartburg hinauf. Es waren Hans von Berlepsch, der Schloßhauptmann der Wartburg, und Burkhart von Hundt, Herr auf Altenstein.

Oben dann, als Luther in eine weißgekalkte Kammer gebracht worden und mit Hans von Berlepsch allein war, sagte der ihm, niemand auf der Burg wisse, daß er Dr. Martin Luther sei, und das solle auch niemand wissen. Hier hieße er nur Junker Jörg; und den Überfall habe der Kurfürst von Sachsen befohlen, um ihn für einige Zeit verschwinden zu lassen und der Verfolgung zu entziehen.

Vom 4. Mai 1521 bis zum 1. März 1522 lebte Luther hier in dieser Kammer mit dem eichenen Tisch, dem Kachelofen, einem Tintenfaß, einem Bündel Gänsefedern und einem Stapel Papier und übersetzte in der Zeit das Neue Testament aus dem griechischen Urtext ins Deutsche. Indessen ging die Reformation unten im Lande weiter. Die jungen Augustinermönche in Wittenberg erklärten, der Grundsatz ihres Bettelordens, daß jeder sich von den milden Gaben der Menschen im Lande ernähren solle, sei unrecht und unchristlich, denn die Heilige Schrift befehle, daß jeder sich von seiner Hände Arbeit ernähren solle. Viele Geistliche hielten die Messe jetzt in deutscher Sprache und spendeten das Abendmahl in beiderlei Gestalt. Viele Mönche legten die Kutte ab, und einer heiratete in diesem Sommer 1521. Martin Luther zeigte sich in der Tracht eines Junkers auf der Wartburg. Er trug ein Barett, bis seine Tonsur zugewachsen war und ließ sich einen Bart stehen. Auch draußen wußte niemand, wo er war, außer dem Kurfürsten und Spalatin, und der zog in aller Vorsicht auch Philipp Melanchthon ins Vertrauen, damit er die engsten Freunde beruhigen konnte.

Hutten und Sickingen
Aufstand der Ritter

Die Welt geriet immer mehr aus dem Gleichgewicht. Die Bürger hatten sich wiederholt in weit voneinander entfernt liegenden Städten des Reiches gegen die Herrschaft der Patrizier aufgelehnt. Die Bauern, diese ungeordnete Kraft, deren politische Existenz niemand recht zur Kenntnis nehmen wollte, waren nun schon einige Male in verschiedenen Gauen gegen ihre Obrigkeit aufgestanden. Auch in der niederen Geistlichkeit zeigten sich viele Männer verunsichert. Wie tief die Zweifel saßen, hatte Luthers Thesenanschlag offenbart. Und jetzt wurden auch die Ritter aufsässig.

Die mittelalterliche Welt, in der das politische Leben mit dem religiösen noch eine Einheit gebildet hatte, war zerfallen. Das geheiligte Filigran der Rangordnungen, immer wieder dargestellt in Totentänzen und Standespyramiden, in Holz geschnitten, in Kupfer gestochen, in Öl gemalt, hatte seine Gültigkeit verloren. Wie Bauern und Bürger mehrfach angetreten waren, um erst mit Bitten, dann mit Drohungen und endlich mit Gewalt eine Änderung der Verhältnisse durchzusetzen, mehr persönliche Freiheit, mehr politischen Einfluß zu erkämpfen, so schlossen sich im Sommer 1522 nun auch die Ritter zu einem Bund zusammen, nachdem sie erkannt hatten, daß ihre überkommenen Rechte durch die ständig wachsende Macht der Landesfürsten bedroht waren. Kopf und Herz dieser Revolte war Ulrich von Hutten, ihr langer, starker Arm Franz von Sickingen, ein Mann von Einfluß und Ansehen, ein bekannter Truppenführer, ein kluger Unterhändler, tapfer und absolut integer. Die oberrheinische Ritterschaft wählte ihn im August 1522 zu ihrem Hauptmann, aber weit über diesen Raum hinaus genoß er großen Respekt, und im ganzen Reich hatte er Freunde.

Franz von Sickingen war am 2. März 1481 auf der Ebernburg nahe Kreuznach im Nahetal geboren worden, zweieinhalb Jahre vor Martin Luther. Er stammte aus einer sehr wohlhabenden Familie, die mehrere Schlösser besaß, ertragreiche Silberbergwerke und Quecksilbergruben, Ländereien und Weinberge. Seine Vorfahren waren seit Generationen Ministerialen der Kurfürsten von der Pfalz gewesen und erst 1488 in den Reichsritterstand erhoben worden.

Ministerialen waren im Mittelalter adelige Dienstleute weltlicher und geistlicher Fürsten. Wie bei den Bauern, so gab es auch in der Ritterschaft unterschiedliche Grade der Freiheit und der Abhängigkeit. Die Ministerialen gehörten nicht zum hohen Adel wie Herzöge, Fürsten und Grafen, sondern zum niederen, da sie nicht als Edelfreie galten. Sie mußten ihren Herren im Kriege bewaffnet und beritten Folge leisten und waren ihnen auch im Frieden zu gewissen Diensten verpflichtet, wie zum Hofdienst: Der Marschall war für Pferde und Stallungen verantwortlich, der Truchseß für die Haushaltsführung, der Schenk für Küche und Keller, der Kämmerer für das Silberzeug und die Schatztruhe, der Kanzler erledigte den Schriftverkehr und führte die Bücher.

Kämpfen konnten sie im Bedarfsfall alle, und es war ihr Privileg, daß sie es zu Pferde tun durften. Um die Tatsache ihrer Abhängigkeit hin und wieder deutlich zu demonstrieren, mußten sie bei besonderen Anlässen ihren Herrn bei Tisch bedienen: Der Truchseß hatte ihm die Schüsseln aufzutragen, der Schenk den Becher zu kredenzen, der Kämmerer ihm die Fingerschalen mit Wasser zu reichen, der Marschall beim Kommen und Gehen sein Schwert zu tragen.

All diese Dienste hatten am Ende des Mittelalters nur noch symbolische Bedeutung, aber die Abhängigkeit blieb unverändert. Für ihre Leistungen bekamen sie Grundbesitz zu Lehen, der ihnen ein sorgenfreies und standesgemäßes Leben ermöglichte, wenn auch kein freies. Manchmal erreichten sie es durch treue Dienste oder geschicktes Taktieren, daß ihr Lehen zu ihrem Eigentum wurde, sie sich selber eine Hofhaltung aufbauten und sich eigene Ministerialen hielten. Dann dienten ihnen auch Marschall und Schenk, Truchseß und Kämmerer. Die Sickinger waren eine dieser erfolgreichen Familien. Sie hielten Hof auf ihren Schlössern wie Fürsten. Ihre Erhebung in den Reichsfreiherrnstand, der sie von den Diensten für ihren einstigen Lehensherrn entband und allein dem Kaiser verpflichtete, war nur die nachträgliche Bestätigung eines Aufstiegs, der sich längst vollzogen hatte.

Die Entwicklung eines jungen Mannes aus einer solchen Familie hatte mit der eines Bürgerjungen oder eines Bauernbuben nichts gemein. Mit sechs Jahren wurde er an einen Fürstenhof gebracht, manchmal auch zu einem Ritter, der ein großes Haus führte, um da als Edelknabe erzogen zu werden; hier lernte er in der ritterlichen Art zu denken und zu handeln, wie er sich seinem Herrn und den Damen, seinen Freunden und seinen Feinden gegenüber zu verhalten hatte. Mit vierzehn wurde er zum Knappen erhoben, und wenn er sich als solcher im Sattel, im Saal und auf dem Schlachtfeld bewährt hatte, mit einundzwanzig zum Ritter geschlagen. Das war eine feierliche Handlung, auf die er sich durch Beten und Fasten vorbereiten mußte. Gestärkt durch das Heilige Abendmahl kniete er dann inmitten aller Ritter des Hofes in voller Rüstung vor seinem Herrn nieder und empfing von ihm mit dem flachen Schwert einen Schlag auf die Schulter und einen gegen den Hals unter den Worten:

»Zu Gottes und Marien Ehr,
diesen Schlag und keinen mehr!
Sei kühn, wahrhaftig und gerecht!
Besser Ritter, als ein Knecht!«

Von diesem Augenblick an gehörte er zu einer Kaste, die besondere Privilegien genoß. Wenn er gefangen wurde, durfte er nicht gefesselt werden. Sein bloßes Wort – das Ehrenwort – genügte bei allen Abmachungen und Händeln. Und wenn er einmal zum Tode verurteilt wurde, dann durfte er nicht gehenkt oder erdrosselt, nicht mit der Keule erschlagen, gerädert oder ersäuft werden, sondern nur mit dem Schwerte geköpft. Durch den Schild mit seinem Familienwappen war er jederzeit zu erkennen und einzuordnen als Angehöriger einer Elite, die sich zunächst durch rein kriegerische Tugenden qualifiziert hatte und nicht unbedingt auch eine geistige Auslese darstellte.

Auf den größeren Burgen gab es gewöhnlich einen Kaplan, der den Edelknaben Lesen und Schreiben beibrachte. Aber das war nicht allen vergönnt. Manche lernten nicht mehr als die Pferde zu zählen, die Hellebarden und die Feinde vor der Burg, und dann mußten sie sich schon damit begnügen, auf dem Schlachtfeld zu glänzen und perfekt alle Regeln des ritterlichen Anstands zu beachten. Manche Söhne adeliger Familien wurden aber auch Geistliche und stiegen zu hohen Würden auf, zum Abt, zum Bischof, zum Erzbischof und Kurfürsten. Andere studierten Rechtswissenschaften an den Universitäten und wurden Kanzler und Geheime Räte an Fürstenhöfen. Manche bildeten sich auch nur aus Freude an den Wissenschaften und Künsten. Bevor sich in den Städten eine bürgerliche Kultur entwickelt hatte, waren die adeligen Familien Schöpfer und Hüter einer ersten nichtgeistlichen deutschen Kultur gewesen, wovon Minnesänger und Spruchdichter zeugen.

Franz von Sickingen hatte neben der üblichen Erziehung eines jungen Edelmanns auch eine solide Bildung bekommen – als Schüler des berühmten Humanisten Johannes Reuchlin, der eigentlich Rechtsgelehrter war, aber auch Vorlesungen in griechisch und hebräisch hielt und Diskussionen in lateinisch, französisch und italienisch führte. Bei ihm hatte Sickingen außer einigem Wissen vor allem die Achtung vor den Wissenschaften gelernt und die Lust, sich ständig weiterzubilden im Umgang mit Menschen von ungewöhnlichem Format.

Der Vater, Schwicker von Sickingen, starb 1504, und der junge Ritter Franz erbte mit 23 Jahren dessen ganzen Besitz zugleich mit der düsteren Erkenntnis, daß die Glanzzeiten des Rittertums endgültig vorbei seien. Die Erfindung des Schießpulvers hatte die Kriegstaktik von Grund auf geändert und damit die eigentlichen Voraussetzungen für die Sonderstellung der Ritterkaste aufgehoben. Der noble Einzelkämpfer, der den Ausgang einer Schlacht durch einen siegreich bestandenen Zweikampf entscheiden konnte, zählte nicht mehr. Die Zeit der Massenheere war angebrochen. Dem Ritter, der nicht Feldherr war, blieb nur die Möglichkeit, Unterführer zu sein. Ein ganzer Stand litt darunter, daß er sich nach neuen Betätigungsmöglichkeiten umsehen mußte, die durchweg unter seinen Erwartungen lagen. Er konnte sich als Reisiger verdingen, aber dann war er auch nur ein Landsknecht zu Pferde, ohne Standesprivilegien. Er konnte bei einem der zahlreichen Fürsten Hofdienst tun, aber da drängten sich schon überall bürgerliche Juristen und Geistliche in die wichtigen Ämter. Er konnte sich auch ganz der Landwirtschaft widmen. Aber wie sollte das einen Angehörigen der Kriegerkaste auf die Dauer befriedigen, zumal die Erträge bei der unrationellen Dreifelderwirtschaft nur mager waren?

Solche Sorgen, die viele seiner Standesgenossen drückten, hatte Sickingen nicht. Ein Mann mit seinen Anlagen und Möglichkeiten besaß durchaus die Chance, sich selber ein Fürstentum zu schaffen. Schließlich entstammten keineswegs alle Reichsfürsten dem hohen Adel, viele waren auch Nachkommen jener Ministerialenfamilien, die sich mit Zähigkeit in Generationen eine immer weiterreichende Unabhängigkeit erkämpft hatten. Er war wohlhabend und bei keinem Bankhaus verschuldet, galt als einer der mächtigsten Männer im Reich, und seine Lebensführung hatte fürstlichen Zuschnitt. Aber er war kein Landesherr, und der Rang eines Reichsritters entsprach weder seinem Einfluß noch dem Ansehen, das er in allen Ständen und sogar beim Kaiser genoß.

Sickingen fing beizeiten an, seine Burgen zu befestigen, bis sie als uneinnehmbar galten. Seine Frau, die ihm drei Söhne geboren hatte, war jung gestorben. Ihren Tod konnte er nur schwer verwinden; eine nicht zu stillende Unruhe war seitdem in ihm. Er focht in Diensten des Kaisers gegen Frankreich und die Republik Venedig. Er verstand es rasch, größere Truppenverbände geschickt im Felde zu führen, lernte Fürsten kennen mit all ihren Eigenarten, wie die Könige von Polen, von Ungarn, von Frankreich, und er erwarb bald die Fähigkeit mit ihnen zu verhandeln und dabei vorteilhaft abzuschneiden.

Als es draußen keinen richtigen Krieg mehr gab, fing er an, im Reich allerlei Fehden zu führen. Die Fehde war ein Überbleibsel des alten germanischen Rechts, nach dessen Auffassung es nicht Sache der Gemeinschaft, sondern des einzelnen war, sich für erlittenes Unrecht Genugtuung zu verschaffen. Vergeltung auf eigene Faust also war die Fehde, verbunden möglichst auch mit materiellem Gewinn. Sie mußte allerdings unter strenger Beachtung bestimmter Formen vor sich gehen, sollte rechtzeitig durch eine »Absage« oder »Diffidatio« angekündigt werden, mußte während des »Gottesfriedens« von Mittwoch abend bis Montag früh ruhen und durfte weder Schwangere noch Pilger behelligen, weder Bauern auf dem Felde noch Winzer in den Weinbergen und mußte Kirchen und Kirchhöfe unberührt lassen.

Kaiser Maximilian hatte auf dem Wormser Reichstag 1495 den »Ewigen Landfrieden« verkündet, ein Gesetz, das allein den ordentlichen Gerichten das Recht zugestand, Streitigkeiten zu schlichten, und die Ausübung von Faustrecht und Fehde als Landfriedensbruch unter schwere Strafe stellte. Wer aber wollte ein Urteil gegen einen Mann vollstrecken, der einige Fähnlein Landsknechte von je 500 Mann unter Waffen hielt und mit ihnen seine Fehden durchfocht? So mächtig war der Kaiser nicht.

Ausgerechnet gegen die Stadt, in der der »Ewige Landfriede« verkündet worden war, führte Franz von Sickingen in aller gebotenen Form im Jahre 1513 seine erste große Fehde. Den Anlaß dazu lieferte ihm sein Sekretär Balthasar Schlör, der aus Worms stammte. Schlör hatte mit Hilfe einiger Freunde versucht, in seiner Heimatstadt alte, verbriefte Rechte der Bürgerschaft wieder durchzusetzen, die der oligarchische Rat der Stadt nicht mehr anerkennen wollte. Daraufhin hatte die Obrigkeit ihn verbannt. Er war zu Franz von Sickingen geflohen, von dem im ganzen Land jeder wußte, daß er alle Verfolgten auf seinen Burgen aufnahm und daß niemals ein Mensch vergebens an sein Tor pochte. Sickingen hatte auch Schlör Asyl geboten und ihn, da er tüchtig war, als Sekretär eingestellt. Dem ritterlichen Ehrenkodex gemäß war es nun seine Pflicht, für seinen Schützling die Fehde zu führen, die Balthasar Schlör als mittelloser und alleinstehender Mann gegen eine Stadt aus eigenen Kräften nie hätte führen können.

Dank seiner ertragreichen Bergwerke hatte Sickingen die Mittel, 7000 Mann anzuwerben. Mit denen marschierte er nach Worms. Aber sein Versuch, die Stadt im Handstreich zu nehmen, scheiterte. Ein so großer Heereszug mit Artillerie und Trossen wirbelte Staub auf und konnte nicht unbemerkt bleiben. Die Wormser Stadtknechte hatten beizeiten alle Tore verriegelt und Türme und Mauern besetzt. Sickingen blockierte die Zufahrtswege und fing an, die Stadt zu belagern, aber er hatte nur leichte Feldgeschütze, und die schafften es nicht,

Breschen in die starken Befestigungen zu schießen. Er mußte sich damit begnügen, seine Reisigen ausschwärmen zu lassen, um den Nachschub abzufangen. Sie stießen am 22. März 1514 bei Oppenheim auf einen langen, reichbeladenen Zug von Frachtwagen, der für Worms bestimmt war und dessen bewaffnete Begleiter ein Gefecht mit Sickingens Reitern scheuten. Die Beute reichte aus, die Unkosten dieser nicht gerade erfolgreichen Unternehmung zu decken.

Ritter Franz gab die Belagerung auf und rückte ab. Er behielt seine Landsknechte unter Waffen und zog mit ihnen nach Westen ins Herzogtum Lothringen. An der Grenze schickte er einen Boten mit einem Fehdebrief zu Herzog Anton, der Sickingens alten Freund, den Reichsgrafen von Geroldseck auf Hohengeroldseck geschädigt und beleidigt hatte, wofür Sickingen jetzt Genugtuung verlangte. Herzog Anton von Lothringen war gerade in schwierige Erbschaftsauseinandersetzungen mit seinen Geschwistern verwickelt, hatte auch finanzielle Kümmernisse und sah sich außerstande, aus dem Stegreif eine einigermaßen gleichwertige Armee aufzustellen, mit der er sein Land gegen Sickingen hätte schützen können. Er hielt es fürs klügste, sich friedlich zu einigen, bezahlte Geroldseck den vollen Schaden und Sickingen eine angemessene Summe für die Vermittlung.

Im nächsten Jahr trat Ritter Franz auf ein Hilfeersuchen der Metzer Bürger hin zur Fehde gegen die Freie Reichsstadt Metz an. Da waren die Verhältnisse ähnlich wie in Worms. Der Rat der Stadt setzte sich nur aus Mitgliedern alter Patrizierfamilien zusammen und beschnitt rigoros Rechte und Einflußmöglichkeiten der Bürger. Die wollten sich aber nicht darauf beschränken, schweigend Abgaben zu zahlen und ihren Bürgerpflichten zu genügen. Sickingen schickte dem Rat seinen Fehdebrief und rückte mit 16 000 Mann zu Fuß und 4000 Reitern an. Der Rat wollte keinesfalls eine Belagerung riskieren, bei der er auf die Bürger angewiesen gewesen wäre, deren Unzufriedenheit diese Fehde ja ausgelöst hatte. So trat er bereitwillig in Verhandlungen mit Sickingen ein, der auf diesem Feld genauso geschickt zu operieren verstand wie mit großen Truppenverbänden im Gelände. Er setzte durch, daß der Rat den Bürgern ihre alten Rechte bestätigte und daß sie einen Schadenersatz für alle erlittenen Benachteiligungen bekamen. Dafür, daß er auf eine Belagerung verzichtete, handelte er für sich 20 000 Gulden und für sein Heer einen vollen Monatssold heraus.

Diese Metzer Affäre erregte Aufsehen im Reich, und traurigen Herzens verhängte Kaiser Maximilian die Reichsacht über Ritter Franz, den er so sehr schätzte. Aber er hob sie bald wieder auf, da sie gegen einen Mann, der ein paar tausend Landsknechte unter Waffen hielt, doch nicht durchzusetzen war. Außerdem wäre es nicht klug gewe-

Ulrich von Hutten (1488–1523) und – rechts: auf einer Bronzemedaille aus dem Jahr 1521 – Franz von Sickingen (1481–1523)

sen, die Ohnmacht der Reichsgewalt und die Wirkungslosigkeit dieser schwersten Maßnahme kaiserlicher Gerichtsbarkeit vor aller Welt zu demonstrieren. Maximilian brauchte Sickingen auch als starken Mann für schwere Zeiten, und es hätte nicht gut ausgesehen, wenn er sich einen Geächteten als Helfer in der Not auserwählt hätte.

Im Herbst 1518, als Kaiser Maximilian seinen letzten Reichstag in seiner geliebten Stadt Augsburg verlassen hatte und Martin Luther gerade auf dem Weg dahin war, um dort dem päpstlichen Legaten Cajetan gegenüberzutreten, rückte Franz von Sickingen im Namen einiger Verwandter, die sich drangsaliert und übervorteilt fühlten, zu seiner Fehde gegen den Landgrafen Philipp von Hessen aus. Er belagerte Darmstadt so lange, bis er die volle Wiedergutmachung des Schadens für seine Vettern erzwungen und für sich eine Entschädigungssumme von 35 000 Gulden herausgehandelt hatte.

Im Frühjahr 1519 kämpfte er als Feldherr des Schwäbischen Bundes gegen Herzog Ulrich von Württemberg, über den die Reichsacht verhängt worden war und der mit einem Landsknechtsheer in sein eigenes Land eingefallen war, um es wieder unter seine Gewalt zu zwingen. Herzog Ulrich wütete blutig gegen alle, die sich ihm nicht bedingungslos unterwerfen wollten, stürmte auch die Freie Reichsstadt

Reutlingen, die nie zu seinem Herzogtum gehört hatte, und zwang sie unter seine Herrschaft.

Als Sickingen im Zuge dieser Kämpfe mit seinen Landsknechten in Stuttgart eindrang, ritt er sofort zu dem Gefängnis, in dem Herzog Ulrich den berühmten Johannes Reuchlin hatte einsperren lassen. Er wollte seinen ehemaligen Lehrer befreien und persönlich gegen alle Gefahren und Belästigungen schützen.

Am 4. April 1519 gab Herzog Ulrich auf und floh in die württembergische Exklave Mömpelgard im Elsaß. Der Schwäbische Bund verkaufte bald darauf sein Land, um mit dem Erlös die Kosten des Bürgerkriegs bestreiten zu können, an Kaiser Karl V., und der ergriff gern die Gelegenheit, die habsburgische Hausmacht in Deutschland zu mehren.

Auch diese Unternehmung endete für Franz von Sickingen mit einem Erfolg. Der Schwäbische Bund, dem außer 22 Städten und einigen weltlichen Fürsten auch die reichen Bischöfe von Augsburg und Konstanz und der Erzbischof von Trier angehörten, war ein solventer Auftraggeber. Der eigentliche Gewinn dieses Feldzuges für Franz von Sickingen war aber seine Begegnung mit Ulrich von Hutten. Sie wurde zum Wendepunkt in seinem Leben.

Fehden und Feldzüge, das war die Welt, in der er lebte und deren Regeln er beherrschte. Sein Heer, dieses komplizierte Gebilde aus Landsknechtsfähnlein und Reiterstandarten, der »Verlorene Haufen« vorweg, der »Helle Haufen« hinterdrein, bewaffnet mit Beidhändern und Hellebarden, mit Spießen und Hakenbüchsen, und auf den Hügeln darüber die schwerbewegliche Artillerie, Kartaunen und Feldschlangen, bronzene Kunstwerke aus den berühmten Gießereien von Nürnberg und Augsburg, die nur Meister zu bedienen verstanden – das war das Instrument, auf dem er spielen konnte wie kaum ein anderer. Ein Landsknechtsführer großen Stils war er, nobel, hilfsbereit, unbedingt zuverlässig, ein Mann, dessen Wort mehr Gewicht hatte als vielfach gesiegelte Verträge. Und er war auch nicht mehr und nicht weniger verdorben durch die Sitten seiner Zeit als die vielen Fürsten von Gottes Gnaden. Die Könige Franz I. von Frankreich und Zygmunt von Polen etwa handelten genauso wie er: Bedrohen, Erobern, Kontributionen erpressen. Sie aber waren durch ihre Königskronen legitimiert, und was sie taten, galt als vaterländische Tat. Er war der Raubritter.

Sickingen begegnete Hutten vor dem Hintergrund eines blutigen Machtkampfes. Zwei ganz verschiedene Männer trafen aufeinander: Der breite, stiernackige Condottieri, selbstsicher und erfolgsgewohnt, der Feldherr mit Horizont und Lebensart, der korrekte Großunternehmer auf dem Gebiet bewaffneter Auseinandersetzungen begegnete dem Dichter, dem leidenschaftlichen Menschen, dem es immer wieder nur um Ideale, um Erkenntnisse, um Veredelungen ging, um Recht und Freiheit. Hutten war der Schwärmer, der stets nur zugesetzt und nirgendwo im Leben Profit gemacht, der lieber auf sein väterliches Erbe verzichtet hatte, als einen ungeliebten Beruf zu ergreifen, und der hier in diesem schrecklichen schwäbischen Krieg nur mitfocht, um Herzog Ulrich dafür zu strafen, daß er seinen Vetter Hans von Hutten meuchlings ermordet hatte.

Die beiden Männer begegneten einander auf dem Boden eines jämmerlich zerrissenen Reiches und eines Landes mittendrin, dessen Herzog die eigenen Landeskinder mit einer Söldnertruppe in seine Gewalt zwingen wollte. Sie trafen sich zwischen verwüsteten Dörfern und verbrannten Feldern vor verödeten Bauernhütten unter Bäumen, an deren Ästen Gehenkte im Wald hingen, und sie empfanden das alles gleichermaßen als eindringlichen Beweis für die Notwendigkeit, daß es eine entscheidende Wandlung geben müsse in diesem Reich, wenn es nicht zugrunde gehen sollte.

Diese gemeinsame Erkenntnis war ebenso die Basis ihrer Freundschaft wie das sichere Gefühl, daß der eine zur Ergänzung des anderen werden konnte. Sickingen erfaßte, daß er von Hutten Impulse empfing, die dem, was er vorhatte, Sinn und Richtung gaben, und Hutten begriff, daß dieser Mann alles das verwirklichen konnte, was er nur zu träumen, zu wünschen und zu hoffen wagte. Er erkannte rasch, wie groß Sickingen angelegt war, dessen ganze Erscheinung noch vom Geist des Mittelalters geprägt wurde, dessen Blick aber offen war für alle Strömungen der Zeit; Ritter Franz konnte sich begeistern für höhere Ziele und war bereit, sich mit allem, was er besaß, für sie einzusetzen.

In einem Brief an Erasmus von Rotterdam schrieb Hutten über Franz von Sickingen: »Wahrlich, eine größere Seele gibt es nicht in Deutschland!«

Zunächst trennten die beiden sich wieder, weil jeder andere Aufgaben hatte, aber ihre Freundschaft blieb bestehen bis an ihr Lebensende. Hutten zog sich zurück, um seinen »Vadiscus« zu schreiben, diese Kampfschrift gegen Rom, mit der er sich den tödlichen Haß des Papstes zuzog. Sickingen rückte mit seinem Heer nach Norden und bezog dicht unter den Mauern von Frankfurt am Main ein Feldlager. Ende Juni sollte dort der neue Kaiser gewählt werden, und Sickingen wollte gern mit seiner ganzen Streitmacht in der Nähe sein, um notfalls einen gelinden Druck auf die Kurfürsten ausüben zu können, falls sie Neigung zeigten, den französischen König zum deutschen Kaiser zu wählen und damit einen Herzenswunsch des Papstes zu erfüllen. Er hoffte, daß Karl der rechte Mann sei und setzte auf ihn, mochte Karl auch zur Hälfte Spanier und zu einem Viertel Burgunder sein, nur mangelhaft Deutsch sprechen und kein Interesse an deutschen Problemen bekunden: Er war des alten Kaisers Enkel! Und noch etwas band Sickingen an ihn: Karl war jung und brauchte nur starke Ratgeber, die ihm den Blick für die deutschen Verhältnisse öffneten, dann konnte er der Kaiser werden, der all die Reformen im Reich durchsetzte, die so dringend notwendig waren. Sickingen glaubte an ihn und stützte ihn.

Karl V. wußte es wohl zu schätzen, daß dieser populäre Sickingen, in dem er geradezu die Symbolfigur des deutschen Ritters großen Zuschnitts sah, sich so eindeutig zu ihm bekannte. Um ihn an sich zu binden, ernannte er ihn zum kaiserlichen Rat, zum Kämmerling, zum Feldhauptmann und erwies ihm nach der feierlichen Krönung im Dom zu Aachen noch ein ganz besonderes Zeichen seiner Gnade, indem er ihn anpumpte. Der Kaiser war in echten Geldschwierigkeiten. Für seine Wahl hatten die Fugger 543 585 Gulden aufgebracht, die Welser 143 333 und verschiedene italienische Bankhäuser 165 000 Gulden, aber die Krönung kostete ja auch noch einiges, und er besaß nichts mehr. Sickingen gab ihm bereitwillig 20 000 Gulden ohne jede Sicherheit und half auch Karls Tante, der zweimal früh verwitweten Erzherzogin Margarete von Österreich aus finanziellen Schwierigkeiten, indem er ihren Schmuck in Verwahrung nahm und ihr so viel Bargeld gab, daß sie erst einmal die unangenehmsten Gläubiger beruhigen konnte.

Es gab keinen Zweifel: Franz von Sickingen hatte die besten Aussichten, des jungen Kaisers Vertrauter zu werden. Schon auf dem Reichstag zu Worms, der Anfang 1521 tagte, zog Karl ihn mehrfach zu Rate. Als bald darauf im Frühjahr der Krieg gegen Frankreich an mehreren Fronten zugleich ausbrach, sammelte Sickingen auf eigene Kosten ein Heer von 14 000 Mann zu Fuß und 2500 Reitern für seinen Kaiser und führte es in Karls Namen als Feldhauptmann in die Champagne. Nachdem König Franz I. die deutsche Kaiserkrone nicht hatte erringen können, war er nun unverdrossen bemüht, sich Stück für Stück Teile des Reichsgebiets anzueignen.

Sickingen operierte erfolgreich gegen ihn und drückte das französische Heer bis tief in die Champagne hinein zurück, aber dann geriet er in Versorgungsschwierigkeiten, und seine Truppe wurde von Seuchen heimgesucht. Bevor es zu einer Entscheidungsschlacht kam, mußte er sich zurückziehen. Er schaffte es, sein Heer, ohne sich überrollen zu lassen, in die Heimat zu führen, und seine Rückzugsgefechte wurden

Sickingens Burgkaplan Martin Bucer (1491–1551) war schon früh ein überzeugter Anhänger Luthers.

MARTINUS BUCERUS
THEOLOGUS.

allgemein als meisterhaft anerkannt, aber die Schlagkraft seiner Fähnlein hatte gelitten, und seine finanziellen Reserven waren angegriffen.

Kaiser Karl ließ ihm allerlei Beweise des Dankes zukommen und versuchte, ihn an seinen Hof zu ziehen, aber Sickingen wollte nicht. Für ein paar huldvolle Worte des Kaisers hatte er sein Heer, seine Mittel, seinen Ruf als Feldherr aufs Spiel gesetzt, hatte allein gegen den König von Frankreich gekämpft, ohne vom Kaiser Unterstützung zu bekommen. Was sollte es, daß Karl ihm anbot, ihn in den Grafenstand zu erheben? Der Name Franz von Sickingen wog schwerer als ein Grafentitel. Und wenn seine Herrschaft zu einer Reichsgrafschaft aufgewertet worden wäre, dann wäre er damit einer jener Reichsfürsten geworden, die er ja gerade bekämpfte, weil er sie für schädliche Parasiten hielt. Ihm schwebte ein zentral regiertes Reich vor mit einem Kaiser an der Spitze und einer Ritterschaft, deren Repräsentanten es als treue Gefolgsleute verwalteten und verteidigten. Wenn es in Frankreich gelungen war, eine starke Zentralgewalt zu errichten und die Landesfürsten zu entmachten, dann mußte es in Deutschland doch auch möglich sein!

In Franz von Sickingen begannen sich ernste Zweifel zu regen, ob der Enkel Maximilians sein rechter Nachfolger war und ob dieser junge Kaiser wirklich die Reformen zulassen würde, die nicht länger aufgeschoben werden durften. Karl war nicht nur im steifen spanischen Hofzeremoniell erzogen worden, sondern auch in der starren, spanischen Variante eines orthodoxen Katholizismus, unkritisierbar, unkorrigierbar, unreformierbar. Sickingen, der in seiner Burgkapelle auf der Ebernburg schon seit einem Jahr den Gottesdienst im lutherischen Sinne halten ließ, zog es nicht an den kaiserlichen Hof. Es zog ihn auf seine eigenen Schlösser, auf die »Burgen der Gerechtigkeit«, zu seinen Freunden.

Mit ihnen verbrachte er den Herbst, den Winter und das Frühjahr. Sie waren nicht immer alle gleichzeitig da, manche kamen, manche gingen, die meisten aber blieben. Martin Bucer, den Luther schon bei der Heidelberger Disputation 1518 für die Reformation gewonnen hatte, und Kaspar Aquila, der Sickingen als Feldprediger auf allen kriegerischen Unternehmungen begleitet hatte und nun auf der Ebernburg dessen Kinder erzog. Dann waren da Hans Landschad von Neckarsteinach und Dietrich von Dalberg, zwei junge Edelleute, die philosophische und theologische Studien absolviert hatten, der vielseitige Johannes Ökolampadius, Sickingens Schwager Hartmuth von Kronberg und der Sekretär Balthasar Schlör, der erfolglos in Worms für eine demokratische Stadtverwaltung gekämpft hatte. Vor allem lebte nun auch Ulrich von Hutten auf der Ebernburg. Er war überzeugt, daß in der Stunde der Erneuerung Luther und Sickingen zusammengehörten, und wollte nicht ruhen und rasten, bis er auch Martin Luther auf diese «Burg der Gerechtigkeit» geholt hatte.

Sickingen liebte es von jeher, ein offenes Haus zu führen, in dem jeder willkommen war und in dem jeder leben konnte, solange er wollte. Er mochte es, wenn es bei ihm zuging wie im Saal eines mittelalterlichen Königs, wenn sich Scharen von Gästen um ihn versammelten, oder sich auch ohne ihn wohl fühlten: Ritter, Spielleute und Theologen, Dichter und Philosophen, die sich gegenseitig anregten, einander ihre Werke vorlasen, leidenschaftlich diskutierten, Pläne schmiedeten für eine gute Ordnung. Er konnte denken wie sie, ließ sich mitreißen von ihnen, folgte ihren weit in die Zukunft hineingeplanten Vorstellungen von einem Staatswesen, an dessen Gestaltung alle Stände mitwirken sollten und das nicht auf dem Umweg über die Altäre von Rom aus regiert werden konnte.

Seine Freunde waren sich einig darüber, daß Sickingen der Mann war, der einzige Mann, der die Kraft und den Atem hatte, etwas grundsätzlich Neues zu schaffen, aber kaum einer glaubte daran, dieses Fetzengebilde deutscher Territorialstaaten mit seiner Rechtsunsicherheit und seinem gegenseitigen Hader könne von einem Kaiser reformiert werden, der die Ereignisse von Madrid aus beurteilte. Während sich Franz von Sickingen nur schwer von der Vorstellung löste, er müsse als treuer Vasall des Kaisers mit Einsatz all seiner Mittel dem Reich zu Ordnung und Klarheit verhelfen, zu politischen und kirchlichen Reformen, sahen die meisten seiner Freunde in ihm schon einen neuen Volkskaiser, der von allen Ständen des Reiches gewählt werden sollte. Einst hatten die westlichen Germanenstämme ihre Fürsten selber gewählt, und auch bei den Ostgermanen, die eine erbliche Königswürde gekannt hatten, war das Volk der Träger der Souveränität gewesen.

Die Beschäftigung mit der deutschen Geschichte war neu. Die Humanisten hatten die Lehre von der Organisation der Staatsgewalt in den griechischen Stadtstaaten, in der Römischen Republik und im Römischen Kaiserreich gewissenhaft erforscht und in die Lehrpläne der Universitäten eingebracht. Die deutsche Geschichte war im einfachen Volk in Form von Sagen, Liedern und Legenden überliefert worden, in Rechts- und Ehrbegriffen, in Worten und Gebräuchen, dem Gelehrten war sie nur als eine Fortsetzung der römischen Geschichte erschienen. Erst 1516 hatte Beatus Rhenanus, der eigentlich Bilde von Rheinau hieß und aus Schlettstadt im Elsaß stammte, ein Buch herausgebracht, das sich rasch verbreitete und auf großes Interesse stieß: die »Germania« des römischen Geschichtsschreibers Tacitus.

Der volle Titel des Buches lautete »Von der Herkunft, der Lage, den Sitten und der Bevölkerung Germaniens«. Sein Verfasser Publius Cornelius Tacitus war vor allem Politiker gewesen, im Jahre 81 nach Christi Geburt mit 36 Jahren Volkstribun und im Jahre 97 Konsul geworden. Als solcher hatte er unter der Engstirnigkeit des mit diktatorischer Härte regierenden Kaisers Domitian gelitten und den längst vergessenen Tugenden der einstigen Römischen Republik nachgetrauert. Um seinen Landsleuten ein Beispiel zu geben, ohne ihnen wieder die abgenutzten Bilder der eigenen glorreichen Vergangenheit vorhalten zu müssen, hatte er ihnen Lebensführung und Staatsordnung der Germanen als Vorbild dargestellt in ihren moralischen Qualitäten, ihrer körperlichen Tüchtigkeit, ihrem Stolz, ihrem Rechtsempfinden und ihrer demokratischen Grundeinstellung in Gemeinde und Staat.

Tacitus war nie in jenem Teil Germaniens gewesen, der nicht von römischen Truppen besetzt war, in jenem unheimlichen, grenzenlosen, nicht ganz erforschten Germania magna – Großgermanien –, hatte sich aber immer zu den Nachbarn im Norden hingezogen gefühlt und unermüdlich alles gesammelt, was er an Berichten auftreiben konnte, die römische Feldherrn und Kaufleute bei ihren Vorstößen in dieses unübersehbare Land aufgezeichnet hatten.

Der Kaufmann Pytheas aus Massilia – Marseille – hatte als erster über Germanien berichtet, als er um 250 vor Christi Geburt – vermutlich auf der Suche nach Bernstein – bis an die Nordsee und an die Ostsee gelangt war. Die römischen Heerführer Cäsar, Drusus und Tiberius waren mehrfach tief in Germanien eingedrungen und hatten Kenntnisse über die Flüsse Amisia, Visurgis, Albis, Viadrus und Vistula mitgebracht – über Ems, Weser, Elbe, Oder und Weichsel. Dem Feldherrn Nero Claudius Drusus, einem Bruder des Kaisers Tiberius, hatte der römische Senat sogar in einem Staatsakt den Ehrennamen Germanicus verliehen.

Aus der Flut von Berichten, die über Germania magna nach Rom gelangt waren, hatte Tacitus die besten gesammelt, die verschiedenen Quellen gegeneinander abgewogen und dann im Jahre 98 seine »Germania« geschrieben. Eine später angefertigte Kopie dieses Werkes hatte bis ins fünfzehnte Jahrhundert hinein unbeachtet im Kloster Hersfeld gelegen, war dann aufgestöbert und 1470 erstmals gedruckt worden, in Venedig, weil sich kein deutscher Drucker dafür einsetzen wollte. Und als es erschien, wollte sich kein Leser dafür interessieren. Erst die zweite Ausgabe, die 1496 in Leipzig gedruckt wurde, fand einige Käufer, und die dritte von 1516 wurde sogar lebhaft gelesen und diskutiert. Viele Gelehrte waren zu der Erkenntnis gekommen, wenn sich ein Römer so angelegentlich mit den Germanen befaßt und etliche ihrer Eigenarten und Errungenschaften sogar seinen Landsleuten als beispielhaft vorgehalten hatte, dann könne die deutsche Frühgeschichte vielleicht doch nicht ganz bedeutungslos sein. Nun endlich beschäftigten sich auch Deutsche mit deren Erforschung. Beatus Rhenanus, der in Paris studiert hatte und seit 1511 in der Buchdruckerei von Johann Froben zu Basel als Korrektor sein Geld verdiente, wurde gewissermaßen zum Vater der deutschen Geschichtsforschung und das Jahr 1516 zu ihrem Geburtsjahr.

Ein Zeitgenosse des Tacitus, der griechische Schriftsteller Plutarch, der auch in Rom gelebt hatte, gehörte schon lange zum Wissensfundus aller Humanisten. Auf der Suche nach brauchbaren Staatstheorien diskutierte der Freundeskreis auf der Ebernburg seine »Untersuchungen über Platon« und seine Parallelbiographie von Lykurgos und Numa Pompilius, die kräftige Denkanstöße für politische Systemkonstruktionen boten. Sie diskutierten Platons »Politeia« und die »Utopia« ihres englischen Zeitgenossen Thomas Morus. Neben diesen theoretischen Betrachtungen und Anregungen stand nun der Bericht eines römischen Staatsmannes, der ihnen offenbarte, daß in ihrer Heimat, in den Dörfern, durch die sie ritten, an den Ufern der Flüsse, die sie auf breiten Fährbooten überquerten, in den Tälern, in denen das Vieh weidete, schon vor eintausendfünfhundert Jahren ein heute noch akzeptables politisches und soziales System bestanden hatte.

Die »Germania« war keine in der Luft schwebende Utopie und keine aus dämmeriger Vorzeit überkommene idealisierte Heldensage, sondern die Betrachtung eines Pragmatikers über eine zu seiner Zeit existente gesellschaftliche und staatliche Ordnung.

Sie begann in der Familie, in der die Frau nicht dem Manne untertan zu sein hatte – das war erst eine Errungenschaft des Christentums –, sondern Herrin im Hause war, auf deren Rat ihr Mann dankbar hörte. Die kleinste soziale Einheit war die Sippe, in der jeder dem anderen zur Hilfe verpflichtet war, bei Krankheiten, bei Rechtsstreitigkeiten, bei der Ernte, im Kriege. Die kleinste politische Einheit war das Dorf oder die Gemarkung. Neben dem persönlichen Besitz gab es gemeinsames Eigentum, die Allmende. Der größte Teil des Waldes, des Weidelands und der Moore gehörte allen zusammen, wichtige Fragen wurden in der Gemeinschaft besprochen, und die Gemeinschaft sprach Recht. Ihr gewählter Ältester hatte nur die Funktion eines Verhandlungsleiters. Auch in den größeren politischen Verbänden, den Stämmen, lag die Staatsgewalt stets bei der Versammlung des Volkes. Die Verfassung aller Germanenstämme, so unterschiedlich sie im einzelnen strukturiert waren, hatte überall demokratische Grundzüge. Der König, der gewählte im Westen wie der geborene im Osten, war nur ein Repräsentant des Volkswillens. Sie kannten auch keinen eigenen Priesterstand. Jeder unbescholtene Mann und jede unbescholtene Frau konnte priesterliche Handlungen vollziehen. Und das Erstaunliche war, daß sich viele dieser Vorstellungen in weiten Bereichen der Landbevölkerung bis in das sechzehnte Jahrhundert hinein erhalten hatten.

Die Freunde auf der Ebernburg planten eine Neugestaltung des Staates. Den größten Einfluß auf sie hatte eine Schrift, die erst im vergangenen Jahr in Basel erschienen war und die sich rasch über ganz Deutschland ausgebreitet hatte. Sie hieß »Die fünfzehn Bundesgenossen« und war mehr als eine Utopie vom idealen Staatswesen, sondern fast so etwas wie das Konzept eines Grundgesetzes für einen Idealstaat, der »Wolfaria« hieß. Der Autor hatte sie Kaiser Karl V. geschickt, als Anregung für eine Reichsreform. Er war der Franziskanerpater Johann Eberlin von Günzburg und hatte erst in Tübingen und dann in Ulm als Prediger gewirkt. 1520 war er aus seinem Orden verstoßen worden, weil er sich offen zu Luthers Lehre bekannt und sogar ein Schreiben an Kaiser Karl gerichtet hatte, mit der dringenden Empfehlung, sich Martin Luther und Ulrich von Hutten als engste Berater heranzuziehen, diese » ... von Gott geschickten zween sonderlich auserwählten kühnen und erleuchteten Boten, zu bereiten deinen Weg ....«, worauf der Kaiser nie reagiert hatte.

In diesem Jahr 1521 zog Eberlin von Günzburg durch Deutschland, und wohin er kam, predigte er in Luthers Geist. Er schlief, wo er ein Lager fand, und aß, was man ihm gab. Er starb etwa zehn Jahre später; vorher aber schuf er noch die erste deutsche Übersetzung der »Germania« des Tacitus, die er also gekannt und die ihn vermutlich auch in seiner Haltung beeinflußt hatte.

Dem elften Kapitel seiner »Fünfzehn Bundesgenossen« steht die Präambel voraus: »...daß die Regenten in Betracht gezogen haben, in Wolfaria eine weltliche Ordnung zu schaffen. Sie haben es nicht beschlossen, nur vorgeschlagen, denn sie durften in dem Land keine Ordnung machen für Städte und Dörfer, wenn sie nicht vorher das Volk gefragt haben, ob es ihm auch so gefällt ...«

Als erster der vierzig Artikel steht der Grundsatz, daß jedermann seinen Acker bebauen soll, auch der Adlige.

»... jedes Dorf soll einen Edelmann haben, und er soll der Schultheiß im Dorfe sein. Mehrere Dörfer, die zusammen zweihundert Hofstellen haben, sollen einen Ritter zum Vogt bekommen. Der soll alle Monat die Schultheißen berufen und aus jedem Dorf einen Ratmann aus der Bauerschaft. Die sollen Recht sprechen ...«

So baute Eberlin von unten her das Staatsgebilde aus den Gemeinden auf, die zu Vogteien zusammengefaßt wurden, von denen mehrere einen Verwaltungsbezirk bildeten. »...jede Vogtei soll ihr eigenes Recht haben, und sie sollen alle ihre Bestätigung von allem Volk empfangen, das man persönlich darum fragen muß ... zehn Vogteien sollen zu einer Stadt gehören, deren Oberhaupt soll ein Graf sein. Über zehn Städte soll ein Herzog gebieten, oder ein Fürst. Aber kein Oberhaupt soll Gewalt haben, irgend etwas zu tun, ohne die Zustimmung derer, die vom Volk dazu befugt und abgeordnet sind ...«

Über die Bestimmungen für die Staatsordnung hinaus stellte Eberlin von Günzburg Richtlinien für Rechtsprechung und Wirtschaftsstruktur und für Einzelheiten des Gesellschaftsgefüges auf. Etwa:

»... kein Amt soll erblich sein ...«

»... wer den anderen schmäht oder in seiner menschlichen Würde verletzt, der soll öffentlich geschmäht werden ...«

»... kein Tuch, das nicht in unserem Land gewebt worden ist, soll hier verkauft werden. Keine Frucht, die in unserem Land nicht wächst, soll hier verkauft werden, es sei denn in größter Not ...«

»... alle Woche soll ein Tag sein, an dem man nach Mittag drei Stunden miteinander tanzen kann, an einem öffentlichen Ort, Männer und Frauen, wer mag ...«

»... man soll keinen Krieg führen, um unser Land auszuweiten ... im Krieg soll man nicht brennen ... im Krieg soll man den Ackerbau nicht hindern und Frauen und Kinder schonen ... «

»... in den Städten sollen breite Gassen sein ... kein übermäßig kostbares Haus soll gebaut werden, ausgenommen solcher Häuser, die für alle da sind, Rathaus, Kaufhaus, Badehaus, Schule und ein Haus für die Kurzweil ...«

»... alle Kinder sollen vom dritten Jahr an in die Schule gehen bis zum achten Jahr, dann mag man sie zu einem Handwerker geben oder weiterstudieren lassen ... die Schulen sollen vom gemeinsamen Säckel bezahlt werden ... alle Kinder soll man das Saitenspiel lehren. Alle Kinder soll man lehren die Kunst des Messens und des Rechnens. Sie sollen die Sterne kennen und die Kräuter, und sie sollen wissen, welche Arzneien bei den gewöhnlichen Krankheiten helfen. Der Arzt aber soll aus der Gemeindekasse besoldet werden und für jeden Menschen gleichermaßen da sein ...«

»... wer in Zukunft noch Ablaß verkündet, der soll öffentlich gestraft werden. Das soll unser Ablaß sein: dem nächsten Menschen Gutes tun und dem Feind verzeihen ...«

»... von Juden und Heiden: wenn Ungläubige unter uns wohnen wollen, dann soll man ihnen kein Leids antun, sondern freundlich zu ihnen sein, wie zu unseren Bürgern ...«

Eberlin von Günzburgs Denkanstöße bewegten die Menschen in einer Zeit, in der jeder, je nach seinen Gaben und Möglichkeiten, in den verschiedensten Formen das gleiche empfand: den Traum vom besten Staat, die Hoffnung auf ihn, den Glauben an ihn, oder den Willen, ihn zu erkämpfen. Aber zwischen der Utopie und dem klaren Konzept war ein ebenso weiter Weg wie zwischen der Theorie und der Tat.

Die Männer, die sich auf Sickingens Burgen versammelten, hatten den Willen zur Tat, und sie rechneten mit der Unterstützung all derer, die so dachten wie sie, denen nur der Mut noch fehlte, die aber mitgehen würden, wenn es soweit war. Sie bauten auf die Hilfe all ihrer ritterlichen Standesgenossen, vieler Geistlicher, der meisten Bürger aus den großen freien Städten, aber auch aus kleinen Landstädten. Sie waren sich darüber einig, daß sich die politische Landschaft nur im Zusammenspiel mit einer kirchlichen Neuordnung verändern ließ, und es war mehr als nur eine symbolische Handlung, daß sie zuerst alle geistlichen Fürstentümer abschaffen wollten; sie wünschten, daß vor Beginn ihrer Tat der Mann zu ihnen stieß, der die Kraft und das Ansehen hatte, eine von Rom unabhängige deutsche Nationalkirche zu schaffen: Martin Luther, der seinen Aufstand schon hinter sich hatte und dabei so viel Mut bewiesen hatte, daß man im ganzen Reich über ihn sprach.

Ulrich von Hutten schrieb an ihn: »Wache auf, du edle Freiheit! ... seid nur keck und wanket nicht! Ich will euch in allem treulich beistehen. Deshalb dürft ihr mir hinfort ohne Furcht eure Anschläge anvertrauen. Wir wollen durch Gottes Hilfe unser aller Freiheit schützen und unser Vaterland von allem erretten, womit es bisher unterdrückt und erschwert gewesen ist. Ihr werdet sehen, Gott wird uns beistehen!«

Luther war vor allen Dingen Theologe, was er immer wieder betonte, es gab aber auch Äußerungen von ihm, aus denen sich schließen ließ, daß der Gedanke an einen bewaffneten Aufstand ihm nicht völlig undenkbar erschienen war, wie diese: »... so wir Diebe mit Strang, Mörder mit Schwert, Ketzer mit Feuer strafen, warum greifen wir nicht viel mehr an diese schädlichen Lehrer des Verderbens, als Päpste, Kardinäle, Bischöfe und das ganze Geschwärm der römischen Sodoma mit allerlei Waffen und waschen unsere Hände in ihrem Blut ... aber wir lassen Gott die Rache.« Luther kam nicht. So sehr Ulrich von Hutten ihn beschwor, er machte sich nicht auf den Weg zur Ebernburg. Er saß in diesem Winter 1521/22 hoch über dem Thüringer Wald auf der Wartburg und übersetzte das Neue Testament aus dem Griechischen ins Deutsche. In kraftvolle, bildhafte Sätze, die jedem Menschen verständlich sein mußten, übertrug er die Heilige Schrift. Die theologische Aufgabe nahm ihn ganz in Anspruch, für eine mögliche politische Funktion hatte er kein Empfinden. Er war der Gast des Kurfürsten von Sachsen und genoß dessen Schutz. Der Gedanke an einen Aufruhr, der sich anfangs nur gegen die geistlichen, dann aber auch folgerichtig gegen die weltlichen Fürsten richten mußte, war ihm zuwider. Martin Luther schrieb an Ulrich von Hutten: »Ich möchte nicht, daß man das Evangelium mit Gewalt und Blutvergießen verfechte. Durch das Wort ist die Welt überwunden worden, durch das Wort ist die Kirche erhalten, durch das Wort wird sie auch wieder instand kommen, und der Antichrist wird ohne Gewalt fallen ...« Das war eine theologische Antwort auf eine politische Herausforderung. Luther war kein Politiker, ihm bedeutete der Staat nichts anderes als die gottgebene Obrigkeit. Er kam nicht.

Hutten schrieb weiter beschwörende Briefe an ihn, an die vielen Freunde, die er hatte, an Ritter, Gelehrte, Geistliche, an Vertreter der Bürgerschaften in den freien Städten in zahlreichen Herrschaften des Reiches. Er wußte, daß der Aufruhr, wenn er einen Sinn haben sollte, das ganze Volk erfassen mußte. Mit all seiner Wortgewalt versuchte er, seine Begeisterung und seinen Schwung auf alle Deutschen zu übertragen.

Indessen unternahm Sickingens Schwager Hartmuth von Kronberg noch einen verzweifelten Versuch, Kaiser Karl für Reformen und für die Reformation zu gewinnen, um ihrem Vorhaben die Legitimität an allerhöchster Stelle zu sichern. Er schrieb: »... oh, allergnädigster, großmütiger Kaiser, fürchte einzig deinen Gott, der dich in keiner Not verlassen will! Folge nicht dem Papst, wenn er sich daranmacht, das Wort Gottes zu unterdrücken! Gib Raum dem Knecht Gottes, Doktor Luther, das Wort Gottes zu predigen, der viele tausend Menschen zu dem wahren Brunnen Christus Jesus geführt hat! Oh Kaiser, eine große Schar der Menschen ist durch die Lehre des Wegweisers Doktor Luther zu diesem lebendigen Brunnen gekommen. Oh Kaiser, wenn du das lebendige Wasser versuchen würdest, so könntest du dich in aller Lust sättigen. Du würdest dadurch bewegt, dein ganzes Volk zu diesem allerseligsten Brunnen zu führen ...« Hartmuth von Kronberg bekam keine Antwort, er hätte auch keine erwarten dürfen. Er kannte den Kaiser, denn er hatte ihm Kriegsdienste geleistet. Es wäre schon zuviel gewesen zu hoffen, daß Karl V. die Reformation stillschweigend geduldet hätte; der Gedanke, er könne sich ihr anschließen und sich zu ihrem Schirmherrn machen, er könne überhaupt irgendeine Veränderung im Reich zulassen, war unrealistisch.

Nach und nach mußte allen Reformern auf der Ebernburg klarwerden: Es konnte nicht mit dem Kaiser geschehen. Wenn etwas geschehen sollte, dann gegen ihn. Sie hatten es allein zu beginnen und zu sehen, daß sie so viele Freunde wie möglich für sich gewannen. Und sie nutzten den langen Winter dazu, rings im Land um Verständnis zu werben und Anhänger zu gewinnen.

In diesem langen Winter, der dem Aufstand der Ritter vorausging, starb in Rom im Alter von 45 Jahren am 1. Dezember 1521 Papst Leo X. aus dem Hause Medici. Es starb der Mann aus dieser vor fünf Generationen zu Geld gekommenen Mailänder Familie, den die uralten römischen Adelsgeschlechter in ihrem unvergleichlichen Hochmut

Papst Leo X. (1475–1521) und sein Nachfolger Hadrian VI. (1459–1523), der wegen seines asketischen Lebenswandels in Rom Mißfallen erregte.

immer als Parvenu betrachtet hatten, dieser rundliche Schlemmer mit den kurzen Beinen und dem kurzen Hals, der so viel für Politik und üppiges Leben und so wenig für theologische Fragen übriggehabt hatte. Aber in den nur achteinhalb Jahren seines Pontifikats hatte er Respektables geleistet, hatte Ströme von Geld über die Alpen nach Rom gesogen, hatte den Bau am Petersdom, diesem titanischen Monument päpstlicher Prachtentfaltung, energisch vorangetrieben, hatte zahllose Künstler beschäftigt, darunter Leonardo da Vinci und Raffael, den Schöpfer der Sixtinischen Madonna, und hatte am Ende sogar beide noch überlebt, den greisen Leonardo und den jugendlichen Raffael.

Am 9. Januar 1522 wählten die Kardinäle seinen Nachfolger Hadrian VI., einen Handwerkerssohn aus Utrecht, der vorher noch nie in Rom gewesen war und in Unkenntnis der dortigen Verhältnisse einen Brief an das Kardinalskollegium geschrieben hatte, man möge ihm doch bitte eine angenehme, schlichte Wohnung besorgen. Er kam dann in rauher Mönchskutte mit kleinstem Gepäck, scheu, demütig, und von tiefem Glauben erfüllt. Die Römer waren fassungslos: Der riesige Palast und das bombastische Zeremoniell bedrückten den neuen Papst offensichtlich, er zeigte keinerlei Interesse für die brillanten Hofdichter, für Musiker, Tänzer und Komödianten, sondern nur für die Kranken und die Bettler am Wege, mit denen er betete und denen er Almosen gab. Jeden Tag bereitete der Heilige Vater seinem Hofstaat neue Überraschungen. Sogar der alltäglichste Aufwand war ihm zuwider. Schmuck lehnte er ab. Er aß nur allereinfachste Sachen und auch davon nur ganz wenig. Kellermeister und Köche waren ebenso verzweifelt wie Kammerherrn und Zermonienmeister. Er hielt genau die Fastenzeiten ein und verlangte von den Geistlichen Ungeheuerliches, zum Beispiel, daß sie ihre Gelübde wörtlich nehmen und sich tatsächlich um Keuschheit und Armut bemühen sollten. Bald schon lief unter den Kardinälen das Bonmot um, diesen Hadrian könne wahrhaftig nur der Heilige Geist gewählt haben, aus freiem Willen hätten sie es gewiß nicht getan, und kein Mensch dürfe sie für diesen Papst verantwortlich machen. Sie belächelten immer unverhohlener sein Latein, das von der Glätte römischer Diktion abstach und das sie als hölzern empfanden. Bald fingen sie an, ihn mit milder Hartnäckigkeit zu isolieren und seine Entscheidungen zu sabotieren. Kenner der Szene gaben ihm kein langes Pontifikat, allenfalls ein paar Monate.

Hadrian kam nicht etwa aus einem abgelegenen Einödkloster. Er war Universitätsprofessor in Löwen gewesen und seit 1507 der Erzieher des damals siebenjährigen Prinzen Karl, der nun Kaiser war. Der neue Papst war ein hochgelehrter Mann, der die Bibel als Gesetz nahm und alle Buchstaben dieses Gesetzes mit asketischer Strenge befolgte. Sein Latein war weit korrekter, als die vatikanische Umgangssprache in ihrer polierten Eleganz. Als er mit 62 Jahren – vermutlich wegen seiner guten Beziehungen zum jungen Kaiser – zum Papst gewählt worden war, ging er nach Rom mit dem festen Vorsatz, den Sumpf, über den ihm so viel Schlimmes berichtet worden war und den er in Wirklichkeit noch viel schlimmer vorfand, trockenzulegen und in eine schöne grüne Weide zu verwandeln, auf der er seine Schafe als guter Hirte würde hüten können.

Die erste Sumpfblüte, die er ausrupfte, war der vielgeliebte Dichter Pietro Aretino, der am Heiligen Stuhl einen hübschen Posten innehatte und den ganzen Vatikan mit seinen schlüpfrigen Sonetten erfreute. Hadrian konnte Zweideutigkeiten nicht ertragen und warf ihn hinaus.

Der neue Papst war entschlossen, die Kirche von Grund auf zu reformieren. Er wollte also genau das tun, was der Wittenberger Mönch Martin Luther vom Heiligen Vater verlangte und weswegen der Kirchenbann über ihn verhängt worden war. Für Hadrian war Luther aber nur ein Abtrünniger, kein Reformer, dessen Hilfe er möglicherweise in Anspruch hätte nehmen können.

Als der Winter vorbei war und die Flüsse wieder weniger Wasser führten, so daß man leichter ihre Furten überqueren konnte, kamen viele Ritter in Landau zusammen, um sich mit Franz von Sickingen und seinen Freunden zu besprechen. Sie kamen von weit her, aus Schwaben und Franken, aus Hessen und Bayern, aus dem Braunschweigischen und dem Mansfeldischen, aus dem Elsaß und der Pfalz. Die Städte aber hielten sich zunächst zurück und schickten keine Abgesandten. Woher sollten sie auch wissen, wie ernst es den Rittern war und wie weit sie sich auf sie verlassen konnten? Zu oft hatten sie erleben müssen, daß Ritter ihre Warentransporte überfielen und ausplünderten, ihre Kaufleute abfingen und Lösegelder erpreßten, und nun auf einmal sollten die Ritter ihre natürlichen Verbündeten gegen die Fürsten sein! Um zu solchen Einsichten zu kommen, war ein längerer Umdenkungsprozeß nötig, und niemand konnte den Bürgern ihr Zögern und ihre Vorbehalte verargen.

Hutten begriff, daß er das Mißtrauen der Bürger abbauen und ihre Zuneigung gewinnen mußte. Er schrieb ein Manifest, druckte es in der Offizin auf der Ebernburg und schickte es an alle freien Städte im Reich. Aber so überzeugend die Schrift und so groß sein Ansehen war, das Vertrauen ließ sich mit schwungvollen Aufrufen allein nicht schaffen. Es mußte wachsen, und das brauchte Zeit. Im ganzen Land hatte er Freunde, und in vielen Städten genoß Balthasar Schlör große Achtung, aber es gab noch keine Stadt, die sich geschlossen zu Franz von Sickingen bekannte und die zum Ausgangspunkt einer großen Bewegung hätte werden können. Noch war Ritter Franz die Idealgestalt, die jeder kannte, der Mann, der mehrfach schon die Bürgerrechte gegen die Willkür der Obrigkeit durchgefochten hatte, aber die politische Leitfigur war er noch nicht; als solche hätte er sich erst profilieren müssen. Wenn Luther sich offen neben ihn gestellt hätte, wäre es leichter gewesen. Ihm folgten schon viele im Reich. Aber Luther hatte andere Ziele. Am 7. März 1522 verließ er die Wartburg und reiste nach Wittenberg, um den Unfrieden zu dämpfen, den Bilderstürmer und Schwarmgeister dort verbreiteten, indem sie von Kirche zu Kirche zogen, die Heiligenbilder zerschlugen, und dabei predigten, die Anbetung solcher Bilder sei Götzendienst. Im Augenblick wollte Luther seine Autorität dafür einsetzen, Ruhe zu schaffen und nicht dazu, einen Aufstand zu unterstützen.

Es hätte noch vieles geklärt werden müssen, vorbereitet, aufgebaut. Es ging ja um mehr als um eine Fehde oder einen Feldzug. Es ging um die Neuordnung des Reiches. Hutten wußte, daß dieses gewaltige Vorhaben niemals Sache der Ritter allein sein konnte, und Balthasar Schlör war der einzige Repräsentant städtischen Bürgertums in diesem Kreise. Sie brauchten eine viel breitere Basis. Aber Sickingen vertraute auf seine Popularität, seine Erfahrungen, seine oft bewiesenen vielseitigen Fähigkeiten. Er liebte rasche Entschlüsse und wollte nicht mehr warten, so sehr Hutten und der besonnene Schlör ihn baten, die Dinge doch noch ein Jahr reifen zu lassen. Der Winter ging dahin, der Frühling ging dahin. Er wurde immer unruhiger. Er wußte, daß er belauert und bespitzelt wurde, daß seinen Feinden nichts von dem verborgen blieb, was er und seine Freunde taten.

Am 8. März 1522 faßte Leonhard von Eck, der immer gut informierte Kanzler des Herzogs Wilhelm von Bayern, seine Agentenmeldungen in einem Bericht an seinen Herrn zusammen: »... man hat ein Büchlein gedruckt, in dem der gemeine Mann ermahnt wird, die Tyrannei der Könige, Fürsten und Herren von sich zu werfen und daß er ein gutes Werk damit täte. Das alles kommt von dem Bösewicht, dem Luther und Ritter Franzens Anhang. Wenn je ein gewaltiger Bundschuh gegen die Fürsten vorhanden war, dann ist das jetzt der Fall...«

Da war wieder dieses Reizwort, mit dem sich jede Obrigkeit in Angst und Schrecken versetzen ließ: »Bundschuh!« Die traditionelle Fußbekleidung der Bauern, Symbol für das Streben nach Freiheit und Gerechtigkeit, für bewaffneten Aufstand gegen Ausbeutung und Tyrannei, wurde jetzt mit den Reformbestrebungen des Ebernburger Kreises in Verbindung gebracht. »Bundschuh« war nur ein Wort, aber ein Wort mit magischer Kraft und alarmierender Wirkung. Die Bauern hatten es aufgebracht, die Ritter übernahmen es bereitwillig. Sickingens Freund Hermann von dem Busche hatte nicht zufällig während des Wormser Reichstages seinem Maueranschlag mit der Drohung, er werde notfalls zu Luthers Schutz achttausend Mann ins Gefecht werfen, durch sein dreifaches »Bundschuh! Bundschuh! Bundschuh!« ein gefährliches Gewicht gegeben.

Aber was wußten die Ritter – außer Hutten, der schon früh alle Standesvorurteile abgestreift hatte –, was hinter diesem Wort steckte? Was wußten sie vom Ideengut, von der Kraft, von den Möglichkeiten dieses Standes, der nicht nur ein unerschöpfliches Menschenpotential besaß, sondern schon mehrfach bewiesen hatte, daß er trotz minimaler Bildungsmöglichkeiten politische Köpfe hervorbringen konnte. Was wußten sie etwa von den Fähigkeiten eines Joß Fritz, dessen Kraftlinien sich ja in den letzten zwanzig Jahren mehrfach mit denen des Ritters Franz in den Ländern am Oberrhein gekreuzt hatten und der immer noch durch die Lande zog, um einen neuen Bundschuh auf die Beine zu bringen?

Die Möglichkeit, dieses Potential zu mobilisieren, zog Sickingen nur zögernd in Betracht. Dabei hatten sich die großen Bewegungen dieser letzten zwanzig Jahre in seiner unmittelbaren Nähe abgespielt, die des

Bundschuh wie die des Armen Konrad. Sickingen kannte das Leben der Bauern und Bergknappen aus seinem eigenen Herrschaftsbereich, und er galt als guter Herr, aber er war noch zu sehr eingebunden in die Denkweise des mittelalterlichen Edelmanns, um Menschen in seine Pläne einzubeziehen, deren Empfindungen innerhalb seiner Welt lagen, aber außerhalb seines Denkens. Er war entschlossen, sie gerecht zu behandeln und korrekt zu besolden, zu dem Gedanken aber, mit ihnen politische Grundsatzfragen zu erörtern, konnte er sich nicht durchringen. Und die Zeit drängte.

Über die gemeinsame Benutzung des Alarmbegriffs »Bundschuh« gingen die Verbindungen zwischen Rittern und Bauern nicht hinaus, so sehr Hutten sich auch bemühte, beide Seiten für ein Zusammengehen zu gewinnen. Viele Bauern hatten Ritter als Grundherren, waren ihnen zu Dienstleistungen verpflichtet, waren abhängig von ihnen bis an die Grenze der Leibeigenschaft. Andere, überzählige Söhne, die der väterliche Hof nicht mehr ernähren konnte, hatten sich als Landsknechte von Rittern anwerben lassen, die mit ihnen ihre Fehden ausfochten und sie dann wieder entließen. Es war zuviel verlangt, daß nun plötzlich einer im anderen den Partner sehen sollte. Das konnte selbst ein Mann wie Ulrich von Hutten in den wenigen Monaten eines Winters nicht erreichen. Dazu brauchte auch er Zeit. Aber er hatte keine Zeit mehr. Sickingen drängte. Das Frühjahr hatte noch nicht die befreiende Tat gebracht, nur Regen und späte Nachtfröste. Der Sommer kam, und er war angefüllt mit langen Briefen und Schriften, mit Korrekturen der Druckbogen in der Schloßdruckerei, mit heimlichen Ritten über Land in ferne Burgen und Städte zu vertraulichen Besprechungen, hier und dort, zu dritt, zu zehnt, in großen Gruppen.

Sickingen war von Unruhe besessen, von der Angst, er könne etwas versäumen. Um für alle Fälle gerüstet zu sein, fing er beizeiten an, Truppen anzuwerben. Bald hatte er 5000 Mann zu Fuß und 1500 Reiter unter Waffen, und die konnte er auf die Dauer nicht besolden, wenn sie nur herumsaßen, knobelten und tranken. Die wollten eingesetzt werden, und er mußte ein angemessenes Objekt finden, damit sich der Einsatz auch lohnte. Die Männer waren gut, manche hatten schon mehrfach für ihn gekämpft, es war ihr Beruf, und sie verdienten Geld damit.

Hutten schrieb, arbeitete mit Setzern, Druckern und Buchbindern, korrigierte unten im Schloßgewölbe und sorgte dafür, daß alles, was fertig war, eilig mit reitenden Boten im Umlauf gebracht wurde: Sein Manifest an die Freien Reichsstädte, sein »Gesprächsbüchlein für die Bauernschaft«. Seine Worte gingen hinaus ins Land, rüttelten auf, beschworen, überzeugten. Sein ständig wiederholtes »Ich hab's ge-

wagt!« ermunterte auch solche, die sich schon lange nicht mehr persönlich engagiert hatten. Der gelehrte Minoriten-Mönch Dr. Thomas Murner hatte in einer Schrift den Bauern als »Hans Karst« verhöhnt, als Menschen ohne Verstand, der sich darauf zu beschränken hatte, mit dem Karst, der dreizinkigen Hacke, den Boden zu bearbeiten. Jetzt sah sich der Landmann als gleichwertiges Miglied einer neuen sozialen Ordnung anerkannt. Ein Flugblatt »Der Karsthans«, das seit 1521 in vielen Auflagen erschien, machte den Spottnamen zum Ehrenbegriff. Nun wandte sich gar der vom Kaiser mit dem Lorbeer bekränzte Dichter Ulrich von Hutten an den Bauern.
Sein Ziel: »Die göttliche Wahrheit! Die allgemeine Freiheit!« war klar und prägnant formuliert. Jeder im Reich konnte das verstehen: ein Deutschland der freien Männer und Frauen, einig und geschlossen, nicht von egoistischen Machtinteressen einzelner Fürsten zerrissen, nicht von einer geistlichen Herrschaft ausgebeutet, nicht bewußt im Zustand lebenslänglicher Unwissenheit gehalten.
Sein: »Mut, Mut, ihr Deutschen! Hindurch! Hindurch! Es lebe die Freiheit!« wurde zum geflügelten Wort, zum Kampfruf.
Auch die Gegner brachten ihre Polemik in Umlauf: »... an euch falsche Geburten der schwarzen, teuflichen lutherischen Katzen, Zerstörer aller frommer Herzen, Auflöser aller Ordnung des christlichen Glaubens, Verächter der Gewalt aller tüchtiger Fürsten und besonders an diejenigen von euch, die dem verderblichen Bundschuh angehören ...« schrieb ein Kanonikus namens Matthias Schlegel aus Trier.
Aber ein Bundschuh war das nicht. Es war ein Bund von Rittern, die sich einig waren, ein schwärmerischer, von idealen Vorstellungen besessener Ulrich von Hutten als geistiger Motor, ein auf die Tat drängender, kriegerischer Franz von Sickingen, als unbestrittene Führerfigur, ein besonnener, alles bedenkender Balthasar Schlör und eine Truppe, mit der man vieles machen konnte, wenn man sie nur nicht ewig herumsitzen ließ. Und wie sollte es weitergehen, wenn wirklich das morsche System des halbzerfallenen Reiches beim ersten Ansturm zusammenbrach? Wenn wirklich Sickingen der Volkskaiser wurde, Hutten sein Minister, Balthasar Schlör sein Kanzler, und wenn sich vielleicht sogar Luther noch entschloß, sich ihnen zuzugesellen, sobald die neue Obrigkeit erst legitimiert war? Wer sollte die innere Neuordnung durchführen, die praktische Arbeit übernehmen, die ja getan werden mußte? Das war alles noch unausgegoren und ungeklärt.
Das Heer stand mit der Pike in der Hand, kostete Woche für Woche seinen Sold und gewann schon durch seine bloße Existenz einen unangemessenen Einfluß auf die Geschehnisse. Diese straff organisierten

Berufskrieger waren in ihrer Masse und Geschlossenheit, verglichen mit den philosophierenden und politisierenden Junkern und den Freiwilligen, die sich ihnen vereinzelt hinzugesellten, das bestimmende Element.

Die Späher, die Sickingens Lager umschlichen und sich mit den Landsknechten anbiederten, meldeten ihren Herren, die Söldner des Ritters Franz führten sonderbare Worte im Munde, sie prahlten, der Herr von Sickingen werde schon bald Kurfürst sein und am Ende noch einiges mehr.

Der Kanzler Leonhard von Eck meldete dem Herzog von Bayern: »Sickingen wird einen Pöbelaufstand erheben. Täglich kommen Kundschafter, daß es einem Bundschuh gleichsieht. Sollte dann ein Bundschuh erstehen und der gemeine Mann überhand nehmen, so würden die rheinischen Fürsten das Morgenmahl und die anderen Fürsten das Nachtmahl bezahlen ...«

Der große Aufstand der Ritter begann aber gar nicht wie ein Bundschuh. Nichts geschah geheim und im verborgenen. Alles ging laut und demonstrativ in aller Öffentlichkeit vor sich. Ende August trafen sich in Landau in der Pfalz die oberrheinischen, die fränkischen und einige schwäbische Ritter, beschlossen, ihre Sache zumindest sechs Jahre lang gemeinsam zu führen und wählten Franz von Sickingen zu ihrem Hauptmann. Die meisten ritten wieder nach Hause, nur wenige blieben bei dem, was dann geschah, mit ihm zusammen.

Am 27. August schickte Franz von Sickingen dem Kurfürsten von Trier, Erzbischof Richard von Greifenklau, in aller Form einen Fehdebrief. Der Fürst war ein überzeugter Gegner der Reformation, hatte im vergangenen Frühjahr auf dem Reichstag zu Augsburg die Reichsfürsten eindringlich vor Sickingen gewarnt und ihnen vorgerechnet, was dabei herauskommen würde, wenn Ritter Franz sich einen Fürsten nach dem anderen, eine Stadt nach der anderen vornehmen würde; sie sollten beizeiten auf der Hut sein. Die Abneigung des Trierer Erzbischofs gegen die Reformation und ihre Repräsentanten, unter denen er den reichen und mächtigen Franz von Sickingen für den gefährlichsten hielt, war verständlich. Schon bald nach seiner Inthronisierung im Jahre 1511 hatte Richard von Greifenklau die öffentliche Verehrung des heiligen Rockes, mit der ein erheblicher Ablaß verbunden war, in großem Umfang eingeleitet. Die uralte Römerstadt, die einst Residenz des Kaisers Konstantin gewesen war – seine Mutter Helena hatte den heiligen Rock mitgebracht –, hatte jahrhundertelang unter einer chronischen Verschuldung gelitten, weil ihre Erzbischöfe traditionell über ihre Verhältnisse gelebt hatten. Der lebhafte Handel mit Wein und Wollstoffen, mit kunstvollen Lederwaren und Steinmetzarbeiten war allein nicht ausreichend gewesen, den Haushalt der kurfürstlichen Residenz zu sanieren. Der heilige Rock aber vollbrachte das Wunder. Er zog Jahr für Jahr bis zu hunderttausend Menschen in die Stadt, und der Ablaß, der mit seiner Anbetung verbunden war, wurde zu einer ihrer wichtigsten Einnahmequellen. Natürlich mußte Kurfürst Richard von Greifenklau in jedem Menschen, der den Ablaß in Frage stellte, seinen Todfeind sehen, wie in Luther, Hutten und Sickingen. Für Ritter Franz war diese Feindschaft ein Grund, das Kurfürstentum Trier zum Ausgangspunkt für den großen Umsturz zu machen.

Sickingen zog mit seinem Söldnerheer, einigen Freiwilligen und einer Schar von Rittern nach Südwesten, die Nahe, die Glan, den Kuselbach hinauf, nach Sankt Wendel. Die Stadt an der Blies gehörte zum Kurfürstentum Trier, hatte einen berühmten Viehmarkt, auf dem sich die Vorräte ergänzen ließen, Ziegeleien, Gerbereien, Sattlerwerkstätten und wohlhabende Bürger, eine interessante Stadt für einen Kriegsmann. Die Türmer sahen beizeiten Sickingens Reisige anreiten und bliesen ins Horn. Die Stadtknechte verriegelten die Tore und besetzten Türme und Mauern. Sickingen holte die Artillerie vor, ließ sie abprotzen und auf die Tore feuern. Sankt Wendels strategische Bedeutung war nicht groß, und ihre Befestigungsanlagen entsprechend. Gegen ein solches Heer und eine so gut eingeschossene Artillerie konnten sich die Kriegsknechte der kleinen Stadt nicht lange halten. Als Sickingen die Tore in Trümmer geschossen hatte und zum Sturm trommeln ließ, ergaben sie sich.

Nachdem er die Kriegsknechte entwaffnet, die Stadt besetzt und seine Vorräte ergänzt hatte, ließ Sickingen seine Fähnlein nach kurzer Rast weitermarschieren. In Sankt Wendel behielt er nur eine kleine Besatzung zurück unter Führung seines ältesten Sohnes Hans, der neunzehn Jahre alt war und damit sein erstes selbständiges Kommando bekam. Er selber rückte mit seiner Hauptmacht gleich weiter auf Trier zu, ohne sich irgendwo länger aufzuhalten, als unbedingt nötig war. Das war ein Marsch von zwei bis drei Tagen.

Am Abend des 7. September 1522 langten Sickingens Reiterspitzen vor den Stadtmauern an. Er hatte gehofft, die Bürger von Trier, unter denen er viele Anhänger hatte, würden die Tore öffnen, aber sie blieben geschlossen und alle Türme und Zinnen mit Bewaffneten besetzt. So konnte er die Wächter nicht überrumpeln und die Zugänge freihalten, bis sein Fußvolk kam.

Er erlebte noch eine Enttäuschung: Es war ein Teil seines Planes gewesen, die Benediktinerabtei Sankt Maximin im Handstreich zu nehmen, denn er wußte, daß Erzbischof Richard in den Wirtschaftsgebäuden des ausgedehnten Klosterkomplexes große Vorräte an Truppenverpflegung, Pferdefutter und Ausrüstungsgegenständen angelegt hatte. Der Kurfürst war selber ein leidenschaftlicher Kriegsmann mit reichen Erfahrungen und legte Wert darauf, immer gefüllte Arsenale zu unterhalten. Er hatte beizeiten Sickingens Plan durchschaut, war mit ein paar Reitern nach Sankt Maximin galoppiert und hatte mit eigener Hand die Strohscheuer in Brand gesetzt, damit seine Vorräte nicht Sickingen in die Hände fielen. Als dann dessen Vorhut über den Bergen auftauchte, standen alle Wirtschaftsgebäude des Klosters schon in hellen Flammen, und eine schwere Rauchwolke lag über dem Moseltal.

Es gab nur noch eine Möglichkeit: Sickingen mußte Trier einschließen, die große, mächtige, stark befestigte Stadt, und sich auf eine Belagerung einrichten, die nicht von kurzer Dauer sein konnte. Und er hätte so sehr einen spektakulären Anfangserfolg gebraucht als Signal für seine Freunde im Reich, die auf ein Zeichen warteten, die bereitstanden mit ihren Pferden, ihren Knechten, ihren Geschützen, aber noch unsicher waren, unentschlossen, die beobachteten, wie sich die Dinge entwickelten, und die das gewaltige, weithin leuchtende Fanal brauchten, um loszumarschieren und zu ihm zu stoßen. Eine mühselige, zeitraubende und nervenfressende Belagerung war wenig geeignet, beflügelnd auf Zweifler und Zauderer zu wirken.

Wenn sich wenigstens in Trier selbst etwas gerührt hätte, aber da blieb es ganz ruhig. Seine Anhänger unter den Bürgern verhielten sich still hinter den Mauern der Stadt, die jetzt hermetisch abgeschlossen war. Die Autorität des starken Bischofs lähmte sie wohl ebenso wie das Entsetzen über die funkensprühende schwarze Wolke, die von der Abtei Sankt Maximin herüberwehte. Ganz offensichtlich hatte Richard von Greifenklau geahnt, was auf ihn zukam, und weit mehr Kriegsknechte angeworben, als Sickingen hatte vermuten können, denn alle Schanzen und Scharten waren dicht besetzt.

Sickingen brauchte die Tat, die große, offensichtliche, in ganz Deutschland erkennbare Tat. Er war mehr als nur die Leitfigur der deutschen Ritterschaft, und sein Feldzug gegen den Erzbischof von Trier war mehr als nur die Fehde gegen einen Mann, der ihn gekränkt hatte und seinen Bestrebungen entgegenstand. Hier focht eine Symbolfigur gegen die andere, der neue Gedanke gegen ein altes Prinzip. Die Überzeugung, daß die menschliche Gesellschaft ein lebendiger Organismus sei, der sich ständig erneuern müsse, zog gegen den Anspruch zu Felde, daß die Herrschaft geistlicher Institutionen eine totale und unveränderbare sei, die sich auf alle Bereiche des Lebens erstrecken müsse. Sickingens Feldzug gegen den Erzbischof von Trier sollte ein Beginn sein, das Anzünden einer Fackel, das Hornsignal für den großen Aufbruch. Aber die Fackel glomm nur ein wenig, und das Horn klang matt und drang nicht über Berge und Täler weit ins Land hinein. Das, was er hier tat, ähnelte zu sehr den zahlreichen Fehden, die er vorher geführt hatte. Für viele blieb er der Raubritter mit seinen Gefährten und ein paar tausend Soldknechten. Die große deutsche Revolution konnte das nicht sein, auch wenn seine Feinde wieder einmal vom Bundschuh sprachen:

»... unsere falschen Evangelisten«, schrieb Matthias Schlegel, »die da aus meineidigen, ehrlosen Mönchen und übelbeleumdeten hirnwütigen Pfaffen hervorgegangen sind, die da jetzt in der Kleidung der Schafe kommen, mit gewaltigen Worten predigen, aber im Herzen schreien sie: ›Bereitet den Weg des Bundschuhs mit dem lutherischen Kater zum Blutzapfen des mutwilligen Adels, wenn sich das ebernburgische Reich tut nahen‹ ...«

Das Reich, das sich um die Ebernburg herum kristallisieren sollte, war der Verwirklichung sehr fern. Sickingen lag mit seinem Söldnerheer vor Trier, beschoß die Stadt, um sie endlich stürmen zu können. Er konzentrierte seine ganze Artillerie auf einen Mauerabschnitt und hielt ihn pausenlos unter Feuer, sieben Tage lang. Indessen ritten seine Freunde durch das Land, um Verstärkung für ihn heranzuholen, und er wartete voller Ungeduld, daß wenigstens einer von ihnen mit ein paar Freiwilligen, Bauern oder Bürgern zurückkommen sollte. Aber statt bewaffneter Scharen kamen nur schlechte Nachrichten: Die Ritter aus dem Kurfürstentum Köln, die sich mit einigen Fähnlein Kriegsknechten angesagt hatten, erschienen nicht, weil ihr Erzbischof ihnen mit Repressalien gegen ihre Familien gedroht hatte. Die von Cleve, Marck und Geldern, von Ravensberg und Jülich zogen sich wieder zurück, weil ihre Landesherren angekündigt hatten, ihnen die Rittergüter, die sie zu Lehen hatten, zu entziehen, falls sie sich Franz von Sickingen anschlossen. Der einzige Trupp von Bewaffneten, der sich tatsächlich formierte und in Richtung auf die Mosel in Marsch setzte, waren die Krieger aus den Herzogtümern Braunschweig und Lüneburg, die der Ritter Michel von Minckwitz zusammengebracht hatte. Aber es waren nur 1500 Mann, und sie kamen auch nicht weit. Schon vor Kassel lockte Landgraf Philipp von Hessen sie in einen Hinterhalt, fing ihren Hauptmann Minckwitz ab, ließ ihn in Gewahrsam bringen, schloß das Gros mit seinen zahlenmäßig überlegenen Kriegsknechten ein und machte den Söldnern das Angebot, wenn sie für den gleichen Sold unter seiner Fahne weitermarschieren wollten, dann sei es ihm recht, anderenfalls würde es ihnen schlecht ergehen. Sie besannen sich nicht lange und setzten ihren Marsch, auf die hessischen Fähnlein verteilt, als landgräfliche Landsknechte fort. So kamen sie eines Tages doch noch zum Ritter Franz von Sickingen, wenn auch mit einigen Wochen Verspätung und auf der falschen Seite.

Seine Feinde begannen sich zu sammeln. Kurfürst Ludwig von der Pfalz brachte etliche Fähnlein gegen Sickingen auf. Landgraf Philipp von Hessen, der erst siebzehn Jahre alt war und sein Land ebenso selbständig führte wie seine Truppen, rückte bei Koblenz über den Rhein und zog durch das Moseltal auf Trier zu, um die Stadt zu entsetzen.

Am siebten Tag der Belagerung gelang es Sickingens Kanonen endlich, mit konzentriertem Feuer eine Bresche in die Mauer zu schießen, und hinter dem letzten Schuß her führte er seine Landsknechte zum Sturm an. Sie drangen in die Stadt ein, aber sie kamen nicht weit. In den schmalen Gassen um die Einbruchstelle herum hatten die Kriegsknechte des Erzbischofs Barrikaden errichtet. Wenn die eine gestürmt war, dann türmte sich dahinter schon die nächste auf, und der Nahkampf in einer engbebauten Stadt war immer ein verlustreiches Gefecht für beide Seiten, dem jeder Kriegsmann gern aus dem Wege ging. Bevor die Nacht kam, ließ Sickingen zum Rückzug blasen. Niemand verfolgte ihn und seinen verlorenen Haufen, mit dem er den Einbruch versucht hatte. Der Erzbischof war ein zu erfahrener Feldherr, um ein unnötiges Risiko einzugehen, er ließ nur seine Stadtknechte die ganze Nacht daran arbeiten, die Bresche wieder zu vermauern.

In derselben Nacht führte Sickingen seine Fähnlein über den Hunsrück ins Nahetal. Freunde hatten ihn wissen lassen, daß Kurfürst Ludwig von der Pfalz und Landgraf Philipp von Hessen gegen ihn vorgingen, und er wollte mit ihnen, die vier- bis fünfmal so viele Männer hatten wie er, keinesfalls ein Begegnungsgefecht riskieren. Er brauchte jetzt einen festen Platz, auf dem er im Herbst und im Winter abwarten konnte, wie sich die Dinge im Reich entwickelten. Es war schon Ende September und zu spät im Jahr, um noch größere militärische Operationen einzuleiten. Jederzeit konnte der große Regen kommen, der Flüsse und Bäche unpassierbar machte. Bevor er sich auf die Ebernburg zurückzog, mußte er noch die Landsknechte entlassen, die er auf seinen beiden Burgen nicht unterbringen konnte. Für 6500 Mann und 1500 Pferde war da weder Platz noch Verpflegung. Er konnte nur wenige Fußknechte und kaum Reisige behalten, die so wichtig waren, wenn er rasch zwischen seinen Burgen hin und herwechseln wollte. Den anderen zahlte er ihren Sold aus, und da sie nach Süden ziehen wollten, wo man durchweg länger im Jahr Krieg führen konnte, schrieb er einen Brief an den Kurfürsten von der

Pfalz, durch dessen Land sie kommen mußten, und bat ihn, sie unbehelligt passieren zu lassen. Sie seien zwar seine Soldknechte gewesen, aber in Ehren entlassen und ausgezahlt und nun auf der Suche nach einem neuen Kriegsherrn; er verbürge sich dafür, daß sie nirgendwo Schaden anrichten und alles, was sie verzehrten, brav bezahlen würden.

Nachdem er sie verabschiedet hatte, schickte er einen Boten an seinen Sohn Hans, er solle Sankt Wendel räumen und sich mit seinen Landsknechten auf die Ebernburg zurückziehen. Der Bote kam nicht mehr in die Stadt, da der Erzbischof von Trier sie mit seinen Truppen inzwischen eingeschlossen hatte und belagerte. Aber kurz nachdem der Reiter mit dieser schlimmen Nachricht auf der Ebernburg eingetroffen war, erschien auch Hans von Sickingen mit seinen Leuten und meldete, er habe die Belagerer abgelenkt und sei unauffällig ohne Verluste mit seinem Trupp durch eine Mauerlücke entkommen.

Jetzt war es vor allen Dingen wichtig, mit der Schar von Rittern und den letzten Kriegsknechten gut über den Winter zu kommen. Sickingen wußte nun, daß er zu früh losgeschlagen und daß ihm diese Unternehmung nichts eingebracht hatte. Aber noch waren seine Reserven nicht erschöpft, und im Frühjahr würde alles anders aussehen, denn nun streiften seine besten Freunde durch das Reich, um seine Anhänger aufzurütteln und neue Mitstreiter für die gemeinsame Sache zu gewinnen. Balthasar Schlör, der unter den Bürgern vieler Städte so angesehen war, ritt im Elsaß und im Schwarzwald von Ort zu Ort. Ulrich von Hutten und Graf Wilhelm von Fürstenberg warben unter den Adeligen in Franken und Schwaben, und Franz von Voß, Sickingens norddeutscher Freund, in Niedersachen und in der Altmark.

Am 8. Oktober 1522 verhängte Kaiser Karl V. die Reichsacht über den Mann, den er zwei Jahre vorher zu seinem Rat und zum Feld-

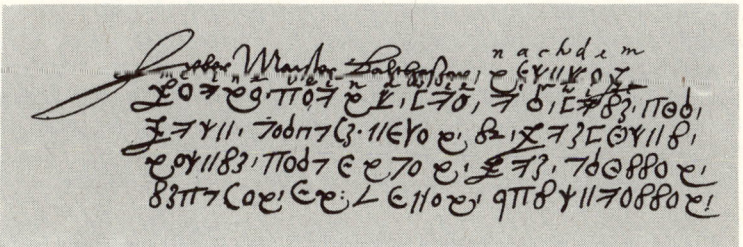

Ein chiffrierter Brief, den Franz von Sickingen an seinen Vertrauten Meister Balthasar Schlör schrieb.

hauptmann ernannt hatte. Das war nur eine Formsache, die Acht änderte nichts an Sickingens Lage. Er hatte Huttens Losung »Ich hab's gewagt!« zu seinem Wahlspruch gemacht. Es gab kein Zurück mehr. Jeder, der es wollte, konnte ihn jetzt ungestraft erschlagen, aber erst einmal mußte er an Franz von Sickingen herankommen, und das war nicht einfach.

Die Fürsten ließen nur einen kleinen, leicht beweglichen Reitertrupp nahe der Ebernburg zurück, der Sickingen beobachten und rechtzeitig melden sollte, falls er noch im Herbst zu einer seiner überraschenden Unternehmungen ausholte. Mit ihrer Hauptmacht rückten sie über den Rhein und dann am Main entlang auf Kronberg zu, wo Sickingens Schwager Hartmuth von Kronberg sein festes Schloß über der Stadt schon auf die Verteidigung eingerichtet, Verpflegung, Pulver und Kugeln gestapelt und eine Schar von Kriegsknechten um sich versammelt hatte. Aber als er den langen Heereszug gemeldet bekam, an die 30 000 Mann unter Waffen und einen endlosen Troß von Geschützen und Munitionswagen, da sah er ein, daß er sich auf die Dauer nicht würde halten können und floh mit seinen Freunden, seinen Verwandten und den nächsten Gefolgsleuten.

Am 16. Oktober 1522 zogen der Kurfürst von der Pfalz, der Landgraf von Hessen und der Erzbischof von Trier in Stadt und Schloß Kronberg ein. Ihre Soldknechte hatten viel Freude an den schönen Sachen, die sie überall in den Häusern fanden. Sie plünderten auch die Hütten der Bauern in den Dörfern Eschborn und Niederhöchststadt, schlachteten manches Stück Vieh ab und trieben den Rest weg. Landgraf Philipp nützte die günstige Gelegenheit, das Landgut Wasser-Biblos, einen alten Familiensitz der Kronbergs, seinen persönlichen Besitzungen einzuverleiben.

Sickingen blieb den Herbst und den Winter über von seinen Feinden unbehelligt. Sie bezogen feste Lager und verstärkten ihre Artillerie um schwere Belagerungsgeschütze aus den berühmten Geschützgießereien von Augsburg und Nürnberg. Im übrigen begnügten sie sich damit, Späher zu schicken, die um Sickingens Burgen herumstrichen. Sie waren bemüht, keine verräterischen Spuren im Schnee zu hinterlassen, und versuchten herauszufinden, ob sich Ritter Franz auf der Ebernburg aufhielt oder in Landstuhl, wer bei ihm war an bekannten Leuten, wie viele Bewaffnete er an den einzelnen Plätzen unterhielt, wie viele und wie schwere Geschütze, und was alles um ihn herum geschah.

Der Kampf mit Streitschriften und Aufklärungsschriften ging die ganze Zeit über weiter. Die Menschen hatten die Macht des gedruckten Wortes kennengelernt, sie hatten erfaßt, welch weiter Raum sich mit

Der teyten pfiff sch hin vnd her
Auß solchen Pfeiffen dicht vnd mer
Vil fabel Creaturn vnd Fanthasey
Iß ßetzundet auß vnd gar entzwey
Das iß mir leyd auch schwer vnd bang
Doch hofflich es wer auch nit lang
Sie weyl die welt so fürwitz iß
Eundtlich duckisch vol arger liß.

Des Teufels Dudelsack; deutsche Karikatur auf die Laster der Mönche.

Flugblättern abdecken ließ, und sie machten lebhaft Gebrauch von
den neuen Möglichkeiten, die Meinung des einzelnen vielen anderen
nahezubringen. Bis ins Frühjahr 1523 hinein gab es leidenschaftliche
Polemiken und Propagandaschriften.
Sickingens Freund Heinrich von Kettenbach verfaßte einen Artikel,

der um Verständnis im weiten Umkreis werben sollte: »... dieser Streit ist nicht angefangen, damit Franz von Sickingen, euer Mitbruder, reich werde an Land, Leuten und Geld, denn er hat ohnedies genug davon für einen Edelmann. Ja, Land und Leute, Geld und Gut, Leib und Leben will er dransetzen, damit die Ehre Gottes geschützt wird, was am besten geschieht, wenn man dem Worte Gottes anhangt ... Nun liegt es am Tag, wie uns Päpste und Bischöfe mit ihren Gesetzen vom Evangelium weggezogen haben. Sie machen aus uns, was sie wollen und verdammen auch das, was im Evangelium geschrieben steht. Sie sind wie weltliche Könige und Herren. Das ist wider Christi Lehre. Sie sind weltlicher als die weltlichen Fürsten und geben der ganzen Welt Ärgernis, so daß auch die Ungläubigen sprechen: ›Unsere Prälaten, Päpste und Bischöfe sind genauso wie die Hurenwirte. Sie nehmen Geld von den Huren der Pfaffen und verbieten den ehelichen Stand.‹ Was Christus erlaubt hat, verbieten sie, was Christus verboten hat, erlauben sie ...«

Meister Matthias Schlegel aus Trier schrieb: »... danach hat der lutherische Kater durch den Hutten, einen Dichter aller Falschheit zu den Bluthunden als zu dem christlichen Adel geschrieben ... Danach haben sie freventlich einen Bund wider alle Fürsten gemacht, und in der Versammlung der Blutdürstigen in der Stadt Landau hat der fahnenflüchtige Hartmuth, Verjagter von Kronberg, Doktor der Strauchritterwissenschaft einen Sendbrief von den Obristen der Bluthunde an die Synagoge aller Räuber begehrt ...«

Franz von Sickingen schrieb an seine Freunde: »... etliche wollten dieser evangelischen Meinung nit anhängen, sondern erst abwarten, wer am Ende recht behalten wird. Ich fürchte, die werden nit eher erfahren, wer in diesem Streit recht behält, als bis sie in Kleppermanns Haus kommen, da schlägt ein höllisch Feuer zum Fenster hinaus ...!«

Und an seine Feinde: »... meine lieben Brüder und Nachbarn, warum kommt ihr, um wider mich zu fechten und zu streiten? Ich begehre euch zu erlösen von dem schweren Joch der Pfaffenheit und zu evangelischen Gesetzen und zu christlicher Freiheit zu bringen. Wenn ihr euch das nicht gefallen lassen wollt, handelt ihr wie jemand, der eine schlimme Krankheit hat und nicht will, daß man ihm helfe. Bedenket, daß ihr wider Christus streitet und nicht wider mich! Um des Evangeliums willen will ich den Tod nicht fliehen. Gottes Wille geschehe! Amen!«

Matthias Schlegel schrieb: »... auf daß diese Kater-Katzen-Ketzer ihren bösen unchristlichen Mutwillen durchführen können, haben sie einen Hauptmann erhoben, den rachehungrigen Franz von Sickingen, den König des ebernburgischen Reiches. Und damit ihre evangelische Lehre und des Bundschuhs Reich sich mehren, hat er angetrieben alle Bundesgenossen und die armen Christenmenschen unter dem Schein des Heiligen Evangeliums mit Rauben, Morden und Brennen ohne Unterlaß verfolgt ... Gegeben zu Trier von mir, Matthias Schlegel, das da verbrannt und verheert worden ist von den Bluthunden und evangelischen Knechten. Hole Teufel, hole sie bald! Schlage tot Kater, Katzen, lutherische Ketzer und falsche Gesandte!«

Nicht die drei verbündeten Fürsten begannen im Frühjahr die Feindseligkeiten, sondern Franz von Sickingen. Es waren noch ein paar Ritter zu ihm gestoßen und ein paar junge Bürger aus verschiedenen Städten. Als der Schnee geschmolzen war und die Wege einigermaßen trocken, zog er von der Ebernburg nach Süden und versuchte, Kaiserslautern zu nehmen, die einstige Freie Reichsstadt, die jetzt zum Kurfürstentum Pfalz gehörte. Aber der Handstreich mißlang. Die Mehrzahl der Bürger wollte sich nicht mit ihm zusammentun, aus Sorge, ihr Landesherr könne sie dafür strafen, und an eine Belagerung war mit einer so kleinen Schar nicht zu denken. Mehr Kriegsknechte konnte er aber nicht anwerben, bevor nicht abzusehen war, wie sich die Dinge entwickelten, und nirgendwo im Reich unternahmen seine Freunde und Verbündete Entlastungsangriffe auf die Residenzen geistlicher Fürsten, wie es verabredet worden war. Es kamen auch keine Verstärkungen. Sickingen konnte nur mit kleinen beweglichen Trupps von seinen Burgen aus operieren.

Also zog er sich auf seine Feste Nannstein bei Landstuhl zurück, achtzehn Kilometer westlich Kaiserslautern, und stieß von dort aus überraschend auf Lützelstein vor, eine pfälzische Bergfestung nahe Zabern im Elsaß, die einen wichtigen Vogesenpaß beherrschte. Aber auch die vermochte er nicht im Sturm zu nehmen. Um Nannstein nicht zu lange entblößt zu lassen, machte er kehrt, zog sich dahin zurück und wartete den Angriff seiner Feinde ab.

Sie kamen kurz nach Ostern von drei Seiten: Kurfürst Ludwig von der Pfalz, Erzbischof Richard von Trier, Landgraf Philipp von Hessen, die seit einem Jahr durch ein festes Bündnis einander zu gegenseitiger Hilfe verpflichtet waren. Jeder kam aus dem Winterlager mit seiner Feldartillerie und den neuen Belagerungsgeschützen. Zusammen waren sie gut 30 000 Mann stark. Die Feinde kamen, die Freunde nicht.

Gleich nach dem Osterfest schlossen die drei Fürsten Nannstein ein. Ritter Franz hätte mit seinen Reitern entkommen können, denn er kannte alle Wege und Schlupfwinkel ringsum, und es dauerte immer seine Zeit, bis eine Festung völlig abgeriegelt war, aber er wollte in

seinem Schloß bleiben, bei seinen Freunden und Gefolgsleuten. Nur
seinen jüngsten Sohn Franz-Konrad schickte er fort, der war gerade
vierzehn Jahre alt. Ihn wollte er nicht der traurigen Lage aussetzen,
tagelang eine Kanonade von schwersten Belagerungsgeschützen ertragen zu müssen. Balthasar Schlör, der im Winter wieder zu ihm gestoßen war, bat er, den Jungen zu begleiten und zu beschützen. Er gab
den beiden Empfehlungsbriefe mit, ein paar Schuldverschreibungen
und Anweisungen, damit sie etwas Geld hatten, um leben zu können.
Dann umarmte er sie und nahm Abschied.
Sie gelangten aus dem Schloß und stießen draußen bald auf pfälzische
Landsknechte, mit denen hatten sie hart zu fechten, schlugen sich aber
durch. Jahre später, als der junge Sickingen flügge war, trat er in kaiserliche Dienste, wurde ein gehorsamer österreichischer Vasall und
ein treuer Sohn der katholischen Kirche, so daß ihn in seinen reifen
Jahren Kaiser Karls V. Neffe Maximilian II. mehrfach auszeichnete
und in den Reichsfreiherrnstand erhob.
Am 30. April 1523 begannen die Fürsten mit der Beschießung der
Burg Nannstein. Sie feuerten mit schwersten Kalibern bis zu sechshundert Schuß am Tag. Die Festung war stark, aber in den Mauern,
die Sickingen erst im Jahr vorher hatte erneuern lassen, war der Kalk-
mörtel in den inneren Fugen noch nicht ganz abgebunden, und die
Steinbrocken ließen sich aus ihren weichen Bettungen herausschießen.
Die ganze Burg war bald erfüllt von Staub und stank nach Pulver-
qualm. Und nirgendwo auf den waldigen Höhen ringsum tauchten
Freunde auf. Für sechs Jahre hatten die Ritter einander Hilfe und Beistand geschworen, in Landau, in der Wetterau, in Schweinfurt, in
Franken und in Schwaben, bei ihrem gemeinsamen Vorhaben, die
Ordnung im Reich zu reformieren. Jetzt hatte sie der Mut verlassen,
und keiner wollte mehr etwas riskieren. Sie saßen daheim auf ihren
Burgen und warteten ab.
Zuerst schoß die Artillerie der drei Fürsten den schweren Turm zusammen, auf dessen Plattform Sickingen weitreichende Geschütze in
Stellung gebracht hatte. Jetzt lagen sie zerborsten zwischen den Stein-
quadern und Mörtelfladen im Burghof.
Am 2. Mai stand Franz von Sickingen an einer breiten Scharte, hinter
der er eine Kanone hatte aufstellen lassen, die schon mit Pulver und
gehacktem Blei geladen war und die eine große Bresche abdeckte. Da
traf eine schwere Eisenkugel genau die Scharte, erfaßte das Geschütz,
riß es aus seiner Lafette, warf das Bronzerohr gegen Sickingens Bein,
schlug ihm die Seite auf und schleuderte ihn gegen einen Stapel Bauholz, der dahinter aufgeschichtet war. Er blutete stark und konnte
sich nicht mehr bewegen. Seine Knechte schleppten ihn hinunter in

ein Gewölbe, dessen Decke noch nicht durchschlagen war. Von da aus leitete er fünf Tage lang, im Stroh liegend, mit ständig durchgebluteten Verbänden die Verteidigung. Dann sah er, daß Nannstein nicht länger zu halten war und daß jede weitere Stunde sinnlose Menschenopfer gekostet hätte. So entschloß er sich, einen Mann mit einer weißen Fahne hinauszuschicken.

Bald darauf waren die Geschütze still. Die drei Fürsten kamen den Berg heraufgeritten, saßen ab und stiegen in das Gewölbe hinunter, in dem Franz von Sickingen im Sterben lag. Sie wollten ihm Vorhaltungen machen, er aber sagte ihnen, er könne nicht verstehen, daß sie ihn hier auf seinem Schloß angegriffen hätten, ohne ihm zuvor, wie es sich gehört hätte, einen Fehdebrief zu schicken.

Er war schon sehr schwach, aber er handelte die Kapitulation noch selber aus. Dabei rang er zuerst den Fürsten die Zusicherung ab, daß sie seinen Landsknechten und jenen Bürgern, die freiwillig auf seiner Seite gefochten hätten, all ihr Eigentum belassen und ihnen gestatten sollten, in Frieden in ihre Heimat abzuziehen. Die Ritter, die bei ihm waren, und sein lutherischer Kaplan Nikolaus Merxheimer bekamen diese Vergünstigung nicht, sondern wurden Gefangene der Sieger.

Kurfürst Ludwig V. von der Pfalz, der den Beinamen Pacificus (der Friedfertige) trug, konnte nur schwer ertragen, seinen alten Freund so liegen zu sehen. Er hatte mit ihm, dem berühmten Kriegshelden und späteren Aufrührer gemeinsame Jugendjahre verbracht, und nun lag er zu seinen Füßen im Stroh und quälte sich, wenn er es auch zu verbergen suchte. Er fragte nur: »Was hast du dir da zugezogen, Franz?«

Landgraf Philipp aber machte Sickingen heftige Vorwürfe: »Was habe ich dir getan, Franz, daß du mich in meinen Kindertagen so angegriffen hast?« Und der Erzbischof von Trier sagte: »Franz, was hast du mir vorzuwerfen, daß du mich und mein Stift so gewaltig geschädigt hast?« Aber Kurfürst Ludwig unterbrach sie und sagte: »Seht ihr nicht, wie es um ihn steht?«

Es fiel Sickingen nicht leicht zu sprechen. Er sagte: »Ich habe jetzt mit einem größeren Herrn zu reden.« Wie sollte er ihnen das alles auseinandersetzen, was ihn bewegt hatte, was er richtig gedacht und falsch gemacht hatte. Jedes Wort tat ihm weh. Er mußte geizen mit seinen Worten, obwohl es wahrhaftig nicht seine Art war, mit irgend etwas zu geizen. Es gab keine Möglichkeit mehr, sich ihnen noch verständlich zu machen. Sie waren zu Symbolfiguren für ihn geworden, und er hatte sich selber zur Symbolfigur gemacht. Woher sollte er im Sterben noch die Kraft nehmen, eine Grundsatzdisputation in diesem feuchtkalten Kellergewölbe zu führen?

Jeder von den dreien verkörperte einen Typ des Landesfürsten, die Sickingen allesamt für schädlich hielt. Philipp von Hessen, der mit fünf Jahren Landgraf geworden war, hatte mit dreizehn selbständig die Regierung seines Landes übernommen und damit die Macht, Kriege zu führen, Abgaben von seinen Untertanen zu erzwingen, Menschen einzukerkern und hinzurichten, Gesetze zu erlassen. Alle Gewalten in der Hand eines Kindes! Erzbischof Richard von Greifenklau, Kurfürst von Trier, als Geistlicher zu Armut und Demut verpflichtet, hatte die Herrschaft über die Seelen seiner Gläubigen in politische Macht umgemünzt und war ein Kriegsmann geworden, um diese Macht mit Waffengewalt zu verteidigen, ohne Rücksicht auf das Blut, das dabei floß.

Ludwig von der Pfalz, sein alter Jugendfreund und späterer Lehensherr, hatte den Schacherhandel bei der Kaiserwahl mitgemacht und sich seine Stimme ebenso bezahlen lassen wie alle anderen Kurfürsten. Da waren ein paar schöne gemeinsame Jugenderinnerungen kein angemessenes Gegengewicht.

Aber wie sollte er ihnen jetzt noch klarmachen, daß er das Reich anders sah als sie, das Amt des Kaisers, den Modus seiner Wahl, und daß er die Fürsten allesamt für den Verfall dieses Reiches verantwortlich machte, weil jeder nur seine eigenen Interessen im Kopf hatte. Dazu war es jetzt zu spät.

Sie blieben bei ihm, den ganzen Abend, die ganze Nacht. Sie waren auch noch da, als es am Morgen hell wurde. Sie wollten ihn sterben sehen. Sie beobachteten ihn, und als sie sahen, wie er sichtlich verfiel, drängten sie ihn, er solle beichten. Er sagte ihnen: »In meinem Herzen habe ich Gott gebeichtet.« Er winkte den Kaplan dicht an sich heran und bat ihn, ihm die Absolution zu erteilen. Das tat Nikolaus Merxheimer. Danach war Sickingen nicht mehr anzusprechen und dämmerte hinüber. Als er starb, knieten die Fürsten an seinem Lager und beteten, bis er tot war.

Er hatte vieles falsch gemacht in seinen letzten Jahren. Es war ihm nicht gelungen, sich von überholten Standesbegriffen zu befreien und sich um die rechten Verbündeten zu bemühen. Er hatte es nicht fertiggebracht, den Bundschuh aufzuwerfen, mit dem er so oft in Verbindung gebracht worden war, hatte die Entwicklung der Dinge nicht abwarten und den richtigen Zeitpunkt nicht abpassen können. So war er am Ende nicht der Volkskaiser geworden, den alle Stände und alle Menschen im Reich gleichermaßen hätten wählen können, sondern nur ein Raubritter, ein Verfechter des Faustrechts, den die Fürsten auf seiner Burg unschädlich gemacht hatten, mit allem formalen Recht auf ihrer Seite.

Aber nun, als er tot war, knieten ein weltlicher und ein geistlicher Kurfürst und ein Landgraf an seinem Lager und beteten zwischen all seinen Freunden, die bis zuletzt bei ihm ausgehalten hatten, den Rittern, den Bürgern, den Soldknechten. Ein Bauer war nicht dabei.

Das war am 7. Mai 1523 um die Mittagszeit, und die Nachricht von diesem Ereignis brachten reitende Boten hinaus ins ganze Land. Sikkingens Feinde jubelten: »Der Afterkaiser ist tot! Nun wird auch der Afterpapst nicht lange mehr am Leben bleiben!«

Der Afterpapst aber, Martin Luther, konnte für sich in Anspruch nehmen, daß er sich, trotz allen Drängens, dem Aufstand der Ritter nicht angeschlossen hatte. Nachdem es ihm gelungen war, die Schwarmgeister und Bilderstürmer in Wittenberg zum Schweigen zu bringen, konnte er sich jetzt in Ruhe ganz seiner reformatorischen Tätigkeit widmen und eine endgültige Form des Gottesdienstes und des Kirchenliedes entwickeln, eine Kirchenverfassung und Richtlinien für den Schulunterricht.

Jetzt, da das Haupt des Ritterbundes abgeschlagen war, hatten es die Fürsten nicht schwer, der Reihe nach alle die zu vernichten, die Sikkingen angehangen hatten, ohne sich ihm beizeiten anzuschließen. Der Schwäbische Bund, dem ja die Kurfürsten von Trier und von der Pfalz angehörten, der Landgraf von Hessen und der Herzog von Bayern sowie die Bischöfe von Augsburg und Konstanz, belagerte und stürmte eine Ritterburg nach der anderen, ließ sie plündern und niederbrennen. Schloß Boxberg, den Stammsitz der Herren von Rosenberg bei Landau, Rüdiger von Stützels Burg Balbach bei Mergentheim, Frowin von Huttens Schloß Saalmünster, die Feste Ruckingen der Herren von Rudecker, Kunz von Rosenbergs Schloß Waltmannshofen, Jörg von Thüngens Haus Reussenberg bei Würzburg, Alten-Gutenberg bei Kulmbach, Oppenroth, den Sparneckschen Familiensitz nahe Bayreuth. Noch viele, viele andere Schlösser gingen in Flammen auf, und ihre Bewohner mußten zusehen, wie sie mit ihrem Bündel auf dem Rücken irgendwo eine Bleibe fanden.

Indessen irrte Ulrich von Hutten durch Deutschland. Er hatte nur kleinstes Gepäck bei sich, denn er mußte leicht beweglich sein, durfte sich nur bei seinen treuesten Freunden zeigen, sofern deren Häuser nicht schon abgebrannt oder in Trümmer gelegt waren, und mußte jederzeit unauffällig wieder verschwinden können, denn nach ihm wurde gefahndet wie nach keinem anderen. Nur eine Wandertasche, einen Mantel und einen leichten Degen konnte er mit sich führen. Seine Manuskripte waren alle auf der Ebernburg geblieben und dort verbrannt.

Es ging jetzt gar nicht mehr darum, Mitstreiter zu gewinnen, es ging

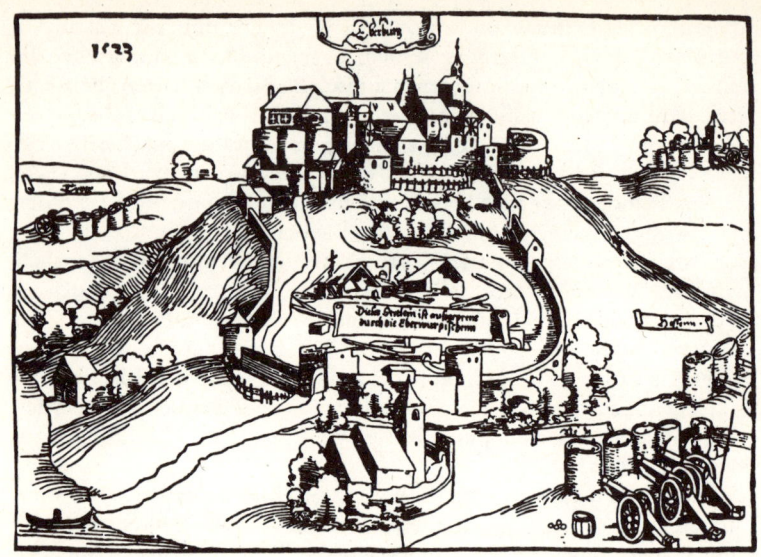

Huttens Notizen, Konzepte und Aufzeichnungen waren alle schon vor seinem Tod auf der Ebernburg (hier bei der Belagerung im Jahr 1523) verbrannt.

nur noch darum, zu überleben. Die Sache war verloren. Der Gedanke, dem Reich zugleich eine politische und eine kirchliche Neuordnung geben zu können, hatte sich als Utopie erwiesen, als unerfüllbarer Traum. Er war am Ende. Er war schwach und ohne Hoffnung. Ihn quälte auch sein altes Leiden wieder, das ihn einige Jahre in Ruhe gelassen hatte: Morbus Gallicus, die Franzosenkrankheit, für die der Italiener Girolamo Fracastoro, der in Genua als Arzt praktizierte, den medizinischen Begriff Syphilis eingeführt hatte. Hutten hatte sie seinerzeit aus Italien mitgebracht. Sie kam in Schüben mit wechselnden Erscheinungen, so daß man sie zwischendurch fast vergessen konnte, auch wenn man sie ständig mit sich herumtrug. Erst die Ahnungslosigkeit, dann der Ekel vor sich selber, die immer wieder aufgekratzten eitrigen Pusteln, Geschwüre an immer neuen Stellen, die Hilflosigkeit der Ärzte, die mit dem neuartigen Phänomen nicht fertig wurden und zu den abwegigsten Behandlungsmethoden griffen. Und immer neue schreckliche Symptome: Kopfschmerzen und Krämpfe, Lähmungen, eine maßlose Reizbarkeit, der unversehens eine grenzenlose Müdigkeit folgte, die Unfähigkeit, die Glieder zu beherrschen und die Furcht vor völliger Lähmung und Verblödung.

206

Kurz vor Sickingens Ende hatte Hutten sich noch einmal bemüht, die Hilfe der Schweizer zu gewinnen, aber die hatten gerade mit Ulrich von Württemberg ein vorteilhaftes Arrangement getroffen. Er wurde finanziell sehr großzügig von Franz I. unterstützt und warb mit dem Geld des französischen Königs in der Schweiz Kriegsknechte an, um mit ihnen den Schwäbischen Bund niederzuwerfen und das Herzogtum Württemberg wieder in seine Gewalt zu zwingen. Ulrich brachte also Geld ins Land und war für die Schweizer ein weit interessanterer Partner als der gebrochene Freund des gescheiterten Sickingen. Damit war auch der letzte Versuch mißlungen. Nun half nichts mehr. Alles war zerstört. Huttens physische Kräfte, seine Ideale und Hoffnungen, sein Glaube, es sei seine Aufgabe gewesen, das Reich mit einem neuen Geist zu erfüllen und ihm mit seinem Freund Franz von Sickingen zusammen eine neue Gestalt zu geben. Von alledem war nun keine Rede mehr. Niemand konnte das Reich vor der Selbstzerstörung bewahren.

Der Kaiser war nicht im Lande. Er hatte seinem jüngeren Bruder Ferdinand, der 1503 in Kastilien geboren worden war, zu dessen achtzehntem Geburtstag die österreichischen Lande Steiermark, Kärnten, Krain, Tirol und das Erzherzogtum Österreich übergeben, dazu die Entscheidungsbefugnis in allen deutschen Angelegenheiten für die Zeiten kaiserlicher Abwesenheit. Karl V. dachte in anderen Dimensionen, das war gerade wieder deutlich geworden: Im September 1519 hatte er den Admiral Fernão de Magalhães mit fünf Schiffen und 239 Mann ausgesandt, den westlichen Weg zu den Molukken zu erkunden, diesen fruchtbaren Inseln, die in Fülle Indigo und Muskatnüsse lieferten, Gewürznelken, Sago und Kakao, aus dem das wohlschmeckende Getränk bereitet wurde, dessen Genuß man schon in den großen europäischen Hafenstädten und fürstlichen Residenzen schätzen gelernt hatte. Auf der langen Fahrt waren ein Schiff gesunken, eines gestrandet, eines heimlich umgekehrt, eines verschollen, viele Seeleute gestorben, ertrunken, gefallen, der Admiral 1521 auf den Philippinen von Eingeborenen erschlagen worden. Das letzte Schiff aber, die »Victoria«, war mit den letzten achtzehn Mann an Bord nach dreijähriger Reise glücklich zurückgekehrt, und der Kapitän hatte dem Kaiser melden können, daß die Expedition die Welt umsegelt und dabei außer zahllosen Inselgruppen die Passage vom Atlantik in den Stillen Ozean entdeckt habe, zwischen der Südspitze des südamerikanischen Festlands und dem vorgelagerten Feuerland-Archipel. – So groß war die Welt Kaiser Karls des Fünften! Wie sollte er da auf den Gedanken kommen, sich mit ein paar deutschen Aufrührern abzugeben?

Huttens Welt war klein geworden und wurde immer kleiner: eine Insel, darauf ein Haus, darin ein Bett. Eine Begegnung war ihm noch vergönnt gewesen, die ihn mit Dank erfüllte und der Sorge enthob, gefangen zu werden und eingekerkert in irgendeinem feuchten Gewölbe in Dunkelheit und Kälte von seiner Krankheit aufgefressen zu werden. Der Schweizer Reformator Ulrich Zwingli hatte sich seiner angenommen und ihn im Pfarrhaus auf der Insel Ufenau im Zürcher See untergebracht, wo sich der Pfarrer um ihn kümmerte und ihm in den letzten Monaten seiner Auflösung die Ruhe und Geborgenheit gab, die ihm im ganzen Leben nicht vergönnt gewesen war. Da starb er, 35 Jahre alt, in den späten Augusttagen des Jahres 1523. Das genaue Datum wurde nirgends notiert. Vielleicht gab es auch keines in diesem langsamen Hinübergleiten. Seine Schriften, soweit sie nicht schon gedruckt und in Deutschland verbreitet waren, alle Notizen, Konzepte, Aufzeichnungen, waren durch den Brand auf der Ebernburg schon vor ihm ausgelöscht worden. So blieb nur noch die Schreibfeder und ein paar Blatt weißes Papier, weil es am Ende nichts mehr gegeben hatte, was ihm so wichtig erschienen wäre, daß er es hätte festhalten müssen.

Zwei Wochen nach Ulrich von Hutten starb Papst Hadrian VI. in Rom. Sein Todestag, den die Römer seit seiner Inthronisation im Jahr zuvor so intensiv herbeigesehnt hatten, wurde sehr genau notiert: Es war der 14. September 1523. Sein geheimnisvoller Tod, dessen Ursache nie geklärt wurde, erlöste ihn von dem Haß des Hofstaates, dessen Prachtentfaltung er nie zu schätzen gewußt hatte, und aller geistlichen und weltlichen Bewohner der Heiligen Stadt. Zweierlei konnten sie ihm auch nach seinem Hinscheiden nicht verzeihen, einmal, daß er ein so strenggläubiger Christ gewesen war, der keinerlei Sinn für das ganze fröhliche Rankenwerk eines römischen Kanonikerlebens gehabt und weder Unwahrheit noch Heuchelei hatte ertragen können, vor allem aber, daß er aus den Niederlanden stammte, waren sie doch der festen Überzeugung, daß Gott der Herr nur Italiener auf dem Stuhle Petri zu sehen wünsche.

Kaum hatte sich die freudige Botschaft herumgesprochen, da drängten sich die Römer zum Hause des Arztes, der Hadrian behandelt hatte, und brachten daran die Inschrift an: »Liberatori Patriae Populus Romanus Salutem Dicit – Das römische Volk dankt dem Befreier des Vaterlandes!«

Die Stühlinger
und
Thomas Müntzer

Im Herbst des Jahres 1523, bald nachdem Ulrich von Hutten und Papst Hadrian VI. gestorben waren, wurden an vielen Orten Deutschlands merkwürdige, Unheil verheißende Erscheinungen beobachtet: Ende Oktober, als die Bäume schon braune Blätter trugen, begannen einzelne Zweige plötzlich Blüten zu treiben, Kastanien am Waldsaum, Kirschen in den Gärten, Schlehen am Wegrand; schreckliche Mißgeburten kamen zur Welt bei Menschen und Tieren, und sonderbare Zeichen standen am Himmel: drei blutige Kreise um die Sonne herum, ein schwarzes Kreuz über dem Mond. Gelehrte an mehreren Universitäten bestätigten mit genauen mathematischen Berechnungen der Sternbewegungen die Rückschlüsse, welche die einfachen Leute aus den grob wahrnehmbaren Erscheinungen gezogen hatten: Die Welt stand unmittelbar vor ihrem Untergang; sie war in einen Wirbel geraten, der sich immer rascher drehte und sie in die völlige Vernichtung einsog. Wahrsager und Sterndeuter auf Marktplätzen und Landstraßen wurden ständig von Menschen bedrängt, die Genaueres wissen wollten, und die Boten mit den Flugblättern, auf denen die Konstellation der Sterne dargestellt und deren Auswirkungen auf die Menschheit erklärt wurden, mußten oft zu ihren Händlern zurückeilen, um neue Stapel zu holen. Die Druckwerke waren sogenannte Praktiken oder Prognostiken, aus denen zu ersehen war, welche Ereignisse in nächster Zeit auf Stadt und Land zukamen, damit die Menschen sich entsprechend verhalten konnten, Blätter mit wenig Text und ausdrucksstarken Holzschnitten.
Die Prognosen für das Jahr 1524 waren gar nicht günstig. Eine bedeutende Autorität auf dem Gebiet der Sternkunde, der Tübinger Mathematikprofessor Johannes Stöffler, hatte schon in seinem Standardwerk, den Ephemeriden von 1499, einer astrologischen Vorschau auf das kommende Vierteljahrhundert, exakt ermittelt, daß sich im Februar 1524 alle Planeten im Zeichen der Fische treffen würden, ein untrüglicher Beweis dafür, daß zu diesem Zeitpunkt eine Sintflut das Leben auf der Erde vernichten werde.
Im Jahre 1523, das diesem Jahr schrecklicher Verheißung vorausging, wurden in Deutschland insgesamt einundfünfzig verschiedene Hefte und Blätter mit Prognosen gedruckt und vertrieben, in den ersten acht Wochen des Jahres 1524, also unmittelbar vor der prophezeiten Kata-

Das Praktiken-Titelbild zeigt die gefürchtete »Große Konjunktion« im Zeichen der Fische des Jahres 1524, von der man eine Sintflut erwartete.

strophe, noch sechzehn. Über ihren Zeitpunkt waren sich die Verfasser einig, nicht aber über ihr Ausmaß. Optimisten wie der Astronom Georg Tannstetter aus Wien glaubten, der Schaden werde sich in Grenzen halten, und die Menschheit hätte durchaus Chancen zu überleben. Stöffler aber, der das Allerschlimmste ausgerechnet hatte, reagierte gereizt auf Tannstetters Schrift und zählte sämtliche Rechenfehler auf, die er dem Wiener im Laufe seines Lebens nachgewiesen hatte. Er entfachte einen wilden Gelehrtenstreit und wetterte in immer neuen Kampfschriften gegen alle, die zu weniger finsteren Schlüssen kamen. Er hielt eisern an der These fest, im Februar 1524 müsse die absolute Vernichtung dieses Weltkörpers kommen.

Zutiefst beunruhigt richteten sich die Menschen auf das Schlimmste ein, jeder nach seinen Möglichkeiten, die Armen beteten, die besser Situierten bauten sich Flöße in ihren Gärten oder auf ihren Feldern, die Reichen gaben ganze Archen für ihre Familien, die Dienerschaft und die wichtigsten Haustiere in Auftrag. Auch der kaiserliche Hof ergriff seine Maßnahmen: Die Berater Kaiser Karls V. arbeiteten Pläne aus für Fluchtburgen, Truppenlager und Verpflegungsmagazine auf Bergkuppen und Höhenzügen.

Für die Zuverlässigkeit ihrer Voraussagen konnten die Astrologen anführen, daß sie ja auch schon die verhängnisvolle Konstellation des Jahres 1496 beizeiten erkannt und richtig gedeutet hatten: In jenem Jahr hatten sich alle Planeten, außer dem Mars, im Zeichen des Skorpion getroffen, was dann die explosionsartige Ausbreitung der Syphilis bewirkt habe.

Ein Spruch ging durchs Land: »Wer im Jahre 1523 nicht stirbt, 1524 nicht im Wasser verdirbt, 1525 nicht wird erschlagen, der mag von Wunder sagen!«

Tatsächlich kam im Februar des Jahres 1524 eine vorzeitige Wärme über das Land, die das Eis auf den Flüssen und den Schnee in den Bergen rasch schmelzen ließ, und tagelang fiel dazu noch schwerer Regen hernieder. Aber das Hochwasser an Rhein und Donau, an Elbe, Oder und Weichsel war dann doch nicht viel schlimmer als in manchem Jahr zuvor, und niemand brauchte Floß, Arche oder Fluchtburg in den Bergen. Die Gelehrten warteten in wachsender Ungeduld. Als dann der Februar vorbei war und der März kam, sagten sie, das Verhängnis habe sich – genau wie vorausgesagt – im Februar tatsächlich zusammengeballt und nun schlummere es, um später in etwas veränderter Gestalt auszubrechen.

Es brach in sehr veränderter Gestalt aus, und, wie es schien, aus banalstem Anlaß:

Am 24. Juni, dem Johannistag des Jahres 1524, als die Bauern der Landschaft Stühlingen mit allem, was laufen konnte und gesunde Hände hatte, mit Frau und Kind, mit Muhme und Großvater aufs Feld gegangen waren, um das gute Wetter auszunutzen und die Heuernte einzubringen, ließ ihnen ihre Herrin, Helena, Gräfin von Lupfen, durch einen Diener befehlen, die Arbeit stehen und liegen zu lassen, statt dessen augenblicklich in der Gegend auszuschwärmen und gut ausgetrocknete Schneckenhäuser zu sammeln, die sie haben wollte, um verschiedenfarbenes Garn daraufzuwickeln, eine hübsche Spielerei für Stunden der Muße.

Die Landgrafschaft Stühlingen lag nahe der Schweizer Grenze, westlich der alten Reichsstadt Schaffhausen, deren Bürger sich erst vor 23

Jahren, am 19. August 1501, der Schweizerischen Eidgenossenschaft angeschlossen hatten. Trotz der unmittelbaren Nähe eines weitgehend demokratischen Staatsgebildes ertrugen es die Stühlinger Bauern gottergeben, daß der Landgraf von Stühlingen, Sigismund II. Graf von Lupfen, sie wie Leibeigene behandelte, was sie von Rechts wegen nicht waren. Er zog sie in einem Maße zu Dienstleistungen auf dem Felde, dem Hofe und in den Stallungen heran, daß ihnen kaum noch Zeit blieb, sich um ihre eigene kleine Landwirtschaft zu kümmern, geschweige denn, irgendwann ihr Leben zu genießen. Und dann mußten sie auch noch dauernd zwischendurch, wenn Gräfin Helena plötzlich von einem Heißhunger auf dieses oder jenes befallen wurde, Pilze sammeln, Kräuter rupfen, Walderdbeeren pflücken, ohne Rücksicht auf Sonn- und Feiertage. Wenn ihnen sonst auch praktisch keine Rechte und Freiheiten zustanden – außer dem Besuch der Kirche –, so war es doch guter alter Brauch, daß die Festtage dem Bauern und seiner Familie gehörten, ob er nun ein Zinspflichtiger oder ein Leibeigener war, und er brauchte diese Zeit dringend, um seinen kleinen Akker zu bestellen, seinen Gemüsegarten und sein Haus in Ordnung zu halten. Sankt Johannis, der längste Tag im Jahr, war der willkommene längste Arbeitstag des Bauern für ihn und seine Angehörigen.

Die Stühlinger Bauern hatten sich daran gewöhnt, bis an die Grenzen des Menschenmöglichen eingespannt und ausgebeutet zu werden. Graf Sigismunds Herrschaft war schon von seinen Vorvätern her heillos verschuldet, und er holte aus seinen Leuten das Letzte heraus, auch noch nach ihrem Tode, denn er setzte sich selber zum Erben all jener ein, die unehelich geboren worden waren, und derer, die ledig starben, ohne Rücksicht darauf, ob sie vielleicht eigene Vorstellungen hatten, wem sie gern ihre paar Habseligkeiten vererben wollten. Das alles nahmen sie als ihr von Gott gegebenes Schicksal an und muckten nicht auf. Sie neigten auch nicht der aufrührerischen Lehre des Doktor Luther zu, sondern hielten fest und treu zur katholischen Kirche und zum Heiligen Vater in Rom. Für das oft lästige Beerenpflücken hatten sie noch Verständnis, da Beeren, wenn sie nicht beizeiten geerntet werden, faulen und von den Sträuchern fallen, daß sie aber an Sankt Johannis, mitten in der Heuernte, leere Schneckenhäuser sammeln sollten, empfanden sie als unerträgliche Willkür, und sie weigerten sich, es zu tun. Sie erklärten, sie seien nicht als Sklaven geboren und hätten es satt, immer nur das auszuführen, was ihnen befohlen werde; am Ende würde ihr Herr sie noch eines Tages wie ein Stück Vieh verkaufen.

Es war dieses die Gegend, in der einst Joß Fritz seinen Lehener Bundschuh zusamengetrommelt hatte und in der er immer noch hin und wieder gesehen wurde auf seiner ruhelosen Wanderschaft. Auch Ulrich von Hutten war hier, so dicht an der Grenze, herumgezogen und hatte mit den Menschen geredet, bis ihn die Kräfte verlassen hatten und er hinübergegangen war, um in der Schweiz in Freiheit zu sterben. Aber trotz des Wirkens dieser beiden Reformer im Klettgau war im Protest der Stühlinger Bauern keine Rede vom göttlichen Recht oder vom alten Recht, von einer Reformation der Kirche oder einer Reform des Staatswesens, sondern nur von der Freiheit, ein Mensch zu sein, und von dem Recht, seine Menschenwürde zu bewahren.

In diesen Zeiten waren allerlei Geschichten in Umlauf von Übergriffen der Herrschaft in den Ländern des Reiches. Sie wurden angebracht von Wanderburschen, Scholaren und Landsknechten, von Leuten, die weit herumkamen, viel sahen, viel hörten, in den Wirtshäusern saßen und erzählten oder irgendwann einmal beim Vesper zwischen den Bauern am Wegrand hockten, ein Stück Brot bekamen und einen Schluck aus dem Krug mit Wasser, in dem manchmal auch etwas Wein war.

Da hatte in der Herrschaft Eppstein im Taunus ein Bauer Krebse im Bach gefischt, was ein Recht der Herrschaft war. Der Junker von Eppstein hatte ihn dabei ertappt, ihn von den Knechten fangen und in Ketten ins Burgverlies werfen lassen. Dann hatte er einen Boten nach Frankfurt geschickt mit der Anfrage, ob der Rat der Stadt freundlicherweise bereit sei, ihm für einen Tag den Scharfrichter auszuleihen. Der Rat hatte geantwortet, die Freie Reichsstadt Frankfurt sehe sich außerstande, ihrem Scharfrichter zu gestatten, Todesurteile jenseits ihrer Grenzen zu vollstrecken. Da hatte Herr von Eppstein in irgendeiner kleineren Stadt einen Scharfrichter gefunden, der dankbar war, sich etwas Geld verdienen zu können, von dem seine Behörden nichts wußten. Der hatte dann den Bauern geköpft. Doch kein Mensch im Heiligen Römischen Reich hätte eine Rechtsgrundlage finden können, den Eppsteiner für sein Willkürurteil zur Verantwortung zu ziehen, denn in seinem Herrschaftsgebiet besaß er die Gerichtshoheit.

Und wenige Wochen vor dem Aufruhr in der Landgrafschaft Stühlingen hatte sich in Kempten ein anderes Unrecht ereignet: Während die Bauern auf den Wiesen der Abtei mähten, war Pelagius, ein Sohn des Abtes Sebastian von Breitenstein, an ihnen vorbeigeschlendert. Einer der Leibeigenen hatte zwischen zwei Sensenschlägen gesagt: »Was für einen schönen Sohn unser Hochwürdiger Herr Abt doch hat!«, und ein anderer, der schon mehr als siebzig Jahre zählte und dazu verdammt war, bis in seine letzte Stunde hinein zu arbeiten, hatte darauf bemerkt: »Wenn er nur nicht das Kind eines Mönchs wäre!« Das kam dem Abt zu Ohren, der einer der Mächtigen unter den deutschen Reichsfürsten war. Er ließ den alten Mann in den Kerker werfen, ließ ihn vierzehn Tage da liegen und dann sein Urteil verkünden, ohne ihn zuvor anzuhören: Er solle fünfzig Heller Strafe zahlen und habe sein Leben verwirkt, wenn er noch einmal den Sohn des Fürstabtes ein Mönchskind nennen würde. Es dauerte vier Wochen, bis Freunde des alten Mannes das Geld zusammengekratzt hatten, dann durfte er gehen. Aber er hatte sich in dem nassen Gewölbe schon eine schwere Erkältung geholt, an der er bald darauf starb. – Viele Geschichten solcher Art gingen durchs Land, sehr viele.

Als sich in Stühlingen die Bauern weigerten, die Schneckenhäuser zu sammeln, war Graf Sigismund gerade auf Reisen. Sein Neffe, Graf

Georg von Lupfen, vertrat ihn, und der war noch jung und dieser unvorhersehbaren Situation, vor die er sich gestellt sah, nicht gewachsen. Auch Gräfin Helena konnte es nicht fassen, daß die Leute, die immer so brav alles getan hatten, was ihnen befohlen worden war, plötzlich aufsässig wurden. Mehrere Dorfgemeinden in der Nachbarschaft schlossen sich zusammen, trafen sich im nahen Bonndorf mit anderen, besprachen ihre Anliegen, schworen, dem Evangelium allzeit treu zu sein und der Gerechtigkeit zu dienen. Dann wählten sie einen Hauptmann, einen Fähnrich und einen Weibel und machten sich eine Fahne.

Dieses Feldzeichen symbolisierte die Grundhaltung der Stühlinger Bauern: Es war in den österreichischen Landesfarben rot und weiß gehalten und trug im weißen Balken die schwarze Inschrift »Alt Österreich«. Die Landschaft stand unter der Schirmherrschaft Österreichs, die Bauern erkannten also demonstrativ die Herrschaft des Erzherzogshauses an, sie wehrten sich nur gegen die Übergriffe ihres Landgrafen; alle bestehenden Ordnungen, Gesetze, Abhängigkeiten stellten sie nicht in Frage.

Der Mann, den sie zum Hauptmann wählten, war ein einstiger Landsknecht namens Hans Müller aus dem Dorf Bulgenbach, das zur Benediktinerabtei Sankt Blasien gehörte, einem der geistlichen Reichsfürstentümer. Er hatte auf verschiedenen Kriegsschauplätzen gegen Franz I. von Frankreich gefochten, war intelligent und tapfer und besaß die Gabe, mit den Leuten über alles zu sprechen. Der Notar Andreas Lettsch aus Sankt Blasien beschrieb den Hauptmann der Stühlinger Bauern so: »... Gott hat sie mit einem geschickten Mann versorgt, den alle Menschen achteten, Hans Müller, ich habe ihn auch noch gut gekannt. Er war ein ziemlicher Mann in rechter Manneslänge, der – obwohl ein Laie – des Redens wohl kundig war ... So haben sich nun die Bauern des Grafen von Lupfen zusammengeschlossen und geschworen, einander in Freud und Leide beizustehen. Sie wollten ihrer Herrschaft nicht mehr bedingungslos gehorsam sein und wollten alles Wild schießen können und frei in allen Gewässern fischen dürfen ...«

In diesem Sommer schlugen Hagelschauer am Sankt Jakobstag, dem 20. Juli, im Klettgau und im Hegau schwer in das Korn auf den Feldern und die Reben in den Weingärten, und sie verwüsteten alles. Danach kam eine große Hungersnot über das Land, und die Preise stiegen von Tag zu Tag. Das wenige, das die Menschen von ihrer Ernte gerettet hatten, mußten sie ihrem Grundherrn abliefern. Die Angst überkam sie, wovon sie, die Kinder und die alten Leute leben und wie sie über den Winter kommen sollten.

215

Am 1. September, dem Tag der heiligen Verena im Jahre 1524, zogen die Bauern von Stühlingen und Bonndorf, von Bettmaringen und Ewattingen, zusammen gut achthundert Mann, nach Waldshut zur Kirchweih. Sie kamen gerüstet mit ihren Waffen, und der Fähnrich in ihrer Mitte trug die Fahne. In der Stadt taten sie sich sogleich mit den Waldshutern zusammen. Der Notar Lettsch vermerkte: »... und zogen mit ihrem Fähnle gen Waldshut auf die Kirchweih, und wie die von Waldshut bei unserem Herrn, der Königlichen Majestät, in etwas Ungnade standen von wegen ihrer angenommenen lutherischen Lehre, machten sie mit den Stühlinger Bauern ein Bündnis, daß sie einander retten, schützen und schirmen sollten.«

In Waldshut fand Hans Müller von Bulgenbach seine ideale Ergänzung in dem Pfarrer Balthasar Hubmayer. Beide waren zu gleichen Teilen die treibenden Kräfte bei dieser ungewöhnlichen Allianz von katholischen Bauern und evangelischen Bürgern, die ganz unterschiedliche Anliegen hatten und deren Bündnis sich später als so widerstandsfähig erwies. Sie nannten sich die »Evangelische Bruderschaft«.

Hubmayer war ein Mann von Ende Dreißig, stammte aus Friedberg bei Augsburg, hatte in Freiburg und Ingolstadt Theologie studiert und bei Luthers Gegner Johann Mayer von Eck promoviert, dann einige Jahre als Domprediger in Regensburg gewirkt und war von dort aus in das vergleichsweise unbedeutende Landstädtchen Waldshut gegangen, um enger mit einer kleineren Gemeinde zusammenleben zu können. In seiner Auffassung näherte er sich immer mehr Martin Luther und führte in Waldshut die Reformation ein, wobei ihn seine Gemeindeglieder unterstützten. Kaiser Karls V. Bruder Ferdinand, der als Erzherzog von Österreich Landesherr über Waldshut war, befahl der Stadt, ihren Prediger Hubmayer an die Landesregierung auszuliefern. Aber einmütig lehnten Rat und Bürgerschaft dieses Ansinnen ab und bekannten sich offen zu ihrem Pfarrer, entschlossen, ihn mit allen Mitteln zu schützen. Ihnen ging es um die Freiheit der Priesterwahl und der Religionsausübung.

Die Unruhe im Klettgau kam Ferdinand nicht gelegen. Er war vollkommen damit beschäftigt, im Herzogtum Krain, das ständig von umherstreifenden türkischen Reitertrupps heimgesucht wurde, die bedrohliche Expansion des Osmanischen Reiches einzudämmen. Seine Stellvertreter zeigten wenig Neigung, den Beschwerden der Bauern ernsthaft nachzugehen. Sie wollten mit möglichst drastischen Mitteln die Rückkehr zum bequemen Status quo ante erzwingen und beschlossen, ein Heer von 12 000 Mann aufzustellen, um die vereinigten Stühlinger Bauern und Waldshuter Bürger mit Waffengewalt zum Gehorsam zu zwingen. Aber die Kassen waren leer, und kein Bankier hatte Interesse daran, für dieses Unternehmen, das keinerlei Gewinn versprach, Kredite zu geben. Die Adeligen im Hegau wollten Graf Sigismund, der eilends zurückgekehrt war und die Entwicklung der Dinge erschreckend weit fortgeschritten fand, gern helfen, doch sie fühlten sich nicht stark genug. So mußte er sich notgedrungen auf einen Vertrag mit den Bauern einlassen, in dem er ihnen begrenzte Rechte und Freiheiten einräumte. Kurz vor dem Abschluß verlangte Graf Sigismund, die Bauern sollten auf offnem Felde vor ihm niederknien, ihre Schuld eingestehen, ihn um Vergebung bitten und ihre Fahne ausliefern. Das aber widersprach ihrem Rechtsempfinden. Sie weigerten sich, den Vertrag zu unterzeichnen.

Die Unruhe griff rasch um sich. Auch im Hegau, der Landschaft nordöstlich vom Klettgau, taten sich die Bauern mehrerer Dörfer zusammen. Am Sonntag nach Michaelis trafen sich schon einige hundert auf der Kirchweih in Hilzingen, um sich zu beraten, und dabei kamen sie zu dem Schluß, das sie unter den zahllosen Herrschaften in ihrem zerrissenen und immer wieder geteilten Land unter ebensolchen Ungerechtigkeiten zu leiden hatten wie die Stühlinger. Mit denen wollten sie sich verbünden. Sie wählten ebenfalls einen Hauptmann und dazu noch 24 Ratmänner.

An demselben Sonntag versammelten sich die Stühlinger, um durch das Land zu ziehen, zunächst nach Westen in den Schwarzwald hinein, dann an Sankt Blasien vorbei nach Norden, auf Lenzkirch und Neustadt zu, und nach Osten über Löffingen nach Hüfingen, um von dort aus in ihre Heimatorte zurückzumarschieren. Einen großen Kreis also beschrieben sie, und wo sie hinkamen, in jedem Ort, machten sie halt und erklärten den Menschen, worüber sie sich beklagten und was sie vorhatten. In den Gasthäusern setzten sie sich zu den Leuten, aßen und tranken mit ihnen, bezahlten ordentlich, was sie verzehrt hatten und hörten sich die Beschwerden der Eingesessenen an. Von Ort zu Ort wurden sie zahlreicher, weil sich ihnen Bauern aus den verschiedensten Herrschaftsbereichen anschlossen, bis sie über viertausend waren. Und von Dorf zu Dorf wurden sie sich immer deutlicher ihrer Macht bewußt. Obwohl sie niemandem Gewalt antaten, so erschreckten sie doch manchen Grundherrn, der sie bisher in ihrer Gesamtheit kaum beachtet und allenfalls den Fleiß und die Arbeitskraft der einzelnen im Sinn gehabt hatte. Aus Furcht, die Bauern könnten ihre Schlösser stürmen, flüchteten einige Ritter, wie die Junker Burkhard und Hans von Schellenberg, die sich von ihrer Burg nach Villingen absetzten. Der Bischof von Konstanz schickte einen Hofmeister aus, mit dem Auftrag, den Bauern gut zuzureden, sie sollten brav ihre Arbeit tun, Gott danken und sich ruhig verhalten. Der Bürgermeister von Überlingen kam persönlich, um herauszufinden, ob seiner Stadt Mißhelligkeiten drohten.

Es gab auch einen Versuch, den Zug der Bauern mit Gewalt auseinanderzusprengen. Eine kleine österreichische Truppe von 1200 Mann zu Fuß und 200 Reisigen unter den Hauptleuten Jakob von Landau und Wolf-Dietrich von Hohenberg stellte sich bereit, sie hielt sich aber im Hintergrund und griff nicht ein, weil sie sich nicht stark genug fühlte.

Die Bauern fühlten sich stark genug. Sie wollten aber jedes Blutvergießen vermeiden und allein durch ihre Geschlossenheit und ihre Disziplin wirken. In der Tat gelang es ihnen, ein Abkommen auszuhandeln, das ihnen endlich das zusicherte, was sie von Anfang an gewollt hatten: Ihre Klagen sollten vor einem Schiedsgericht verhandelt werden, das zur Hälfte aus Bauern, zur Hälfte aus Bürgern der Städte bestehen sollte, die in diesen Landschaften lagen. Einer solchen Lösung hatte sich Graf Sigismund von Lupfen bisher hartnäckig widersetzt. Nun stimmte er notgedrungen zu, und sogleich brachen die Bauern den Aufstand ab und gingen heim. Sie hängten ihre Waffen in den Schrank und warteten darauf, daß dieses Schiedsgericht zusammentrat. In der Zeit leisteten sie korrekt alle Dienste, zu denen sie verpflichtet waren. Unterdessen ging das Jahr zu Ende, und mit dem Jahr änderten sich alle Voraussetzungen.

Auch die Waldshuter waren zufrieden. Sie, denen es ja nur um ihre religiöse Freiheit gegangen war, ließ man zunächst in Ruhe. Hubmayer hatte inzwischen die Stadt aus freien Stücken verlassen, um den Bürgern Vergeltungsmaßnahmen zu ersparen, die Erzherzog Ferdinand ihnen angedroht hatte. Der Bruder des Kaisers hatte mehrfach bekannt, was er von Luther und den Lutheranern hielt. So hatte er dem Papst geschrieben: »... täglich gebe ich unzweideutige Beweise meines reinen Glaubens. Nichts unter der Sonne ersehne ich heißer, als daß so ein abscheuliches Volk aus meinen Gebieten entfernt werde ...«

Als Balthasar Hubmayer einigermaßen sicher sein konnte, daß seine Waldshuter Gemeinde durch das Abkommen mit den Hegauern und den Klettgauern gut geschützt war und daß Ferdinand zur Zeit keine Gewaltmaßnahmen planen konnte, weil er weder das Geld noch die militärischen Kräfte dazu hatte, kehrte er in die Stadt zurück, und die Waldshuter holten ihn ein wie einen Fürsten.

Hans Müller von Bulgenbach war mit dem Kompromiß nicht zufrieden. Er wollte den größeren Zusammenschluß, um mit der größeren Stoßkraft größere Ziele erreichen zu können. Mit ein paar engen

Landsknechte (hier mit Spieß und Hellebarde) werden erstmals als Söldner Maxi-milians I. erwähnt. In den Bauernkriegen kämpften sie auf beiden Seiten.

Freunden, die durchweg auch alte Landsknechte waren, ging er in die Landschaft Baar, wo Brigach und Breg, die Quellbäche der Donau, entspringen. Dort waren schon in mehreren Dörfern Bauern unruhig geworden. Sie wollten dem Beispiel der Stühlinger folgen und sich auch kleine Rechte und Freiheiten von ihrer Herrschaft erkämpfen. Ihnen fehlte nur noch der Mann, der sie zusammenhielt, und sie waren froh, als Hans Müller von Bulgenbach bei ihnen erschien. Er gab ihnen die Ordnung, die ihnen fehlte, in Form der militärischen Gliederung, die er bei den Landsknechten gelernt hatte. Dann zog er mit ihnen über die Dörfer, wie er es einen Monat vorher mit den Stühlingern getan hatte. Wohin sie kamen, riefen sie die Menschen zusammen, hörten sich an, was sie auf dem Herzen hatten, stellten fest, daß es fast immer das gleiche war, sagten, was sie erreichen wollten und daß man die Verhältnisse nur ändern könne, wenn man es mit vereinten Kräften täte, und zogen weiter.

Doch nun schlossen sich ihnen nicht mehr so viele Männer an, denn es war kalt geworden, und der Winter stand vor der Tür. Am 2. Dezember schlugen sie vor Hüfingen ein Lager auf. Es war nicht leicht, im Schneeregen unter den dünnen Zelten die Männer beieinanderzuhalten, während jeder an seine Familie und sein Zuhause dachte. Sie mußten ein Ziel vor Augen haben, und das nächste Ziel war Donaueschingen, das sich die reichen Grafen von Fürstenberg im Jahre 1488 von den Hohenzollern gekauft hatten. Doch bevor sie soweit waren, daß sie in die Stadt eindringen konnten, stießen sie auf ein kleines Heer, das einige Fürsten und Herren aus ein paar hundert Landsknechten und Reisigen aufgestellt hatten. Dem fühlten sie sich nicht gewachsen. Um der Vernichtung zu entgehen, zerstreuten sie sich nach dem ersten Ansturm und wanderten auf Schleichwegen jeder in sein Dorf zurück. Das war am 14. Dezember 1524, kurz vor dem Ende des Jahres, für das die Sintflut geweissagt worden war.

In diesen Wochen zogen Scharen fremder Propheten durch den Hegau, den Klettgau, die Baar; ihr Deutsch klang fremd, sie trugen grobe Tuchkutten, breite Filzhüte und predigten auf dem Felde oder in den Dörfern. Sie kamen aus Thüringen und aus Franken, aus Sachsen und aus Böhmen, aber obwohl sie so ganz anders sprachen als die Leute hier unten an der Schweizer Grenze, verstanden sie es doch, die Menschen zu beeindrucken. Manche verkündeten Offenbarungen und erklärten, der Herr habe ihnen geboten, das Reich Gottes auf Erden zu errichten. Andere beschworen ihre Zuhörer, sich noch einmal taufen zu lassen, jetzt, als Erwachsene, weil die Taufe eines Kindes ohne Wert und Gültigkeit sei, da sie sich durch kein Bibelwort begründen ließe und da so ein kleines Geschöpf noch gar nicht Herr seines Willens und seiner Entscheidungen sei; erst der Erwachsene könne sich bewußt zu seinem Glauben bekennen. Das Argument überzeugte viele, und sie ließen sich bereitwillig noch einmal taufen. Das Klima des Aufruhrs zog sehr unterschiedliche Menschen in den Südwesten des Reiches. Mit den Propheten, den Schwärmern, den Wiedertäufern kam auch ein Mann ins Land, der nicht unbedingt einer der ihren war, der aber manchen Gedanken an Veränderungen und gewaltsame Neuerungen mit ihnen gemeinsam hatte. Er war ein studierter Mann, Magister Artium, Sanctae Scripturae Baccalaureus, geweihter Priester, und kam aus Thüringen; sogar sein Latein hatte einen unverkennbar thüringischen Anklang. Er hieß Thomas Müntzer und bekannte sich zu Luthers Reformation, verbreitete aber Lehren, die weit über das hinausgingen, was Luther predigte. Müntzer wollte das tausendjährige Reich Gottes auf Erden errichten und als erste vorbereitende Maßnahme die Gütergemeinschaft aller Gläubigen einführen. Seine kommunistischen Idealvorstellungen konnte er aus der Bibel belegen, und begreiflicherweise schlossen sich ihm vor allem die armen Leute an. Aber auch die Bauernführer und viele evangelische Geistliche waren beeindruckt von der Persönlichkeit Thomas Müntzers, von der Besessenheit, mit der er sein Programm verkündete, das sich nicht in theologischen Lehrsätzen erschöpfte, sondern tiefgreifende politische Reformen anstrebte, sich allerdings mit Gedanken über praktische Details nicht aufhielt.

Eine kurze Strecke gingen Balthasar Hubmayer und Thomas Müntzer nebeneinander her, dann trennten sich ihre Wege. Am Ende starb der eine im Feuer und der andere unter dem Richtschwert.

Thomas Müntzer wurde um 1490 in Stolberg am Harz geboren, einem Städtchen in einem engen Waldtal unterhalb des Schlosses, in dem der Landesherr, der Reichsgraf von Stolberg-Wernigerode, residierte. In den Bergen ringsum wurden Kupfer und Eisen gewonnen. Die Stadt war nicht arm. Thomas Müntzer kam neun Jahre nach der großen Pest zur Welt, die so viele Menschen hingerafft und so manches Dorf hatte veröden lassen. Mit fünf Jahren erlebte er in dem schmalen Tal der Tyra die Schrecken der großen Wasserflut von 1495, die Bäche in reißende Ströme verwandelte, Menschen und Vieh ersäufte und hölzerne Hütten mit sich fortspülte wie welkes Laub. Die Bilder blieben zeitlebens in ihm haften. Wenn er später auf der Kanzel oder auf dem Marktplatz nach starken Beispielen suchte, dann waren es immer Wolkenbrüche, Sturmfluten und Höllenstrudel, aus denen er die Gleichnisse böser Gewalten formte.

Seinen Vater nennen die Chroniken als Münzmeister und auch mal als Ratmann in der kleinen Stadt. Von seiner Mutter ist nur bekannt, daß sie eine bemerkenswerte Mitgift in die Ehe eingebracht hatte. Die Eltern schickten ihren einzigen Sohn auf die Lateinschule und dann, mit sechzehn, auf die Universität nach Leipzig, die schon über hundert Jahre bestand, und an der damals etwa 850 Studenten immatrikuliert waren. Vier oder fünf Jahre blieb Thomas Müntzer dort, dann ging er, ohne ein Examen gemacht zu haben. Zwei oder drei Jahre beschäftigte er sich als Gehilfe in Kirchen und Schulen, danach nahm er sein Studium wieder auf. Am 16. Dezember 1512 wurde er an der jungen Universität in Frankfurt an der Oder immatrikuliert.

Er las außer Lateinisch, was selbstverständlich war, auch Griechisch und Hebräisch, und außer den theologischen Schriften auch die Klassiker des Altertums, Historiker, Epiker, Philosophen. Er erwarb seinen ersten akademischen Grad, den Magister Artium, empfing die ersten Weihen und nahm an seiner ersten Revolte teil, einer Verschwörung mehrerer Studenten gegen den Erzbischof Ernst von Magdeburg, einen Prinzen von Sachsen. Die Sache wurde aufgedeckt, aber von den Behörden mit Nachsicht behandelt und offenbar als Jugendeselei milde beurteilt, jedenfalls geschah den jungen Leuten nichts.

In den folgenden Jahren zeigten sich drei Charakteristika, die für Thomas Müntzer in seinem ganzen Leben typisch waren: eine nicht zu zähmende Unruhe, die Neigung, dauernd Aufenthalt und Wirkungsbereich zu wechseln, dann die Tatsache, daß er überall mit einem Eklat wegging, im Streit, im Gefolge peinlicher Affären, und ferner, daß er, sobald er ein revolutionäres Kräftepotential witterte, sich sogleich bemühte, es in seine Einflußsphäre zu ziehen.

Ein paar Monate wirkte er aushilfsweise und als Urlaubsvertretung an verschiedenen Kirchen und Schulen in Braunschweig, in Aschersleben, in Halberstadt, wo er Ärger bekam, weil ihn ein verbitterter Amtsbruder in unliebsame Verbindung mit den schönen Augen seiner Haushälterin brachte. Ganz offenbar wirkte Müntzer auf Frauen, und Frauen wirkten auf ihn.

Im Sommer 1516 verschaffte ihm die Äbtissin von Gernrode, Elisabeth von Weida, eine Anstellung im Nonnenkloster von Frose bei Aschersleben, wo er alle priesterlichen und seelsorgerischen Aufgaben zu erfüllen hatte und sich sogar länger als ein Jahr hielt. In der Stille klösterlicher Abgeschiedenheit bildete er sich weiter, und dort erlebte er auch jenen 31. Oktober 1517, an dem Martin Luther seine 95 Thesen zur Diskussion stellte, deren Abdruck Müntzer bald besaß und die ihn in seiner geistigen Entwicklung beeinflußten.

Den Grund, weswegen er das Nonnenkloster verließ, nennt keine

Chronik. Anfang 1518 wirkte er für einige Zeit in Braunschweig, hielt dort aber so aufrührerische Predigten, daß er aus der Stadt vertrieben wurde. Er wanderte nach Leipzig und von da aus nach Wittenberg, wo er Luther persönlich begegnete. Dieser beeindruckte ihn tief, und er schloß sich ihm an. Schon bald aber gerieten sie wieder auseinander, weil es Müntzer schwerfiel, dauerhafte Freundschaft mit Menschen zu pflegen, die ebenso stark waren wie er, oder gar noch stärker.

Ostern 1519 erregte er in Jüterbog Mißfallen, als er von der Kanzel predigte, der Papst sei doch nur deswegen das Oberhaupt der Christenheit, weil alle anderen Bischöfe es sich gefallen ließen, und die Kirchenfürsten seien keine frommen Männer, was sie eigentlich sein sollten, sondern weltliche Tyrannen. Es kam zu wütenden Kontroversen mit den Jüterboger Franziskanern und dem Bischof von Brandenburg, und Müntzer mußte fliehen.

Er fand eine Anstellung als Vertreter des Pfarrers in Orlamünde, dieser schönen alten langgezogenen Stadt auf dem Felsrücken hoch über der Saale. Eigentlich war dort Andreas Bodenstein von Karlstadt Pfarrer, aber der konnte sich nicht um seine Gemeinde kümmern, da er vorwiegend in Wittenberg wirkte, wo er ständig in heftige geistliche Auseinandersetzungen verwickelt war und wenig später als Führer der Bilderstürmer in Erscheinung trat. Sein Stellvertreter Konrad Glitsch hatte Streit mit der Gemeinde, und, was noch viel schlimmer war, mit Karlstadts Köchin. Sie galt im Saaletal, bis hinauf nach Rudolstadt und hinunter nach Jena, als Heilige, und es war zumindest ungeschickt, sich mit ihr zu überwerfen. Die Gemeinde hielt auch mehr zu ihr als zu Glitsch. Thomas Müntzer gewann rasch ihr Vertrauen und das der anderen Menschen in Orlamünde. Von ihr erhielt er sogar einen wesentlichen Impuls, der sein Leben als Reformator und Revolutionär entscheidend bestimmte. Die Köchin empfing nämlich ihren Glauben aus unmittelbaren Begegnungen mit Gott. Sie kam zu ihren Erkenntnissen nicht auf dem Umweg über die Heilige Schrift, sondern durch enge persönliche Kontakte zum Herrn.

Diese Offenbarungen erschreckten Müntzer nicht, obwohl mit ihnen das Monopol der Priesterkaste in Frage gestellt wurde, von dem ihre gesellschaftliche Sonderstellung abhing. Im Gegenteil, der Gedanke an die Unmittelbarkeit der Beziehungen eines jeden Menschen zu Gott beschäftigte ihn immer mehr und weckte den heißen Wunsch in ihm, zu einer ähnlich engen Bindung an Gott zu kommen wie die Köchin und selber Offenbarungen zu empfangen.

Vom 27. Juni bis zum 16. Juli 1519 nahm Thomas Müntzer an der Disputation zwischen Martin Luther und Johann Mayer von Eck auf der Pleißenburg in Leipzig teil, wie viele andere interessierte und gelehrte Männer, die zu diesem Ereignis von weither gekommen waren. Bei der Gelegenheit kaufte er auch bei dem Buchhändler Achatius Glav mehrere Bücher und bestellte etliche andere, die noch nicht fertig gedruckt oder gebunden waren. Er konnte nur wenig anbezahlen und handelte mit Glav ein langlaufendes Abzahlungsgeschäft aus, mit dem Auftrag, der Buchhändler solle nach und nach die bestellten Titel an seine nächste Adresse schicken. Dieses erste beglaubigte Versandbuchgeschäft der Geschichte funktionierte zur Zufriedenheit beider Seiten.

Müntzers nächste Adresse war das Nonnenkloster Beuditz bei Weißenfels. Dort hatte er bei den Zisterzienserinnen nur die Pflichten eines Beichtvaters wahrzunehmen, war also von zeitraubenden Chorgesängen entbunden und konnte sich ganz seinen Büchern widmen, die eines nach dem anderen aus Leipzig bei ihm eintrafen. Das einzige persönliche Zeugnis über seine Zeit in Beuditz sind die Zeilen einer Nonne namens Ursula, die leicht süffisant bei ihm anfragte, ob er etwa in einer seiner vielen gelehrten Schriften gelesen habe, daß er den schönen Mädchen auf der Kirchweih kleine Geschenke kaufen solle.

Er kam in Beuditz gut über den Winter und übernahm Anfang Mai 1520 eine Urlaubsvertretung als Prediger an der Kirche Sankt Marien in Zwickau, der prachtvollen gotischen Kirche mit der größten Glocke Sachsens und einem Flügelaltar von Adam Kraft. Zwickau, an der alten sächsisch-böhmischen Handelsstraße gelegen, war eine reiche Stadt mit vielen Handwerksbetrieben, Mittelpunkt des erzgebirgischen Steinkohlenbergbaus und Verarbeitungs- und Handelszentrum für die Schneeberger Silbergruben. Im Jahre 1403 war die Kirche bis auf ihre Grundmauern abgebrannt gewesen, aber schon bald wieder aufgebaut worden. Im Sommer 1520, als Thomas Müntzer dort wirkte, stand das gotische Gewandhaus, das für Konzerte und Theateraufführungen bestimmt war, gerade dicht vor seiner Vollendung.

Zu dieser Zeit neigte die Mehrzahl der Zwickauer Bevölkerung bereits Luthers Lehre zu und lag in einem heftigen Streit mit den Bettelmönchen, deren ständige Klagegesänge und hemmungslose Habgier die Leute verärgerten. Müntzer mischte sich sogleich mit Feuereifer in die Auseinandersetzung ein und ließ in seinen Predigten keinen Zweifel daran, auf wessen Seite er stand. Ein Satz von ihm machte die Runde: »... die Mönche haben Mäuler, daß man wohl ein Pfund Fleisch von jedem abschneiden könnte, und sie behielten dennoch Mauls genug ...«

An einen Freund schrieb er: »... ich habe vor nichts Angst. Auch wenn die ganze Horde der Bettelbrüder mich zerfleischen und hinschlachten will ... solange noch ein Atemzug in mir ist, will ich diese Heuchlerfratzen nicht leiden ...«

In einem anderen Selbstzeugnis aus der Zwickauer Zeit bekannte er, daß er sich auserwählt hielt: »... nicht mein Werk treibe ich, sondern das des Herrn ...«

Und: »... schwere Kämpfe stehen mir noch bevor ... mein Kreuz ist noch nicht vollkommen ...«

Oder: »... ich glaube bestimmt, daß ich aus früheren Gefahren errettet wurde, um für künftige Kämpfe bereit zu sein ...«

Mit dem September endete seine Zeit an Sankt Marien, und Thomas Müntzer bekam die Stelle als Pfarrer an Sankt Katharinen. Diese Gemeinde bestand aus sehr viel einfacheren Leuten als die von Sankt Marien, in der sich Handelsherren mit Geld und Macht ihr Gestühl hielten und Familiengrüfte unter kostbaren Epitaphien. In seinem jetzigen Sprengel wohnten Handwerker und Lohnarbeiter aus Webereien und Steinzeugbrennereien, aus Gerbereien und Zinngießereien, in denen Teller, Löffel und Becher gemacht wurden. Bald sprach sich herum, was für ein Mann der neue Pfarrer war, und dann kamen auch Leute aus den umliegenden Orten, aus Bockwa und Schedewitz, aus Reinsdorf und Cainsdorf in die Stadt, Bergknappen und Ziegelbrenner, Brettschneider und Eisengießer, um in Sankt Katharinen den Mann zu hören, der nicht nur in ihrer Muttersprache den Gottesdienst hielt und die Heilige Schrift deutete, sondern ihnen darüber hinaus das Recht zugestand, in ein persönliches Verhältnis zu Gott zu treten, ohne die Vermittlung eines Priesters in Anspruch nehmen zu müssen. Von weither kamen sie zu Thomas Müntzer gelaufen, die neun Kilometer von Werdau, die elf Kilometer von Lichtenstein, die achtzehn Kilometer lange Silberstraße von Schneeberg herunter, um wenigstens einmal einen Pfarrer zu erleben, der nicht immer nur von christlicher Demut redete, sondern mit Worten, die sie täglich gebrauchten, endlich auch einmal von den Möglichkeiten der Gewalt gegen die Demütiger sprach.

Das erste Opfer einer seit langem ungestillten Sehnsucht nach Gewalt wurde der Priester Nikolaus Hofer, ein Mann, der sich noch streng an die alte Lehre hielt und Müntzer samt all seinen Anhängern ketzerische Schalke und Bösewichte genannt hatte. Am 26. Dezember 1520, dem Sankt Stefanstag, predigte Thomas Müntzer von seiner Kanzel in Sankt Katharinen zu seiner Gemeinde und zu denen, die an diesem zweiten Weihnachtsfeiertag von weither gekommen waren, wie tief ihn Nikolaus Hofers Anwürfe verletzt hätten, ihn und alle anderen, die sich Kopf an Kopf im Kirchenschiff drängten. Je mehr er sich ereiferte, um so mehr erregten sich seine Anhänger, und nach dem Gottesdienst gab es kein Halten mehr. Sie stürzten aus der Kirche und spürten Hofer auf. Dann hetzten sie ihn durch die Straßen, bewarfen ihn mit Kot und Steinen, jagten ihn mit großem Geschrei durch den Schloßgraben und über die Wälle. Er konnte nur entkommen, weil er flink war und weil es ihm gelang, hinter einer Ecke ungesehen in ein Haus zu schlüpfen. An dieser Hatz nahm Thomas Müntzer selber nicht teil, aber jeder in Zwickau wußte, daß er sie ausgelöst hatte. Der Rat, der ihn stützte und beschützte, durfte in einer Stadt, in der die unterschiedlichen Konfessionen friedlich nebeneinander herleben sollten, eine solche Menschenjagd nicht dulden und ermahnte ihn, in seiner Gemeinde Besonnenheit zu predigen.

Über Müntzers Selbsteinschätzung in dieser Zeit gibt ein Brief Auskunft, den er an den Rat der kleinen Stadt Neustadt an der Orla, in der Nachbarschaft von Orlamünde schrieb, um ein dort schwebendes Ehescheidungsverfahren zu beeinflussen. Der Brief enthielt den Satz: »... darum bin ich gesandt, gleichwie Christus vom Vater gesandt ward ...«

An dieser Überzeugung hatte Müntzers Begegnung mit Nikolaus Storch einigen Anteil, einem Tuchmacher und Laienprediger, der aus einer alten Zwickauer Familie stammte, die einmal wohlhabend und angesehen gewesen, seit einiger Zeit aber verarmt war. Storch war ein Mann mit hypnotischen Kräften, ein Magier, der Menschen beschwören und in seine Abhängigkeit bringen konnte. Obwohl er sich gut in der Bibel auskannte, war sie für ihn nicht das Maß aller Dinge. Er glaubte, ähnlich wie die Pfarrersköchin aus Orlamünde, an ein persönliches Verhältnis des Menschen zu Gott, das sich in unverkennbaren Offenbarungen äußerte. Seine Gottesdienste waren rauschhafte Beschwörungen. Wenn er predigte, fielen seine Anhänger in Ekstase und begannen sich zu verrenken und zu tanzen und selber zu predigen, oft mehrere gleichzeitig und durcheinander, manche in klar formulierten Sätzen, andere lallend und absolut unverständlich. Seine Jünger waren vorwiegend schlichte Menschen aus dem Stadtproletariat, Lohnknechte, Tuchknappen, Bauern aus der Umgebung, Bergleute. Alle waren überzeugt, daß sich Gott in ihren Stimmen äußerte, und so wurden sie einander zu Verkündern der reinen Wahrheit. Sie glaubten, dazu berufen zu sein, die Armen zu erlösen, den Hilflosen zu helfen, die Ausgestoßenen einzubeziehen in den Kreis christlicher Liebe, die Wehrlosen zu beschützen. Keine Messe, keine Liturgie, keine Sakramente wollten sie anerkennen, nichts, was den Abstand zwischen Gott und den Menschen vergrößern und Gitter zwischen ihnen aufrichten konnte. Erleuchtung und Erlösung suchten sie in der unmittelbaren Nähe zu ihm. Ihr Ziel war sein Reich auf Erden.

Thomas Müntzer, der dem Rat von Zwickau als Anhänger Luthers empfohlen und deswegen in die Stadt geholt worden war, schloß sich bald eng an Storch an, übernahm dessen Glauben an die Kraft der Offenbarungen und bot ihm und seinen Jüngern die Kanzel von Sankt Katharinen an, damit jeder jederzeit predigen konnte, sobald es ihn überkam. Dabei ergab es sich von selber, daß die beiden – anfangs durchaus unterschiedlichen – Glaubensgemeinden, die allerdings beide nahezu den gleichen sozialen Hintergrund hatten, ineinander verschmolzen. Immer stärker durchdrang Thomas Müntzer der Glaube, der Herrgott habe ihn, nur ihn, ausersehen, das tausendjährige Gottesreich auf Erden zu gründen und jeden, der ihn daran zu hindern suchte, mit Gewalt auszutilgen. Von nun an führte er seine akademischen Titel nicht mehr und nannte sich schlicht »Knecht Gottes« oder »Botenläufer Christi«.

Das Wort Gewalt tauchte immer häufiger in seinen Predigten und seinen Schriften auf. Immer wieder belegte er es korrekt mit Bibelstellen in allen Varianten des Ersäufens und Erschlagens. Schwert, Blut und Feuer waren häufige Vokabeln. Die Bibel als Richtschnur und Gesetz trat hinter der persönlichen Erleuchtung als entscheidender Bindung zwischen Gott und den Menschen zurück, sie diente aber noch als unerschöpfliches Arsenal aller denkbaren Formen von Gewaltanwendung. War Nikolaus Storch ein Prophet der religiösen Ekstase, so wurde Thomas Müntzer zum Propheten der Gewalt gegen alle, die nicht bereit waren, ihm bedingungslos zu folgen.

Nikolaus Storch und seine Jünger waren bereit, Thomas Müntzer zu folgen, und er nahm ihre Gefolgschaft gerne an. Da war ein revolutionäres Kräftepotential, und es fiel ihm nicht schwer, es in seinen Machtbereich einzubeziehen. Er brauchte nur so etwas zu sagen: »... die Laien müssen unsere Prälaten und Pfarrer werden ...!« Mit solchen Worten sicherte er sich ihre dankbare Anhänglichkeit, und sie waren entschlossen, unter seiner Führung alles zu tun, was ihm der Herr gebot.

Es wurde immer unruhiger in der Stadt. Nicht nur mit den Mönchen, auch mit evangelischen Pfarrern war Müntzer durchweg verfeindet, er schätzte sie gering, weil sie ähnliche Offenbarungen wie er nicht hatten. Immer häufiger rottete sich das Volk zusammen und zeigte sich unverhohlen aggressiv. Der Rat wußte nicht, wie er sich gegen einen Geistlichen verhalten sollte, der zusehends seine Gemeinde und die Leute aus den Vorstädten revolutionierte. Auch der Landesherr, Kurfürst Friedrich von Sachsen, hörte besorgt von den Vorgängen und schickte den Ritter Wolf von Weißenbach nach Zwickau, um nach dem Rechten zu sehen und notfalls die Ruhe mit Gewalt wiederherzustellen. Endlich wies der Rat, um dem Aufruhr den Motor zu nehmen, Müntzer aus den Mauern der Stadt. Das sprach sich im Nu herum, und sogleich machten sich seine Anhänger auf. Der zeitgenössische Chronist Peter Schumann berichtet: »... und er hat den 16. April großen Lärm angerichtet, hat sehr viele Tuchknappen an sich gehängt, die waren im Eckhaus an der Burggasse beisammen und hatten sollen eine böse Meuterei anrichten ...«

Aber bevor noch alle eingetroffen waren, zerstreuten Stadtknechte die Versammlung und nahmen die 56 Aufsässigsten gefangen, durchweg Arbeiter aus den Tuchfabriken. Thomas Müntzer faßten sie nicht. In sicherer Vorahnung, wie sich die Lage entwickeln würde, hatte er sich beizeiten von seinen Getreuen abgesetzt. Die Chronik berichtet: »... als Meister Thomas vernommen hatte, daß seine Jünger ins Gefängnis gekommen waren, hat er Fersengeld gegeben, bei Nacht und Nebel ins Feld hinaus ...« Wieder einmal wurde er aus einer Gefahr errettet, um für künftige Kämpfe bereit zu sein.

Er ging nach Prag und predigte dort lateinisch und deutsch; in der einstigen Residenz der luxemburgischen Kaiser gab es ja immer einen starken deutschen Bevölkerungsanteil. Müntzer war auch am 6. Juli 1521 dort, als die große Demonstration zum Andenken an Johannes Hus stattfand, der vor einhundertundsechs Jahren verbrannt worden war. Die Leute zogen durch die Straßen und drangen in Klöster ein und zerschlugen Heiligenbilder. Aber auf die Dauer war Prag, die Stadt, in der die Mehrheit der Bevölkerung eine für Thomas Müntzer unverständliche Sprache sprach, nicht das richtige Wirkungsfeld. Zu Weihnachten kehrte er nach Deutschland zurück, und im neuen Jahr begann er wieder umherzuziehen auf der Suche nach einem revolutionären Klima, in dem seine Ideen wachsen konnten. Überall fand er günstige Voraussetzungen, aber nirgendwo kam es zur Revolte, allenfalls zu Spannungen, zu Zank und Streit, und überall schied er in Unfrieden. Sein etwas jüngerer Zeitgenosse Cyriakus Spangenberg berichtet: »... es mag Müntzer im Anfang kein so schlechter Prediger gewesen sein, wie ich von meinem seligen Vater Johann Spangenberg gehört habe, es sei schade gewesen um Thomas Müntzer, daß er sich so sehr vom Teufel der Hoffart, des Ehrgeizes und der Rachgier hat einnehmen lassen, Luther und andere christliche Lehrer zu verachten und von sich selber mehr zu halten und dazu noch einen solchen schädlichen unchristlichen Aufruhr anzurichten ...«

Auch in Halle gab es Ärger, als einige hundert aufgebrachte Menschen das Kloster Neuwerk zu stürmen versuchten. Müntzers Rolle bei diesem Aufruhr blieb ungeklärt, aber viele machten ihn für den Krawall verantwortlich, und auch dort konnte er nicht auf die Dauer bleiben. Nirgendwo war er länger als ein paar Wochen, dann mußte er sich wieder nach einem anderen Betätigungsfeld umsehen. Martin Luther schrieb über das, was Thomas Müntzer in diesem Jahre 1522 tat: »... da er im Lande umherstreicht und seiner Untugend ein Nest sucht...«

Zu Ostern 1523 hatte er endlich wieder eine feste Stellung: Er war Pfarrer an der Sankt-Johannes-Kirche zu Allstedt am Flüßchen Rohne, unterhalb der alten Kaiserpfalz, in der Otto II. so oft und so gern gelebt und auch manchen Reichstag abgehalten hatte. Die Stadt war klein, aber wohlhabend. Es gab zahlreiche Handwerksbetriebe, die namentlich Kupfergegenstände herstellten, Pfannen, Töpfe, Tiegel, Gürtelschnallen und kunstvolle Beschläge für Pferdegeschirre. Müntzer verdankte den gutdotierten Posten einer seiner Anhängerinnen, Frau Felicitas von Selmenitz, die Verbindungen zum Kurfürsten von Sachsen besaß. Ihr Vater und ihr verstorbener Mann waren nacheinander Amtmänner auf der Allstedter Burg gewesen, Statthalter des Kurfürsten also.

Anderthalb Jahre blieb Thomas Müntzer hier, es war wohl die ruhigste Zeit in seinem Leben. Er begann, die Bibel auf seine Weise aus dem Griechischen zu übersetzen, was anderthalb Jahre vorher Luther auf der Wartburg in Angriff genommen hatte, reformierte die Liturgie und fand bei allem Rückhalt in seiner Gemeinde. Sein Vorgänger war ein streng konservativer Katholik gewesen, die Allstedter neigten schon länger der Reformation zu und waren zufrieden, einen Mann der neuen Richtung als Pastor zu haben.

Im Sommer dieses Jahres 1523 flüchteten elf Nonnen aus dem Kloster Widerstedt, das in der Grafschaft Mansfeld lag, nach Allstedt, wo sie Aufnahme im Schloß fanden. Thomas Müntzer heiratete eine von ihnen, Ottilie von Gersen, die ihm ein Jahr darauf einen Sohn gebar. Da seine Mutter in dieser Zeit starb, nahm er auch seinen Vater zu sich. Für eine Weile bildete sich um ihn herum eine richtige Familie, aber sie hatte nur kurzen Bestand. Sie existierte eine Zeit im Halbdunkel und verging wieder. Der Vater starb als erster. Über seinen Tod wurde in zwei verschiedenen Quellen Unterschiedliches berichtet. Die eine behauptet, ihn hätten die Grafen von Stolberg wegen nicht näher genannter Verfehlungen hängen lassen, die andere, er sei der Falschmünzerei überführt, von Graf Ernst von Mansfeld zum Tode auf dem Scheiterhaufen verurteilt und verbrannt worden.

Nur ganz kurzen Bestand hatte das friedliche Leben im Pfarrhaus und in der Studierstube, die Beschäftigung mit den Richtlinien für einen

Thomas Muncer Prediger zu Alstett.

TOMAS MVNCER PREDIGER ZV ALSTET IN DVRINGEN.

Thomas Müntzer, zuerst Anhänger, später fanatischer Gegner Luthers, fand weniger in der Bibel als in der inneren Erleuchtung die Grundlage seines Glaubens.

neuen evangelischen Gottesdienst und die Übersetzung der Psalmen. Das war ein Intervall, eine stille Episode, die bald vergessen war.

Während der ganzen Zeit ärgerte sich Thomas Müntzer über das Mallerbacher Heiligtum, und Ärger setzte sich bei ihm immer in aufrührerische Predigten und hitzige Polemiken um. Das Mallerbacher Heiligtum war eine Wallfahrtskapelle dicht vor den Mauern Allstedts mit einem Marienbild und allerlei Weihegaben in den Nischen. Dorthin pilgerten seit erdenklichen Zeiten die Landleute aus der Umgebung und beteten um Hilfe, um Heilung, um gesegnete Ernten.

Müntzer wetterte in seiner Kirche von der Kanzel, die Kapelle von Mallerbach sei eine Spelunke, dort werde Abgötterei mit Wachsfiguren getrieben, und dort werde »... der Teufel von Mallerbach unter dem Namen Maria angebetet ...«

Seine Gemeinde geriet langsam in Erregung, und die wuchs von Predigt zu Predigt. Eines Tages stürmte eine Horde aus der Stadt nach Mallerbach, zertrümmerte die Einrichtung der Kapelle und setzte das kleine Bauwerk in Brand. Das geschah am Gründonnerstag, dem 24. März des Jahres 1524. Thomas Müntzer nahm selber an der Verwüstung nicht teil. Er beobachtete die Vorgänge im Hintergrund aus einigem Abstand, aber es war in der Stadt bekannt, daß er die Wut der Plünderer und Brandstifter auf dieses Objekt gelenkt hatte, das nur von einem alten Klausner bewacht wurde und ohne Schwierigkeiten zu demolieren war.

Viele Leute in der Stadt, und nicht nur Katholiken, waren unglücklich über diesen Akt der Gewalt. Die Äbtissin vom Kloster Naundorf, zu dem die Mallerbacher Kapelle gehörte, schrieb an den Kurfürsten von Sachsen und bat ihn in dieser Sache um Hilfe.

Kurfürst Friedrich der Weise, gebildet, tolerant, um Ausgleich bemüht, bekannte sich nicht zu Luther und seinen reformatorischen Plänen, hatte ihn aber dennoch immer beschützt und die Reformation nicht behindert. Er wünschte, daß in seinem Land in dieser Zeit, in der so vieles noch unausgegoren, noch in der Schwebe war, verschiedene Glaubensbekenntnisse friedlich nebeneinander existieren sollten, ohne daß die Menschen einander verletzten oder demütigten. Alle Gewalttaten waren ihm von Herzen zuwider. An die wundertätige Gottesmutter von Mallerbach hatten viele Menschen geglaubt, es war unerträglich, daß die, die nicht an sie glaubten, sie zerstörten. Auch in seiner Familie gab es unterschiedliche Einstellungen zu religiösen Fragen. Er war unverheiratet, sein Bruder Johann, mit dem er in Harmonie die ernestinischen Länder, die vorwiegend in Thüringen lagen, gemeinsam regierte, war seit Luthers Thesenanschlag ein überzeugter Lutheraner. Sein Vetter Georg der Bärtige, der die albertinischen Länder um Dresden, Leipzig und Meißen beherrschte, ein ebenso überzeugter Katholik.

Friedrich der Weise, in dessen Land Allstedt lag, ließ die Verhältnisse dort und die jüngsten Vorgänge untersuchen. Es kam heraus, daß in der Stadt ein Geheimbund bestand, dessen Führer offensichtlich der Pfarrer von Sankt Johannes, Thomas Müntzer, war, und daß der Bund sich zum Ziel gesetzt hatte, »... Mönchen und Nonnen keinen Zins mehr zu zahlen, sie zu verstören und zu vertreiben ...«. Es kam auch heraus, daß nicht nur Arme und Leute aus den Vorstädten dazu gehörten, sondern auch ein Ratmann namens Ziliax Knaut, der daraufhin zur näheren Untersuchung der Zusammenhänge verhaftet wurde.

Thomas Müntzer hatte also Anhänger in allen Kreisen, es fiel aber seinen Gönnern unten im Rathaus und oben auf dem Schloß immer schwerer, sich vor den Mann zu stellen, für den die Kanzel von Tag zu Tag mehr zur Tribüne des politischen Agitators wurde und seine Gemeinde zur konspirativen Zelle. In allen Menschen, die ihm nicht bedingungslos anhingen, sah er seine Feinde, in Fürsten wie Mönchen und Nonnen, in Lutheranern wie in den Anhängern des alten Glaubens. Luther war längst nicht mehr sein Vorbild, und die Lutheraner nannte er: »... Erzbösewichte, die die ganze Welt ärgern und abtrünnig machen vom rechten Christenglauben ...« Den rechten Christenglauben, davon war er fest überzeugt, besaß er ganz allein. Wer ihm nicht folgte, war ein Ungläubiger. Und die Ungläubigen, das erklärte er immer und immer wieder, mußten ausgerottet werden mit Feuer und Schwert.

In diesem Sinne predigte er in aller Öffentlichkeit, und in diesem Sinne versuchte er auch den Kurfürsten von Sachsen und seinen Bruder und Mitregenten, Herzog Johann, für sich zu gewinnen. Er schrieb ihnen: »... Ihr allerteuersten, liebsten Regenten, wenn ihr den Schaden der Christenheit richtig erkennet und recht bedächtet, so würdet ihr ebensolchen Eifer gewinnen, wie Jehu der König ... sagt doch der Herr, ich bin nicht gekommen, Frieden zu bringen, sondern das Schwert! ...«

Er verwies auf das Buch der Könige, wo seine Landesfürsten die Geschichte des Königs Jehu finden konnten, die er ihnen als richtungsweisend empfahl: »...nun waren von Ahabs Geschlecht siebzig Prinzen in Samaria. Daher schrieb Jehu Briefe und sandte sie nach Samaria an die Obersten der Stadt ... Als nun die Briefe zu ihnen kamen, ergriffen sie die Prinzen und schlachteten sie, siebzig Mann, legten ihre Köpfe in Körbe und sandten sie ihm nach Jesreel. Als der Bote kam und meldete ihm, man habe die Köpfe der Prinzen gebracht, befahl er:

›Legt sie in zwei Haufen an den Eingang des Tores bis zum Morgen.‹ Am Morgen aber ging er hinaus und sprach zu allem Volk: ›Ihr seid ohne Schuld! Der Herr hat getan, was er durch seinen Knecht Elia verkündet hat.‹ Dann erschlug Jehu alles, was vom Hause Ahabs in Jesreel noch übrig war, auch seine Vertrauten und Priester, so daß nicht einer von ihnen noch übrig blieb. Danach machte sich Jehu auf und zog nach Samaria. Unterwegs, im Hirtendorf Beth-Eked traf er die Brüder Ahasjas, des Königs von Juda, und fragte: ›Wer seid ihr?‹ Sie antworteten: ›Wir sind die Brüder Ahasjas.‹ Er aber sprach: ›Ergreift sie lebendig!‹ Und man ergriff sie lebendig, schlachtete sie und warf sie in die Zisterne von Beth-Eked, zweiundvierzig Mann, so daß nicht einer übrigblieb ...«

Die Briefe, die der Pfarrer Müntzer an die Fürsten schickte, ergänzten das Bild, das sie von ihm aus den verschiedenen Berichten ihrer Beamten gewonnen hatten. Friedrich der Weise wollte den Fall des Predigers von Allstedt nicht auf die leichte Schulter nehmen und die Lösung der Spannungen, die Thomas Müntzer überall erzeugte, wo er auftrat, nicht untergeordneten Organen überlassen. Er bewertete die Ausstrahlungskraft dieses Mannes durchaus nicht gering und nahm ihn so ernst, daß er ihm die Chance bot, seine Ansichten den Fürsten und den führenden Beratern unmittelbar in einer Predigt und einer anschließenden Diskussion darzulegen, und schickte dazu seinen jüngeren Bruder und Mitregenten, Herzog Johann und dessen Sohn, Kurprinz Johann Friedrich nach Allstedt. Damit Müntzer sich vorbereiten konnte, ließ er ihn vierzehn Tage vorher durch einen Boten benachrichtigen.

Am 13. Juli 1524 vormittags hörten sich die beiden Fürsten auf dem Allstedter Schloß in einem kleinen Kreis, darunter der Kanzler Dr. Georg Brück und der kurfürstliche Rat Hans von Grefendorf, Thomas Müntzers Predigt an. Herzog Johann mit dem Beinamen »der Beständige« besaß durchaus das geistige Rüstzeug, theologischen Auseinandersetzungen zu folgen, und er hatte auch seinen Sohn, der sich später den Ehrentitel »der Großmütige« erwarb, sorgfältig erziehen und gut darauf vorbereiten lassen, daß er einmal den Kurhut tragen solle. Allerdings leistete Johann Friedrich später vor allem als Trinker und als Jäger Hervorragendes, und als er – dreißig Jahre nach der Allstedter Fürstenpredigt – auf dem Sterbebette lag, konnte er in dem Bewußtsein die Augen schließen, in seinem Leben 208 Bären, 200 Luchse und 3538 Wölfe erlegt zu haben, von all den Hirschen, Rehen und Wildschweinen ganz zu schweigen.

An diesem Julimorgen auf der Allstedter Burg war der Kurprinz noch ein junger Mann von 21 Jahren und an religiösen Fragen ebenso inter-

Johann Friedrich der Großmütige mit Luther und Melanchthon auf einem Gemälde von Lukas Cranach d. Ä. aus dem Jahre 1530.

essiert wie sein Vater und dessen Begleiter, die durchweg Lutheraner waren und sehr bewußt mitten in einer geistigen Auseinandersetzung lebten, die noch lange nicht abgeschlossen war. Immerhin, seit Luthers Thesenanschlag waren noch keine sieben Jahre vergangen, und seit dem Reichstag zu Worms gerade drei.

Zu Beginn der Predigt rechtfertigte Müntzer die Zerstörung der Mallerbacher Kapelle, ohne das Ereignis direkt zu nennen und ohne seine Beteiligung dabei zu erwähnen. Ihm mußte klar sein, daß jene Aktion, die so viel Staub aufgewirbelt und so viel Widerwillen erregt hatte, das auslösende Moment für den Entschluß des Kurfürsten gewesen war, ihn in diesem Kreise zu Worte kommen zu lassen.

Er sprach über Jesus Christus, der im Tempel die Tische der Wechsler umgeworfen hatte und sagte: »... ohne Zweifel hätte er auch die Götzenbilder nicht geschont, wenn da welche gewesen wären ...« und dann zitierte er das 5. Buch Moses: »... ihr seid ein heiliges Volk! Ihr sollt euch nicht erbarmen über die Abgöttischen! Zerbrecht ihre Al-

234

täre! Zerschmeißt ihre Götzenbilder und verbrennet sie, auf daß ich nicht mit euch zürne!«

Dann wandte er sich dem Kernstück seiner Predigt zu, den Fürsten klarzumachen, daß es ihre Pflicht war, mitzuwirken mit all ihrer Macht am Aufbau des Gottesreichs auf Erden. In einem seiner Briefe hatte er schon den Evangelisten Lukas angeführt (19/27) »... doch meine Feinde, die nicht wollen, daß ich über sie König werde, die führet her zu mir und macht sie vor meinen Augen nieder!...«

Er gab Hinweise, er deutete, er belegte seine Deutungen mit anderen Bibelworten und kehrte immer wieder zum Kern zurück: Er zitierte den 44. Psalm: »... sie haben das Land nicht durch das Schwert gewonnen, sondern durch die Kraft Gottes. Aber das Schwert war das Mittel, wie uns Essen und Trinken ein Mittel ist, zu leben. Also notwendig ist das Schwert, die Gottlosen zu vertilgen...«

Er zitierte Daniel, das 7. Kapitel: »... wo sie aber das nicht tun, so wird ihnen das Schwert genommen werden...«, und er rief den Fürsten zu: »... anders kann die christliche Kirche nicht zu ihrem Ursprung zurückkommen: Man muß das Unkraut ausreißen aus dem Weingarten Gottes in der Zeit der Ernte...«

Schließlich führte er Matthäus 13 an: »... das Unkraut sind die Söhne des Bösen, der Feind, der es aussät, ist der Teufel, die Engel aber, welche ihre Sicheln dazu schärfen, sind die ersten Knechte Gottes. Wie man das Unkraut im Feuer verbrennt, so wird es am Ende der Welt sein: Der Menschensohn wird seine Engel aussenden, und sie werden alle sammeln, die ein Ärgernis sind, und werden sie in den Feuerofen werfen...«

Müntzer schloß: »... wenn wir Gott fürchten, warum sollen wir uns vor losen, untüchtigen Menschen entsetzen? Seid nur keck! Der will das Regiment selber haben, dem alle Welt gegeben ist im Himmel und auf Erden... der euch, Allerliebste, bewahre ewig! – Amen!«

Der Grundtenor der Predigt war unüberhörbar: Es ging Thomas Müntzer nicht um Reformen, nicht um theologische, politische, soziale Details, sondern nur um das eine Grundsätzliche: Er wollte das Reich Gottes auf Erden schaffen und bot den Fürsten an, ihm dabei zu helfen. Er wollte also das Grundsätzliche, in dem alle theologischen, politischen und sozialen Details enthalten waren, nicht gegen sie, sondern mit ihnen verwirklichen, denen Gott das Schwert gegeben hatte. Er wollte mit ihnen zusammengehen, unter der Voraussetzung natürlich, daß sie sich in sein Konzept einfügten, das ja nach seinem Verständnis gar nicht sein Konzept, sondern die Verwirklichung göttlicher Weisungen war. Wenn sie nicht bereit waren – auch diese Drohung war unüberhörbar –, mußten sie damit rechnen, daß ihnen das Schwert genommen würde.

Die Reaktion der Fürsten konnte nicht freudige Zustimmung sein, sondern bestenfalls verhaltenes Unbehagen. Ihnen und ihren Beratern kam es darauf an, vor allem erst einmal beruhigend auf das überhitzte Klima in Allstedt zu wirken. Thomas Müntzer war schon zu gefährlich geworden, als daß man ihn hätte abschieben können, ohne einen offenen Ausbruch der Volkswut zu riskieren. Sein Geheimbund hatte sich bereits auf umliegende Ortschaften ausgedehnt. Allstedt sollte nur das Zentrum seines Gottesreichs sein, der Brennpunkt eines theokratischen Gebildes, das sich um diesen Kern herum zu kristallisieren hatte.

Müntzer wurde noch einmal aufs Schloß gebeten, und der Kanzler Dr. Brück teilte ihm am Ende eines längeren Gespräches mit, er dürfe in Zukunft keine Schriften mehr ohne die Genehmigung der kurfürstlichen Regierung drucken lassen. Er nahm die Weisung an und versprach, sich daran zu halten.

Eine Woche nach der Abreise der Fürsten entstand wieder große Unruhe in Allstedt. Von Süden her, über Mönchpfiffel-Nikolausrieth, kam ein Schwarm flüchtender Bauern in die Stadt. Sie waren ohne alle Habe und erzählten, sie kämen aus Schönewerda an der Unstrut. Dort seien sie, weil sie sich zur Reformation bekannt hätten, von ihrem Gutsherrn, Friedrich von Witzleben, und seinen Knechten in ihren Häusern bei Nacht überfallen worden, und wer nicht habe fliehen können, der sei ins Schloßverlies verschleppt worden. Hungrig und ohne alle Mittel drängten sie sich ans Pfarrhaus und baten den Pfarrer Müntzer um Hilfe. Er sorgte dafür, daß sie Unterkunft erhielten und machte ihnen klar, das wichtigste sei, daß sie zusammenstünden. Bald trafen auch Flüchtlinge aus anderen Gebieten ein, die zu den Ländern des altgläubigen Herzogs Georg von der albertinischen Linie des Hauses Sachsen gehörten. Thomas Müntzer und seine Gemeinde kümmerten sich darum, daß alle irgendwo unterkamen. Diese Vertriebenen bildeten natürlicherweise eine Verstärkung des revolutionären Potentials in der Stadt, zumal der kurfürstliche Amtmann auf dem Schloß nichts für sie tat. Im Gegenteil, er fürchtete gefährliche Zusammenrottungen, Verdrießlichkeiten mit den benachbarten Landesherren, Auswirkungen auf andere Gebiete des eigenen Landes und teilte seinem Kurfürsten in einem Brief all seine Sorgen mit.

Daraufhin erhielt Thomas Müntzer eine Vorladung auf die Residenz nach Weimar zum 31. Juli. Am Tag darauf mußte er sich vor den kurfürstlichen Räten gegen den Vorwurf verteidigen, er habe »... arme, unvernünftige Leute zu einem Bündnis aufgestachelt ...«

Das Ergebnis dieser Vernehmung war, daß Herzog Johann seinem Bruder dringend empfahl, den aufrührerischen Pfarrer Müntzer aus seinen Landen zu verweisen, was ihm kurz vorher auch schon Martin Luther geraten hatte. Aber Friedrich der Weise konnte sich dazu nicht entschließen. Und da Müntzer Wohlverhalten gelobte und versprach: »... sich fürderhin friedlich zu halten ...«, durfte er nach Hause gehen.

Als er wieder in Allstedt war, wurde ihm auf dem Schloß die endgültige Entscheidung des Kurfürsten eröffnet: Erstens sei ihm verboten, die Leute zu irgendwelchen Zusammenschlüssen und Bündnissen aufzurufen; zweitens werde er noch einmal wegen der Verwüstung der Mallerbacher Kapelle zur Rechenschaft gezogen und drittens und vor allen Dingen werde die Allstedter Druckerei geschlossen und der Drucker entlassen.

Thomas Müntzer arbeitete gerade an einer Streitschrift gegen Luther, die er in großer Auflage unter das Volk bringen wollte. Deswegen war er über die Schließung der Druckerei besonders tief betroffen. In seiner Erregung rief er aus: »... wenn mir die Fürsten von Sachsen meine Hände binden wollen und mir nicht gestatten, meine Notdurft gegen Luther auszuschreiben, so will ich ihnen das Ärgste tun, was ich kann und mag ...«

Das war eine schlimme Drohung. Sie wurde dem Kurfürsten sogleich weitergemeldet und bestätigte ihm, der sich immer um Ausgleich bemüht hatte, daß die Männer, die ihn wiederholt vor Thomas Müntzers Hang zum Radikalismus gewarnt hatten, so sehr im Unrecht nicht waren.

Müntzer merkte auch, daß er zu weit gegangen war, und entschuldigte sich, aber das half ihm nicht bei seinen Gegnern und schadete ihm nur bei seinen Freunden. Sein Verhalten in Weimar, sein rasches Nachgeben in Allstedt, sein unbedachtes Wort gegen die Fürsten und gleich darauf sein Zurückweichen, das alles sprach sich herum, und manche von seinen Anhängern fragten sich, ob er wirklich der Mann sei, dem man sich unbedingt anvertrauen könne. Er wiederum fand, daß Allstedt vielleicht doch nicht das ideale Zentrum für das Reich Gottes auf Erden sei, und in der Nacht zum Montag, dem 8. August 1524, kletterte er an einer günstigen Stelle über die Stadtmauer und verschwand in der Dunkelheit.

Als es hell wurde, machte er sich sogleich auf den Weg nach Westen in die Freie Reichsstadt Mühlhausen. Das war eine Strecke von rund achtzig Kilometern, ein Marsch also von zwei bis drei Tagen, am Kyffhäuser vorbei, wo der Sage nach Kaiser Barbarossa dem glücklichen Tag entgegenschlief, an dem er auferstehen und das Reich aus seiner Zerrissenheit befreien würde. Thomas Müntzer ging um größere Städte wie Frankenhausen und Sondershausen herum, an befestigten Fürstenschlössern wie Heldrungen vorbei, durch Dörfer wie Kindelbrück und Wenigenebrich, wo er jederzeit nachts bei den Bauern einen Unterschlupf finden konnte. Die Ermittlungen gegen ihn in Allstedt fanden nun in seiner Abwesenheit statt. Seine Familie saß noch im Pfarrhaus und wußte nicht, was werden sollte.

Die Freie Reichsstadt Mühlhausen war in der Tat ein weit besserer Ansatzpunkt für eine große Bewegung, die, von Thüringen ausgehend, die ganze Welt erneuern sollte, als das sehr viel kleinere Allstedt. Dieses war die gegebene Hauptstadt für das Reich Gottes. Eine wohlhabende und mächtige Stadt, mit dem Recht, eigene Münzen zu prägen, im Jahre 775 erstmals erwähnt, seit 1252 Freie Reichsstadt in einem Gebiet von großer räumlicher Ausdehnung und mit einer vorbildlichen Wasserversorgung ausgestattet: Die Poppenröder Quelle lieferte täglich über dreitausend Kubikmeter Wasser und betrieb nebenbei noch elf Mühlen. Die Stadt war ein blühendes Zentrum für Handel und Gewerbe, und es gehörten noch fünf Vorstädte und 21 Dörfer zu ihrem Bereich. Der ganze Komplex wurde von einem Rat regiert, der sich aus den Mitgliedern alter Patrizierfamilien zusammensetzte, aber bereits in gewissem Umfang die Handwerkerzünfte an Entscheidungen im kommunalen Bereich beteiligte.

Als Thomas Müntzer in Mühlhausen auftauchte, wirkte da schon ein Mann, der ganz auf seiner Linie lag: Heinrich Pfeifer, ein ehemaliger Mönch, der hier geboren und in der frischen Luft dieses Stadtstaates aufgewachsen, dann Geistlicher geworden war, bis er den Zwang im Kloster Reifenstein auf dem Eichsfeld nicht mehr hatte ertragen können und fortgelaufen war, zurück in seine Vaterstadt. Da hatte er dann angefangen, auf dem Markt und in den Gassen zu predigen, sowohl gegen die adligen Grundherren als auch gegen die Tyrannei der geistlichen Fürsten und gegen die schmarotzenden Mönche und Nonnen, die er das Teufelsgesinde nannte, das sich vom Blut und Schweiß der armen Leute nährte.

Neben seinen Vorstellungen über eine Kirchenreform entwickelte Heinrich Pfeifer auch klar umrissene und durchaus realisierbare Pläne für politische Verbesserungen. Er organisierte seine Anhänger, ließ von jedem der vier Stadtquartiere zwei Vertreter wählen, also acht im ganzen, und arbeitete mit ihnen zusammen ein Programm aus, das dieses Achtmännerkollegium dem Rat vorlegte: Sie verlangten, als Vertreter der Bürgerschaft an den Sitzungen des Rates teilzunehmen und damit Einfluß auf das politische Geschehen zu gewinnen. Zweitens forderten sie, daß zur Belebung der Wirtschaft Kredite maximal mit vier Prozent verzinst werden sollten, statt der zwanzig bis dreißig, die durchaus üblich waren, drittens, daß auch Geistliche und Adelige, die bisher steuerfrei waren, ebenso Abgaben zahlen sollten wie die Bürger in der Stadt, die Lohnarbeiter, die vorwiegend die Vorstädte bewohnten, und die Bauern in den 21 Mühlhauser Dörfern. Viertens sollten die Kirchengemeinden das Recht erhalten, ihre Geistlichen selber zu wählen, statt sie von den kirchlichen Führungszentralen oktroyiert zu bekommen, und sie wollten auch die Befugnis haben, darauf zu achten, daß die Geistlichen ihnen das reine Evangelium vortrugen und mit ihnen besprachen. Mönche und Nonnen sollten, wenn sie es wünschten, ungehindert ihre Klöster verlassen und alles, was sie an Mitgift hatten, einbringen und alle Erbansprüche, die sie ihren Klöstern hatten überschreiben müssen, mit sich in die Freiheit nehmen dürfen.

Der Rat, der seit dreihundert Jahren in der prachtvollen Ratsstube mit den Wandgemälden königlicher Burggrafen tagte, hielt die Beteiligung der Bürger und Bauern an den Regierungsgeschäften für unangebracht und schleppte die Verhandlungen hin. Daraufhin organisierte Pfeifer einen Protestmarsch und führte am 3. Juli 1523 eine große Schar, die aus drei verschiedenen Interessengruppen bestand, vors gotische Rathaus: Handwerker und Händler aus der Stadt, Arbeiter aus den Spinnereien und Webereien, den Sägemühlen und Gerbereien der Vorstädte und Bauern aus den Dörfern, die ja ebenfalls zum Staatsgebilde der Freien Reichsstadt Mühlhausen gehörten. Sie beanspruchten die gleichen Rechte für sich wie die Bürger, die in dem von Mauern und Türmen geschützten Zentrum der Stadt wohnten, die damals eine der mächtigsten und ausgedehntesten im ganzen Reich war.

Beeindruckt von dieser Demonstration nahmen die Ratsherren die Reformvorschläge ohne Widerstand an.

Als Thomas Müntzer nach Mühlhausen kam, gab es dort in Heinrich Pfeifer einen Mann, der schon bewiesen hatte, daß sich politische Erfolge durch das geschlossene Auftreten einer gut organisierten Menschenmenge erzwingen ließen. Für Müntzer waren politische Erfolge identisch mit theologischen. Er, den Gott der Herr auserwählt hatte, nicht anders als seinen eingeborenen Sohn Jesus Christus, fand seinen Johannes den Täufer vor. Der Acker war bereits gepflügt.

Es war in der zweiten Augustwoche, daß Thomas Müntzer in Mühlhausen eintraf, und die Nachricht von diesem Ortswechsel sprach sich so rasch herum, daß Martin Luther schon am 21. August einen besorgten Brief an den Rat der Stadt schrieb: »... ihr wöllet gar fleißig euch vorsehen vor diesem falschen Geist und Propheten, der in Schafskleidern einhergehet und ist inwendig ein reißender Wolf ...«

Nach vorübergehendem Wirken in Zwickau, Allstedt und Mühlhausen kam Thomas Müntzer nach Nürnberg (hier ein Holzschnitt aus Hartmann Schedels Weltchronik). Als jedoch der Rat der Stadt durch Zufall erfuhr, um wen es sich handelte, wurde er umgehend der Stadt verwiesen.

Indessen predigte Thomas Müntzer, »... die gewaltigen, eigensinnigen, ungläubigen Menschen (müßten) vom Stuhl gestoßen werden und die niedrigen erhoben ...« Sein Zusammengehen mit Heinrich Pfeifer war sinnvoll und effektiv. Sie ergänzten einander. Pfeifer war die in den Gegebenheiten eines Stadtstaates geschulte politische Kraft; Müntzer war der schwungvolle Agitator, dem das verschwommene Gebilde einer Theokratie vorschwebte, von deren sachlichen Einzelheiten er noch keine Vorstellungen hatte.

Schon am 19. September kam es zu einem jähen Aufstand. Viele Bürger der Stadt und aus drei der fünf Vorstädte, aber nur sehr wenige Bauern aus den Dörfern, bewaffneten sich und zogen geschlossen durch die Stadt und zum Tor hinaus. Sie trugen ein großes, rot bemaltes Kreuz vor sich her und ein blankes Schwert. Eine halbe Meile vor der Stadt, bei einer alten Klause unter einer Eiche, verhielten sie und berieten, wie sie weiterverfahren sollten. Sie einigten sich dann auf Forderungen, die in mehreren Punkten über das hinausgingen, was Heinrich Pfeifer schon im vergangenen Jahr formuliert hatte: Der alte Rat sollte durch eine frei gewählte Volksvertretung ersetzt werden, deren Mitglieder auf Lebzeiten die Geschäfte der Stadt führen sollten. Die Grundlage aller Gerichtsbarkeit und aller politischen Entscheidungen müsse in jedem Falle die Bibel sein.

Erschreckt über diese Demonstration der Volksmacht flohen die beiden Bürgermeister aus Mühlhausen und nahmen die geheimen Ratsprotokolle und den Stadtschlüssel mit. Sie begaben sich – was die auf ihre Reichsfreiheit stolzen Mühlhausener als besonders schmachvoll empfanden – unter den Schutz des sächsischen Herzogs Georg, der als eifriger Anhänger des alten Glaubens und als strenger Repräsentant fürstlicher Ausschließlichkeitsansprüche galt.

Auch von den Ratsherren zogen sich mehrere in benachbarte Fürstentümer oder Reichsgrafschaften zurück. Die wenigen, die zurückblieben, sträubten sich hartnäckig gegen die tiefen Eingriffe in die Verfassung des Stadtstaates, und zu Pfeifers und Müntzers Überraschung wurden sie in ihrer Haltung von mehreren Zünften und von zweien der fünf Vorstädte unterstützt. Die Bauern waren sogar fast geschlossen auf seiten des Rats. Da die Führer alles so überstürzt vorangetrieben hatten, war keine Zeit gewesen, die Leute in den 21 Dörfern rechtzeitig ins Vertrauen zu ziehen und sie an den Vorbereitungen zum Aufruhr mitwirken zu lassen. Sie hatten durchaus auch ihre Vorstellungen. Nun sahen sie sich vor die vollendete Tatsache gestellt, fühlten sich unzureichend repräsentiert, konnten noch gar nicht übersehen, was das Programm der Städter und Vorstädter für sie in ihrer besonderen Lage an Vorteilen oder auch Nachteilen bringen würde, und wollten mehr sein als nur die kämpfende Masse, die blind einer denkenden Führung folgte.

Der Rat von Mühlhausen konnte also diese auf den ersten Blick eindrucksvolle, aber hastig vorbereitete und unzureichend fundierte Demonstration mit einer soliden Mehrheit zurückweisen und hatte fast die gesamte ländliche Bevölkerung hinter sich.

Müntzers und Pfeifers Enttäuschung und der Groll ihrer Anhänger auf die Bauern war groß. In der Nacht darauf steckten unbekannte Täter das Dorf Bollstedt, drei Kilometer südostwärts an der Unstrut, an vier Ecken zugleich an, daß es völlig niederbrannte mit der ganzen Ernte, mit Wagen, Pflügen und Eggen und dem meisten Vieh. Die Menschen, aus dem Schlaf gerissen, konnten sich mit knapper Not retten.

Am 26. September verfügte der Rat von Mühlhausen, daß Heinrich Pfeifer und Thomas Müntzer, die beide der Teilnahme an dieser Brandstiftung beschuldigt wurden, sich nicht länger im Gebiet der Freien Reichsstadt aufhalten dürften. Das war für Thomas Müntzer besonders bitter, da er die Lage durchaus positiv beurteilt und sich gerade entschlossen hatte, seine Familie aus Allstedt nachkommen zu lassen. Es gab auch weit und breit keinen geeigneten Aufenthaltsort mehr für ihn, da weder die sächsischen Fürsten bereit gewesen wären, ihn aufzunehmen, noch die benachbarten kleineren Grafschaften, Ämter und Stadtverwaltungen. Überallhin war sein Ruf als gefährlicher Unruhestifter schon gedrungen. So schrieb etwa Herr Sittich von Berlepsch, der als Amtmann auf dem Schloß zu Salza saß, seinem Landesherrn Herzog Georg von Sachsen: »... der törichte Pfaffe von Allstedt hat sie unterwiesen, daß sie keiner Obrigkeit gehorsam zu sein und niemandem Zinsen und Renten zu geben schuldig seien, und man solle alle geistlichen Stände verfolgen und austreiben...«

Es gab für Müntzer nur die Möglichkeit, sich in eine Gegend zurückzuziehen, in der sein Name noch nicht mit dem Beigeschmack behaftet war, überall Unfrieden auszulösen, Zank, Aufruhr, blutige Revolten.

Er ging nach Nürnberg. Das war ein Weg von einer Woche, wenn man sich beeilte. Anfangs war Pfeifer noch bei ihm. Freie Reichsstädte boten den Vorteil, daß es dort nur eine Obrigkeit gab, und nicht über der Stadtverwaltung noch einen Amtmann und über ihm noch einen Landesherrn. Man brauchte sich also nur mit einer Instanz zu arrangieren. Müntzer tat es, Pfeifer tat es nicht. Er predigte, wie einst in Mühlhausen auf den Märkten und in den Gassen und verärgerte damit den Rat, der ihm schließlich unter dem 29. Oktober mitteilen ließ: »... Meister Heinrich (Pfeifer) von Mühlhausen, Schüler des Schwärmers Thomas Müntzer, der wie er sich untersteht, sich mit Disputationen einen Anhang zu verschaffen ... und weil die Stadt mit Predigern ausreichend versorgt sei, solle er sich von hinnen tun und sein Geld woanders verzehren ...«

Pfeifer mußte also wieder gehen, und er ging geradewegs nach Mühlhausen zurück, wo ihm niemand die Aufnahme verwehrte. Müntzer aber vermied es, den Nürnberger Rat zu reizen. Ihm kam es vor allem darauf an, jetzt keinen Wirbel zu machen, um in Ruhe und unbehelligt ein Buch herausbringen zu können, in dem er sich mit Luther auseinandersetzen wollte. In Nürnberg gab es mehrere berühmte Druckereien, unter denen sich die von Hieronymus Hölzel besonders anbot, weil der Meister die Ansicht vertrat, man müsse auch neuartigen und unüblichen Gedankengängen dazu verhelfen, gedruckt unter die Menschen zu kommen, um dann diskutiert zu werden. Hölzel übernahm auch den heiklen Auftrag, Müntzers Abrechnung mit »... des Teufels Erzkanzler ...« Martin Luther zu drucken und die Schrift zu vertreiben.

Als die ersten Teile des Werkes in Druck waren, veranstaltete die Nürnberger Stadtpolizei eine Razzia nach einem verbotenen Werk des Bilderstürmers Andreas Bodenstein von Karlstadt. Sie begann bei Hieronymus Hölzel. Karlstadt, einst Pfarrer in Orlamünde, hatte in der Universität Wittenberg einen großen Anhang unter den Studenten, aber auch unter der Stadtbevölkerung gewonnen. Im Jahre 1522, während Luther noch auf der Wartburg das Neue Testament übersetzte, hatte er mit seinen Anhängern in den Wittenberger Kirchen und in den Gotteshäusern der Umgebung alle Altäre, Heiligenbilder und Epitaphien zerschlagen mit der Begründung, das sei Götzendienst und der habe in einem christlichen Gotteshaus nichts zu suchen. Die Nürnberger Behörden wollten nicht gern, daß in den Mauern ihrer Stadt ein Leitfaden für die Bilderstürmerei gedruckt würde. Bei ihren Nachforschungen stießen sie aber in Hölzels Werkstatt zuerst auf Müntzers Streitschrift gegen Martin Luther, und darin fanden die Prüfer soviel Zündstoff für gewaltsamen Aufruhr und Umsturz, daß sie das Manuskript, die Druckstöcke und alle fertig gedruckten Bögen beschlagnahmten und dem Rat vorlegten. Dadurch erst wurde bekannt, daß sich Müntzer, der sich so unauffällig benommen hatte, überhaupt in Nürnberg aufhielt, und es gab genügend Leute, die seinen Namen sogleich mit ärgerlichen Zwischenfällen in Verbindung brachten.

Daraufhin überreichte ihm ein Diener des Rates die Anweisung, stehenden Fußes die Stadt zu verlassen.

Es war schon November. Müntzer machte sich auf den Weg nach

Südwesten, wo, wie die Leute auf den Landstraßen zu berichten wußten, große Unruhe im Gange war; im Klettgau und im Hegau, wo die
Stühlinger Bauern revoltiert und die Waldshuter Bürger sich zur Reformation bekannt hatten. Vielleicht konnte dieses Waldshut zum
Kristallisationspunkt für das Reich Gottes auf Erden werden. Auch
dort wirkte schon in Gestalt des Pfarrers Balthasar Hubmayer ein Johannes der Täufer und bereitete den Boden für Müntzers Saat.
Es war ein Weg von gut vierzehn Tagen, den Müntzer bis dahin zu
gehen hatte, während sich seine Familie in Mühlhausen durchzuschla-
gen versuchte und während Heinrich Pfeifer dort, um viele Erfahrungen reicher geworden, behutsam und geduldig dazu überging, seine
politischen Reformvorschläge auf breiterer Basis und mit größerem
Erfolg den Bürgern und Bauern und sogar einzelnen Ratsmitgliedern
plausibel zu machen.
Nach seiner langen Wanderung ließ sich Thomas Müntzer im Zentrum des Unruheherdes, auf halbem Wege zwischen Waldshut und
Schaffhausen, in dem Dorf Grießen nieder und zog von dort aus pre-
digend über die Dörfer. Aber es war schon so spät im Jahr und nicht
mehr die rechte Zeit, und es war auch nicht die rechte Gemeinde für
einen Mann, der die radikale Umwälzung mit allen Mitteln erzwingen
wollte.
Die Schwarzwälder Bauern hatten sich um praktische Verbesserungen
in erreichbarem Umfang bemüht, und sie hatten vor Einbruch des
Winters noch einen Teilerfolg erzielt, der ihnen zunächst genügte. Ihnen ging es um das Naheliegende, um geringere Belastung, um bessere
Arbeitsbedingungen, um die Viehweide, um das Brennholz, die freie
Jagd, die freie Fischwaid. Der Gottesstaat auf Erden lag ihnen zu fern,
als daß sie bereit gewesen wären, wieder ihre Waffen zu ergreifen und
im ersten Frost ihre warmen Hütten zu verlassen und mit unbekann-
tem Ziel in Kämpfe unbekannten Ausmaßes zu ziehen. An konkreten
Vorschlägen konnte ihnen der schwärmerische Pfarrer mit der merk-
würdigen Sprache aus dem reichen Fundus seiner Bibelkenntnisse
nichts bieten. Sie ließen ihn in Frieden und wollten in Frieden gelassen
werden. Sie gaben ihm ein Nachtlager und gut zu essen, wohin er
auch kam, den ganzen Winter über brauchte er nicht zu frieren. Im
Februar, als er erkannt hatte, daß auch Waldshut nicht dazu geschaffen war, Mittelpunkt des Gottesreiches zu werden, samt Klettgau und
Hegau und allen Landschaften ringsum, da trieb es ihn wieder nach
Norden, nach Mühlhausen, wo sich inzwischen alles grundlegend geändert hatte.

Aufruhr in Schwaben
Die Zwölf Artikel

Der gefürchtete »Baltringer Haufe«, der schon nach wenigen Wochen zehntausend Mann zählte, entstand am Heiligen Abend des Jahres 1524 in der Schenke des Dorfes Baltringen, zehn Kilometer nordostwärts von Biberach. Da saßen ein paar Bauern beisammen und schütteten einander das Herz aus. Da es das gleiche war, was sie bedrückte, fanden sie, es sei gut, gemeinsame Anliegen auch gemeinsam zu vertreten. Sie schlossen einen Bund und wählten zu ihrem Sprecher den Schmied Ulrich Schmid aus Sulmingen bei Ulm. Er konnte lesen, kannte sich in der Bibel aus und wußte, was man tun könne und was man unterlassen müsse. Er war kein Leibeigener und kein Zinspflichtiger, sondern ein freier Mann. Selber litt er keine Not, aber da ihm die Bauern sagten, daß sie ihn brauchten, machte er ihre Sache zu seiner und wurde ihr Führer.

In den folgenden Wochen trafen sich die Baltringer Bauern jeden Donnerstag, bald stießen Freunde und Verwandte aus anderen Dörfern zu ihnen, Hintersassen, Unfreie, aus den benachbarten geistlichen und weltlichen Herrschaften. Am 2. Februar waren sie achtzig, am 9. Februar schon zweitausend, und viele von ihnen kamen in Waffen. Sie gingen dann nicht mehr auseinander, sondern schlugen bei Laupheim, auf halbem Wege zwischen Biberach und Ulm, ein festes Lager auf. Da wählten sie Männer, die als Landsknechte Kriegserfahrungen gesammelt hatten, zu ihren militärischen Führern und Ulrich Schmid zum Sprecher und zum obersten Hauptmann des Baltringer Haufens. Er war einer der begabten Männer, die nicht dem geistlichen Stand und nicht dem reichsstädtischen Bürgertum entstammten, sondern dem großen Potential des ländlichen Handwerkertums, das nie eine Chance bekommen hatte, sich zu bilden, sondern sich alles hatte selber aneignen müssen, angefangen mit der Fähigkeit, in der Bibel zu lesen.

Ulrich Schmid glaubte an die göttliche Gerechtigkeit, und er glaubte, daß nur das in der Heiligen Schrift verankerte Göttliche Recht das Zusammenleben der Menschen regeln könne, daß alle Menschen gleichermaßen diesem Recht verpflichtet seien, die Landesherren wie die Bauern, die Bürger wie die Geistlichen. Diese Ansicht vertrat er unverhohlen überall, auch in Pfarrhäusern und Klöstern. Wenn er dort etwas zu tun hatte, machte er Mönchen und Nonnen klar, sie müßten sich ihr Brot mit eigenen Händen verdienen und sich nicht von den armen, geschundenen Bauern aushalten lassen. In der Überzeugung, daß die klare Erkenntnis der Fehler die beste Voraussetzung für eine vernünftige und gerechte Neuordnung sei, riet er den Bauern, alle Beschwerden und Verbesserungsvorschläge deutlich zu formulieren und in Einklang miteinander zu bringen. Er lehnte jede Gewalt ab, ließ aber die alten Landsknechte mit den Bauern fechten üben und die Schlachtordnung im freien Felde durchexerzieren, um gegen alle unangenehmen Überraschungen gefeit zu sein.

Ulm war nahe, und in der alten Reichsstadt (seit 1163) an der Donau saßen die Behörden des Schwäbischen Bundes und beobachteten besorgt, was sich vier Wegstunden südlich von ihnen an Kraft und Entschlossenheit zusammenballte. Der Bund schickte Abgesandte ins Bauernlager. Die redeten mit den Leuten wie mit unartigen Kindern und rieten ihnen, schleunigst heimzugehen und brav alles zu tun, was ihre Herrschaft ihnen befehle, andernfalls werde es ihnen ergehen wie den Fröschen im Frühling: »... die machen erst laut quak, quak, und am Ende holt sie der Storch und schluckt sie einfach herunter...«

Das war gewiß nicht die rechte Art, mit Männern umzugehen, denen es um ihre Existenz und um ihre Menschenwürde ging. Ulrich Schmid hatte Not, ihren Zorn zu beschwichtigen. Er beschwor beide Seiten, sachlich zu verhandeln und erreichte schließlich auch, daß sie sich einigten: Die Bauern sollten ihre Beschwerden aufschreiben, und die Vertreter des Schwäbischen Bundes versprachen, eine Woche später wieder ins Lager zu kommen, alle Eingaben entgegenzunehmen und sich ernsthaft mit ihnen zu befassen.

Als die Abgesandten des Bundes am 16. Februar 1525 wieder ins Lager kamen, sahen sie mit Entsetzen, daß sich mittlerweile 7000 Aufständische aus allen möglichen geistlichen und weltlichen Herrschaften dort versammelt hatten, aus Meierhöfen und Klöstern, aus Landstädten und Reichsstädten. Und nun waren auch schon etliche Geistliche unter ihnen, die an der Abfassung mancher Klageschrift mitgewirkt hatten. Mehr als dreihundert solcher Eingaben waren zusammengekommen, ganz verschieden in Inhalt und Form, in Qualität und Lesbarkeit, aber in den wesentlichen Punkten stimmten sie miteinander überein: Die Menschen wollten nicht von ihrer Herrschaft wie Wollschafe und Zugochsen behandelt, nicht nach Laune und Willkür geschoren und eingespannt werden, sie wollten, daß ihre Dienstleistungen und Abgaben nach für beide Seiten verbindlichen Gesetzen geregelt würden, und deren Grundlage könne nur die Heilige Schrift sein. Vor allen Dingen und zuallererst aber müsse die Leibeigenschaft beseitigt werden, die für jeden Christenmenschen, den Herrn wie den Gefolgsmann, unwürdig sei.

Einige Gemeinden verlangten auch das Recht, ihren Pfarrer selber wählen zu können, um so die Gewißheit zu haben, tatsächlich das reine, unverfälschte Evangelium vermittelt zu bekommen. Andere wollten die alte bäuerliche Gerichtsbarkeit wieder durchsetzen und führten in ihren Beschwerdeschriften Beispiele von unbegreiflichem Unrecht an, das ihnen durch Willkür-Urteile ihrer Gerichtsherren angetan worden war: »...wenn ein armer Mann Recht begehrt hat, so sein Herr ihn beim Koller gepackt und gesagt: ›Ich will dir dein Recht verschaffen!‹ und hat ihn in den Turm geworfen ...«

Andere verlangten nichts anderes, als nach altem Brauch das Brennholz im Wald schlagen, das Wild auf dem Feld jagen, den Fisch im fließenden Wasser fangen zu dürfen, ohne deswegen von irgendwelchen Herren zur Rechenschaft gezogen zu werden, die sich die Verfügungsgewalt über das, was der Gemeinschaft gehörte, einfach angeeignet hatten.

Die Abgesandten des Schwäbischen Bundes nahmen alle Beschwerden ohne Kommentar entgegen und sagten, sie müßten sich erst mit den einzelnen Herrschaften besprechen, über die die Bauern Klage führten. Das brauche seine Zeit, und so lange sollten die Bauern sich ruhig verhalten. Am 27. Februar würden sie wiederkommen, da könne man weitersehen.

In diesen Wochen bildete sich am Nordostufer des Bodensees der »Seehaufe« und um das Gebiet der Fürstabtei Kempten herum der »Allgäuer Haufe«.

Der Seehaufe wurde an Zahl und militärischer Kraft der stärkste von allen oberschwäbischen Bauernhaufen. In Rappertsweiler, nahe Lindau, kamen nach und nach 12 000 Mann zusammen. Unter ihnen waren viele Landsknechte, die gut ausgebildet und auch gut ausgerüstet waren, weil die Waffen nun mal ihr Handwerkszeug waren, von dessen Qualität sonst ihre Besoldung abhing. Hier waren sie Freiwillige. Außerdem gehörten von Anfang an viele Geistliche aus den umliegenden Klöstern und kleinen Landpfarren zum Bund. Die Seebauern wählten aber weder einen Kriegsmann noch einen Priester zu ihren Hauptleuten, sondern zwei Außenseiter aus dem städtischen Patriziat, deren Persönlichkeit und deren Auftreten sie beeindruckte: den Lindauer Dietrich Hurlewagen, der einigen Grundbesitz am See hatte, und den Ravensburger Hans Jakob Humpis von Senftenau. Beide hatten sich, obwohl sie aus wohlhabenden Familien stammten, frühzeitig zu den Zielen des Seehaufens bekannt: Aufhebung der Leibeigenschaft, freie Priesterwahl, Beseitigung der Rechtsunsicherheit durch Konstituierung von Gemeindegerichten nach den Grundsätzen des Göttlichen Rechts.

Der Allgäuer Haufe bildete sich im Februar 1525. Sein Kern waren Kemptener Leibeigene und Zinspflichtige. Deren Bund bestand schon seit Menschengedenken, aber er war nur selten als organisatorische Einheit in Erscheinung getreten, sondern immer mehr als eine Gemeinschaft des Duldens, des Leidens und einer nie erlöschenden Hoffnung. Die Fürstäbte von Kempten hatten seit über hundert Jahren ein unbeschränktes Gewaltsystem aufgebaut und nahezu alle Bauern in ihrem Machtbereich erst von Freien zu Zinspflichtigen, dann von Zinsern zu Leibeigenen abgewertet, sich selber zu Erben ihrer Landeskinder eingesetzt und Abgaben und Dienstleistungen dauernd willkürlich erhöht, bis auch dem Letzten nichts mehr blieb als sein Leben und seine Arbeitskraft. Einmal, im November 1491, hatten sich diese Menschen in Waffen versammelt, um Geschlossenheit zu bekunden und gemeinsam ihre Klagen beim Schwäbischen Bund vorzubringen, dem der Fürstabt, ihr Landesherr, angehörte. Aber die Bundesgesandten hatten sie nicht einmal ausreden lassen und ihnen nur gedroht, sie hätten kein Recht zu verlangen, sondern zu gehorchen. In ihrer Not hatten sie daraufhin ihren Sprecher Heinrich Schmid von Leubas zum Kaiser geschickt, doch der war nie angekommen, sondern unterwegs irgendwo spurlos verschwunden. Ein zweiter Mann hatte es geschafft, auf Schleichwegen zum Kaiser zu gelangen, und erreicht, daß der Fürstabt von Kempten vors Hofgericht geladen wurde. In der Zwischenzeit aber hatten dessen Kriegsknechte die Hütten der aufsässigen Bauern angezündet und sie gezwungen, ihre Klage zurückzuziehen. Danach waren er und seine Nachfolger von niemandem mehr daran gehindert worden, ihre Politik der gewaltsamen Besitznahme fortzusetzen, und bis zur Bildung des Allgäuer Haufens hatten sie weitere 1200 Zinspflichtige gezwungen, Leibeigene zu werden, indem sie sie von Kriegsknechten einfangen und erst wieder laufen ließen, wenn sie gelobt hatten »... nie mehr vom Gotteshaus zu weichen«, wie die wohlklingende Formel lautete, mit der ein Mensch seine Freiheit, seine Würde und seine Identität aufgab.

Der Bauernbund sammelte solche Fälle, in der Hoffnung, eines Tages doch ein Gericht zu finden, das den Übergriffen des Fürstabtes ein Ende setzte und ihn auf die Grenzen seiner Macht hinwies.

Hans Ruprecht aus der Pfarre Sankt Lorenz sagte aus, der gnädige Herr habe ihn einsperren und erst wieder laufen lassen, als er sich verpflichtet hatte, nimmer vom Gotteshaus zu weichen. Dann fingen sie ihn noch einmal und sagten ihm, er käme erst frei, wenn auch seine

Frau und seine Kinder das gleiche gelobten. »... da ging mein Weib und fünf Kind und verschrieben sich zu leibeigen ...«

Den Zinser Peter Adelgos fingen die Häscher des Fürstabtes auf der Kirchweih, warfen ihn ins Gefängnis und gaben ihm nichts zu essen, »... es sei denn, ich gäbe dem Vogt sechs Gulden ... und wollte ich heraus, so mußte ich mich verschreiben, vom Gotteshaus nicht zu weichen ...«

Ein anderer Zinser, Hans Summer, heiratete eine Freie. Der Abt ließ ihn fangen und verlangte, diese Frau als Leibeigene überschrieben zu bekommen. Hans Summer bat, wenigstens die Kinder frei sein zu lassen. »... da sprach mein Herr: ›Du mußt mir Weib und Kind zu eigen geben, oder du mußt verfaulen im Gefängnis!‹ – Und das klage ich Gott!«

Die Zinserin Eld Hiemer gab zu Protokoll: »... als mein Mann starb, ist man nachts in mein Haus gekommen und hat mich und meine Kinder ins Gefängnis gebracht und hat das Haus offen stehen lassen. Da mußte ich mich und meine Kinder verschreiben vom Gotteshaus nicht zu weichen. Und wenn wir abschweifen würden, wäre all unser Gut verfallen dem Gotteshause. Und meinen Sohn haben sie am Strick geführt, als wie einen Dieb ...«

Gegen diese Landesherrn – seit 1523 beherrschte Abt Sebastian von Breitenstein das geistliche Fürstentum – und gegen die absolute Rechtlosigkeit, in der zu leben sie verurteilt waren, lehnten sich die Kemptener endlich doch auf und schlossen sich fester zusammen. Jeder, der sich zu ihrem Bund bekannte, mußte unter einem Spieß durchgehen, den zwei von ihnen hochhielten, wie den Querbalken eines Tores. Zum Hauptmann wählten sie Jörg Schmid, den Sohn jenes Heinrich Schmid, der damals, als Jörg noch ein kleines Kind gewesen, auf dem Weg zum Kaiser spurlos verschwunden war. Da der Fürstabt den ganzen Besitz des Vaters hatte einziehen lassen, war der Sohn in Armut aufgewachsen und Bleicherknecht geworden. Sein Herr hatte ihn, um ihn von den vielen anderen, die auch Schmid hießen, unterscheiden zu können, Knopf genannt. Der Name blieb ihm. An seine Seite stellten die Kemptener als zweiten Hauptmann den Leibeigenen Jörg Täuber, dessen Vorfahren einst freie Bauern gewesen waren, dessen Großvater aber der Abt in die Leibeigenschaft gepreßt hatte, womit all seine Nachkommen automatisch ebenfalls Leibeigene geworden waren.

Zunächst wollten die Kemptener gar keinen Aufstand machen, sondern nur ein Gerichtsverfahren durchsetzen, in dem ihre erzwungene soziale Abwertung aufgehoben werden sollte. Ebenso wie die Baltringer wollten sie keine Gewalt anwenden, aber entschlossen und geschlossen ihr Recht durchfechten. So schickten sie in dieser Sache Jörg Schmid, genannt Knopf, zum Bundesgericht nach Ulm. Da brachte er mit Hilfe eines Tübinger Rechtsgelehrten ihre Klage vor. Aber das Verfahren schleppte sich hin, ohne daß ein Ende abzusehen war. Die Kemptener wurden unruhig, und am 20. Februar schickten sie ihm einen Mann mit dem Auftrag, er solle alles liegen lassen und zurückkommen; sie wollten ihre Sache jetzt selber in die Hand nehmen, als Vollstrecker des Göttlichen Rechts.

In kurzer Zeit kamen immer mehr Allgäuer aus den verschiedensten Herrschaftsbereichen und von immer weiter her hinzu und schlossen sich den Kemptenern an. Bald waren es an die 7000 Mann, und sie nannten sich der »Allgäuer Haufe«.

Ende Februar, Anfang März fanden sich auch im Raum zwischen Donau und Lech, in diesem Dreieck, das von den Städten Augsburg, Ulm und Donauwörth gebildet wird, aus fünfzehn Ortschaften und mehr als hundert verstreuten Gehöften und Hütten über 4000 Bauern zusammen. Zu ihnen stießen 250 Bürger aus Leipheim mit ihrem Priester Hans Jakob Wehe an der Spitze. Der hatte sich schon früh zur Reformation bekannt und war deswegen vom Bischof von Augsburg mit dem Bann belegt worden. Wehe war ein Verwandter des Franziskaner-Paters Johann Eberlin von Günzburg, der ebenso entschlossen für eine Reformation der Kirche wie für eine Reform des Staatswesens eintrat und »Die fünfzehn Bundesgenossen« verfaßt hatte, die Utopie vom idealen deutschen Staat, mit der er vielen Theologen und vielen politischen Köpfen seiner Zeit Impulse gab. Auch Wehe hatte manche von Eberlins Erkenntnissen und Illusionen verarbeitet und mit seinen Predigten scharenweise Menschen aus den Nachbargemeinden in seine Kirche nach Leipheim gezogen. Mit ihm kamen der Pfarrer von Langenau und der von Günzburg ins Bauernlager und drei erfahrene Feldhauptleute, die auch einige Geschütze mitbrachten und mit Ulmer und Augsburger Handelshäusern wegen der Lieferung von Schießpulver in Verhandlung standen. Bald waren mehr als 5000 Mann beisammen. Sie lagerten sich zwischen Leipheim und Günzburg an der Donau, wählten Hans Jacob Wehe zu ihrem Obersten Hauptmann und nannten sich der »Leipheimer Haufe«.

Die allgemeine Unruhe griff auch auf die Untertanen des Reichsritters von Schellenberg und des Truchseß Georg III. von Waldburg über. Sie sammelten sich nahe seiner Residenz bei Wurzach an der Aitrach, nannten sich der »Unterallgäuer Haufe« und wählten zu ihrem Hauptmann Florian Greisel, den Pfarrer von Aichstetten, Pfaff Florian genannt. Ständig bekamen sie Zulauf, und bald waren sie 7000 Mann stark.

So standen nun in den ersten Märztagen des Jahres 1525 in Oberschwaben mehr als 40 000 Mann aus allen möglichen Berufen und Lebensbereichen unter Waffen. Die meisten waren Bauern oder Dorfhandwerker: Schmiede, Müller, Schuhmacher. Aber auch Bürger aus verschiedenen Zünften waren dabei, Geistliche und Berufssoldaten, Arbeitsleute und Ackerbürger. Sie kamen aus Städten und Marktflecken, aus Dörfern, Landgütern, Hofstellen. Anfangs hatten die einzelnen Haufen nur lose Verbindung zueinander. Sie waren durchweg entschlossen, ihre mehr als maßvollen Ziele mit friedlichen Mitteln zu erreichen. Sie waren sich nur der Rechtmäßigkeit ihrer Anliegen bewußt geworden und hatten die Macht der Gemeinsamkeit entdeckt. Das alles hatte sich wie von selber ergeben. Auf einmal stellten sie ein ungeheures Kräftepotential dar, das die diffuse Oberschicht der Herrschenden, all die Landesfürsten und Bischöfe, die Äbte und Äbtissinnen, die Landgrafen und Burggrafen, die Freiherrn und Reichsritter zutiefst beunruhigte, weil niemand absehen konnte, ob sich nicht eines Tages diese zusammengeballten Kräfte von allen Bindungen traditioneller Demut freimachen und ein Eigenleben entwickeln würden. Die Unantastbarkeit der Kirche, die allen geistlichen und allen weltlichen Instanzen Aureole und Schutzschild des Gottesgnadentums verlieh, war in den letzten Jahren schon mehrfach in Frage gestellt worden, von Luther und Zwingli, von Thomas Müntzer und Balthasar Hubmayer, von Johann Eberlin von Günzburg und vielen anderen. Noch baten die Bauern darum, von diesen Instanzen angehört zu werden, ihren Landesherren, ihren Gerichtsherren, ihren Grundherren, ihren Leibherren. Noch zogen sie deren Legitimität nicht in Zweifel, weil die Heilige Schrift befahl, die Obrigkeit zu achten. Aber ihre Geduld konnte nicht unerschöpflich sein. Der bayerische Kanzler Leonhard von Eck schrieb am 12. Februar 1525 aus Ulm an seinen Herzog: »... ich weiß Eurer Fürstlichen Gnaden nichts anderes zu melden, als daß die Bauern sich mehren ... die Adeligen, denen die Bauern gehören, sind alte Weiber und fürchten um ihre Häuser. Keiner traut sich, etwas zu unternehmen. Ich bin der Meinung, man sollte den Hauptmann (der Bauern) suchen, ihn mit zehn Reitern fangen und einsperren ... Das Vorhaben der Bauern ist, weder Rente noch Zinsen zu zahlen, auch sollen Fischwasser, Wildbret und Holz allen gemeinsam gehören, und was sie sonst noch für beschwerliche Artikel haben ...«

Am 2. März 1525 schrieb er: »... Die Bauern mehren sich von Tag zu Tag und haben an etliche Städte Briefe geschrieben, darunter auch an Ulm. Indem ist eine große Spaltung in den Städten. Die lutherischen, wenn sie arm sind, geben den Bauern recht. Die Reichen aber, lutherische wie nicht lutherische, geben den Bauern unrecht. In summa, der Handel ist beschwerlich ...«

Zum Zentrum dieser gewaltigen Bewegung, die ihre Macht und ihre Möglichkeiten überhaupt noch gar nicht erfaßt hatte, wurde Memmingen. Die relativ junge Stadt, 1010 erstmals genannt, zunächst den Welfen, später den Staufern gehörend, seit 1286 Freie Reichsstadt, hatte eine beachtliche Ausdehnung: 27 Dörfer gehörten zu ihrem Herrschaftsbereich. Entsprechend zahlreich war die ländliche Bevölkerung, die außerhalb der Mauern lebte, zu den Untertanen der Freien Stadt gehörte, aber nicht deren Freiheiten genoß, keine Bürgerrechte besaß und nicht anders gehalten wurde als die Bauern geistlicher oder weltlicher Fürstentümer. An der Stadtluft, die den Unfreien frei machte, hatten sie keinen Anteil.

In Memmingen war seit zehn Jahren der Zwingli-Schüler Dr. Christoph Schappeler als Pfarrer tätig, ein Reformator mit bestimmten Vorstellungen von sozialen Verbesserungen und politischen Veränderungen, die über den theologischen Bereich seiner Tätigkeit hinausgingen. Mit seinen drastischen Wortbildern packte er die Leute, und wenn er predigte, kam immer auch allerlei Volk zusammen, das nicht zu seiner Gemeinde gehörte. Korrupte Mönche und rückständige Geistliche nannte er Mistfinken und Suppenprediger. Auch Schappeler wollte, ähnlich wie Thomas Müntzer, das Laienelement in den Gemeinden stärken und dafür priesterliche Privilegien abbauen.

Der andere Mann, der in Memmingen eine entscheidende Rolle spielte, war Sebastian Lotzer, ein Kürschnergeselle von hoher Intelligenz. Er hatte Lesen gelernt, sich eine solide Bibelkenntnis erarbeitet und war ein überzeugter Anhänger des Prinzips vom Göttlichen Recht. Die Heilige Schrift bedeutete ihm unumstößliches Gesetz. All seine Forderungen im sozialen und politischen Bereich konnte er aus der Bibel begründen.

Noch im vergangenen Jahr war das mächtige Memminger Patriziat allen Veränderungen des Status quo, gleich in welchen Bereichen, entschlossen entgegengetreten, aber unter Schappelers und Lotzers Einfluß hatte sich eine Opposition gebildet, die immer mehr Zulauf bekommen und schließlich im Winter 1524/25 tiefgreifende Reformen durchgesetzt hatte: zuerst die Abschaffung der Leibeigenschaft im gesamten Bereich der Freien Reichsstadt, dann das Recht für alle Gemeinden, sich ihre Pfarrer selber wählen zu können und die Erlaubnis für jeden einzelnen, frei zu jagen, zu fischen und Holz zu schlagen, sowie einige Steuererleichterungen. Grundlage aller Rechtsentscheidungen wie auch der Steuergesetzgebung sollte hinfort die Heilige Schrift sein. Die Obrigkeit der Reichsstadt Memmingen war die erste im Reich, die das Göttliche Recht als einzig bindenden Maßstab anerkannte.

Ende Februar 1525 ritt der Hauptmann des Baltringer Haufens, Ulrich Schmid von Sulmingen, nach Memmingen, um Verbindung mit den beiden führenden Reformern aufzunehmen und den klugen und besonnenen Sebastian Lotzer, der weitgehend die gleichen Ansichten vertrat wie er selber, als Feldschreiber für den Baltringer Haufen zu gewinnen.

Lotzer kannte die Anliegen der Memminger Bauern, durch Ulrich Schmid lernte er auch die viel zahlreicheren und oft von lokalen Verdrießlichkeiten geprägten Beschwerden der Baltringer kennen. Er faßte Gemeinsames zusammen, schied Belangloses aus und baute aus diesem reichen Fundus von Unerträglichkeiten einen Katalog von Forderungen auf, die er alle mehrfach aus der Bibel belegte. So entstanden die »Zwölf Artikel«, die zur ideologischen Grundlage des Bauernkrieges im ganzen Reich wurden. Schon Mitte März erschienen die Zwölf Artikel gedruckt. Sie verbreiteten sich unvorstellbar rasch, und auch in den Nachbarländern wurden sie diskutiert und kommentiert von Männern, wie etwa Philipp Melanchthon. Sie wurden handschriftlich kopiert und weitergegeben, wieder kopiert und wieder weitergegeben. Allein sieben solcher Abschriften sind bis heute erhalten geblieben. Oft gelangten die Zwölf Artikel nur in einzelnen Exemplaren in abgelegene Landstriche, dann machte sich sofort ein Drucker daran, sie neu zu setzen, nachzudrucken und weiterzuverbreiten. Aus dem Jahr 1525, in dem sie formuliert wurden, sind 24 verschiedene Nachdrucke bekannt. Sie drangen bis nach Lothringen und Ostpreußen, nach Holstein und Tirol, nach Pommern und ins Elsaß, nach Schlesien und ins Herzogtum Krain. Sie forderten nicht den Umsturz einer bestehenden Weltordnung und waren keine Anstiftung zur Gewalttat. Sie wollten nicht die Anarchie, sondern Frieden und Ordnung. Sie sagten nichts anderes, als was jeder vernünftig denkende Mensch jener Tage für rechtens hielt.

Die Einleitung stammte von Christoph Schappeler: »Dem christlichen Leser Friede und Gnade Gottes durch Christus. Es gibt viele, die jetzt die Versammlung der Bauernschaft zum Anlaß nehmen, zu sagen, das seien die Früchte des neuen Evangeliums: Niemandem gehorsam sein, an allen Orten sich empören und aufbäumen, mit großer Gewalt sich zusammenrotten, geistliche und weltliche Obrigkeiten zu reformieren, ja vielleicht gar zu erschlagen. ... Zum ersten ist das Evangelium nicht eine Ursache der Empörung und des Aufruhrs, weil es Christi Wort ist, dessen Leben und Reden nichts anderes lehrt als Liebe, Friede, Geduld und Einigkeit, so daß alle, die an diesen Christus glauben,

*In den »Zwölf Artikeln« (links: der Titel der im März 1525 gedruckten Schrift) for-
mulierten die unterdrückten Bauern ihre Forderungen, die sich unvorstellbar rasch
verbreiteten (rechts: der Titel einer Flugschrift mit den Zwölf Artikeln der Bauern)
und auch in den Nachbarländern diskutiert wurden.*

liebevoll, friedlich, geduldig und einig werden. So ist allen Artikeln
der Bauern die Forderung gemeinsam, das Evangelium zu hören und
danach zu leben. Wenn sich aber viele Feinde des Evangeliums gegen
dieses Verlangen aufbäumen, dann ist nicht das Evangelium die Ursache, sondern der Teufel. Die Bauern begehren das Evangelium zur
Grundlage ihres Lebens, wie können sie da ungehorsam und aufrüh-
rerisch genannt werden? Ob aber Gott die Bauern erhören wird, wer
will Gottes Willen tadeln? Will seiner Majestät widerstreben? Da er
die Kinder Israels aus der Gewalt des Pharao befreit hat, kann er auch
heute noch die Seinen erretten. Ja, er wird sie erretten! Und in Kürze!
Deshalb, christlicher Leser, lies die folgenden Artikel mit Fleiß, und
danach urteile!«
Die Einleitung zu den Zwölf Artikeln zeigte deutlich, was sie wollten:
Die Reformation konnte sich nicht auf rein theologische Bereiche beschränken, sie mußte praktische Auswirkungen im täglichen Leben
haben, im sozialen und im politischen Bereich. Ebenso wie die Theologen, mußten die Landesherren und Grundherren und Leibherren

255

begreifen, daß ihre Gemeindeglieder nicht nur Schafe, daß ihre Landeskinder nicht nur Untertanen waren, sondern Menschen.

Die enge Bindung der Zwölf Artikel an die Heilige Schrift wird durch den ersten betont, der die freie Priesterwahl für alle Gemeinden fordert und die Geistlichen verpflichtet, das Evangelium lauter und klar und ohne menschlichen Zusatz zu predigen. Neben ihm und allen folgenden sind am Rande all die Bibelstellen vermerkt, mit denen sie begründet werden.

Der zweite regelt die Besoldung der Pfarrer und die Versorgung der Armen.

Der dritte verlangt die Abschaffung der Leibeigenschaft. »... man hat uns bisher für Eigenleute gehalten, was zum Erbarmen ist, wenn man bedenkt, daß Christus uns alle mit seinem Blut erlöst hat ...«

Der Vierte fordert das Recht der freien Jagd und des freien Fischfangs, der fünfte, daß jeder seinen Bedarf an Brenn- und Bauholz aus den Gemeindewaldungen decken kann.

Der sechste, siebte und achte regeln Abgaben und Dienstleistungen der Bauern, die keinen eigenen Grundbesitz haben, und will deren willkürliche Beanspruchung verhindern: »... denn ein jeglicher Tagwerker ist seines Lohnes würdig.«

Der neunte verlangt eine Neuordnung des Gerichtswesens, der zehnte, daß Wiesen und Äcker, die zu einer Gemeinde gehören, auch wieder von der Gemeinde benutzt werden dürfen.

Der elfte fordert die Abschaffung des »Todfalls«, jener Leichensteuer, die der Landesherr verlangte, wenn ein Familienvater gestorben war. »... wir wollen nimmer leiden, daß man Witwen und Waisen das Ihre wider Gott und Ehre schändlich wegnimmt, wie es an vielen Orten gerade von jenen geschehen ist, die sie hätten beschützen und beschirmen sollen. Statt dessen haben sie uns geschunden und geschabt ...«

Der zwölfte Artikel enthält wieder ein eindeutiges Bekenntnis zur Heiligen Schrift. Die Bauern verpflichten sich, von jeder Forderung abzulassen, deren Rechtmäßigkeit nicht unwiderlegbar aus der Bibel nachzuweisen ist.

Das Ganze ist maßvoll in Form und Inhalt, beschränkt sich auf soziale und rechtliche Verbesserungen im Bereich ihrer Kommunen, ihrer Herrschaften, ihrer Landesfürstentümer, will auf die große Politik des Reiches keinen Einfluß nehmen, provoziert niemanden und droht nicht mit der Möglichkeit der Gewalt. Wenn der Geistliche Christoph Schappeler auch dazu neigte, mit starken Worten zu argumentieren, der Handwerker Sebastian Lotzer zeigte Behutsamkeit und politischen Weitblick. Er wollte das Mögliche erreichen und nicht von vornherein alle Türen zuschlagen, indem er das Unmögliche verlangte. In Ulrich Schmid von Sulmingen fand er Unterstützung.

Zum 6. März 1525 luden sie die gewählten Vertreter aller oberschwäbischen Haufen nach Memmingen ein. Dort beschlossen sie, alle Bauernbünde in der »Christlichen Vereinigung« zusammenzufassen und erarbeiteten die Bundesordnung, deren Grundlagen Ulrich Schmid schon entworfen hatte. Der Allgäuer Haufe und die Seebauern forderten anfangs ein hartes Vorgehen gegen den Adel aller Schattierungen, um gleich zu Beginn Standesprivilegien abzubauen und klare Voraussetzungen für eine Neuordnung zu schaffen. Aber sie ließen sich dann doch von den gemäßigten Führern der Baltringer und Memminger überzeugen und stimmten der Bundesordnung zu, die gewaltsame Veränderungen ablehnte.

Das Memminger Bauernparlament beriet dann auch noch eine Landesordnung und eine Feldordnung, in denen grundgesetzliche Bestimmungen über die Verfassung der einzelnen Haufen, deren zukünftige Organisation und deren Gliederung und Befehlsverhältnisse im Kriegsfall geregelt wurden. Diese Haufen wurden nicht miteinander verschmolzen, und es wurde auch kein gemeinsamer Oberbefehlshaber eingesetzt. Die Hauptleute sollten sich abstimmen und dann entscheiden. Die politische Arbeit lag in Händen der Bauernräte, die von den einzelnen Haufen gewählt und nach Memmingen delegiert wurden.

Die »Christliche Vereinigung« zeigte in aller Form dem Schwäbischen Bund ihre Konstituierung an und legte ihm ihre Zwölf Artikel als Grundlage für weitere Verhandlungen vor, zu denen sie Abgesandte in die Bundeshauptstadt Ulm schickten. Das Streben nach System und Ordnung war ebenso unübersehbar wie das Talent der führenden Männer, Voraussetzungen für sachliche Gespräche zu schaffen. In kurzer Zeit traten Dörfer, Marktflecken und Städte aus immer weiterem Umkreis der »Christlichen Vereinigung« bei, und die Bundesbehörden in Ulm beobachteten besorgt die Entwicklung.

Der Schwäbische Bund war durchaus keine politische Einheit, sondern ein Zusammenschluß von ganz verschiedenen Interessengruppen, von Fürsten, Bischöfen und Freien Städten, von Grafen, Äbten und Reichsrittern. Die einzelnen Mitglieder hatten eine unterschiedliche Einstellung zu den Bauern und ihren Forderungen. Bei den Städten fanden die Zwölf Artikel am meisten Verständnis, bei den geistlichen Fürsten und dem Herzog von Bayern am wenigsten. Wenn der Bund also die Verhandlungen mit den Bauern nur schleppend führte, dann war es nicht nur Tücke, sondern auch ein Zeichen von Unsicherheit und Ratlosigkeit. Hinzu kam, daß die Bundesbehörden auf schwankendem Boden saßen. Die Bürger der Freien Reichsstadt Ulm hatten sich nämlich schon früh der Reformation angeschlossen und waren von den Zwölf Artikeln, in denen sie eine natürliche Weiterentwicklung reformatorischer Bestrebungen sahen, in ihrer großen Mehrheit tief beeindruckt.

Der Schwäbische Bund führte seine Verhandlungen mit den Abgesandten des Memminger Bauernparlaments hinhaltend, mit der scheinbaren Bereitschaft, Konzessionen zu machen. Er war in keiner guten Lage, geographisch wie militärisch und politisch. Die vierzigtausend schwer berechenbaren Bauern lagen nur ein paar Wegstunden entfernt im Halbkreis um die Stadt herum, und keinen Tagesritt südlich hatte sich in der mächtigen Freien Reichsstadt Memmingen das Führungszentrum einer Bewegung etabliert, die durchaus zum Brennpunkt einer weitgreifenden Erneuerung werden konnte. Die Truppen des Schwäbischen Bundes, die notfalls seine politischen Organe hätten schützen müssen, waren derzeit nicht verfügbar, sondern unter Führung ihres Feldherrn Truchseß von Waldburg in die Auseinandersetzung mit Herzog Ulrich von Württemberg verwickelt, der vom Hohentwiel aus angetreten war, sein Land mit Gewalt zurückzuerobern. Der Schwäbische Bund mußte verhandeln, und er mußte die Gespräche soweit wie möglich in die Länge ziehen, ihm blieb gar nichts anderes übrig. Wie einer seiner markanten Repräsentanten dachte, verraten die Briefe des bayerischen Kanzlers Leonhard von Eck. Am 7. März schrieb er an seinen Herzog: »... aus den Forderungen der Bauern ersieht man, was die lutherische Lehre anrichtet: Wildbret und Fische frei und niemand nichts geben! Dieser Teufel ist nicht zu bannen ohne den Henker.«

Am 9. März schrieb er: »... wir werden den Bauern nicht nachgeben. Wir würden dadurch unsere Reputation verlieren wie alte Huren. Der Bauern brüderliche Liebe ist mir zuwider. Ich habe mit meinen leiblichen Geschwistern nicht gerne geteilt, geschweige denn, daß ich es mit Bauern täte ...«

Aber im Augenblick war nichts zu machen. Man mußte sich mit ihnen an einen Tisch setzen und so tun, als wolle man ernsthaft mit ihnen eine Lösung erarbeiten. Alle militärischen Kräfte waren auf Herzog Ulrich konzentriert. Geächtet und aus seinem Lande vertrieben, hatte er mit Unterstützung des französischen Königs und mit finanzieller Hilfe Schweizer Bankhäuser in Basel und Solothurn um den Hohentwiel herum, den er sich zu diesem Zweck gekauft hatte, ein Heer gesammelt und Geschütze gießen lassen, um mit einer starken Artillerie antreten zu können. Das Rückgrat seines Heeres waren Schweizer Söldner. Um es auf eine größere Zahl zu bringen, bemühte er sich,

Bauern aus dem Hegau, dem Klettgau und dem Allgäu anzuwerben. Denen bot er zwar keinen Sold, aber er versprach ihnen, wenn sie ihm einmal geholfen hatten, sein Land zurückzuerobern, zur Belohnung in Württemberg die Leibeigenschaft abzuschaffen, außerdem den geistlichen Besitz aufzuheben und auf die Gemeinden zu verteilen. Viele ließen sich durch seine Versprechungen einfangen, und bald lagerten um den Hohentwiel einige hundert Bauern, die entschlossen waren, für den Mann zu kämpfen, der elf Jahre vorher den Armen Konrad im Blut erstickt hatte.

Ulrich begann die Rückeroberung seines Herzogtums unter genauer Beachtung der Stilregeln seiner Zeit. Von Dotternhausen aus, wo er sein Hauptquartier aufgeschlagen hatte, schickte er dem Schwäbischen Bund einen Reiterburschen mit einem Fehdebrief nach Ulm. Die Herren dort nahmen den Brief, gaben dem Burschen ein Trinkgeld von fünf Gulden, zerschnitten ihm, wie es sich gehörte, sein Wams und ließen ihn vorschriftsmäßig nach Dotternhausen zurückgeleiten.

Als die Präliminarien geklärt waren, rückte Ulrich vor Herrenberg, und Truchseß Georg III. von Waldburg zog ihm mit 700 Reisigen und 14 000 Mann zu Fuß entgegen. Aber manche Bundeskrieger, die aus vormals württembergischen Gebieten kamen, gerieten in Gewissensnot und fanden, es sei wider Gottes Gebot, daß der Mensch gegen seine angestammte Obrigkeit streite. Sie liefen zwar nicht zu Ulrich über, aber sie verließen das Heer und zogen sich in ihre Heimatorte zurück.

Ohne auf nennenswerten Widerstand zu stoßen, besetzte Ulrich Herrenberg, Leonberg und Sindelfingen. Dort fanden seine erfahrenen Schweizer Soldknechte, als sie das Kloster plünderten, viele volle Weinfässer in den Kellern. Ulrich betrank sich mit ihnen drei Tage lang und vergaß darüber, in seine alte Landeshauptstadt einzuziehen, in der ihn die Bürger schon freudig erwarteten. Indessen schickte Georg von Waldburg seinen Unterfeldherrn, Graf Ludwig von Helfenstein, mit 600 Reisigen und 1600 Mann zu Fuß nach Stuttgart. Die besetzten die Stadt und bereiteten sich auf Herzog Ulrichs Angriff vor.

Truchseß Georg konzentrierte sich zunächst darauf, die Manneszucht im Bundesheer wiederherzustellen und die Lücken aufzufüllen. Er bekam Verstärkung von den Bischöfen von Würzburg, Bamberg und Mainz, von Landgraf Philipp von Hessen und Herzog Wilhelm von Bayern, baute deren Kontingente ein und ließ das ganze Heer noch einmal vereidigen. Es stießen auch Edelleute mit ihren berittenen Knechten zu ihnen, Männer, die um ihren Besitz fürchteten und jede Änderung der Verhältnisse verhindern wollten.

Als Herzog Ulrich endlich vor seiner Hauptstadt ankam, waren die Tore geschlossen, die Mauern besetzt, und aus den Scharten waren Hakenbüchsen und Geschütze auf ihn gerichtet. Voller Zorn befahl er seiner Artillerie, in Stellung zu gehen und Stuttgart zu beschießen. Aber während er sein Heer zum Sturm bereitmachte, während drinnen die ersten Häuser brannten, die ersten Verwundeten in die Kellergewölbe geschleppt wurden, die ersten Toten in den Straßen liegenblieben, traf eine schlimme Nachricht nach der anderen bei ihm ein: König Franz I. von Frankreich, der Norditalien seinem Reich einverleiben und die Truppen des Kaisers hatte binden wollen, war am 28. Februar bei Pavia von den deutschen Landsknechten unter Georg von Frundsberg vernichtend geschlagen worden und in die Gefangenschaft des Kaisers geraten. Daraufhin hatten die Schweizer Bankiers in Sorge um ihr Geld Ulrich jeglichen Kredit gesperrt. Auch die Schweizer Landsknechte hatten schnell begriffen, daß bei ihm nun für längere Zeit nichts mehr zu holen war und machten sich einer nach dem anderen aus dem Staub.

In seiner Not wandte sich Herzog Ulrich an seine Landeskinder und beschwor sie, daß sie jetzt die Lücken füllen und für ihn kämpfen müßten. Er konnte es nicht fassen, daß die Bauern aus der Umgebung nicht sogleich zu ihm eilten, um ihm zu helfen. Tief enttäuscht gab er sein Vorhaben auf, überließ den Rest des Heeres, dem er ohnehin keinen Sold mehr hätte zahlen können, seinem Schicksal und floh am 17. März 1525 abermals außer Landes.

Als Georg von Waldburg überzeugt war, seine Soldaten fest in der Hand zu haben, marschierte er gegen vereinzelte Schwärme des Baltringer Haufens, die er getrennt annahm – bei Laupheim, bei Öpfingen, bei Rißtingen –, denen er aber mit dem großen schwerfälligen Heer nichts antun konnte und die sich nach kurzen Scharmützeln ohne nennenswerte Verluste im unübersichtlichen Gelände verloren. Hier zeigten sich deutlich die taktischen Möglichkeiten, die sich den leichtbeweglichen und leichtbewaffneten Bauern anboten, zumal jetzt, in den ersten Frühlingstagen, als der Boden noch weich war und die Reiterei des Bundes in den Flußtälern und Niederungen genausowenig eingesetzt werden konnte wie oben auf den Höhen.

Als Ulrich von Württemberg nach einem dreitägigen Saufgelage mit Landsknechten (die Vorstellung von deren Lebenswandel gibt der Holzschnitt »Tod, Freudenmädchen und Landsknechte« wieder) in Stuttgart einziehen wollte, hatte Ludwig von Helfenstein im Auftrag Georgs III. von Waldburg die Landeshauptstadt bereits besetzt.

Nun, da das Heer des Schwäbischen Bundes frei war und stark genug, um gegen die Bauern eingesetzt zu werden, änderten die Bundesbehörden rasch ihre Verhandlungstaktik. Auch etliche Städte sahen keinen Grund mehr zu übertriebener Kompromißbereitschaft. Die arglosen und in der Technik langwieriger Debatten unerfahrenen Bauern saßen hilflos den routinierten Juristen städtischer Verwaltungen und fürstlicher Regierungen gegenüber, wurden ausmanövriert, in die Enge gedrängt, machten ihrerseits Konzessionen und waren, wenn sie zur Berichterstattung nach Memmingen oder zu ihren Haufen ritten, den Vorwürfen ihrer Freunde ausgesetzt, die sie gewählt hatten, vor allem jener, die von vornherein zu härterem Vorgehen geraten hatten. Die Zeit, in der sie günstige Bedingungen hätten aushandeln können, war vertan. Hatten die Bauernräte vorher alles unternommen, um nach Wegen zu einer neuen Ordnung zu suchen, so verschlissen sie sich jetzt damit, einander Vorhaltungen zu machen. Die »Christliche Vereinigung« war noch keinen Monat alt und schon begann sie auseinanderzubröckeln. Ulrich Schmid von Sulmingen, den seine Gefolgsleute noch vor kurzem auf Schultern und gekreuzten Spießen durchs Lager getragen hatten, mußte Beschimpfungen und Bedrohungen hinnehmen. Die Einigkeit, die einzig wirksame Waffe, mit der sie ihre Ideen hätten durchsetzen können, ging verloren, und mit ihr der Wille zum Widerstand.

Als eines Tages die Vertreter des Schwäbischen Bundes den Abgesandten der Bauern das Ansinnen stellten, die Haufen sollten sich auflösen, ihre Waffen abliefern, nach Hause gehen und friedlich daheim die Entscheidung eines noch zu bildenden Schiedsgerichts abwarten, sprangen sie nicht entrüstet auf, verließen sie nicht unter Protest den Verhandlungsort, sondern erklärten sich bereit, diese Forderung den Bauernräten vorzutragen. Als sie dann nach Memmingen ritten und das taten, lösten sie Hohngelächter und Wutausbrüche aus, Verzweiflung und Ratlosigkeit bei den Bauernräten, den Hauptleuten und allem Volk ringsum in den Lagern.

Einzelne Trupps trennten sich von den anderen, machten sich frei von Bindungen und Abmachungen, fingen an, auf eigene Faust hinaus ins Land zu ziehen, Burgen und Schlösser zu stürmen, Klöster und Gotteshäuser zu plündern. Am 26. März überfielen sie das Schloß Schemmerberg, das zur Herrschaft der Zisterzienser-Abtei Salem gehörte. Sie zerschlugen alles, was darin war, Mobiliar und Öfen, Fenster und Türen, und schleppten mit, was sie tragen konnten an Hausrat und Kleidung, an Silberzeug und kostbaren Stoffen, an Mehl und Korn. Dann steckten sie das Schloß in Brand und zogen weiter nach Laupheim, wo sie mit Burkhard von Ellerbachs festem Haus genauso

verfuhren, und zu Georg von Simmetingens Burg. In Schloß Rotters-
hausen flüchtete sich die kleine Besatzung in ein Kellergewölbe, in
dem auch das Schießpulver lagerte. Die Bauern warfen durch eine
Öffnung in der Decke eine brennende Lunte hinunter und sprengten
das Bauwerk mit allen Menschen in die Luft.

So, wie immer wieder Männer zu ihnen stießen, die es für gut und
notwendig hielten, ihre Sache durchzufechten, und die ihnen dabei helfen wollten, so schlossen sich ihnen auch ständig solche an,
denen an einer neuen Ordnung so wenig gelegen war wie am
Göttlichen Recht, die im Gegenteil sich von einer höllischen Unordnung viel mehr versprachen und nichts anderes wollten als schlagen, brennen, plündern. Und diese Menschen ohne Wurzeln und
Bindungen fanden immer welche, die von sich aus nie etwas Schlimmes begangen hätten, die sich aber von ihnen beeindrucken ließen
und mitliefen, wenn es darum ging, Angst und Schrecken zu verbreiten.

Im Kloster Roggenburg, knapp einen Tagesmarsch südostwärts von
Ulm, veranstalteten solche Leute in der Fastenzeit des Jahres 1525,
zwei Wochen vor Ostern, ein Fest. Sie zerschlugen alle Heiligenbilder und Epitaphien, brachen Gräber auf, bogen die Orgelpfeifen heraus, zerschnitten Meßgewänder und Altardecken, besoffen sich
an den Weinfässern im Keller, machten aus dem Chorgestühl,
aus Büchern und Pergamenten der Bibliothek ein Feuer im Kloster-
hof, trieben das Viehzeug in die Kirche, schlachteten und brieten es,
schrien und tanzten. Und zwischendrin stolzierte ihr Anführer
Jörg Ebner im Ornat des Abtes und ergötzte sie mit feierlichem Gehabe.

Am anderen Morgen, als sie aus ihrem Rausch erwacht waren, tau-
melten sie, beladen mit Beute, nach Norden auf Leipheim zu, wo ihr
Kern war, ihr Führungszentrum, die erste der drei Städte, die sich
ganz den Bauern verschworen hatten. Langenau und Günzburg waren
die anderen. In diesem Raum war ihre Hauptmacht konzentriert, und
auf sie rückten von Westen her die Streitkräfte des Schwäbischen Bundes vor.

Auch dieses Heer war keine geschlossene Einheit, sondern setzte sich
aus vielen ganz unterschiedlichen Verbänden zusammen. Da gab es
die städtischen Aufgebote, zu denen Männer gehörten, die notgedrungen ihrer Bürgerpflicht genügten, dann die Landsknechtfähnlein
der Fürsten, die kleinen Reiterscharen der Ritter mit ihren reisigen
Knechten und endlich die Söldnertrupps der Klöster und geistlichen
Herrschaften. Sie alle waren sehr ungleich innerlich an dem Geschehen beteiligt, und gerade unter den Landsknechten, die größtenteils

Bauernfamilien entstammten, gab es etliche, die sich fragten, ob es nicht ein unerträglicher Widerspruch sei, für Geld gegen die eigene Sache zu kämpfen. Immer wieder kam es vor, daß Landsknechte meuterten oder daß die Fähnlein einzelner Städte erklärten, dieser Krieg gegen die Bauern, von dem sie keinerlei Gewinn, nur Mühsal, Wunden und vielleicht den Tod zu erwarten hätten, sei nicht ihr Krieg, und die dann nach Hause gingen.

Unter denen, die gern bei der Truppe blieben, waren auch wieder solche, die vor allem schlagen, brennen und plündern wollten. Während sich ihre Artgenossen unter den Bauern über Schlösser und Klöster hermachten, fielen diese in die Dörfer ein und über die Frauen her, trieben das Vieh weg, räumten Kornkisten und Räucherkammern aus, nahmen mit, was sie schleppen konnten, zerschlugen den Rest und ließen ganze Dörfer in Flammen aufgehen. Ständig hatte Truchseß von Waldburg Schwierigkeiten mit der Disziplin. Immer wieder mußte er den Landsknechten neue Zugeständnisse machen, um sie bei den Fahnen zu halten. Ständig mußte er sie an den ersten Grundsatz ihres Ehrenkodex erinnern: Ohne Murren wider jeden Feind zu marschieren, gegen den ihr Feldherr, dem sie Treue und Gehorsam geschworen hatten, sie führte.

Gegen ein geordnetes und straff geführtes Heer der vereinigten Bauern hätte Truchseß Georg keine Chancen gehabt, den einzelnen Haufen aber, die verstreut im Lande umherzogen, konnte er sich durchaus stellen. Er hatte gelernt, die Gunst des rechten Augenblicks zu erkennen.

Er war jetzt 37 Jahre alt. Schon mit sechzehn, beim Landshuter Erbfolgekrieg, hatte er Gelegenheit gehabt, erste Kriegserfahrungen zu sammeln. 1508 war er mit zwanzig Jahren in Herzog Ulrichs Dienste getreten. 1516 hatte er mit ihm zusammen den Armen Konrad niedergeschlagen, 1518 als Feldherr des Schwäbischen Bundes gegen ihn gefochten, 1523, während des Aufstandes der Ritter, hatte er die Burgen der unruhigen Edelleute in Trümmer geschossen, niedergebrannt, in Schutt und Asche gelegt. Auch dem Herzog von Bayern und dem Erzherzog Ferdinand von Österreich hatte er gedient, wie es sich immer gerade ergeben hatte; so etwas war keine Frage einer inneren Bindung, sondern nur einer angemessenen Besoldung. In diesem Bauernkrieg aber, der jetzt voll entbrannte, war er aufs stärkste auch persönlich engagiert, da seine Untertanen sich den Aufrührern angeschlossen und zu den Zwölf Artikeln bekannt hatten. Die wollte er unter allen Umständen zur Raison bringen, bevor sie seine Schlösser Wolfegg und Waldsee bedrohten, in die er seine Schätze und seine Familie in Sicherheit gebracht hatte.

Georg Truchseß von Waldburg kämpfte 1519 gegen Ulrich von Württemberg und warf 1525 die aufständischen Bauern blutig nieder, was ihm den Beinamen »Bauernjörg« eintrug.

Er hatte rund 7000 Mann zu Fuß, eine starke Reiterei von 1500 Reisigen und achtzehn Geschütze unterschiedlichen Kalibers zur Verfügung. Aber die Berittenen konnten in den Flußniederungen kaum eingesetzt werden, weil sie mit ihrer schweren Bewaffnung und Panzerung im sumpfigen Gelände tief einsanken und praktisch unbeweglich waren. Die Bauern, die kaum Reiter in ihren Reihen hatten, machten aus diesem Nachteil das beste und nutzten die weichen Flußtäler für ihre Stellungen aus.

Truchseß Georg stellte fest, daß die Bauern mit etwa 5000 Mann zu Fuß und vier leichten Geschützen, die sie irgendwo auf einem der Schlösser erbeutet hatten, bei dem Dörfchen Bühl in Stellung gegangen waren. Mindestens ebenso viele standen noch in Leipheim, in Günzburg und in Langenau. Er teilte sein Heer und ließ die Masse seiner Reiter links der Donau vorrücken, wo sie festeren Untergrund hatten, und blieb selber mit dem Fußvolk auf dem rechten Ufer. Beim Kloster Elchingen stießen die Reisigen auf Bauernschwärme, die da gerade die Kirche und die Behausungen der Geistlichen plünderten, Wirtschaftsgebäude und Stallungen. Andere waren schon, mit Beute beladen, auf dem Weg nach Leipheim, insgesamt an die 1200 Mann, in kleinen Gruppen, ohne erkennbare Führung und ohne jeglichen Zusammenhalt. Sie warfen ihre Lasten weg und versuchten zu fliehen, aber nur wenige konnten sich ins Gestrüpp und ins Schilf retten. Die Reisigen sprengten mitten unter sie, und das waren zum größten Teil junge Edelleute, die freiwillig gegen die Bauern fochten, weil sie ihre Burgen, ihren Besitz und ihre Privilegien bedroht sahen. Sie saßen gepanzert hoch oben auf ihren Rössern und hieben mit ihren langen Schwertern auf die Leute unter sich ein, die da hilflos zwischen der weggeworfenen Beute hin und her rannten, die Arme um den Kopf geklammert.

Mehr als fünfzig Bauern erschlugen die Reiter des Schwäbischen Bundes, und über 250 nahmen sie gefangen. Die banden sie mit Hanfstricken aneinander und trieben sie nach Ulm. Die anderen sprangen ins Gebüsch, oder sie warfen sich ins Wasser und versuchten, durch die Donau zu schwimmen. Aber das Wasser war noch sehr kalt, zwei Wochen vor Ostern, und viele ertranken oder blieben, wenn sie das andere Ufer erreichten, im Ried liegen, naß und frierend und ohne Hoffnung zu entkommen, denn auch am rechten Ufer rückte nun schon das Heer des Schwäbischen Bundes vor, und die Kriegsknechte zu Fuß hatten nicht solche Schwierigkeiten auf dem weichen Grund wie die Reiter. Sie stöberten die halb erstarrten Bauern auf und stachen mit Spießen und hieben mit Hellebarden auf sie ein. Wen sie nicht totschlugen, wer sich still in seinem Versteck halten konnte, bis die Dunkelheit kam, der starb in der Nacht an Unterkühlung.

Als sich die Dinge so entwickelten, zog sich der Bauernhaufe, der am rechten Donauufer in Stellung gegangen war, langsam auf Leipheim zurück. Die Schützen unter ihnen deckten die Bewegung mit ihren Hakenbüchsen und mit ihren leichten Feldschlangen. So gelang es dem Truchseß von Waldburg nicht, nachzustoßen und sie aufzurollen, aber seine Reiter bedrängten sie an den Flanken, und ihre Hauptleute hatten Mühe zu verhindern, daß aus dem Rückzug eine heillose Flucht wurde. Das alles ging so rasch, daß die anderen Bauern, die in Günzburg und in Langenau standen, gar nicht mehr eingreifen konnten. Ihr oberster Hauptmann, der Leipheimer Priester Hans Jakob Wehe, war nach Günzburg geritten und hatte versucht, die Bauern dort in Bewegung zu setzen, aber die waren zu schwerfällig, sich in der Eile zu sammeln, und so kam er allein nach Leipheim zurück.

Aber da war es bereits zu spät. Da zogen sich schon die ersten Bauern von dem bewaffneten Haufen zurück in die Stadt. Die hatten zwar ihre Waffen noch, aber sie hatten vergessen, was sie draußen damit hätten anfangen können. Und nun standen sie, während sich andre vor den Toren noch mit den Landsknechten des Schwäbischen Bundes herumschlugen, ratlos zwischen den Bürgern, Frauen und Kindern, die sich angstvoll auf dem Markt und in den Gassen zusammendrängten und sich fragten, was man tun könne, angesichts des mächtigen Bundesheeres, das sich draußen auf den Feldern schon zum Sturm auf die Stadt bereitstellte.

Jakob Wehe trat in ihre Mitte und versuchte sie noch einmal dazu zu begeistern, mit allen Kräften die Stadt zu verteidigen, aber er hatte keine Macht mehr über sie. All seine Worte und all sein demagogischer Schwung blieben ohne Wirkung. Bevor der Truchseß die ersten Kugeln in die Stadt feuern ließ, schickten ihm die Bürger eine Schar Frauen hinaus, die ihn um Gnade bitten sollten. Er sagte ihnen, er verlange nur, daß die Stadt sich ihm bedingungslos ergebe und den Priester ausliefere.

Als die Frauen zurückkamen, hielt sich Jakob Wehe in seinem Pfarrhaus auf, das drinnen dicht an der Stadtmauer lag. Er hörte, was der Truchseß verlangte, und wußte, daß er nun nicht mehr das Haus verlassen dürfe, wenn er nicht gefangen und ausgeliefert werden wollte. Von seinem Keller aus führte ein schmaler Stollen unter der Stadtmauer hindurch zum dichten Gebüsch an der Donau. In diesem Keller stand die Kriegskasse des Leipheimer Haufens, in der Pfarrer Wehe die Beutegelder verwahrte, die den Bauern in Schlössern und Klöstern in die Hände gefallen waren. Sie enthielt etwa 800 Gulden. 200 davon nahm er sich als Wegzehrung heraus, und dann kroch er durch den Stollen aus dem Keller, unter der Stadtmauer hindurch aus der Stadt heraus, zum Donauufer hinunter. Da kannte er eine trockene Höhle, in die schlüpfte er. Den Eingang verstopfte er mit dichtem Gestrüpp.

Indessen drangen die Kriegsknechte in Leipheim ein und schrien in den Gassen herum, die Leute sollten ihnen endlich den Pfarrer Jakob Wehe heranschaffen, der die Bauern aufgehetzt und all dieses Unglück über die Stadt gebracht habe. Andre Fähnlein rückten auf Günzburg und Langenau vor, und Bürger und Bauern, die da lagerten, ließen sie ein und erklärten sich bereit, alle Folgen willig zu tragen.

Als es dunkel wurde, sperrten die Kriegsknechte die Männer in der Kirche ein und gingen in die Häuser, um es sich da gut sein zu lassen. Am Morgen zogen Kriegsknechte mit Hunden durch Leipheim und drohten, wenn sie Wehe nicht bald hätten, würde es der Stadt schlecht ergehen. Sie streiften auch draußen um die Mauern herum und stachen mit ihren Spießen ins Gestrüpp. So kamen sie auch an Jakob Wehes Höhle, und ein Hund roch den Menschen darin und roch die Angst und schlug an. Die Landsknechte rissen mit ihren Hellebarden das Reisig vom Eingang und zogen den Mann heraus. Sie fesselten ihn und ließen ihn hinter einem Reiter her den Weg zum Truchseß traben, der in Bubesheim sein Hauptquartier aufgeschlagen hatte.

Georg III. von Waldburg hatte wieder einmal Schwierigkeiten mit seinen Landsknechten. Er hatte ihnen Günzburg, falls sie es eroberten, zur Plünderung freigegeben. Nun hatte die Stadt freiwillig ihre Tore geöffnet, und die Landsknechte fühlten sich betrogen und drohten, doch noch zu plündern. Das wollte Truchseß Georg den Günzburgern nicht antun, aber er hatte auch nicht Geld genug, den Landsknechten eine Entschädigung zu zahlen. Es war ein zähes Feilschen, und schließlich einigte man sich auf der Basis, daß die Bürger den Landsknechten einen Monatssold zahlten, wenn sie darauf verzichteten, ihre Häuser zu plündern und niederzubrennen. Das hätte eine Summe von 34 000 Gulden ausgemacht. Soviel hätte die kleine Stadt auch in einigen Jahren nicht flüssigmachen können. Es blieb also einiges in der Schwebe. Deswegen war nicht viel Zeit für die Kriegsgerichtsverhandlung gegen Jakob Wehe und seinen Günzburger Amtsbruder, den die Soldknechte noch gegriffen hatten, als er gerade über die Stadtmauer ins Freie hatte klettern wollen. Auch ein alter Landsknecht war angeklagt, der sich geweigert hatte, gegen die Bauern zu kämpfen, und jener Jörg Ebner, der noch vor drei Tagen im Kloster Roggenburg den Abt gespielt hatte, dazu vier Bauernhauptleute. Alle acht wurden zum Tode verurteilt. Es war Mittwoch, der 5. April.

Die Kriegsknechte führten die acht Männer hinaus auf eine blühende Wiese vor der Stadt, wo ein guter Teil des Heeres versammelt war und wo der Scharfrichter, der in seinem roten Wams im Heere mitzog, schon wartete, mit seinem Schwert, das zwei scharfe Schneiden, aber eine abgerundete Spitze hatte und zu nichts anderem gebraucht werden durfte als zur Hinrichtung. Zuerst mußte Jakob Wehe niederknien. Vorher sagte er: »Ich habe nie den Aufruhr gepredigt, wohl aber Gottes Wort!« Dann betete er eine Weile still für sich und dann laut für alle, und er schloß: »Herr, vergib ihnen, denn sie wissen nicht, was sie tun!« Dann schlug der Scharfrichter zu. Nach Pfarrer Wehe köpfte er die anderen. Nachdem er den sechsten Kopf sorgsam neben den übrigen aufgereiht hatte, war die Sonne im Schilf versunken, und er weigerte sich weiterzuköpfen, weil das gegen alle guten Sitten verstoßen hätte. So machte er von seinem Recht Gebrauch und schenkte den beiden ihr Leben. Das waren der alte Landsknecht und der Pfarrer von Günzburg. Den ersten ließ der Truchseß laufen, den zweiten auf einen Karren setzen und im Troß mitführen, damit alle Leute in Städten und Dörfern den geistlichen Herrn sehen konnten, der mit den Bauern gemeinsame Sache gemacht hatte. Es war wie bei den Bärenführern auf den Landstraßen, die ihre Tiere herumzeigten, damit die Menschen etwas zum Lachen und zum Fürchten hatten.

Das war nun das Ende des Leipheimer Haufens. Keiner zählte die Toten, die ringsum im Schilf lagen, im Gesträuch, in den Wäldern, oder die donauabwärts trieben. Über tausend seien es gewesen, berichten die Chronisten.

Die Bürger der drei Städte, die mit den Bauern zusammen für etwas mehr Freiheit hatten kämpfen wollen, mußten nun große Gruben graben für die, die im Umfeld ihrer Städte liegengeblieben waren und von denen sie die meisten nicht einmal kannten. Dann mußten sie sehen, wie sie bei Pfandleihern und Geldhändlern den Monatssold für die Landsknechte zusammenbrachten.

Georg III. Truchseß zu Waldburg wußte, daß dieses Gefecht, in dem er selber kaum Verluste erlitten hatte, nur ein Teilerfolg gewesen war, ein Anfang, eine Warnung an die Bauern. Viele von ihnen lebten noch, hatten sich nur zurückgezogen, konnten sich jederzeit wieder zusammenrotten, mit den Erfahrungen und dem Groll von Leipheim im Herzen, klüger und gefährlicher als zuvor. Dieses war nur ein Haufe gewesen von vielen. Es war gelungen, ihn zu vernichten, ohne daß die anderen zu Hilfe geeilt waren. Das ganze Land war in Unruhe. Von überall her kamen schlimme Nachrichten.

Georg von Waldburg wandte sich zunächst einmal gegen den Oberallgäuer Haufen, der sein Land und seine Schlösser bedrohte. Neuntausend Mann war er stark, und sein Führer war dieser Jörg Schmid von Leubas, den sie Knopf nannten und der sich seinerzeit in Memmingen nur unter stärksten Vorbehalten der sanften Linie Ulrich Schmids von Sulmingen und Sebastian Lotzers angeschlossen hatte. Eine Schar der Oberallgäuer stürmte die Residenz des Fürstabtes von Kempten, schleppte heraus, was darin war, erschlug, was sich ihnen entgegenstellte und belagerte dann das Schloß Liebenthann, hinter dessen Mauern sich der Landesherr beizeiten geflüchtet hatte, mit etlichen Mönchen und all den Schätzen, die er und seine Vorgänger zusammengetragen hatten. Ihm und seinem Gefolge gewährten die Bauern freien Abzug, das Schloß aber plünderten und demolierten sie, und nachher brannten sie es nieder.

Sie nahmen ein Schloß nach dem anderen ohne nennenswerte Mühe, plünderten es und steckten es in Brand. Auch sie führten einen Mann auf einem Karren mit, an dem die Leute sich ergötzen konnten: Das war der Ritter Konz von Rietheim, der als schlimmer Bauernschinder galt. Er hatte sich auf seinem Schloß Irmatzhofen lange gegen sie verteidigt und war erst zusammengebrochen, als sie ihn mehrfach mit

Spießen und Schwertern verwundet hatten. Nun lag er mit seinen eitrigen Wunden in Lumpen auf dem Karren, und überall, wohin sie kamen, zeigten sie ihn den Leuten als den Mann, der es gewagt hatte, sich ihnen zu widersetzen. Und wenn es gegen ein neues Schloß ging oder in ein Gefecht mit Knechten und Reisigen, schoben sie ihn vorweg, und wenn es brannte und sie sich beeilen mußten, um noch herauszukommen, dann war er der letzte, den sie herauszogen. Auch in seinen beiden anderen Schlössern Imwald und Angelberg hielten sie es so.

Die Burgen des Truchseß von Waldburg belagerten die Bauern vergebens. Sie konnten Wolfegg ebensowenig nehmen wie Waldsee, wo seine Frau mit den Kindern lebte, und Grünenthann, das nur von einigen Knechten gehalten wurde. Aber die wußten es zu verteidigen.

Nach Grünenthann zog Georg zuerst, kriegsmäßig und in aller Vorsicht: Einen Reiterschwarm als »Rennfahne« (Spitze) vorweg, einen kampfkräftigen »Verlorenen Haufen« (Vorhut), beweglich und mit ausreichend leichtem Geschütz, in sicherem Abstand hinterher, dann dem nach allen Seiten gesicherten »Gewalthaufen« (Gros), in dem auch die Trosse mitmarschierten, und einem leichten Nachtrab am Ende. Auf halbem Wege stieß seine Spitze auf einen Bauernschwarm von zweihundert Mann, die sich in aller Eile auf einem Kirchhof verschanzten. Seine Reisigen erschlugen hundert von ihnen, die sich gegen die Berittenen nicht wehren konnten, den Rest ließen sie laufen. Aber auch er erlitt eine Schlappe. Seine bayerischen Reiter, und das waren ebenfalls etwa zweihundert, wollten abseits des Vormarschweges in einem Dorf Beute machen und dann die Häuser anstecken. Dabei verloren sie die Verbindung zum Heer. Ein Bauernhaufe in der Nähe beobachtete sie, und als sie in dem Dorfe waren, abgesessen zwischen Häusern und Gattern und Scheunen, da waren die Bauern, die sich lautlos auf ihren weichen Bundschuhen angeschlichen hatten und die Örtlichkeit kannten, in der besseren Lage. Sie schlossen das Dorf ein und machten die Bayern, die in kleinen Trupps auseinandergeraten waren, einzeln nieder. Die Pferde schonten sie, denn die brauchten sie ebenso dringend wie die Waffen.

Am 12. April rastete der Truchseß in Baltringen, dem Dorf, in dem Anfang des Jahres der Baltringer Haufe gegründet worden war. Da geschah es, als er mit den Grafen von Fürstenberg und anderen seiner Unterführer beim Essen saß, daß auf einmal ein breiter Feuerschwall aus dem Kamin kam, und es war nicht festzustellen, wie das hatte geschehen können, ob jemand vom Dach her Öl oder Harz durch den Schornstein ins Feuer gegossen hatte.

Am anderen Tag stieß er auf sechshundert Bauern, die auf dem

Überfallene Bauern im Kampf mit Landsknechten (Holzschnitt von Hans Sebald Beham)

Marsch waren und nicht rasch genug eine Schlachtordnung formieren konnten. Seine Soldknechte erschlugen zwanzig von ihnen, nahmen zweihundert gefangen und erbeuteten ihr grün-weißes Fähnlein. Am Nachmittag gerieten sie in ein Gefecht mit einem Bauernhaufen, der 800 Mann stark war, fast alle waren Landeskinder des Truchseß. Sie hatten sich im Ried verschanzt, wo die Reisigen nicht einzusetzen waren, weil die Pferde versackt wären. Das Gelände war auch schwer zu übersehen, da dort verfilztes Strauchwerk stand. Der Truchseß ließ es anbrennen, und als die Bauern vor den Flammen flohen, hieben seine Fußknechte sie zusammen. Es waren sehr viele, die da liegenblieben, aber niemand konnte sie zählen, weil das Feuer über sie kam. 141 gerieten in Gefangenschaft, aber etliche konnten fliehen. Das waren vor allem solche, die mal als Landsknechte gedient hatten und sich in vielen Lagen zu helfen wußten. Sie brachten sogar noch ihre Hakenbüchsen und die leichten Geschütze in Sicherheit.

Am 14. April traf das Heer des Schwäbischen Bundes bei Wurzach auf den Unterallgäuer Haufen. Der war 7000 Mann stark und hatte sich in Schlachtordnung aufgestellt. Pfarrer Florian Greisel war sein oberster Hauptmann. Die Bauern machten gerne Geistliche zu ihren Anführern. Die verstanden zwar nichts vom Kriegshandwerk, aber sie hatten vielleicht die Macht, Gottes Hilfe zu gewinnen, und das war bestimmt viel mehr wert.

Georg von Waldburg griff sofort an, und die Bauern wichen zurück. Für die meisten von ihnen war er der Landesherr von Gottes Gnaden und dazu noch ein berühmter Feldobrist. Wie sollten sie dem widerstehen? Er rückte mit dem ganzen Heer nach und drängte sie auf die Stadt Wurzach zu. Sie wichen aus, manche in die Stadt, manche ins freie Feld an den Seiten. Dabei fielen nur etwa vierzig, aber vierhundert wurden gefangen. Es war schon gegen Abend, und die Sicht wurde schlecht. In der ersten Dunkelheit spürten die Landsknechte noch einen Bauernhaufen auf, dem es nicht gelungen war zu entkommen, und drückten ihn gegen den Stadtgraben, der die Befestigungsanlagen umschloß. Da stachen sie viele Bauern im Gedränge ab, und warfen viele in den Graben, wo sie im Schlick versanken. Was aus den vierhundert Gefangenen geworden ist, konnte nie geklärt werden. Sie sind spurlos verschwunden, und nicht einer von ihnen ist je wieder aufgetaucht.

So wurde ein Bauernhaufen nach dem anderen vernichtet, zerschlagen, aufgerieben. Jeder hatte das gemeinsame große Ziel im Sinn, und doch behielt jeder nur die eigenen, naheliegenden Interessen im Auge. Keines Mannes Blick reichte über den Höhenkamm der nächsten Berge hinaus, und keiner konnte begreifen, daß die Vernichtung des anderen der erste Schritt zur eigenen Vernichtung war.

Am Ostersamstag, dem 15. April, stieß Georg von Waldburg nahe dem Kloster Weingarten auf den Seehaufen. Er hatte auf dem Marsch hierher nach und nach die Baltringer und die Leipheimer, den Allgäuer und den Unterallgäuer Haufen besiegt, zersprengt oder zum Rückzug gezwungen, ohne selber an Kampfkraft zu verlieren. Jetzt stand er mit seinen 7000 Fußknechten, 1500 Reisigen und 18 Geschützen auf einmal einem Heer von 12 000 Mann gegenüber, von denen jeder dritte eine Hakenbüchse und reiche Kriegserfahrungen mitbrachte. Die Männer vom Bodensee pflegten eine alte kriegerische Tradition; aus ihrem Gebiet kamen seit je anerkannt tüchtige Landsknechte. Sie besaßen auch gute Geschütze und Stückmeister, die sie zu bedienen verstanden. Das war Georg von Waldburg sofort klar, als drüben die Hakenbüchsen und Feldschlangen auf seinen Verlorenen Haufen abgefeuert wurden. Er ließ seine Geschütze antworten, um zu zeigen, daß auch er über einiges verfügte, und dabei stellte er fest, daß die Bauern eine neue Taktik entwickelt hatten: Sie warfen sich auf die Erde, so daß die Geschosse wirkungslos über sie hinwegflogen, während es allgemein üblich war, sie aufrecht stehend mannhaft zu erwarten. Um Pulver zu sparen, befahl er, das Feuer einzustellen und sich außer Schußweite zu halten.

Mit einer solchen Streitmacht durfte er sich unter diesen Umständen nicht auf eine Schlacht einlassen, denn er besaß keinerlei Reserven, während man bei den Bauern nie wissen konnte, ob nicht in jedem Augenblick ein paar tausend Mann über den nächsten Hügelkamm gestürmt kamen. So verging der Tag. Die beiden Heere standen einander stumm und drohend gegenüber. Auch die Bauern griffen nicht an. Als es dunkel wurde, befahl der Truchseß von Waldburg, daß keiner sich zum Schlafen hinlegen dürfe, weil man bei den Seebauern durchaus auf einen Nachtangriff gefaßt sein müßte. In der Tat versuchten einige von ihnen, sich in der Finsternis nach Mitternacht lautlos an die Geschütze des Schwäbischen Bundesheeres heranzumachen, um sie zu erbeuten oder wenigstens zu zerstören. Aber sie wurden rechtzeitig erkannt und zogen sich rasch und geschickt wieder zurück.

Truchseß Georg mußte die Schlacht vermeiden, weil er das einzige mobile Heer des Bundes nicht aufs Spiel setzen durfte, aber er konnte sich auch nicht zurückziehen, ohne den Respekt seiner eigenen Landsknechte, der Bauern da drüben und der Bundesregierung in Ulm zu verlieren. Er mußte verhandeln, darin lag seine Chance.

Das Osterfest feierten beide Lager auf ihre Weise. Die Bauern drüben waren fast nur Protestanten. Zum Heer des Schwäbischen Bundes gehörten Katholiken und Protestanten. Es war nicht gut, das Fest der Auferstehung, das für beide Konfessionen die gleiche Bedeutung hatte, mit Feuerüberfällen und Reiterattacken zu begehen. Der Tag verlief friedlich mit Andachten und Gebeten. Zu essen gab es nicht viel, Wein schon gar nicht. Wer hätte auch ein Festmahl für so viele Männer, für insgesamt 20 000 auf beiden Seiten, beschaffen sollen.

Indessen leitete Georg von Waldburg unauffällig Verhandlungen mit den Bauernführern ein. Die Heere standen einander ja nicht im luftleeren Raum gegenüber. Ringsum gab es neutralen Boden und neutrale Vermittler, das Kloster Weingarten, und vor allem die Freie Reichsstadt Ravensburg mit ihren weitgereisten Handelsherren, die sich auf geschicktes Taktieren verstanden. Truchseß Georg mußte den Bauern gar keinen Vertrag anbieten. Am Ende schien es so, als läge der Vertrag vor allem im Interesse der Bauern, und der Truchseß fand sich nach einigem Zögern bereit, ihn in Erwägung zu ziehen. Es war eine seiner Stärken, Augenblicke der Schwäche zu überspielen.

Die führenden Männer auf der anderen Seite waren Leute nach seinem Geschmack, keine unberechenbaren Geistlichen, keine aufsässigen Landsknechte, keine haßerfüllten Leibeigenen, das waren die Herren Dietrich Hurlewagen und Hans Jakob Humpis von Senftenau, ein Patrizier und ein Edelmann, beide überzeugte Reformer, beide entschlossen, für die Sache der Bauern zu kämpfen, aber beide Männer von sicherem Auftreten und guten Umgangsformen, Herren, mit denen sich Georg III. von Waldburg bedenkenlos an einen Tisch setzen und, da sie die gleiche Sprache sprachen, wohl zu einem Arrangement kommen konnte.

Die Übereinkunft wurde am Ostermontag, dem 17. April 1525, getroffen. Sie ging als »Vertrag von Weingarten« in die Geschichte ein. In diesem Abkommen verzichtete Truchseß Georg im Namen des Schwäbischen Bundes darauf, die Bauern anzugreifen, ihre Führer vor ein Kriegsgericht zu stellen und ihre völlige Entwaffnung durchzusetzen. Dafür gelobten sie, ihre militärischen Formationen aufzulösen, still nach Hause zu gehen, ihren Grund- und Leibherren treu und gehorsam zu sein, pünktlich alle Abgaben zu entrichten, alle Dienstleistungen zu vollbringen und die Entscheidung über ihre Klagen einem Schiedsgericht zu überlassen, das mit vertrauenswürdigen und rechtschaffenen Männern besetzt werden sollte.

Unbestritten verhinderte der Vertrag von Weingarten ein großes Blutvergießen, aber er bewirkte die Auflösung des stärksten aufständischen Kampfverbandes im Südwesten des Reiches, der einen Durchbruch hätte erkämpfen und einen Ausgangspunkt für die weitere Entwicklung hätte bilden können. Am nachhaltigsten war die psychologische Wirkung dieses Vertrages. Er nahm den Männern, die ausgezogen waren, um für ihre Befreiung zu kämpfen, den Mut, das Vertrauen in ihre Führung, den Glauben an die höhere Gerechtigkeit. Dafür gab er ihnen die bittere Einsicht, daß ja doch alles sinnlos sei und warf sie zurück in die überkommene Lethargie, in die dumpfe Ergebenheit, die das Leben des deutschen Untertanen seit Generationen bestimmt hatte und nun wieder, für bald dreihundert Jahre bis zu den Befreiungskriegen, bestimmen sollte.

Für das Heer des Schwäbischen Bundes aber, für die Streitkräfte der Staatsgewalt, war der Vertrag von Weingarten mehr wert als jede gewonnene Schlacht: Er ließ des eigene Heer intakt und schaltete das gegnerische vollkommen aus. Er machte dem Truchseß von Waldburg den Rücken frei für einen Feldzug gegen die fränkischen Bauern, durch deren Aufsässigkeit sich mehrere Mitglieder des Bundes beunruhigt fühlten.

Zwei Tage nach den Seebauern, am 19. April, unterschrieben auch die Bevollmächtigten des Allgäuer Haufens den Vertrag von Weingarten. Nur die Kemptener unter Jörg Schmid von Leubas, genannt Knopf, wollten sich den Bedingungen nicht unterwerfen. Sie waren entschlossen, den Kampf unter allen Umständen fortzusetzen. Die übrigen liefen auseinander. Sie versteckten ihre Fahnen, wo niemand sie finden konnte, und gingen nach Hause.

Martin Luther feierte den Vertrag von Weingarten als eine »... besondere Gnade Gottes in dieser wüsten, greulichen Zeit ...«. Luther, der die ideologischen Grundlagen für den Aufstand der Rechtlosen geschaffen hatte, war nicht willens, sich in politische Auseinandersetzungen einzulassen. Beim Aufstand der Ritter hatte er nur betont Abstand gewahrt, gegen den Aufstand der Bauern nahm er eindeutig Stellung. Er war jetzt 41 Jahre alt, hatte Nierensteine und einen chronischen Ohrenkatarrh, fiel oft in tiefe Depressionen und war entschlossen, das Gebäude der Kirche, das er errichtet hatte, zu festigen und zu schützen. Jegliche Unruhe war ihm nun zuwider. Er verfaßte Streitschriften gegen seine alten Freunde Thomas Müntzer und den Bilderstürmer Karlstadt. Der Gedanke, daß der Reformator in diesem Augenblick zum Reformer werden und eine politische Aufgabe übernehmen müßte, um der gewaltigen Bewegung Richtung, Maß und Gestalt zu geben, kam ihm nicht. Alles in ihm drängte nach Ruhe, nach Konsolidierung. Im Hause des Stadtschreibers Reichenbach in Wittenberg wohnte das Fräulein Katharina von Bora, das sich zu Luthers Lehre bekannt hatte und mit acht anderen Nonnen aus dem Kloster Nimptschen bei Grimma geflohen war, 25 Jahre alt und sehr hübsch. Er warb um sie in dieser Zeit und heiratete sie bald darauf, am 13. Juni 1525. Indessen führte Georg III. von Waldburg sein Heer, das durch die praktisch ohne eigene Verluste errungenen Erfolge immer mehr an innerer Geschlossenheit gewann, in Eilmärschen nach Norden. Mittlerweile hatte ihn die Nachricht erreicht von dem Blutbad, das der Bauernführer Jäcklein Rohrbach mit seinem Neckartaler Bauernhaufen in Weinsberg angerichtet hatte.

Die fränkischen Haufen
und
Florian Geyer

In Franken hatten die Unruhen zur gleichen Zeit wie in Oberschwaben begonnen: im Frühjahr 1525, als der letzte Schnee geschmolzen war, als die Tage länger wurden und man auf trockenem Grund Lager aufschlagen und die Nächte im Freien verbringen konnte. Zugleich mit dem Baltringer Haufen, dem Leipheimer, dem Allgäuer und dem Seehaufen schlossen sich im Neckartal, im Odenwald, im Taubertal, im Bistum Bamberg und im Norden des Bistums Würzburg ebenfalls Menschen zusammen: Bauern und Handwerker aus Dörfern und Städten, Lohnknechte, Leibeigene und wieder ein paar Einzelgänger, die von den Idealen der Freiheit und Gerechtigkeit begeistert waren und alles in den Dienst der Sache stellten, was sie mitbringen konnten an Wissen und Erfahrungen, an Waffen, Rössern und Gefolgsleuten. Das waren Geistliche und Rechtsgelehrte, angesehene Mitglieder dörflicher Ehrbarkeit, Ratsherrn und Ritter. Und immer waren auch Glücksritter dabei, Schläger und Plünderer, notorische Querulanten und geborene Verräter. Jeder wirkte auf seine Weise in der großen Schar der Männer, die alles zu Hause zurückgelassen hatten, schweren Herzens, Familie und Hütte und Viehzeug, die alles wagten und aufs Spiel setzten, um erträgliche Lebensumstände zu erkämpfen.
Der Taubertaler Haufe entstand im Raum um Rothenburg, einer der mächtigsten aller deutschen Reichsstädte: 163 Dörfer gehörten zu ihrem Gebiet, und eine Kette von Burgen sicherte ihren Machtbereich. Beherrscht wurde dieser ausgedehnte politische Komplex von einem Rat, der sich aus der Substanz einiger weniger Patrizierfamilien immer wieder selber ergänzte und dem Einfluß der Handwerkerfamilien nur in Notzeiten einen gewissen Spielraum ließ, ihn aber immer, sobald sich eine Gelegenheit ergab, wieder drosselte. Die Voraussetzungen für soziale und politische Veränderungen waren in den Freien Reichsstädten mit ausgedehnten Landgebieten besonders günstig. Die Verhältnisse im fränkischen Rothenburg waren ganz ähnlich wie im thüringischen Mühlhausen, im schwäbischen Memmingen, im elsässischen Schlettstadt. Diese Städte waren Metropolen inmitten ihrer Landgemeinden, Republiken, die, dem alten Rom nicht unähnlich, von einem städtischen Patriziat beherrscht wurden und deren Einwohner mit unterschiedlichen Rechten ausgestattet waren: Der Bürger war etwas anderes als der Schutzbefohlene, der auch innerhalb der

Stadtmauern wohnte, und als der Bauer außerhalb der Tore. Aber eine solche oligarchische Regierungsform ließ sich leichter in eine Demokratie umwandeln, als die vollkommen autokratisch geführten Herrschaften, Grafschaften und Fürstentümer, oder gar die geistlichen Herrschaften, in denen auch die bescheidensten Ansätze einer demokratischen Selbstverwaltung undenkbar waren. Es war ganz natürlich, daß die Reformation zuerst in den Freien Reichsstädten Fuß faßte.

In Rothenburg ob der Tauber hatte sie sich schon früh durchgesetzt. Das war aber kein scharfer Schnitt gewesen. Eine noch unausgeprägte konfessionelle Trennungslinie lief quer durch den Rat, die Zünfte, die Familien. Alles war noch in der Schwebe. Die politischen Folgerungen aus religiöser Umschichtung ergaben sich nach und nach. Die Bürgerschaft wählte aus ihren Reihen 42 Männer, die ihre Interessen im Rat vertreten sollten und die der Rat auch in dieser spannungsreichen Zeit notgedrungen akzeptierte.

In dieser Bürgervertretung setzte sich rasch ein Mann durch, den man von vielen Seiten betrachten konnte und der immer ein anderes Gesicht zeigte: Ritter Stephan von Menzingen, ein Großgrundbesitzer im rothenburgischen Landgebiet, der auf der Burg Reinsburg wohnte, ein reicher Mann, der ständig Steuerschulden hatte und jetzt auf dem Umweg über die Bürgervertretung entschlossen die Leitung der reichsstädtischen Finanzbehörden anstrebte. Ein wortgewaltiger Demagoge, der sich als überzeugter Anhänger der Reformation und eifriger Sozialreformer gebärdete, aber an religiösen und sozialen Fragen absolut desinteressiert war. Menzingen unterhielt einen lebhaften Briefwechsel mit dem Markgrafen Kasimir von Kulmbach-Bayreuth, der seit Jahren mit allen Mitteln versuchte, rothenburgische Dörfer seinem Landbesitz einzuverleiben.

Kasimir war ein Sohn des Markgrafen Friedrich von Ansbach und der polnischen Prinzessin Sophia, im Geiste schrankenloser Gewaltherrschaft erzogen und bestrebt, dem Vorbild seines Großvaters Kasimir IV. von Polen zu folgen und eine rigorose Expansionspolitik zu betreiben. Dazu brauchte er ein schlagkräftiges Heer und Informanten in einflußreichen Positionen. Tagsüber agitierte Menzingen leidenschaftlich im Rat, in den Zunftstuben, in den Schenken und rief unermüdlich zur gewaltsamen Erhebung auf. Abends schrieb er dann an Markgraf Kasimir, wie sich die Dinge in der Freien Reichsstadt Rothenburg und ihren 163 Dörfern entwickelten.

Die Dinge entwickelten sich zügig in und außerhalb der Stadt. Drinnen verlor der Rat ständig an Exklusivität, und die Bürger gewannen immer mehr Einfluß. Draußen besprachen sich die Bauern in den

Gasthöfen ihrer Dörfer, taten sich mit den Nachbargemeinden zusammen, stellten ihre Forderungen auf, arbeiteten ihre Programme aus, wählten gemeinsame Führer. Sie nahmen von den Zwölf Artikeln der Memminger, was sie gebrauchen konnten, und fügten hinzu, was sie darüber hinaus erreichen wollten: Sie waren bereit, als einzige Obrigkeit ihre Landesherren anzuerkennen, alle Zwischeninstanzen aber sollten abgeschafft, der Adel aufgelöst, seine Privilegien beseitigt werden, seine Schlösser besetzt und alle Waffen in deren Rüstkammern, vor allem Handfeuerwaffen und Geschütze eingezogen und dem Bauernheer zur Verfügung gestellt werden.

Ihre Streitmacht organisierten sie so: Je 500 wehrfähige Männer bildeten ein Fähnlein. Sie wählten sich ihre Hauptleute und Leutnants, die Fähnriche und die Weibel, einen Profos, der für die innere Disziplin verantwortlich war, einen Beutemeister, der wildes Plündern verhindern, die Beute einem vernünftigen Zweck zuführen und den Rest gerecht verteilen sollte, Proviantmeister und Futtermeister und einen Pfennigmeister, der die Kriegskasse zu verwalten hatte. Zu ihrem obersten Feldhauptmann wählten sie den Gastwirt Jakob Kohl aus Eibelstadt, zu seinem Stellvertreter den Ratsherrn Michael Hasenbart aus Mergentheim. Als politisches Führungsgremium bildeten sie einen Bauernrat, und zu diesem Bauernrat, nicht zur militärischen Führung, gehörte Florian Geyer.

Er war ein Mann von Mitte Dreißig und stammte aus dem fränkischen Uradel. Außer Schlössern und Grundbesitz in Giebelstadt und dem benachbarten Ingolstadt gehörten ihm noch etliche Güter und Landstellen, Höfe und Weinberge im Land. Er war wohlhabend und dennoch bereit, alles, was er besaß, in die Waagschale zu werfen, um mit den Bauern zusammen eine Neuordnung im Reich durchzusetzen. Er war einer der wenigen Idealisten, die geben und nichts haben wollten. Aber da er ein Edelmann war, mißtrauten ihm viele, vor allem solche, die den ganzen Adel abschaffen wollten. Sie glaubten ihm nicht, daß er entschlossen war, eine Reichsreform zu verwirklichen, die Standesprivilegien abzubauen und die völlige Gleichberechtigung für alle Stände durchzusetzen. Er unterschied sich also, obwohl er den gleichen gesellschaftlichen Hintergrund hatte, grundsätzlich von Franz von Sickingen, der die Ritterschaft zur herrschenden Klasse im Reich hatte machen wollen.

Als geistiger Gefolgsmann Ulrich von Huttens strebte Florian Geyer eine tiefgreifende Neuordnung an, und er brachte die Talente und Erfahrungen mit, die ihn prädestiniert hätten, der führende Mann an der Spitze der Reformbewegung in den verschiedensten Landschaften zu werden. Er war ein bewährter Truppenführer und ein geschickter Di-

Florian Geyer (1490–1525) kämpfte 1519 im Heer des Schwäbischen Bundes gegen Herzog Ulrich von Württemberg, 1525 aber auf seiten des Tauberhaufens. Er konnte dort jedoch seine Vorstellungen von einem auf Bauern- und Bürgertum gegründeten neuen Reich ohne Privilegien nicht durchsetzen, weil die Vorbehalte gegen den Edelmann nicht zu überwinden waren.

plomat. Aber die Vorbehalte gegen den Edelmann waren stärker als alle Gaben, die er in den Bund einbrachte. Statt seiner wählte der Taubertaler Haufe den Stammtisch-Politiker Jakob Kohl, den der Horizont seines Gasthofs geprägt hatte und der sich später während der blutigen Auseinandersetzungen hauptsächlich als »... Kistenfeger und Säckelleerer ...«, als Plünderer also, auszeichnete.

Florian Geyer hatte nach einer sorgfältigen Erziehung daheim in Schloß Giebelstadt und Schloß Ingolstadt bei Ochsenfurt seinen ersten Schliff am Hofe des englischen Königs Heinrich VIII. erhalten, der 1509 mit achtzehn Jahren König geworden war, ein musischer, gebildeter Mensch, der mit einer spanischen Königstocher verheiratet war und später viel Mißhelligkeiten mit deren zahlreichen Nachfolgerinnen hatte, von denen er zwei köpfen ließ. Bei ihm, zwischen Tanz und Musik und prachtvollen Hofbällen, erlernte der junge Geyer den großen Stil, den Umgang mit Staatsmännern und Gesandten aus allen

Ländern, und er erlernte auch die englische Sprache, die damals noch keineswegs eine Weltsprache war. Auf dem Heimweg reiste er durch Frankreich, durch die Niederlande, durch den Nordwesten des Reiches.

Im Jahre 1517 bekam Florian Geyer Ärger mit der katholischen Kirche. Das Neumünster Stift zu Würzburg wollte bei ihm Zahlungen eintreiben, die angeblich nach einem Vertrag aus dem Jahre 1160 fällig waren. Da es die Existenz dieses Vertrages nicht nachweisen konnte, war Geyer nicht geneigt, die Rechtmäßigkeit dieser 350 Jahre alten Forderung anzuerkennen, und das Landgericht bestätigte seinen Standpunkt. Daraufhin beschloß das geistliche Gericht des Fürstbistums Würzburg, ihn zu exkommunizieren. Von nun an lebte er bis zu seinem Tod im Kirchenbann.

Im Frühjahr 1519 kämpfte er als Hauptmann im Heer des Schwäbischen Bundes gegen Herzog Ulrich von Württemberg. Im Herbst ritt er nach Königsberg, um seine Dienste dem Hochmeister des Deutschen Ordens, Albrecht von Preußen, zur Verfügung zu stellen, der, von all den vielen deutschen Fürsten verlassen, mit seiner kleinen Ritterschar in einem verzweifelten Abwehrkampf gegen die ständig andrängenden Truppen des polnischen Königs Zygmunt lag. Hochmeister Albrecht, ein Vetter des brandenburgischen Kurfürsten Joachim Nestor, erkannte schnell Florian Geyers Doppelbegabung: Der junge Herr aus Franken war ein kühner Truppenführer und zugleich ein geschickter Diplomat.

Albrecht schickte ihn an den Hof Kaiser Karls V. nach Brügge, wo er Hilfe für das von den Polen eingeschlossene Ordensland mobilisieren sollte, und dann zu König Zygmunt, um zu versuchen, den kriegerischen Monarchen für eine friedliche Lösung zu gewinnen. Tatsächlich kam ein Waffenstillstand zustande. Danach reiste Florian Geyer an den dänischen Königshof, um dort erste Verhandlungen über eine Eheschließung der Prinzessin Dorothea mit Hochmeister Albrecht zu führen, die zwei Jahre später auch zustande kam. Als geistlicher Fürst unterlag der Hochmeister dem Zölibat, aber er neigte stark zur Reformation und wollte sein Land gern in ein weltliches Fürstentum umwandeln. Um alle damit verbundenen Fragen mit einem kompetenten Mann zu besprechen, reiste Albrecht mit Florian Geyer im November 1523 nach Wittenberg, wo sie den Fall eingehend mit Dr. Martin Luther diskutierten.

Im Winter 1524 auf 1525 verließ Florian Geyer plötzlich den Fürstendienst, verzichtete auf Glanz und Pracht und Ehren und widmete sich von da an nur noch der Aufgabe, in der er seinen einzigen Lebensinhalt erkannt hatte: der Reichsreform, der Neugestaltung des Staatsgefüges und der Gesellschaftsordnung, dem Kampf für Recht und Menschenwürde. Er hatte genug gesehen von der Welt, um zu wissen, was geschehen kann und wie es geschehen muß. Er hatte selber an mancher Entscheidung mitgewirkt. Und nun gehörte er zu den allererersten, die den Taubertaler Haufen bildeten, mit seinem Waffenarsenal, seinem Vermögen und all seinen Kenntnissen.

Merkwürdigerweise erkannten die Aufständischen nicht die Dimensionen dieses Mannes, seine Sprachbegabung, seine Beziehungen weit über die Reichsgrenzen hinaus, seine Führungsqualitäten, seine Kriegserfahrung. Die Taubertaler wählten ihn weder in ein militärisches Oberkommando, noch in eine politische Führungsposition. Dazu suchten sie sich zweitklassige Leute aus, die nur eine starke persönliche Wirkung zu bieten hatten. Florian Geyer beschäftigten sie als eine Art Sonderbotschafter, der hin und her reiste und mehrere wichtige und reiche Städte zum Eintritt in den Bauernbund bewegen sollte. Er dachte in großen Zusammenhängen und plante in großen Räumen. Er hatte Länder mit einer zentralen Regierungsgewalt kennengelernt und zweifelte nicht, daß die hoffnungslos verschachtelte deutsche Vielherrschaft das Reich in eine Katastrophe führen mußte. So versuchte er auch kleine Reichsfürsten für seine Reformpläne zu gewinnen, die Grafen von Wertheim und den Markgrafen von Ansbach, um die Bewegung auf eine breitere Basis zu stellen und den Aufruhr zu einem nationalen Anliegen zu machen, das alle Stände gleichermaßen erfaßte. Aber nur wenige verstanden ihn. Sein Geschick wurde anerkannt, sein Können auf dem Schlachtfeld wurde von den Aufrührern, denen es so sehr an Führern großen Stils fehlte, nie erprobt. Seine Persönlichkeit und den Grad seiner Möglichkeiten erfaßte kaum jemand. Als überzeugter Demokrat beugte er sich der Entscheidung der Mehrheit. Franz von Sickingen hatte nicht erkannt, welche Bedeutung die breite Masse des Volkes für seine Pläne gehabt hatte; die breite Masse des Volkes im fränkischen Bauernaufstand erkannte nicht, welche Bedeutung Florian Geyer für sie hätte haben können.

Zur gleichen Zeit, während sich der Taubertaler Haufe formierte, sammelten sich auch die Bauern im Odenwald und im Neckartal. Auch sie wählten belanglose oder gefährliche Männer, obwohl sie bedeutende und besonnene zur Verfügung gehabt hätten. Auch sie bevorzugten einen Gastwirt, weil er gut mit Leuten umgehen konnte: Georg Metzler aus Ballenberg. Sein Stellvertreter war Hans Reizer, ein Leibeigener, der bei Götz von Berlichingen die Kunst der kleinen Fehde gelernt hatte, aber nicht viel darüber hinaus. Wendel Hipler aber, dem Kanzler der Grafen von Hohenlohe, gaben sie nur beratende Funktionen. Er hatte in Leipzig Jura studiert und dann jahrzehntelang das Hohenloher Land verwaltet. Nun war er schon sechzig Jahre alt, aber er hatte sich wie ein junger Mann für die Reformbewegung begeistert, seine Stellung aufgegeben und sich dem Neckartaler Haufen angeschlossen. Wenn ihn auch keiner in eine Führungsposition wählte, so hatte er doch großen Einfluß, weil jeder immer wieder seinen Rat brauchte. Ihn, der das Zeug zur bestimmenden Führerfigur besaß, machten sie zum weisen Alten, den man immer fragen konnte und der stets eine kluge Antwort wußte. Seine Dimensionen als Politiker, sein staatsmännisches Format blieben unbemerkt.

Einem Mann wie Jäcklein Rohrbach dagegen folgten alle begeistert. Er war ein Gewaltmensch von verführerischer Beredsamkeit, ein mehrfach vorbestrafter Schläger. Nominell war Rohrbach Leibeigener, praktisch aber längst unabhängig geworden. Als Pächter eines Klosterhofs hatte er gutes Geld verdient, sich auch mal, samt Pferd und Waffen, als reisiger Knecht an verschiedene Herren verdingt und war auch dabei auf seine Kosten gekommen. Nun betrieb er eine Weinschenke in Böckingen, einem der vier Dörfer, die zur Reichsstadt Heilbronn gehörten, ein wunderbarer Selbstdarsteller, zu dem die Leute von weither kamen. Er trank mit ihnen, und sie hörten ihm zu und bewunderten ihn.

Die Neckartaler wählten Jäcklein Rohrbach zu ihrem Hauptmann. Er brachte den Haufen bald auf 1500 Mann und zog mit ihnen zum Kloster Schöntal, das die Odenwälder besetzt hatten, die mittlerweile auf 6500 Mann angewachsen waren. Denen schlossen sie sich an, und Rohrbach unterstellte sich anstandslos Georg Metzler, dem Führer des weitaus stärkeren Haufens. Aber mit seinen radikalen Ideen und seinen sprunghaften Entschlüssen gewann er rasch immer mehr Anhänger und hatte schon bald mehr Einfluß als die Männer, die besonnen für die Zukunft planten und unbedingt vermeiden wollten, daß ihr gutes Anliegen durch abschreckende Gewalttaten vor aller Welt in Verruf kommen würde.

Eine problematische Figur im engen Führungskreis war Margarete Renner, genannt die »Schwarze Margret«. Sie beherrschte Jäcklein Rohrbach und wurde so zu einem unberechenbaren Machtfaktor. Wie er stammte sie aus Böckingen. Wie er hatte sie unter ihrer niederen Herkunft zu leiden gehabt und war von brennendem Haß gegen die Obrigkeit der Freien Reichsstadt erfüllt. In ihren Augen hatte der ganze Bauernaufstand nur das eine einzige Ziel, Heilbronn dem Erdboden gleichzumachen. Dann wollte sie den eleganten Bürgerfrauen »... die Kleider vom Leibe reißen und sie nackt umherlaufen lassen wie gerupfte Gänse ...«. Sie stand im Ruf, zaubern zu können, was nicht zuletzt ihren großen Einfluß erklärte. Es hieß, wenn sie einem

Mann ihren Segen erteilte, sei er hieb- und stichfest. Die Bauern glaubten daran, und als es zu blutigen Auseinandersetzungen kam, ließen sie sich segnen und folgten blind den Befehlen der Schwarzen Margret, wenn sie dem Neckartal-Odenwälder Haufen voranstürmte. Zunächst berannten sie Stadt und Schloß Neuenstein in der Grafschaft Hohenlohe. Die Grafen Albrecht und Georg sahen keine Möglichkeit, sich mit ihren wenigen Rittern und Knechten gegen die 8000 Mann zu wehren. Um zu verhindern, daß sie ihnen die ganze Grafschaft verwüsteten, folgten sie der Aufforderung, ins Bauernlager hinunterzusteigen. Da wurden sie empfangen wie Gleiche unter Gleichen, und sie, die Landesherren, mußten es sich gefallen lassen, Bruder Albrecht und Bruder Georg genannt zu werden. Man bot ihnen nicht an, sie in den Bauernbund aufzunehmen, sie mußten sich darum bewerben. Dann wurde ihrem Antrag unter der Bedingung stattgegeben, daß sie dem Bauernheer alle Geschütze, Handfeuerwaffen und Pulvervorräte aus ihren Burgen auslieferten. Auch dazu mußten sie sich bereitfinden. Damit hatte sich die erste Reichsgrafschaft der Bewegung angeschlossen.

Vor Freude feuerten die Bauern zweitausend Flintenschüsse in die Luft, dann zogen sie weiter, plünderten das Nonnenkloster Lichtenstern, plünderten Waldbach, besetzten Neckarsulm und gingen auf Weinsberg vor, die württembergische Amtsstadt, deren Burg gut befestigt und wohlbestückt war. Der Kommandant war Graf Ludwig Helfrig von Helfenstein, der noch im März die Verteidigung Stuttgarts gegen Herzog Ulrich erfolgreich geleitet hatte, ein junger Herr von 27 Jahren, dessen Gemahlin Margarethe von Edelsheim eines jener vielen Kinder war, die der selige Kaiser Maximilian bei den Ritten durch sein weites Reich in Bürgerhäusern und Schlössern, wo immer er nächtigte, zurückzulassen pflegte. Sie war seit fünf Jahren mit Graf Ludwig verheiratet, und sie hatten einen zweijährigen Jungen.

Graf Helfenstein galt als schöner Mann und als schlimmer Bauernfeind. Auf seinem Ritt von Stuttgart nach Weinsberg hatten er und seine Reisigen alle versprengten Bauern, denen sie unterwegs begegnet waren, erschlagen und erwürgt. Das hatte sich rasch im Land herumgesprochen. Von Neckarsulm nach Weinsberg war es nur ein Katzensprung. Die Bauern schickten zwei Parlamentäre vorweg, die sollten Burg und Stadt zur Übergabe auffordern. Sie näherten sich vorsichtig der Stadt und trugen ihre Hüte auf Stangen, zum Zeichen, daß sie etwas zu sagen hatten. So kamen sie bis zum Tor und riefen hinauf, was sie wollten. Oben stand Dietrich von Weiler, der Stellvertreter des Grafen. Der lehnte es ab, mit ihnen zu reden und befahl, auf sie zu schießen. Zwei Knechte feuerten ihre Hakenbüchsen auf sie ab. Ein

Das seind die Clöster/vnd Schlösser/so die Schwartzweldischen Bawern verprent vnd geplündert haben.

Das seind die Clöster.

Odssenhawsen.
Schussenried.
Zwifalten.
Vbergendal.
Rodt.
Rockenburg.
Eldingen.
Bodenhawsen.
Ofprig.
Saw.
Wingarten.
Baind.
Hebbach.
Gnedesell.
Betcenbrunnen.
Salmenswyl.
Detenweyler.
Colgenno. — Langnäu
Schönpitren.
Herser.
Buchaw.
Lebenzal. — Lewental
Hoffed im probst.

D ß ist alles vor dem April gescheden.

Das seind die Schlösser.

Emerlingen
Stadion
Dotenweyler. Schloß.
Schemerberg.
Simendingel.
Graff Hansen/dissen vn ander mer Nimburg.
Hern Hansen vnd Caspar võ Langéburg. 2. Schlösser.
Hessen.võ Logenberg. vn hern Wolf Gerbling. 2. Schloß verpient.
Lauphaym verpient.
Allendorff.
Wanfleden.
Aifleden.als erschlagen.
Sincermanßhawfen.
Infenhawfen.
Schwendion.
Hern Hansen Bien võ Diemestigen.
Hern Jörg Orngkseffen dem haben die Lindawer verpient Walpurg.
Thuburg.
Tiglen des harien von Tremarig.
Masou.

Im land zú Francken haben der Hell·der Schwartz·der Picht Bawten dauff dyse Clöster vnd Schlösser auß prenne vnd geplindert.

Die Clöster

Prunpach.
Schwarnach.
Scligral.
Grimach.
Gelhawfen.
Pulicta.
Holtzkirch.
Oschm.
Cerlofen.
Lberach.
Planckstetten.
Westerwinckel.
Derts.

Die Schlösser

Honeck.
Lauda.
Galachaym.
Obermergentbumb.
Wernsperg.
Reychelsperg.
Walten.
Sinchaym.
Scheurenberg.
Newenhawß.
Budthardt.
Newmstat an der Aych/vnd sonst.5. schlösser. Haylpun.Wimffen.

Vnd daß das Wirtpurgrisch vnd Brandenburgrisch hö? söllen zú samen ziehen/in mainú kain Schloß noch Closter zú bleiben lassen/vnd auch keyn soll vngeduldon. All wasser vnd holtz frey zú haben/vnd sind im willen zú ziehen auff Ocetzhoffen/Zabelen/Wetbaur/vn auff onser Krawen perg zú Wirtzburg. Also bald die bayd Stifft Mentz vnd Witzburg vmbgefallen sein vnd erobert von den Pawrin/vn der Bischoff zú Strasburg Statthalter im Schloß zú Aschenburg belegert/wie in. 2. Schiff mit gút genomen worden vnd hat die Wirtzburgisch lantschafft tag rayßung abgeschriben. Vnd empörten sich zú gleicherweyß die vnterfessen zú der Newmstat an der Aych. Vn siehes die verzagt Paweren zú Messing zú dem hauffen im Aich/die Otingen belegert vn erobert habñ mit zwayen Hauffen. Auch haben sy das Schloß zú Elbang auß pient.

Anno.M.D.XXV.

Flugblatt aus dem Bauernkrieg mit einem Verzeichnis der von den Bauern verbrannten und geplünderten Klöster und Schlösser.

Schuß ging vorbei, der andere traf einen der Unterhändler. Der sackte einen Augenblick in sich zusammen, dann hängte er sich an seinen Kameraden, und der schleppte ihn mit. Als sie so davonkrochen, ohne ihre Hüte und ohne die Stangen, lachten die Kriegsknechte auf dem Tor und höhnten hinter ihnen her. Das war am Ostersonntag, dem 16. April 1525, ganz in der Frühe.

Die Bauern traten nun zum Sturm an. Die Stadt und die alte Welfenburg über ihr waren stark befestigt, aber einige Männer aus Weinsberg, die sich dort gut auskannten, zogen im Bauernheer mit, und drinnen waren mehrere, die zu ihnen hielten, der Hellermann, der Brezel-Pickel und noch ein paar, die wollten helfen, sie einzulassen. Über die Verhältnisse oben im Schloß hatten sie zuverlässige Nachrichten vom Semmelhans, einem Mann, der mit seinem Handkarren kleine Frachten beförderte. Er hatte gerade eine Ladung Salz hinaufgeschafft, wovon man immer viel brauchte, um Fleisch und Speck zu konservieren, und wußte zu berichten, daß der Graf mit fast seiner ganzen Besatzung hinunter in die Stadt in die Kirche gegangen sei und oben kaum jemanden zurückgelassen habe.

Als die Bauern nun gegen Weinsberg anrannten, fanden sie doch mehr Widerstand, als sie erwartet hatten. Viele Bürger waren aus Angst vor ihnen entschlossen, die Stadt zu verteidigen, standen neben den Soldknechten des Grafen hinter den Zinnen und schossen auf die Angreifer. Drei Bauern fielen, etliche wurden verwundet und riefen Verwünschungen nach Weinsberg hinüber. Aber dann wehte auf einmal oben auf der Burg ein Bauernfähnlein, und da war es klar, daß es einem Trupp gelungen war, einzudringen.

Da verloren die unten in der Stadt den Mut. Ein paar Bauern waren schon heimlich eingelassen worden, andere, die gegen das untere Tor anrannten, fanden bald keinen Widerstand mehr, sie brachen auch die anderen Tore auf, und in schweren Wellen drangen die Bauern in die Stadt ein. Der Pfarrer Johannes Herolt berichtet: ». . . da ward Lucifer mit all seinen Engeln losgelassen, und die tobten und wüteten nicht anders, als ob sie von Sinnen wären und voller Teufel säßen . . .« Es waren vor allem Jäcklein Rohrbach und seine Gesellen, die so hausten. Die Bürger warfen ihre Waffen weg und flüchteten in ihre Häuser, aber nicht alle konnten entkommen, und die Bauern metzelten unter ihnen nicht anders als unter den Kriegsknechten des Grafen. Auf dem Schloß oben erschlugen sie fünf und dazu den Burgkaplan, einen henkten sie.

Die meisten Bewaffneten hatten sich in die Kirche geflüchtet, aber das half ihnen nichts. Jäcklein Rohrbachs Gesellen brachen das Tor auf und holten alle heraus. Keiner entging ihnen. Sie hoben die Steinplatten von den Grüften auf und fanden manchen zwischen Gebeinen und vermoderten Sargbrettern. Etliche stöberten sie auch auf dem Kirchturm im Glockengestühl auf. Die erstachen sie oder warfen sie lebend hinunter auf den Kirchhof, auch Dietrich von Weiler war dabei. Sein Sohn stand unten und sah das mit an. Er bot dem Beckerhans, der ihn gefangen hatte und am Strick hielt, acht Goldgulden, wenn er ihn laufenließe. Der Beckerhans, einer aus Rohrbachs engstem Freundeskreis, nahm das Geld und band den jungen Weiler los. Als der dann weglaufen wollte, erstach er ihn von hinten.

Nur wenige Reisige und Soldknechte entkamen. Einer hatte sich in einen Backofen verkrochen und zog sich in der Nacht die Kleider einer Frau an, die im Haus lagen und die kein Plünderer hatte mitnehmen wollen. So schlich er sich fort, und da die meisten Wachen der Bauern betrunken waren, gelang es ihm, sie zu umgehen. Einen Reiterburschen versteckten ein paar Mädchen, denen er viel Gutes getan hatte, aus Dankbarkeit, und in der Nacht brachten sie ihn auch heil aus der Stadt.

Die Gefangenen ließ Jäcklein Rohrbach zusammentreiben. Es waren dreizehn Ritter und elf Soldknechte. Auch Graf Ludwig von Helfenstein war dabei, seine Frau, ihre Zofen und Dienerinnen und ihr zweijähriger Junge, den sie nach ihrem Vater, dem Kaiser, Maximilian genannt hatte. Er ließ sie von Leuten, denen er besonders vertraute, aus der Stadt auf eine Wiese treiben und da streng bewachen.

Indessen fiel auch der Rest des Bauernheeres in die Stadt ein, machte sich über Kirchen und Bürgerhäuser her und stürmte zum Schloß hinauf. Einige mochten nicht plündern, weil sie es für Sünde hielten, anderen etwas wegzunehmen, aber sie setzten sich nicht durch, die meisten nahmen mit, was sie fanden, Kelche und Silbergeschirr, Glaspokale, Zinnkrüge, Seidenstoffe, vor allem aber Geld, und vieles ging dabei in die Brüche, wenn sie sich nicht einigen konnten, wer es bekommen sollte. Dutzende von Weinfässern rollten sie vom Schloß herunter auf die Wiesen, wo die Bauern lagerten und sich betranken.

Am Nachmittag tagte der Kriegsrat, und Männer wie Wendel Hipler und Georg Metzler waren entsetzt über all die Untaten, die geschehen waren. Sie beratschlagten, was man tun könne, um so etwas künftig zu vermeiden. Jäcklein Rohrbach nahm nur kurze Zeit am Kriegsrat teil, dann gab er seinen Freunden einen Wink und verschwand lautlos. Kurz darauf traf er sich mit den Vertrauten in der Mühle zu einer geheimen Beratung. Sie wurden sich sehr schnell einig und gingen hinaus auf das Feld, wo die Gefangenen zusammengetrieben waren. Da stellte Rohrbach seinen Haufen in zwei Reihen auf und ließ die Gefangenen durch die Spieße jagen. Das war eine bei den Landsknechten

Die Gräfin von Helfenstein, eine Tochter Kaiser Maximilians, bittet den Bauernführer Jäcklein Rohrbach um Gnade für ihren Mann.

besonders beliebte Hinrichtungsart: Die Opfer mußten durch die Gasse laufen, und jeder konnte auf sie einstechen, bis sie tot waren. Mit einem Ritter und seinem Knecht fingen sie an, damit die Bauern auch lernten, wie man so etwas machte, ohne daß die Verurteilten gleich bei den ersten Schritten tot waren. Schließlich sollten alle etwas davon haben. Als Jäcklein Rohrbach zufrieden war, ließ er den Grafen Helfenstein vorführen. Er wollte schon das Zeichen geben, mit der Exekution zu beginnen, da stürzte die junge Gräfin auf ihn zu und fiel vor ihm auf die Knie, die Kaisertochter mit ihrem Kind auf dem Arm. Sie flehte ihn an, er solle doch dem Sohn nicht den Vater nehmen und auch die anderen Gefangenen laufenlassen, weil all das sinnlos vergossene Blut ihrer Sache gewiß nicht gut täte. Aber er schob sie beiseite und winkte dem Pfeifer Melchior Nonnenmacher. Das war der Mann, der auf dem Schloß oben immer zu den Mahlzeiten und danach zum Tanz aufgespielt hatte. Jäcklein sagte ihm, er dürfe nun dem Grafen zu seinem letzten Tanz aufspielen.

Nonnenmacher trat mit einer Ergebenheitsgeste auf seinen Herren zu, dann riß er ihm plötzlich den Federhut vom Kopf und setzte ihn sich selber auf. Er stelzte umher und drehte sich nach allen Seiten und rief: »Jetzt bin ich der Graf!« Nachdem er ausgiebig den Beifall der Bauern genossen hatte, nötigte er seinen Herrn zwischen die Spieße, hinter dem Grafen den Hofnarren, dahinter die Ritter, die Knappen, die Reiterbuben. Die Bauern stachen auf die Männer ein, bis einer nach dem anderen im Gras liegenblieb, denn fielen sie über die Toten her, rissen ihnen die Kleider herunter, den Schmuck, das Wams, die Stiefel, und mancher der Erstochenen trug selber den Bundschuh, der ja immer noch das Symbol der Unterdrückten war, die nach Freiheit strebten.

Den Grafen von Helfenstein nahmen sich Jäcklein Rohrbach und die Schwarze Margret vor. Er zerrte ihm das Lederkoller vom Leib und legte es sich selber an. Sie trat den Leichnam mit Füßen und beschimpfte ihn, dann zog sie ein Messer heraus und schnitt ihm den Bauch auf. Sie griff hinein, riß das Fettgewebe heraus und schmierte sich die Schuhe damit ein. Danach reichte sie es Melchior Nonnenmacher, und der fettete damit seinen Spieß. Der Chronist Georg von Waldburgs protokollierte den Vorgang nach Zeugenaussagen: »... nahm das Schmalz aus ihm, schmieret seinen Spieß damit ...«

Der Gräfin und dem Kind ließen die Bauern das Leben. Sie plünderten sie bis aufs Hemd aus, warfen sie auf einen Mistwagen, befahlen dem Kutscher, sie nach Heilbronn zu bringen und riefen ihr nach: »In einer goldenen Kutsche bist du gekommen, auf einem Mistwagen verschwindest du wieder!«

Nachdem das alles getan war, ließen sie die Toten unbeerdigt im Gras liegen, zogen zum Schloß hinauf und zündeten es an. Als die anderen Bauern auf ihrem Kriegsrat gewahr wurden, daß die alte Welfenburg in Flammen stand, und als sie erfuhren, was sich draußen auf den Wiesen ereignet hatte, waren sie tief bestürzt: Statt am Tage des ersten großen Erfolges vor aller Welt den Beweis zu erbringen, daß hier politisch reife Menschen sich das Recht erkämpften, ihr Leben, ihre Gesellschaft, ihren Staat und ihre Kirche selber zu gestalten, hatte eine kleine Gruppe blutgieriger Radikaler die große Idee mißbraucht, aus der guten gerechten Sache die böse ungerechte Sache gemacht und den Feinden aller Reformbestrebungen überzeugende Argumente geliefert. Jetzt konnten die Verknöcherten und Gehässigen, die Menschenschinder und Ausbeuter in alle Welt hinausrufen: »Seht doch, so brutal und primitiv sind die Bauern! Es geht ihnen gar nicht um Reformen, sondern nur um die Zerstörung jeder Ordnung, um Mord und Brand und Raub! Sie wollen sich persönlich bereichern und sonst gar nichts!«

Als die beiden jungen Grafen Friedrich und Ludwig von Löwenstein aus der Nachbarschaft im Weinsberger Bauernlager erschienen, um über die Bedingungen zu verhandeln, unter denen sie Schaden von ihrer Grafschaft abwenden könnten, mußten sie sich ausziehen, Bauernkleider anlegen und zum Zeichen bedingungsloser Unterwerfung weiße Stäbe in den Händen halten.

Der Rausch von Weinsberg verflog rasch. Zurück blieb ein böser Katzenjammer. Das hatten die Männer des Neckartal-Odenwälder Haufens nicht gewollt! Sie waren geschunden, gequält und gedemütigt worden bis an die Grenzen ihrer Kraft. Verbittert von der absoluten Hoffnungslosigkeit ihrer Existenz, enttäuscht, immer wieder übervorteilt in ihrer Arglosigkeit als treue Untertanen und als gläubige Christen, hatten sie hassen gelernt. Jetzt, da ihnen die Chance geboten worden war, ihr unerträgliches Dasein erträglich zu machen, hatten sie sie ergriffen, um dann doch wieder betrogen zu werden. Nein, das Blutbad von Weinsberg hatten sie nicht gewollt, und danach sank Jäcklein Rohrbachs Ansehen rapide. Er machte noch den Zug nach Heilbronn mit, dann trennte er sich, gekränkt, daß niemand ihn mehr bewundern mochte und daß sein Wort nichts mehr galt, von dem Neckartal-Odenwälder Haufen und schloß sich zusammen mit dem harten Kern seiner alten Gefolgschaft dem Württembergischen Haufen an, mit dem er am 25. April Stuttgart besetzte.

Der Beitritt Heilbronns zum Bauernbund vollzog sich glatt und ohne Blutvergießen. Die Bürger, unter denen es schon lange eine starke Gruppe von Neuerern gab und unter denen auch die Reformgegner unbedingt Vorgänge wie in Weinsberg vermeiden wollten, öffneten dem Neckartal-Odenwälder Haufen, in dem auch einige der Ihren mitmarschierten, die Tore der Stadt, obwohl der Bürgermeister sie weinend daran zu hindern suchte. Ein ganzes Fähnlein Heilbronner schloß sich dem Haufen an, als er weiterzog, auf Würzburg zu.

Jäcklein Rohrbachs Nachfolger beim Neckartal-Odenwälder Haufen, der sich jetzt weitschweifig »Die ganze Christliche Vereinigung des Hellen Lichten Haufens« nannte, wurde ein auf andere Weise fragwürdiger Mann: Götz von Berlichingen.

Ritter Götz hatte sich durch ertragreiche Fehden, Erpressung von Lösegeldern und Brandschatzung großen Wohlstand und Ruhm erworben. Seine noch heute gern zitierte unappetitliche Aufforderung war ebenso populär wie seine eiserne Hand, dieses Meisterwerk früher Prothesenkunst, das vor allem dem Schmied Ehre machte, der es ohne Anleitung und Vorbild mit Phantasie und Können geschaffen hatte, nachdem Götz von Berlichingen bei einem seiner Händel die Hand abgeschossen worden war. Im Gegensatz zu Florian Geyer hatte Rit-

Götz von Berlichingen (1480–1562) war eine zwielichtige Figur. 1519 kämpfte er für Herzog Ulrich von Württemberg gegen den Schwäbischen Bund, 1525 übernahm er ohne innere Bindung an die Sache, der er sich anschloß, die Führung der Aufständischen im Odenwald.

ter Götz keinerlei innere Bindung an die Sache, der er sich anschloß. Er war weder Reformer noch Gerechtigkeitsfanatiker. Im Sommer 1514 hatte er geholfen, den »Armen Konrad« blutig niederzuschlagen, was ihn nicht daran hinderte, sich 1525 den Bauern zum Kampf gegen die Fürsten anzubieten und, als die nicht wollten, dem Kurfürsten von der Pfalz zum Kampf gegen die Bauern. Als der aber auch nicht wollte und die Bauern jetzt auf seinen Antrag zurückkamen, ging er zu ihnen. Er war ein Mann, den man sich mieten konnte, und jetzt mieteten ihn die Bauern, zunächst auf einen Monat. Seine Tapferkeit war ebenso unbestritten wie seine Vertragstreue. Wendel Hipler, der ihn von früher kannte, engagierte ihn am 27. April 1525.

Später, als alles entschieden war, legte Berlichingen Wert auf die Feststellung, er habe sich mit den Bauern nur unter Druck arrangiert, um mit allen Kräften ihrer Radikalisierung entgegenzuwirken. Sicher spielte bei seinen Erwägungen auch eine Rolle, daß die Bauern mit ihrer zahlenmäßigen Überlegenheit jedes Schloß einschließen und stürmen konnten, das an ihrem Wege lag, und daß es klüger war, sich mit ihnen zusammenzutun, als sich gegen sie zu stellen. So war er einige

Wochen ihr Führer und Aushängeschild, bis er sich, als es schlecht um ihre Sache stand, unter einem dünnen Vorwand wieder von ihnen trennte und sie ihrem Schicksal überließ.

Götz von Berlichingen beherrschte perfekt die Kunst der großen Fehde. Er hatte um der Beute willen den Bischof von Bamberg ebenso ungerührt angegriffen wie die mächtige Reichsstadt Nürnberg. Und genauso unbeschwert marschierte er jetzt mit den Bauern gegen den Erzbischof Albrecht von Mainz, dessen verstreutes Herrschaftsgebiet bis nach Thüringen hineinragte. Er operierte so überzeugend, daß des Erzbischofs Stellvertreter den Antrag stellte, das ganze Erzstift in den Bauernbund aufzunehmen und sich dazu bereit erklärte, 15 000 Gulden Kontributionen zu zahlen, die Zwölf Artikel anzuerkennen sowie seine Geistlichen anzuweisen, den Ornat ihres Ordens abzulegen. Dieser Vertrag, das Werk von Wendel Hipler, kam am 7. Mai 1525 in Miltenberg zustande.

In den wenigen Wochen von Mitte April bis Mitte Mai 1525 bildete sich in Franken die Keimzelle zu einem neuen Reich, ein noch ungeformter Bauernstaat aus den ganz verschiedenartigen Elementen einiger Reichsgrafschaften, Reichsritterschaften, geistlicher Herrschaften, Freier Reichsstädte. Als Krönung des Ganzen war es nun gelungen, das mächtige und ausgedehnte Erzbistum Mainz zum Eintritt in den Bauernbund zu zwingen, wobei das Wort »Bauer« längst zum Synonym dessen geworden war, was später einmal Staatsbürger genannt wurde, der Mensch aus allen Klassen und Schichten, der Leibeigene und Zinspflichtige, der Lohnknecht und Bergknappe, der Handwerker, der Händler, der Fuhrmann. Nicht nur Gesellen, auch Meister gehörten dazu, Schmiede, Maurer, Zimmerleute, also Bürger aus Stadt und Vorstadt. Und nun war auch der Erzbischof von Mainz als gleichberechtigtes Mitglied hinzugekommen, des Reiches Erzkanzler und damit vornehmster aller Kurfürsten.

In dieser Entwicklungsphase war das Ordnungsgefüge der bäuerlichen Organisation noch ein kriegerisches, lag der Vorrang bei den militärischen Führern, weil die politische Wirksamkeit von der militärischen Stärke abhing. Aber längst machten sich einige Männer ihre Gedanken darüber, wie dieses neue Reich aussehen sollte, wenn die Umwälzung geglückt war und nicht mehr gekämpft werden mußte. Das waren außer den Bauernführern, die von Anfang an zum Bund gehört hatten, auch die Ratsherren der Städte, die nun dazugehörten. Das waren ganz besonders Wendel Hipler und Friedrich Weigandt von Miltenberg, der Keller von Mainz, der Mann also, der für die Finanzen des Kurfürstentums verantwortlich war, ein Gerechtigkeitsfanatiker, der zwei Jahre vorher sein Leben riskiert hatte, um einen evangelischen Geistlichen vor den Willkürakten des Erzbischof, seines Herrn, zu schützen. Die beiden waren vor allem an der Abfassung der verschiedenen Grundsatzprogramme beteiligt, der sogenannten »Amorbacher Artikel«, der »Feldordnung der Fränkischen Bauern«, der »Artikel der Fränkischen Bauernschaft«. Während Wendel Hipler ein Bauernparlament vorbereitete, das in Heilbronn tagen und den Vertretern aller Bauernhaufen Gelegenheit geben sollte, ihre Ideen zu entwickeln, arbeitete Friedrich Weigandt an dem detaillierten Entwurf einer Reichsreform.

Diese kurzen Wochen von Mitte April bis Mitte Mai 1525 waren die großen Wochen der ordnenden, der planenden, der staatsbildenden Kräfte. Ein ausgedehntes Gebiet mitten in Deutschland hielten die militärischen Kräfte der Bauernerhebung besetzt, schirmten es ab und gaben damit ihren politischen Köpfen Gelegenheit, die gesetzlichen Grundlagen für eine Neuordnung zu erarbeiten: eine Gebietsreform, eine Sozialreform, eine Steuerreform, eine Rechtsreform und alle Einzelheiten für eine Umwandlung geistlicher in weltliche Fürstentümer.

Der Fürstbischof von Würzburg, Conrad von Thüngen, Herr über ein reichsfreies Fürstentum von 4790 Quadratkilometern an den Flüssen Main, Saale, Tauber und Jagst, wollte diese Umwandlung keinesfalls zulassen und mit allen Mitteln verhindern, daß sein Land in den Bauernstaat eingegliedert wurde, der sich mit zwingender Vitalität in so kurzer Zeit im Herzen des Reiches bildete. Am 6. Mai verließ er mit kleinstem Gefolge seine Residenz, ritt nach Heidelberg und begab sich in den Schutz des Kurfürsten von der Pfalz.

Zu Füßen des Würzburger Schlosses im Maintal, in unmittelbarer Nähe der Stadt, trafen der Neckartal-Odenwälder Haufe und der Taubertaler Haufe zusammen und vereinigten sich. Sie schickten Florian Geyer erst in die Stadt zu Verhandlungen mit dem Rat, dann hinauf auf den Frauenberg, wo ein Dompropst als Vertreter des Bischofs mit allen Landesbehörden und dem Rest der bischöflichen Streitmacht saß, die nur noch aus ein paar Reisigen bestand.

Die Stadt erklärte sich sofort bereit, auf die Zwölf Artikel zu schwören und dem Bauernbund beizutreten. Sie entsandte sogleich fünf Vertreter in den Bauernrat und verfügte, daß jeder kirchliche Besitz innerhalb ihrer Mauern eingezogen werden sollte, die Klöster und die Häuser der Domherren und anderer Geistlicher. Die Gespräche auf der Burg aber verliefen ergebnislos. Dompropst Friedrich weigerte sich entschieden, irgendwelche Zugeständnisse zu machen. Und während sich unten in den Mainauen, wo vor 43 Jahren das Pfeiferhänslein verbrannt worden war, die Bauern zum Sturm auf den Frauenberg bereit machten, richtete er sich oben auf die Verteidigung ein.

Indessen trafen sich auf Wendel Hiplers Einladung in der zweiten Maiwoche des Jahres 1525 die Vertreter der verschiedenen Bauernhaufen zur ersten frei gewählten deutschen Volksversammlung in Heilbronn. Sie tagten in der alten Reichsstadt im »Schöntaler Hof«, Männer aus allen Ständen, Berufen und Altersgruppen, aus Franken, Schwaben und vom Oberrhein, aus dem Schwarzwald und dem Elsaß, und jeder kam mit eigenen Plänen und besonderen Vorstellungen, und alle waren entschlossen, gemeinsam etwas für die Ewigkeit zu schaffen.

Als sie gerade anfangen wollten, trafen die Nachrichten von dem ein, was am 12. Mai in Böblingen geschehen war. Und jetzt mußten sie erkennen, daß ihre Stunde vorüber war und daß sie nur noch so schnell wie möglich heimreiten konnten zu ihren Haufen, um in deren Reihen zu kämpfen. Die Zeit der Politiker war vorbei, bevor sie recht begonnen hatte, und wieder war die Zeit der Krieger da.

Die Katastrophe von Böblingen hatte sich so ereignet: In Württemberg waren mehrere Bauernhaufen zusammengekommen und hatten den Gastwirt Matern Feuerbacher zu ihrem obersten Hauptmann gewählt. In ihrem Bauernrat saßen so verschiedenartige Leute wie der Maler Jörg Ratgeb und Jäcklein Rohrbach, der sich mit seiner wilden Schar und dem Spielmann Melchior Nonnenmacher der Gruppe angeschlossen hatte.

Dieser Württembergische Haufe hatte sich, 12 000 Mann stark und gut bewaffnet mit Büchsen und 18 Geschützen, auf den Höhen zwischen Sindelfingen und Böblingen um eine Wagenburg herum verschanzt, war am Freitag, dem 12. Mai 1525, vom Truchseß von Waldburg mit seinen 7000 Fußknechten und 1500 Reisigen geschickt angegriffen worden, hatte sich ungeschickt verteidigt und eine schlimme Niederlage erlitten. Das Heer war geschlagen worden, zersprengt, vernichtet. Sechs Fähnlein hatten die Landsknechte des Truchseß erbeutet, alle achtzehn Geschütze, sämtliche Wagen und Pferde und was an Beute darauf verpackt gewesen war. Sechstausend Tote lagen auf den Feldern in einer Breite von drei, in einer Länge von zehn Kilometern, so wie sie von den Reisigen des Schwäbischen Bundes auf der Flucht zusammengeschlagen worden waren. Sie hatten nur sehr wenige Gefangene gemacht, aber Jäcklein Rohrbach und Melchior Nonnenmacher waren darunter, und jeder kannte inzwischen ihre Namen und wußte, welche Rolle sie in Weinsberg gespielt hatten. Auch Georg III. Truchseß von Waldburg wußte es und sein Stellvertreter Graf Wilhelm von Fürstenberg.

Sie ließen die beiden mit Ketten an einen Apfelbaum schmieden, der eigentlich blühen wollte. Die Ketten waren zwei Meter lang und nicht zu schwer, damit sie nicht beim Laufen allzu hinderlich sein konnten. Knechte schleppten Reisig, trockene Äste und Holzkloben heran. Die beiden Grafen und einige der Hauptleute halfen ihnen dabei, und sie schichteten alles im Umkreis um den Baumstamm herum so auf, daß zwischendurch kleine Fleckchen frei blieben, auf die man einen Fuß setzen konnte. Danach ließen sie das ganze Heer in reichlichem Abstand um den Apfelbaum herum einen Kreis bilden, so daß jeder gut sehen konnte, und dann entfachten sie das Feuer für die beiden Männer, die den Grafen von Helfenstein durch die Spieße gejagt hatten. Es fraß sich langsam durch das Reisig an die trockenen Äste heran, an die Kloben, und immer höher stiegen die Flammen auf.

Jäcklein Rohrbach und der Pfeifer Melchior Nonnenmacher flohen vor dem Feuer an ihren Ketten um den Baum herum, erst langsam, dann mit großen Schritten, dann liefen sie und hüpften, auf der Suche nach einem kleinen Platz für ihre Füße, auf dem es noch nicht brannte und auf den dann doch immer gleich brennendes Holz herunterfiel. Sie schrien auf und rannten immer schneller und sprangen immer höher, brachen brüllend vor Schmerz in den Flammen zusammen, rafften sich noch einmal auf und blieben endlich stumm in der Glut liegen.

So nahmen die beiden Grafen Rache an denen, die einen der Ihren zu Tode gequält hatten, und so bewiesen sie, daß sie es ebenso bedenkenlos und ebenso gut konnten.

Thomas Müntzers
Gottesstaat auf Erden

Drei Tage, nachdem in der Schlacht bei Böblingen der Württembergische Haufe vernichtet worden war, stand bei Frankenhausen in Thüringen Thomas Müntzer mit knapp 8000 Mann dem vereinigten Heer der Herzöge von Braunschweig und von Sachsen, des Landgrafen von Hessen, des Markgrafen von Kulmbach-Bayreuth und des Erzbischofs von Mainz gegenüber, der die Kapitulation seines Landes nie anerkannt hatte und von Magdeburg heranrückte.

Seit Anfang März war Müntzer wieder in Mühlhausen, sehnsüchtig erwartet von Heinrich Pfeifer, der schon vor Weihnachten in seine Heimatstadt zurückgekehrt war. Ihm, der die Menschen dort kannte und zu begeistern verstand, der auch geschickt taktieren konnte, war es in diesen knapp drei Monaten gelungen, die Bürger, die Vorstädter und die Bauern aus den 21 Dörfern der Reichsstadt auf eine gemeinsame Linie einzuschwören. Die Stadt war reif für den Umsturz. Müntzer war im rechten Augenblick gekommen.

Das Verhältnis zwischen den beiden Männern war unverändert geblieben, sie waren Theologen, und es trug biblische Charakterzüge: Thomas Müntzer war der Auserwählte, der Gesalbte, der Gottgesandte, Heinrich Pfeifer war der Verkünder; er hatte sich in der Funktion Johannes des Täufers bewährt. So sahen sie sich und einander. Das war die Basis ihres gemeinsamen Wirkens.

In dieser Zeit gab es viele Reformatoren in Deutschland, studierte Theologen wie Balthasar Hubmayer, Christoph Schappeler, Jakob Wehe oder Laienprediger wie Sebastian Lotzer und Nikolaus Storch. Ihre Wege liefen oft eine Weile nebeneinander her, dann wieder kreuz und quer und endlich auseinander. Martin Luther hatte die größte Anhängerschaft im Reich gewonnen. Er ließ die Welt, wie sie war, und beschränkte sein Wirken auf die unmittelbare Beziehung zwischen dem Menschen auf Erden und Gott im Himmel. Die politische Komponente der geistigen Umwälzung negierte er, im Gegensatz zu Ulrich Zwingli, der als Reformator und als Reformer wirkte und in Zürich ebenso als Politiker wie als Theologe tätig war. Er hatte Balthasar Hubmayer beeinflußt und durch ihn auch Thomas Müntzer, der ihm persönlich nie begegnet war.

Thomas Müntzer war mehr als Reformator und Reformer in einer Person. Er empfand sich als Prophet, eine von Gott gesandte, alttestamentarische Führerfigur, bedingungslos, grausam, ohne jedes Regulativ, da er vom festen Glauben durchdrungen war, stets nur im Auftrag Gottes zu handeln, der sich ihm in nächtlichen Offenbarungen anvertraute. Er war ein Mann von Mitte Dreißig, trug einen weiten, pelzbesetzten Prophetenmantel und einen sauber gestutzten, schön gekräuselten Vollbart, wohl wissend, wie wichtig es ist, die Wirkung der Persönlichkeit durch die Wirkung ihrer Aufmachung und ihrer Auftritte zu steigern. Er ließ sich eine dreißig Ellen lange Fahne in den Farben des Regenbogens aus Seide nähen, als Symbol der Verheißung, und unterschrieb seine Briefe: »... Müntzer mit dem Schwert Gideons«, womit er sich zum Nachfolger des Helden und Befreiers der Israeliten machte.

Vor Jahren hatte Luther ihn tief beeindruckt, und er war zu ihm gewandert, um in seiner Nähe zu sein und mit ihm sprechen zu können. Inzwischen hatte er sich aber weit von seinem einstigen Vorbild entfernt und verachtete es, während Luther ihn haßte und fürchtete, weil er eine große Gefahr für die kontinuierliche Entwicklung der Reformation in ihm sah. In der Tat standen Müntzers Glaubenssätze nicht mehr nur im Widerspruch zu den Lehrsätzen der katholischen Kirche, sondern zum ganzen Christentum schlechthin:

Der Heilige Geist ist die Vernunft, und sie ist allen Menschen gleich gegeben.

Es gibt keinen Himmel oben und keine Hölle unten, sondern nur beides dicht beieinander hier auf Erden.

Christus war ein Mensch und ist kein Gott. Das Abendmahl ist ein Mahl zu seinem Gedenken, wobei sich Brot und Wein nicht in Fleisch und Blut verwandeln.

Und immer wieder seine Drohungen mit der Gewalt gegen alle, die sich seinen Forderungen widersetzten: »... man wird sie erwürgen ohne alle Gnade!...«

Am 17. März 1525 stürzten Müntzer und Pfeifer mit ihren Anhängern den alten Rat von Mühlhausen, die oligarchische Regierung des Stadtstaates, und ersetzten ihn, wie in den von ihnen erarbeiteten »Zwölf Mühlhäuser Artikeln« vorgesehen, durch eine freigewählte Volksvertretung, den »Ewigen Rat«. Die Mühlhäuser Chronik berichtet ausführlich über dieses Ereignis: »... Freitags nach Reminiscere Anno 1525 sind sie aufs Rathaus gegangen, daselbst haben sie den Alten Rat seiner Ämter entsetzet, die ein jeder hat müssen den Predigern und den acht Mann übergeben, und haben einen neuen Rat dermaßen erwählet, daß er ewig sein und heißen und stets für und für regieren sollte...«

Und etwas weiter im Text: /»... da hat Doktor Johann von Ottera öffentlich gesagt: ›Er hat die Gewaltigen vom Stuhl gestoßen und die Niedrigen erhöhet; welch ein wunderbarer Gott ist das!‹ Und dieser Mann war einer der Schreiber ...«

Die Oligarchie Mühlhausen war keine Demokratie geworden, sondern eine Theokratie. Gott herrschte. Sein Mund, seine Faust, der Vollstrecker seines Willens, war der Prediger Thomas Müntzer. Nun war das Tausendjährige Reich Gottes gegründet. Es hatte 59 Tage Bestand. Thomas Müntzer regierte es im Namen des Herrn. Er hatte die ideologischen Grundlagen geschaffen. Er konzipierte die Verfassung und führte sein Volk unter seiner Regenbogenfahne in die vollkommene Vernichtung.

Seine Herrschaft in Mühlhausen begann er mit einer sozialen Tat: Er beschlagnahmte Korn und Tuch und gab es an die Armen aus. Er konfiszierte allen geistlichen Besitz in Pfarrhöfen und Klöstern. Die Räume stellte er den Obdachlosen zur Verfügung, Gold- und Silbergerät wanderten in die Kriegskasse. Aus den Meßgewändern schneiderten die Mädchen sich in den von Heinrich Pfeifer geleiteten Kirchenchören schöne Kleider, und immer wenn Thomas Müntzer gepredigt hatte, sangen sie Jehovas Verheißung: »Morgen werdet ihr ausziehen, und der Herr wird mit euch sein!«

Unter dem 24. April berichtet die Mühlhäuser Chronik: »... Montag nach Quasimodogeniti ... Müntzer ließ Geschütze gießen im Barfüßerkloster ...«

Es sprach sich rasch herum, was in Mühlhausen geschah, und das löste große Unruhe im Land aus, bis nach Hessen hinüber ins Braunschweigische hinein, nach Franken hinunter. Müntzers Lehre breitete sich aus wie ein Feuerbrand, und er war besessen von dem Gedanken, daß dieser Feuerbrand die ganze Welt erfassen müsse. Weil er wußte, daß so etwas nicht von selber kommen konnte, ließ er von dem Geld, Gold und Silber, das in den Truhen gefunden wurde, Waffen kaufen, Streitrösser, Zugpferde und für 900 Gulden Schießpulver bei einem Schweizer Agenten bestellen, der durch die unruhigen Gebiete reiste und mit allen Parteien gute Geschäfte machte.

Ringsum im Land, in Sachsen und Thüringen, erhoben sich Bauern und Bürger, bewaffneten sich, stürmten Burgen und Klöster, Schlösser und geistliche Landsitze. An der oberen Werra, nicht weit von Eisenach, stellte Müntzers Freund Hans Sippel ein Bauernheer auf, das sich täglich vermehrte durch Männer, die aus den Grafschaften Stolberg, Henneberg und Gleichen kamen, aus Mansfeldischen und Wangenheimschen Landen, aus der Landgrafschaft Hessen und den Thüringischen Fürstentümern. Ende April standen an der Werra dreitausend Mann unter Waffen, und sie schworen einander, sie wollten kei-

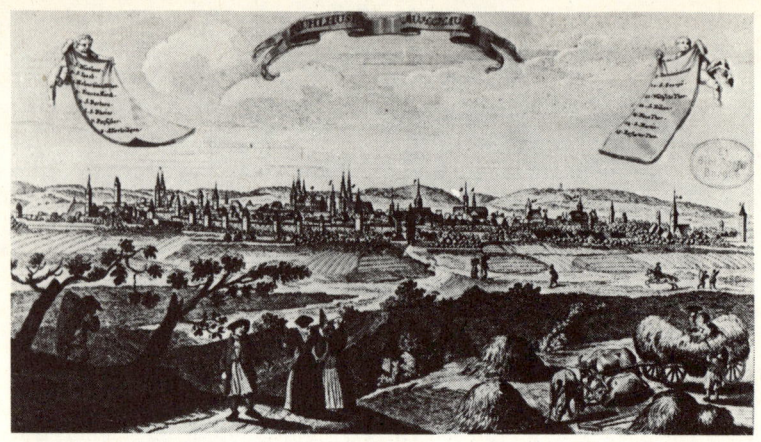

Die Freie Reichsstadt Mühlhausen in Thüringen (Kupferstich von Joseph Friedrich Leupold).

nen Herrn über sich dulden und Gottes Willen allein als Richtschnur anerkennen. Salzungen öffnete ihnen die Tore, und die Salzknappen schlossen sich ihnen an. In Schmalkalden kamen die Eisenhüttenarbeiter hinzu, aus Eisenach und Gotha stießen Lohnknechte und Ackerbürger zu ihnen. Leibeigene gab es in Thüringen nicht. Dieser Werrataler Haufe war unzureichend gerüstet, er hatte nur wenige Handfeuerwaffen und kaum Geschütze. Sippel brachte für sein Amt als Hauptmann einige Erfahrungen mit, die er als Landsknecht gesammelt hatte, besaß aber nur begrenzte Führerqualitäten und kaum politischen Horizont. Er schweifte mit dem Haufen durch die bewegte Landschaft und orientierte sich vorwiegend nach Ausdehnung und Reichtum der Klöster, die am Wege lagen und die sie dann, bis aufs letzte Haferkorn leergeplündert, ausgebrannt und in Trümmern hinter sich zurückließen.

In Arnstadt schlossen sich die Hüttenknappen zusammen, von Ilmenau, Rudolstadt und Stadtilm kamen Bauern und Handwerker zu ihnen, bis sie fast achttausend Mann stark waren. Um Saalfeld herum sammelten sich dreitausend, im Raum von Frankenhausen siebentausend und westlich des Thüringer Waldes, in den beiden mächtigen und wohlhabenden geistlichen Fürstentümern Hersfeld und Fulda, viertausend und sechstausend Aufrührer. Überall erhob sich die breite Masse des Volkes sämtlicher Stände, stets waren auch Schultheißen, Ratsherrn und Edelleute dabei. Und überall richtete sich der Zorn gegen die gleichen Mißstände, gegen Willkürherrschaft und Vielstaaterei, gegen Rechtsunsicherheit und Ausbeutung, gegen eine korrupte und verkommene Geistlichkeit, gegen die Scharen unzähliger Mönche und Nonnen, die von den arbeitenden Menschen ausgehalten werden mußten. Trotz aller Gemeinsamkeiten war jedoch die Verbindung unter den einzelnen Haufen nur locker, und darin lag ihre Schwäche. Nur die Mühlhäuser besaßen in Thomas Müntzer eine Führerpersönlichkeit von überzeugender Integrationskraft, entschlossen, das gerade geborene Gottesreich erst gegen jeden Feind zu verteidigen, dann über die ganze Erde auszuweiten. Zunächst aber mußte er versuchen, die anderen Hauptleute für sich zu gewinnen, die anderen Haufen an sich heranzuziehen und eine starke Einheit aufzubauen.

Eine solche Machtverschiebung in Mitteldeutschland, deren Auswirkungen vorherzusehen waren, konnten die Fürsten nicht tatenlos hinnehmen. Es ging um ihre Existenz. Sie mußten handeln, bevor die verstreuten und noch getrennt operierenden Bauernhaufen sich ihrer Macht und ihrer Möglichkeiten voll bewußt wurden und gemeinsam politische Ziele verwirklichten.

Die Fürsten reagierten rasch: Herzog Heinrich von Braunschweig stellte ein Heer zusammen. Herzog Georg von Sachsen warb in Leipzig Landsknechte an. Markgraf Kasimir von Kulmbach-Bayreuth rückte von Süden heran, und Landgraf Philipp von Hessen, der sich schon als Achtzehnjähriger bei der Niederschlagung der Ritterrevolte des Franz von Sickingen hervorgetan hatte, ging zunächst den Hersfelder und den Fuldaer Haufen im Westen des Unruheherdes an.

Thomas Müntzer hatte sich nie Illusionen darüber hingegeben, daß er sein Gottesreich ohne das Schwert aufbauen und erhalten könne. Er hatte nie aus seiner Überzeugung einen Hehl gemacht, daß man eine neue Gesellschaft nur auf den Gebeinen der alten aufbauen könne. In diesem Sinne schrieb er am 27. April einen beschwörenden Brief an die Allstedter. Sie standen ihm besonders nahe, da er einst ihr Pfarrer gewesen war, bis er den Zorn der Fürsten erregt und die Stadt fluchtartig verlassen hatte. An den Allstedtern lag ihm vor allem. Er setzte auf sie. Er brauchte ihren Beistand. Und am Vorabend seines ersten Zuges, den er als Feldherr anführen wollte, schrieb er an sie: »... wollt ihr nicht um Gottes Willen leiden, so müßt ihr des Teufels Märtyrer sein. Darum hütet euch! Seid nicht so verzagt, fanget an und streitet den Streit des Herrn! Das ganze deutsche Land ist wach, die Bösewichter müssen dran! In Fulda sind in der Osterwoche vier Stiftskirchen verwüstet! Die Bauern im Klettgau, im Hegau, im Schwarzwald sind aufgestanden! Nun dran, dran, dran! Es ist Zeit! Die Bösewichter sind verzagt wie die Hunde. Dran, dran, ohne Erbarmen!

Sehet nicht hin, wenn die Gottlosen jammern und flehen wie die Kinder. Kein Erbarmen! Ihr müßt dran, dran, es ist Zeit! Wir dürfen nicht länger schlafen! Dran, dran, dieweil das Feuer heiß ist. Laßt euer Schwert nicht kalt werden! Laßt es nicht lahm werden! Schmiedet pinkepanke auf den Ambossen Nimroths! Solange sie leben, könnt ihr nicht ohne Furcht sein. Dran, dran! Das ist euer Tag! Gott gehet vor. Folget! Folget! Ihr sollt euch nicht fürchten, es ist nicht euer, sondern des Herrn Streit...«

Vom 29. April bis zum 6. Mai zog Thomas Müntzer mit neuntausend Mann durchs Eichsfeld, stürmte 18 Klöster und Pfarreien, 5 Schlösser und 21 Adelshöfe. Er ließ sie plündern und alle Vorräte und Wertgegenstände in den Gemeinbesitz übernehmen. Dann steckten eigens dafür ausgebildete Brandmeister die Gebäude an und überwachten ihre völlige Demolierung.

In dieser Woche stürmten Müntzers Freunde in Frankenhausen das Schloß und das Nonnenkloster, setzten den alten Stadtrat ab und statt dessen eine frei gewählte Volksvertretung ein. Müntzer schickte ihnen Boten, sie sollten unbesorgt sein, er werde kommen und mit ihnen gemeinsam den Angriff der Fürsten abschlagen. Im Augenblick war er stark. Das ganze Eichsfeld war fest in seiner Hand. Die Grafen von Schwarzburg und von Stolberg hatten sich seinen Forderungen unterworfen. Heiligenstadt und Duderstadt waren in seinen Bund eingetreten.

In derselben Woche rückte Landgraf Philipp von Westen her zügig näher. Er hatte nur ein kleines Heer von 1500 Fußknechten und 350 Reisigen, aber eine zahlreiche und gut eingeschossene Artillerie. Die Truppe war diszipliniert und hatte in Franken und in Schwaben schon Erfahrungen mit Bauernkriegern gesammelt. Am 29. April stürmte er Fulda. Die Bauern waren seinem Geschützfeuer nicht gewachsen und wichen zurück, einige flohen in die Rhön, andere versteckten sich in der Stadt, einen Haufen von 1500 Mann ließ der Landgraf in den Stadtgraben drücken. Es war gerade so viel Wasser darin, daß sie stehen konnten. Sie standen drei Tage lang. Man sah nur ihre Köpfe, und die Bürger, die sich schon auf die Seite des Landgrafen geschlagen hatten, verhöhnten sie von den Wällen aus, andere fütterten sie mit Brotbrocken, die sie ihnen zuwarfen. Nach drei Tagen durften sie laufen, aber mancher war schon zusammengebrochen und ertrunken, und viele kamen nicht weit. Die vier Hauptleute und den Feldprediger hatte der Landgraf hinrichten lassen, ihre Köpfe steckten auf Pfählen über den Toren. Während das alles geschah, stand ein Bauernhaufen von 4000 Mann in der Rhön und konnte sich nicht entschließen einzugreifen.

Hinrichtung von Rädelsführern (Holzschnitt von Hans Burgkmair).

Am 3. Mai besetzte Landgraf Philipp ohne nennenswerte Gegenwehr Hersfeld, am 5. Eschwege, am 9. Mai erreichte er Geisa, am Tag darauf Berka. Da vereinigte er sich mit Herzog Heinrich von Braunschweig, der zwar auch nur 1500 Fußknechte mitbrachte, aber mehr als tausend Reisige.

Am 11. Mai zogen beide in Eisenach ein. Da sahen sie, daß neben dem Tor die Köpfe von Hans Sippel und vier anderen Bauernhauptleuten aufgespießt waren. Und sie hörten, daß diese zwei Tage vorher in die Stadt gekommen waren, in der sie Freunde hatten und in der es mehrere Müntzer-Anhänger gab. Mit deren Hilfe hatte Sippel gehofft, Eisenach zum Eintritt in den Bund bewegen zu können. Um ein Abkommen mit dem noch schwankenden Rat auszuhandeln, war er mit vier Hauptleuten und Bauernräten in die Stadt geritten. Weil sie bei der Gelegenheit auch einige Waffen einkaufen wollten, hatten sie auf einem Maultier ihre Kriegskasse mitgebracht. Der Rat von Eisenach hatte gerade erfahren, daß der hessische Landgraf Philipp im Anmarsch war, und hatte es für klüger gehalten, sich mit ihm zu arrangieren als mit den Bauern. So hatte er die fünf Leute fangen und sofort enthaupten lassen und, damit Philipp schon bei seinem Einzug sah, daß auf die Eisenacher Verlaß war, die Köpfe weithin sichtbar ausgestellt.

Vom Werrataler Haufen hatte sich nur ein Teil vor der Stadt gelagert, kaum mehr als zweitausend Mann. Die anderen waren auf eigene Faust weitergezogen, nachdem sie sich über Sippel geärgert hatten, weil er, um ein paar Geschütze zu gewinnen, den Grafen Wilhelm von Henneberg in den Bund aufgenommen hatte, einen Landesherrn also, während sie sich doch geschworen hatten, den ganzen Adel abzuschaffen. Die aber, die Sippel und den anderen Hauptleuten treu bis vor Eisenach gefolgt waren, hatten dann mit zusehen müssen, wie die Knechte des Scharfrichters mit den Köpfen ihrer Anführer hantierten. Wer wollte danach noch den Mut aufbringen, deren Nachfolge zu übernehmen, während von allen Seiten schon die Fürsten heranrückten. So waren sie auseinandergelaufen, die einen nach Hause, die anderen hinunter nach Franken, wo die Taubertäler, die Odenwälder, die Neckartäler die gleiche Sache verfochten und besser gerüstet waren und fähigere Führer hatten. Viele aber setzten auch auf Thomas Müntzer und machten sich auf den Weg, um durch die Wälder, hoch über den Straßen, ungesehen nach Mühlhausen zu kommen.

Am 7. Mai waren Müntzer und Pfeifer von ihrem Zug ins Eichsfeld nach Mühlhausen zurückgekehrt. Vor den Toren lagerten die Allstedter, die dem Aufruf gefolgt waren, und warteten auf ein Zeichen von ihm, ein Gotteswort, eine Offenbarung in dieser schlimmen Lage, da ringsum die Fürstenheere aufmarschierten und die Bauernheere geschlagen wurden. Er rüstete für den versprochenen Zug nach Frankenhausen, und sie waren entschlossen, ihm bedingungslos zu folgen. Von den Mühlhausenern zeigten sich nur wenige geneigt mitzukommen. Der lange Marsch kreuz und quer durchs Eichsfeld steckte ihnen ebenso in den Knochen wie die Angst vor den Fürsten und die Enttäuschung darüber, daß von der vielen Beute kaum etwas auf die einzelnen verteilt, sondern fast alles in Gemeinbesitz übernommen worden war. Von versprengten Werratalern, die zu ihnen stießen, wußten sie inzwischen, was sich in Eisenach ereignet hatte, daß Landgraf Philipp zum Marsch auf Mühlhausen rüstete und daß Herzog Georg von Sachsen, Philipps Schwiegervater, in Langensalza eingezogen war und dort 41 Männer auf dem Marktplatz hatte köpfen lassen, weil er sie aufrührerischer Gedanken für fähig hielt. Von Eisenach nach Mühlhausen waren es 35, von Langensalza nach Mühlhausen 20 Kilometer, vier Stunden also für einen Fußknecht und drei für einen Reisigen.

Nur 300 Mühlhausener folgten Thomas Müntzer, als er am 10. Mai nach Frankenhausen abrückte. Die anderen blieben in ihrer stark befestigten Stadt zurück. Selbst Heinrich Pfeifer wollte nicht mitkommen, obwohl Müntzer ihn beschwor, er habe eine göttliche Offenbarung empfangen, alle Bürger des Gottesstaates müsse er der aufgehenden Sonne entgegenführen, dann werde der Sieg gewiß sein. Frankenhausen lag in der Richtung. Aber Pfeifer war nicht zu überzeugen. Er hatte selber vor dem Zug ins Eichsfeld eine Offenbarung gehabt: Er stünde in voller Rüstung zwischen Knäueln ekelhafter Ratten und habe sie mit seinem Schwert alle vernichtet, eine nach der anderen. Er hatte nicht gezweifelt, daß damit nur die Junker gemeint gewesen sein konnten, und war nun enttäuscht, weil der Zug zwar erfolgreich gewesen war, aber durchaus nicht mit der Vernichtung des Adels geendet hatte. Außerdem war Pfeifer auf seine Vaterstadt Mühlhausen fixiert. Für Müntzers viel weiterreichende Pläne hatte er kaum noch Verständnis. Sie trennten sich. Der Prophet marschierte der aufgehenden Sonne entgegen, sein Wegbereiter blieb daheim.

Mit Thomas Müntzer zogen die Allstedter, die aus dem Werratal, aus Dingelstädt und Langensalza und etlichen anderen Orten. Am 11. Mai vormittags kamen sie in Frankenhausen an. Da war ein rechtes Heerlager vor der Stadt mit viel Volk und großer Unruhe. Alle Männer trugen Waffen, und auch aus Sondershausen waren welche da, aus Sangerhausen, aus Nordhausen und den Dörfern ringsum. Nur von den mansfeldischen Bergknappen waren sehr viel weniger gekommen, als Müntzer erwartet hatte, und gerade unter ihnen hatte er immer viele Anhänger gehabt. Nun war es wohl ihrem Grafen gelungen, sie zurückzuhalten oder ihnen den Mut zu nehmen.

Angesichts des zügigen Vormarsches der Fürsten war die Stimmung nicht gut in der Stadt. Manch einer war schwankend geworden, nachdenklich. Es fehlte die kraftvolle Führung, das klar umrissene Ziel. Die Fürstenheere, die ringsum aufmarschierten, wollten vielleicht doch nur die Ordnung wiederherstellen, in die alle einmal hineingeboren waren und für die im Augenblick kein überzeugender Ersatz zu sehen war.

Der militärische Führer des Frankenhäuser Haufens war ein Bürger der Stadt, Bonaventura Kürschner. Thomas Müntzer hatte kein klar definiertes Amt, aber er war die unbestrittene Autorität über Hauptleuten und Räten. Er kam, inmitten seiner bewaffneten Männer, als der Prophet unter der Regenbogenfahne. Noch niemals hatte er ein richtiges Gefecht miterlebt, nur kleine Geplänkel und Scharmützel. Nun zog er in seine erste große Schlacht gleich als Feldherr. Er mußte führen. Alle sahen auf ihn, und viele von ihnen hatten das Kriegshandwerk von der Pike auf gelernt. Er mußte mit der Kraft seines Glaubens und der Gewalt seiner Worte all das ersetzen, was ihm an Kenntnissen und Erfahrung fehlte.

Er begann zu predigen. Das war seine Möglichkeit, und das konnte er. Wo er auftauchte, umringten ihn die Menschen. Er ging umher und sprach ihnen Mut zu, gab ihnen den Glauben an die Gerechtigkeit ihrer Sache zurück, schürte ihren Haß gegen die Fürsten, den Adel, die katholische Geistlichkeit. Als eine Gruppe von Männern zu ihm trat, die sich darüber beklagte, daß sie von ihrem Herrn, dem Grafen Ernst von Mansfeld, ungerecht und grausam behandelt worden waren, setzte er sich sogleich hin und schrieb einen Brief an seinen alten Erzfeind. Es war eine offene Herausforderung. Den Text sollte jeder erfahren, und er sollte jedem den Rücken stärken in der Schlacht, die unausweichlich auf alle zukam:

»... Bruder Ernst, ich, Thomas Müntzer, vormals Pfarrer zu Allstedt, ermahne dich um Gottes willen, dein tyrannisches Wüten aufzugeben. Du hast angefangen, die Christen zu martern und die Christen zu vertilgen. Sag an, du elender, dürftiger Madensack, wer hat dich zu einem Fürsten des Volkes gemacht? ... Gott sei es geklagt, daß die Welt deine grobe, büffelwütige Tyrannei nicht früher erkannt hat ... Wenn du dich nicht vor den Kleinen demütigen willst, so wird dir ewige Schande auf den Hals fallen und du wirst des Teufels Märtyrer werden ... Der ewige Gott hat geboten, dich mit Gewalt vom Stuhl zu stoßen, denn du bist ein schädlicher Staubbesen der Freunde Gottes ... dein Nest muß zerrissen und zerschmettert werden ... gegeben zu Frankenhausen, Freitags nach Jubilate anno domini 1525 – Thomas Müntzer mit dem Schwert Gideons.«

Um deutlich zu demonstrieren, wie ernst seine Drohungen zu nehmen waren, ließ Thomas Müntzer vier Gefolgsleute des Grafen von Mansfeld, die in Gefangenschaft des Frankenhäuser Haufens geraten waren, darunter den Priester Stefan Hartenstein, öffentlich hinrichten. Nun wußten die Leute, welch starker Mann sie führte, und nun wußten die mansfeldischen Bergknappen, wie wenig Angst sie vor ihrem Landesherrn zu haben brauchten, wenn sie sich endlich entschlossen, nun auch ihren Aufruhr zu machen.

Müntzers Zorn gegen den Grafen Ernst saß tief. Das war der Mann, der vor zwei Jahren seinen Landeskindern verboten hatte, nach Allstedt zu laufen, um Pfarrer Müntzer predigen zu hören, und vermutlich war er auch der Mann, der Thomas Müntzers Vater, wie der landgräflich hessische Sekretär Wigand Lauze berichtete, wegen Falschmünzerei auf dem Scheiterhaufen hatte verbrennen lassen.

Er schrieb viele Briefe in diesen letzten Tagen seines Lebens, darunter einen an die Sondershausener, die bei ihm angefragt hatten, wie sie mit einem Ehebrecher verfahren sollten, welcher der neuen Stadtverwaltung Müntzerscher Prägung angehörte. Müntzer antwortete: »... Gott der Allmächtige hat das Urteil verkündet im heiligen Josua im 7. Kapitel, wo der Achior (Achan) ward mit Steinen totgeworfen, weil er Getümmel im Volk Gottes anrichtete. Ihr sollt den Buben richten, der andre Leute strafen will und selber ein öffentlicher Ehebrecher ist ...« Er beantwortete Anfragen, gab Ratschläge, wies in jedem Falle auf die angemessenen Bibelstellen hin, machte Mut, forderte zum Kampf auf und bat um Hilfe, wie in einem Brief an das reiche und mächtige Erfurt. Der Zusammenballung fürstlicher Macht konnte nur mit der Zusammenballung aller Kräfte des Volkes begegnet werden. Und das entsprach wieder seiner alten Verkündung: »... Es steht geschrieben, Daniel 5, daß die Gewalt soll gegeben werden dem gemeinen Volk, Offenbarung 18 und 19 ...« Er wußte, daß er alles auf die Beine bringen mußte, was laufen und Waffen tragen konnte. Er hatte auch die Gabe, die Menschen zusammenzuholen und zu begeistern, aber er hatte kaum noch Zeit dazu. Es stand nicht gut um seine Sache. Der Frankenhäuser Haufen hatte 6000 Mann unter Waffen, hatte auch ausreichend Hakenbüchsen und Geschütze. Kugeln hatten sie in der Stadt selber gießen können, aber es fehlte an Schießpulver. Der Schweizer Agent hatte das Geld im voraus verlangt, hatte es auch bekommen und versprochen, dafür Pulver zu kaufen. Dann war er verschwunden und hatte nichts mehr von sich hören lassen. Indessen schoben sich die Heere der Fürsten immer dichter an Frankenhausen heran, und die hatten Pulver genug. Vor allem hatten sie mehr als 2500 Berittene, die überall herumstreiften in dem bewegten Gelände, in dem es kaum Sümpfe gab und kaum morastige Flußniederungen. Die Bauern hatten mehr Krieger zu Fuß, aber diesen Reisigen hatten sie nichts entgegenzusetzen. So bauten sie, um ihr Heer gegen überraschende Reiterattacken schützen zu können, im Norden Frankenhausens zwischen der Stadt und dem Kyffhäuser eine Wagenburg auf.

Am Sonntag, dem 14. Mai, ganz in der Frühe, stieß Landgraf Philipps Rennfahne nach einem Nachtmarsch auf erste Vorposten bei Frankenhausen. Sie ging sofort aus dem Marsch zum Angriff über, geriet in ein sparsames und gut gezieltes Schützenfeuer und mußte sich mit einigen Verlusten zurückziehen. Ein zweiter Versuch, mit 3000 Mann zu Fuß und 800 Berittenen die Stadt im Handstreich zu nehmen, scheiterte ebenfalls. Das überraschte Philipp von Hessen. Zum erstenmal in diesem Feldzug mißlang ihm ein zügiger Angriff aus der Bewegung. Er zog sich am Südhang des Kyffhäusers entlang auf Rottleben zurück, schickte Meldereiter zu den sächsischen und den kurmainzischen Truppen und bat um Unterstützung. Zugleich entsandte er Parlamentäre in die Stadt mit dem Angebot, er sei bereit, auf eine Erstürmung Frankenhausens zu verzichten, wenn ihm die Hauptleute ausgeliefert würden.

In Frankenhausen gab es gerade in den Kreisen des alten Rates viele Leute, die gar nicht abgeneigt waren, diesen Vorschlag anzunehmen und damit die Stadt und das Leben der Bürger zu retten. Während in langen Beratungen die verschiedenen Ansichten gegeneinander abgewogen wurden, schlossen die verbündeten Fürstenheere die Stadt ein, die Braunschweiger und die Hessen, die Mainzer und die Mansfelder. Herzog Georg der Bärtige von Sachsen, Herr der albertinischen Lande, kam mit seinem kleinen Heer von Langensalza. Johann der Beständige, Herr der ernestinischen Lande und neuer Kurfürst von Sachsen, rückte in Eilmärschen über Merseburg, Querfurt und Artern heran; Friedrich der Weise, Luthers Beschützer, war am 5. Mai unverheiratet und kinderlos gestorben. Sein jüngerer Bruder Johann hatte vom ihm den Kurhut geerbt.

In der Stadt setzten sich die durch, die einen friedlichen Ausgleich suchten und schickten drei Adelige hinaus zum Landgrafen von Hessen mit der Erklärung, sie wollten keinen Kampf und kein Blutvergießen; sie bäten um drei Stunden Bedenkzeit. Es waren Graf Wolfgang von Stolberg und die Herren von Rüxleben und von Werthern, die sich den Bauern angeschlossen hatten und nun ihre Verbindungen einsetzen wollten, um erträgliche Konditionen herauszuhandeln. Die Fürsten aber bestanden darauf, daß alle Führer des Aufstandes, vor allem Thomas Müntzer, ausgeliefert werden müßten.

Als sie zurückkamen, war die Volksversammlung in wilder Erregung. In einem langen, zähen Ringen hatte Thomas Müntzer immer mehr Schwankende umgestimmt, Unsichere für sich gewonnen, Zweifler auf seine Seite gezogen. Immer überzeugender hatte er immer mehr Menschen in seinen Bann gezwungen. Seine flammende Rede gipfelte in der großen Verheißung: »Ihr braucht keine Angst zu haben! Bezwingt das schwache Fleisch! Packt die Feinde an! Fürchtet nicht ihre Geschütze! Alle Kugeln, die sie gegen uns abfeuern, will ich mit dem Ärmel auffangen!«

Und dann bescherte ihm der Himmel noch eine Schlußapotheose wie

Thomas Müntzer verheißt den Sieg angesichts des Regenbogens über dem Schlachtfeld von Frankenhausen am 15. 5. 1525 (Stahlstich aus dem 19. Jahrhundert).

aus einem Mysterienspiel: Es war um die Mittagszeit, und im Norden der Stadt, über dem Kyffhäuser, war ein leichter Regen niedergegangen. Da stand auf einmal hoch über dem Land ein Regenbogen. Müntzer sah ihn und rief mit seiner weittragenden Stimme über die Menschen hin: »Seht! Da ist es, das Zeichen! Gott gibt es allen Verzagten zum Beweis dafür, daß er auf unserer Seite steht! Ihr sollt keinen Frieden mit den Gottlosen machen! Wir führen den Regenbogen im Banner, und er gibt uns zu wissen, daß er uns helfen will, die mörderischen Fürsten zu strafen!«

Da gerieten die Frankenhausener und alle, die zu ihnen gestoßen waren, in einen Rausch, und sie riefen durcheinander: »Tot oder lebendig! – Dreingeschlagen! Haun und Stechen! Nur die Bluthunde nicht schonen!« Nun führte Thomas Müntzer sie unter der Regenbogenfahne und dem Regenbogen am Himmel hinaus aufs Feld. Da sangen sie den Choral: »Komm, Heilger Geist, Herre Gott!« Und während sie so ungeordnet, in Knäueln und Haufen, zur Wagenburg zogen, eröffnete die Artillerie der Fürsten aus allen Rohren das Feuer und schoß mitten in sie hinein. Es wurde keine Schlacht, es wurde nur ein kopfloses und sinnloses Umherrennen, ein Stolpern über Erschossene, ein Aufraffen und Laufen und Fallen. Das Banner war bald nicht mehr zu sehen und auch der Prophet im weiten, wallenden Mantel nicht, mit dessen Ärmeln er die Geschosse hatte auffangen wollen. Er war verschwunden, während die Fürsten das Artilleriefeuer einstellten und der Reiterei den Befehl zum Angriff gaben. Zweitausend Pferde jagten in die Flüchtenden und Toten und Verwundeten hinein und hinter denen her, die in panischem Grauen in die Stadt rannten. Aber die Reiter blieben ihnen auf den Fersen, und den Reisigen folgten die Landsknechte mit Hellebarden und Spießen auf dem Fuße. Am Ende lagen fünftausend Mann auf dem Schlachtberg vor der Stadt und drinnen in den Gassen. Nur 600 Gefangene hatten die Kriegsknechte gemacht. Kaum einem war es gelungen, zum Kyffhäuser zu entkommen, wo ihn die Reiter nicht verfolgen konnten. Thomas Müntzer war weder bei den einen noch bei den anderen. Niemand hatte ihn gesehen.

Am Abend dieses Tages, als das Schlagen und Stechen, das Jammern und Schreien in den Gassen weniger geworden war, suchte ein sächsischer Ritter, Herr Otto von Eppe, sein Quartier auf, ein kleines Haus nahe dem Nordhäuser Tor. Während er sich in seinem Zimmer einrichtete, machte sich sein Knecht daran nachzusehen, wer sonst noch im Haus war und ob es da noch Wein oder Mädchen gab. Dabei stieß er in der Bodenkammer auf einen Menschen, der ganz vermummt in einem Bett lag. Da holte der Knecht seinen Herrn, und Ritter Eppe fragte den Menschen im Bett: »Ei, was liegt denn da? Wer bist du?« Da sagte der Mann im Bett: »Ich bin ein armer Kranker!« Da suchten der Ritter und sein Knecht und fanden eine Ledertasche mit allerlei Briefen darin. Einer davon war vom Grafen Albrecht von Mansfeld, dem Bruder des Grafen Ernst, an Thomas Müntzer gerichtet. Da fragte der Ritter: »Solltest du wohl der Pfaffe sein?« Erst leugnete er, dann gab er es zu. Sie schafften ihn zu Herzog Georg von Sachsen, und bald kamen auch Herzog Heinrich von Braunschweig und Landgraf Philipp von Hessen hinzu. Sie diskutierten eine Weile mit ihm, dann ließen sie Müntzer an einen Wagen schmieden und nach Heldrungen fahren, mit starker Eskorte, zum Wasserschloß des Grafen Ernst von Mansfeld, seines alten Feindes. Dort wurde er in den Keller gebracht und im Verlies eingeschlossen.

Indessen begannen die Scharfrichter damit, die Gefangenen hinzurichten. Da kamen die Frauen aus den Häusern und baten, es sei nun so viel Blut geflossen, und es gäbe kaum noch Männer in Frankenhausen, was denn nur werden solle aus einer Stadt ohne Männer. Da sagten die Fürsten, sie seien bereit, die Leute freizugeben, aber unter einer Bedingung: In der Stadt hielten sich noch zwei Priester versteckt, die zu Müntzers engstem Kreis gehörten, die müßten die Frauen aufstöbern und totschlagen. Da durchsuchten die Frauen alle Häuser, und tatsächlich fanden sie auch die beiden Priester, schleppten sie auf den Markt und erschlugen sie mit Knüppeln.

Der mansfeldische Rat Johann Rühl schilderte diesen Vorgang in einem Brief an Martin Luther: ».. und die Weiber schlugen mit Knüppeln auf sie ein, eine halbe Stunde länger, als die beiden lebten. Es ist ein erbärmlich Tun ... Hier wird nichts gesucht, als Raub und Mord ...«

Die Fürsten zogen gleich weiter nach Mühlhausen. Sie waren jetzt mit dem Heer, das Kurfürst Johann mitgebracht hatte, mehr als 3000 Reiter und bald 8000 Mann zu Fuß stark. Gegen sie konnte es keinen Widerstand geben. Mit ihnen zog Hans von Berlepsch, Herr auf Seebach, den die Bauern in Frankenhausen festgesetzt hatten, weil er ihnen Vieh hatte wegtreiben wollen. Sie führten ihn in Seebach auf sein Schloß zurück und schenkten ihm zwanzig von den gefangenen Bauern, damit er sich nach seinem Ermessen an ihnen schadlos halten konnte. In Schlotheim schlugen sie ein Lager auf. Am anderen Tag schickten sie von dort aus Rennfahnen auf Mühlhausen, das sind 17 Kilometer, jagten erst einmal alles Vieh, das sie fanden, nach Schlotheim und steckten alle Dörfer an, durch die sie kamen.

Die Mühlhäuser rochen den Brand und sahen den Qualm. In ihrer Angst schickten sie den Fürsten alle Frauen der Stadt in Bettlerkleidern. Das waren 1200 und dazu 500 Jungfrauen in Weiß mit Wermutkränzen im Haar. Die fielen vor ihnen auf die Knie und flehten um Gnade. Danach mußten alle Männer aus der Stadt kommen, im Büßergewand mit gefalteten Händen, und sie mußten sich zwischen den Kanonen sammeln, und als der Herzog von Braunschweig auf sie zusprengte, fielen sie auf die Knie und klatschten in die Hände. In den nächsten Tagen wurden viele hingerichtet, die mit dem Aufstand etwas zu tun gehabt hatten. Nur Heinrich Pfeifer war nicht zu finden. Er war rechtzeitig mit etwa dreihundert Anhängern geflohen.

Die Fürsten ließen sich alle Waffen ausliefern, auch Helme und Harnische, und es waren sehr kostbare Stücke dabei, denn Mühlhausen war einmal eine reiche Stadt gewesen. Sie befahlen auch, daß wieder die lateinische Messe in allen Kirchen gefeiert werden sollte, und setzten den alten Rat wieder ein. Die Mitglieder des Ewigen Rats ließen sie köpfen, zwei Monate und neun Tage, nachdem sie gewählt worden waren, samt all ihren Freunden. Es waren 54, die der Scharfrichter enthaupten mußte. Den Heinrich Pfeifer spürten Reisige samt seinen Getreuen nahe Eisenach auf, davon erschlugen sie 92, ihn aber brachten sie nach Mühlhausen.

Eine Beinamputation Anfang des 16. Jahrhunderts (anonymer Holzschnitt aus dem Werk »Die große Chirurgie«).

In all diesen Tagen wurde Thomas Müntzer in der Wasserburg Heldrungen immer wieder gefoltert und verhört, und nach und nach bekannte er alles, was er in den letzten Jahren gesagt, geschrieben und angezettelt hatte, mit wem er konspiriert, was für Artikel er ausgearbeitet und welche Pläne er gehegt hatte. Er gab alles zu und nannte viele Namen, auch von Menschen, die sich ihm auf seinen Wanderungen durch das Reich angeschlossen hatten. Sogar die Schuld an der

Demolierung der Mallerbacher Klause im vergangenen Jahr nahm er auf sich. Und manchmal war er nach den Qualen, die er durch die glühenden Zangen erlitt, so durstig, daß er mehrere Kannen Wasser leertrank, einmal sechs nacheinander.

In dieser Zeit schlimmster Torturen hatte er einen Trost: Als ihm die vernehmenden Fürsten und Beamten mitteilten, daß Heinrich Pfeifer bei Eisenach gefangen worden war, brach er nicht, wie sie vermutet hatten, endgültig zusammen, sondern zeigte deutlich Genugtuung und rief aus: »Das ist gut, daß er gefangen ist, damit die Bosheit vernichtet wird!«

Er dachte aber auch an seine Frau und bat in einem Brief an seine Gemeinde, man möge ihr ihre geringe Habe lassen und sich um sie und den Knaben kümmern. Bevor er wieder an einen Wagen geschmiedet nach Mühlhausen gebracht wurde, bereute er alles, was er getan hatte, beichtete und begab sich demütig in den Schoß der katholischen Kirche zurück. Am 27. Mai wurden Thomas Müntzer und Heinrich Pfeifer inmitten des Heeres der Fürsten vor Mühlhausen geköpft. Pfeifer bereute nichts. Er betete für sich allein. Als alles vorbei war, steckten die Gehilfen des Scharfrichters Müntzers Kopf am Schadeberg auf einen Pfahl, Pfeifers Kopf an der Wegscheide bei der Schadeberger Warte, wo der Hohlweg nach Bollstedt abzweigte. Und Herzog Georg von Sachsen notierte: »... auf Sonnabend nach Assencionis Domini die Häupter abgehaun und sind danach auf Pfähle gestoßen, vor Mühlhausen ins Feld gesteckt ...«

Über die Schlacht von Frankenhausen und die Hinrichtungen danach sind viele Berichte geschrieben worden, und etliche von ihnen liegen heute noch in den Archiven. Die Führer gingen in Chroniken und Geschichtsbücher ein, die Geführten blieben Zahlen in einer vielstelligen Zahl: einer von sechstausend Streitern, einer von fünftausend Toten. Es gibt keine Namenlisten und keine Gedenksteine. Die Führer fanden Aufnahme in irgendeinem Pantheon, einer Walhalla, einem Prophetenhimmel. Die Geführten düngten einen fremden Acker. Manche waren gleich tot, manche lagen noch eine Zeit im Gras, Stunden, Tage, mit zerschmettertem Bein oder einem Hellebardenstich im Brustkorb, bis ein Reiterschwarm über sie kam und sie zertrat. Es konnte auch eine Woche dauern, bis es vorbei war. Manchen hätte eine rasche Amputation noch retten können. Die Chirurgie war Sache der Bader, und so viele gab es davon nicht. Sie brauchten noch vier Mann zum Halten, das scharfe Messer für den Rundschnitt, die Knochensäge und den Topf mit siedendem Öl, in das der Stumpf nach der Amputation getaucht werden mußte, damit die Adern sich schlossen. Es gab kaum noch Männer in den Ortschaften. Wer hätte die Verwundeten vom

Feld ins Haus des Baders schaffen sollen, und wer von diesen armen Teufeln hätte den Eingriff überhaupt bezahlen können? Den meisten blieb nur die Hoffnung auf einen raschen Tod.

Ihre Frauen, die daheimgeblieben waren auf dem kleinen Stück Land mit den Kindern, den Hühnern, der einen Kuh, hörten dann auch irgendwann einmal von den sechstausend Toten bei Frankenhausen; der Scherenschleifer, der vorbeikam, wußte davon, die Versprengten, die sich in den Wäldern versteckt hielten, Flugblatthändler und Wanderburschen. Den Frauen blieb die Hoffnung, daß der, auf den sie warteten, doch noch eines Nachts aus den Wäldern kommen würde und dann, nach vielen Jahren, daß ihnen wenigstens einer Gewißheit brachte. Und Tag für Tag, bis an ihr Ende, mußten sie den Grimm ihrer Herrschaft ertragen und den Hohn derer, die so schlau gewesen waren, sich aus dem allem herauszuhalten.

Zabern, Weinsberg
und
das Ende

Innerhalb von sechs Tagen wurden auf weit auseinanderliegenden
Schlachtfeldern die drei mächtigsten Bauernheere zerschlagen: Am 12.
Mai bei Böblingen der Württembergische Haufe, am 15. Mai bei
Frankenhausen das Heer des Thomas Müntzer und zwei Tage darauf
im Westen des Reiches, bei Zabern, der Elsässische Haufe.

Das Elsaß war eines der deutschen Kernlande und wurde damals noch
von einer rein deutschen Bevölkerung bewohnt, die im Laufe der
Jahrhunderte viele bedeutende Beiträge zur deutschen Kultur geliefert
hatte. Der ethnischen und kulturellen Einheit stand eine fast groteske
politische Aufsplitterung in zahllose geistliche und weltliche Herrschaften gegenüber, in Bistümer, Abteien, Reichsgrafschaften,
Reichsritterschaften, Teile von allen möglichen Fürstentümern, die
über das ganze Reich verstreut waren. Oft gehörte ein kleines Dorf
zwei und drei verschiedenen Herren. Die zehn Freien Reichsstädte im
Elsaß praktizierten schon weitgehend demokratische Selbstverwaltung, während oft in nächster Nähe Menschen in beklemmender Unfreiheit lebten. Der Mächtigste unter den Landesherrn war der Fürstbischof von Straßburg, Wilhelm von Hohnstein. Er schröpfte seine
Landeskinder nicht weniger als alle anderen und nährte entsprechend
Haß in ihnen. Er war ein Suffragan des Erzbischofs von Mainz, und in
dieser Eigenschaft war Bischof Wilhelm im Frühjahr 1525 in dessen
rechtsrheinischen Gebieten damit beschäftigt, den Bauernaufstand
niederzuschlagen. Er war also in der kritischen Zeit nicht daheim.

Die Stadt Straßburg war mit dem Bistum nicht identisch. Sie war dreihundert Jahre vorher Freie Reichsstadt geworden, hatte seit 1332 auch
Vertreter der Zünfte mit in den Rat geholt und 1523 Franz von Sickingens Burgkaplan Martin Bucer, der die Reformation vorantrieb. Gott-
fried von Straßburg und Meister Eckhardt hatten hier gewirkt, Gutenberg hatte hier seine erste Druckerpresse aufgestellt. Nicht einmal
25 000 Einwohner zählte die Stadt, aber ihre ökonomische Macht und
ihre kulturelle Ausstrahlung reichten weit. Von der Stadt Straßburg
aus verbreitete sich die Reformation rasch über das ganze Elsaß und
mit ihr der Wunsch nach weitreichenden Reformen im zerrissenen
Land.

Der Gedanke an politische Veränderungen war nicht neu. Immerhin
war in Schlettstadt im Jahre 1493 der erste Bundschuh aufgeworfen

worden, was Bürgermeister Ulmann mit seinem Leben und viele seiner Bürger mit dem Verlust der Schwurfinger gebüßt hatten. In vielen Gemeinden und zahlreichen Familien lebte der Drang nach Freiheit, aber die Erfahrungen zweier Generationen ließen sie planmäßig und vorsichtig zu Werke gehen. An den verschiedensten Orten entstanden wohlgeordnete Bauernhaufen, die sich schließlich zusammenschlossen und den Molsheimer Handwerker Erasmus Gerber zu ihrem obersten Hauptmann wählten. Die Stadt gehörte zum Fürstbistum Straßburg. Sie lag am Fuße der Vogesen, eingebettet in Weinberge und Hopfenfelder. In ihren Werkstätten wurde vor allem eine alte Messerschmiede-Tradition gepflegt. Sensen, Sicheln und Sägen kamen aus Molsheim, Spieße, Schwerter und Hellebarden aus Molsheim waren gesucht und die dazugehörigen Lederwaren, Gurte, Bandeliere, Koller und Lederscheiden ebenso. Aus einer dieser Werkstätten stammte Erasmus Gerber. Die Möglichkeit, Lesen und Schreiben zu lernen, hatte ihm niemand geboten, aber er konnte denken und anderen seine Gedanken mitteilen. Er konnte führen, und er konnte, was wenigen gegeben war, hervorragend organisieren.

Als die elsässischen Haufen Erasmus Gerber zu ihrem obersten Hauptmann wählten, führte er zuerst einen genauen Dienstplan ein. Er ließ die Männer eines jeden Dorfes in vier gleich große Gruppen einteilen, von denen jeweils nur eine bewaffnet beim Haufen Wachdienst leistete, während die anderen drei bei ihren Familien blieben und für die Feldarbeit zur Verfügung standen. Dann ließ er jeden Haufen ein Kloster besetzen, ein möglichst ausgedehntes mit reichlich Unterkunftsraum, Stallungen, Wirtschaftsgebäuden und stabilen Befestigungsanlagen, damit sie einen Versammlungsort hatten, Magazin, Zeughaus und taktische Operationsbasis in einem. Mit den Hauptleuten, die schreiben konnten, erarbeitete er kurzgefaßte Kriegsartikel, die für alle Haufen bindend sein sollten.

Bald waren 30 000 Mann in dieser Organisation erfaßt; die meisten waren Lutheraner. Sie zogen von Stadt zu Stadt, und man öffnete ihnen die Tore. Scharenweise schlossen sich ihnen Bürger an und brachten wertvolles Kriegsgerät mit. Den Bedarf an Lebensmitteln deckten sie vorzugsweise in den Klöstern und da füllten sie auch ihre Kriegskasse auf. Wo sie auf Geistliche stießen, die unbeirrbar am alten Glauben festhielten, mußte der Pfarrer Andreas Prunulus (Pflimlin) aus Dorlisheim, der sich dem Haufen als Feldprediger angeschlossen hatte, mit ihnen diskutieren, und das war ein Mann von scharfem Geist und unendlicher Geduld.

Die Wirkung ihres Demonstrationszuges reichte bis nach Belfort hinunter, nach Vesoul und Besançon, in Städte, die alle damals noch zum

Reich gehörten. Von überall kamen Menschen zu ihnen, die sich mit ihnen zusammentun und für ihre Stadt und ihr Dorf Freiheit und Gerechtigkeit erkämpfen wollten, wie die Menschen in Franken und Schwaben, in Thüringen und im Schwarzwald.

Am 12. Mai 1525 besetzte Erasmus Gerber mit den vereinigten Haufen das gut befestigte Zabern nahe der elsässischen Grenze nach Lothringen. Die Stadt gehörte zum Bistum Straßburg, und der Bischof hatte hier eine Residenz. Aber die meisten Bürger hatten sich schon früh der Reformation angeschlossen, und viele unterstützten mit ihrem Streben nach kommunaler Selbstverwaltung die Aufständischen. Erasmus Gerber schlug in Zabern sein Hauptquartier auf und unternahm von da aus mit einigen Haufen Streifzüge nach Lothringen hinein.

In diesem Grenzgebiet kam zu den religiösen, den sozialen und den politischen Beweggründen noch der nationale hinzu. Im Gegensatz zum Elsaß gab es in Lothringen neben der deutschen Bevölkerung eine französische Minderheit, zu der vor allem die adeligen Großgrundbesitzer gehörten, aus deren Familien auch alle führenden Geistlichen stammten. Mit Karl dem Kühnen war das alte lothringische Herzogshaus ausgestorben, seine Tochter Isabella hatte es dem Haus Anjou mit in die Ehe gebracht und deren Tochter Jolantha dem Grafen von Vaudemont. Das Land hatte also ein französisches Herzogshaus und einen französischen Adel bekommen. Sein derzeitiger Herr war Herzog Anton von Lothringen und Bar, Pont-à-Mousson und Vaudemont. Die Hauptstadt Nanzig war in Nancy umgetauft worden, aber geistiger Mittelpunkt war nach wie vor die Freie Reichsstadt Metz, deren Bürger sich seit je dem Reich eng verbunden fühlten. Nicht zufällig hatte Kaiser Karl IV. hier auf dem Reichstag von 1356 die Goldene Bulle verkündet.

Auch in Metz breitete sich die Reformation rasch aus, genährt vom heftigen Widerwillen der Bürger gegen das Herzogshaus, das mit allen Mitteln versuchte, die Freiheiten der Stadt zu beschneiden und Geld aus ihr herauszupressen. Herzog Anton hatte keinerlei Verständnis für die aufrührerischen Gedanken, die mit den elsässischen Bauernhaufen in sein Land eindrangen. Nicht nur, daß diese Leute Bibeln in deutscher Übersetzung mit sich führten und Ketzer waren, sie wählten auch ihre Räte und Hauptleute selber und forderten, daß solche demokratischen Praktiken aufs ganze politische Leben ausgedehnt werden sollten. Wie alle Mitglieder seiner Familie kannte Herzog Anton keine Kompromisse, weder in seiner Bindung an Frankreich noch in seiner Treue zum katholischen Glauben oder gar in seinem totalitären Regierungsstil. Alle Macht im Lande hielt er fest in seinen Händen, und alle wichtigen Ämter konzentrierte er auf engste Verwandte. So war sein Bruder Jean mit 26 Jahren zugleich Erzbischof von Lyon, Reims und Narbonne, Bischof von Metz, Toul und Verdun und noch vier anderen Bistümern und Kardinal. Trotz so vielfacher Belastung ließ es sich der junge Kirchenfürst nicht nehmen, immer im lothringischen Heer mitzureiten, um ständig persönlich kontrollieren zu können, daß überall auch der rechte Glaube praktiziert wurde.

Das Heer, mit dem Herzog Anton gegen die gefährliche Allianz von unruhigen Landeskindern und elsässischen Bauern marschierte, bestand aus 5000 Soldknechten zu Fuß und 6000 Berittenen, darunter vielen jungen französischen Edelleuten, die sich ihre Sporen verdienen wollten. Die Fußknechte waren in Italien, Holland, Spanien und Frankreich angeworben worden und boten somit die Garantie, daß sie nicht von den deutschsprachigen Aufständischen infiziert werden konnten. Alle waren strenggläubige Katholiken, und sie wurden angeführt von der Blüte des französischen und lothringischen Adels. Auch drei Prinzen aus dem Herzogshaus waren unter ihnen.

Erasmus Gerber wollte sinnloses Blutvergießen vermeiden. Immerhin hatte er 30 000 Mann unter Waffen, und der Herzog nur 11 000. Das waren zwar gelernte Kriegsknechte, aber unter den Elsässern hatten auch etliche ihre Kampferfahrung. So schickte er einen Parlamentär zum Herzog mit einem Brief, den er seinem Schreiber diktiert hatte. Darin bat er um ein Gespräch, damit man Forderungen und Gegenforderungen abwägen und am Ende zu einem Ausgleich kommen könne.

Herzog Anton war außer sich über die Unverschämtheit, daß ein Mann so niedrigen Standes, noch dazu ein Deutscher und ein Lutheraner, ein solches Ansinnen an ihn zu richten wagte. Er beantwortete den Brief, indem er den Parlamentär köpfen ließ und den Vormarsch fortsetzte. Kardinal Jean von Lothringen ließ indessen die Kriegsknechte durch ihre Feldgeistlichen mit Gebeten und Predigten auf den Kreuzzug gegen die »... ungläubigen, wollüstigen, unzüchtigen Lutheraner, Hunnen und Vandalen ...« vorbereiten. Er war es, der die letzten beiden Begriffe in die Sprache der Kriegspropaganda einführte, in der sie sich mehr als vierhundert Jahre hielten.

Am 15. Mai erreichte Herzog Antons Armee das Umfeld von Zabern, wo sich Gerber mit dem Gros des Bauernheeres verschanzt hatte. Zwei Haufen von je 6000 Mann schützten die Flanken der Stadt. Einer von ihnen stieß am 16. Mai bei dem Dorfe Lupstein auf die Hauptmacht des Herzogs von Lothringen, die fast doppelt so stark war, vor allem aber an Geschützen und Reiterei weit überlegen, denn nur wenige Bauern waren so reich, daß sie ein Pferd besaßen. So wurden sie von den Reisigen unter schweren Verlusten ins Dorf hineingedrängt. Da befahl der Herzog seinen Soldknechten, Stroh aus den Feldscheunen zu holen, ums Dorf herum aufzuhäufen und anzustecken. Hinter den Flammen her drangen die Landsknechte in Lupstein ein. Wer von den Bauern nicht verbrannte, der wurde erschlagen. Dann kam ein großer Regen und löschte die Glut. Fast alle 6000 Mann lagen zwischen den verkohlten Balken, und ihre Brüder und Freunde auf den Mauern von Zabern hatten alles mitansehen müssen, weil sie die Stadt nicht hatten öffnen wollen.

Der Chronist des Herzogs von Lothringen notierte über das Gefecht bei Lupstein: »...das Gemetzel war groß. Das Blut mischte sich mit dem Regenwasser und lief in Strömen die Dorfgassen herab...«

Trotz dieser Katastrophe waren die Voraussetzungen für einen Waffenstillstand nicht schlecht. Immerhin stand noch ein ungeschlagener Bauernhaufe von 6000 Mann im Westen der Stadt und hinter ihren starken Befestigungsanlagen das Gros von 18000 Mann. Der Herzog konnte keine Belagerung riskieren, bei der ihm auch seine zahlreiche Reiterei überhaupt nichts genützt hätte. Erasmus Gerber wollte so wenig Menschen wie möglich opfern und schickte, da er nicht wußte, was aus seinem ersten Parlamentär geworden war, einen zweiten zum Herzog.

Dieses Mal ging Anton von Lothringen bereitwillig auf das Angebot des Bauernführers ein und sandte den Parlamentär mit dem Bescheid nach Zabern zurück, er sei zu Verhandlungen bereit, aber nicht unter der Bedingung, daß die einen sicher hinter den Mauern stünden und die anderen ungeschützt auf freiem Feld. Die Bauern sollten aus den Befestigungen herauskommen, an den Stadttoren ihre Waffen ablegen und zum Zeichen ihrer friedlichen Absichten Stäbchen aus weißem Holz in den gefalteten Händen tragen, dann würde ihnen nichts geschehen.

Gerber, die Hauptleute und die Bauern vertrauten dem Herzog und seinem Ritterwort, da er ein so nobler Mann und ein so frommer Christ war. Sie öffneten die Tore, legten ihre Waffen ab und zogen in langen Reihen hinauf zum Marterberg. Da sahen sie sich auf einmal von Landsknechten umringt, die ihre Waffen nicht abgelegt hatten, und dann begann die Metzelei. Die Bauern standen da mit ihren weißen Stäbchen in den Händen, ohne die geringste Möglichkeit, sich gegen die Spieße und Hellebarden und gegen die Reiter zu wehren, die jetzt in dicken Wellen angeritten kamen, um sich ihre Sporen zu verdienen. Einer nach dem anderen wurde niedergemacht. Nur wenige, die flink zu Fuß waren, schafften es, durch das Getümmel bis in die

Stadt zu entkommen, aber dort waren längst Kriegsknechte eingedrungen und schlugen und stachen alles zusammen, was lebte. Am Ende lagen so viele Tote in den Straßen, daß manche Tür nicht mehr aufging, und das machte die Soldknechte besonders wütend, denn der Herzog hatte ihnen die Stadt zum Plündern freigegeben, und Zabern war reich.

Achtzehntausend Tote wurden gezählt. Als kein Mann mehr lebte, erschlugen die Kriegsknechte die Kinder. Sie hatten nämlich die Erlaubnis bekommen, zu ihrem Vergnügen alle Mädchen und Frauen mitzunehmen. Die Kinder wären nur lästig gewesen. Am Abend dieses 17. Mai lebte in Zabern niemand mehr, aber Herzog Anton hatte es dem alten Glauben zurückgewonnen und damit eine große Tat vollbracht. Gleich am Anfang hatte er Erasmus Gerber, der den Bauern vorweggezogen war, fangen und mit Stricken fesseln lassen. Er verwahrte ihn bis zum Schluß. Als Krönung des Tages ließ er ihn von seinem Barbier erdrosseln.

Nun konnte niemand mehr den Herzog von Lothringen hindern, mit seinen Soldknechten durch die Dörfer und Städte seines Landes zu ziehen und all jene Menschen umzubringen, die von Freiheit geredet hatten oder sich zu Luther bekannten, der von der Freiheit der Christenmenschen gesprochen und die Bibel in ihre deutsche Muttersprache übersetzt hatte. Eine Zeitlang schleppten die Kriegsknechte noch die Frauen und Mädchen aus Zabern mit sich herum. Schließlich, wenn niemand mehr mit ihnen etwas anfangen konnte, ließen sie sie am Wegrand liegen.

Als es keine unruhigen Menschen mehr in Lothringen gab, entließ Herzog Anton die Kriegsknechte, zog sich mit der Blüte des lothringischen Adels auf sein Schloß in der Residenzstadt Nancy zurück und verbrachte mehrere Wochen mit Dankgottesdiensten, Wallfahrten und Prozessionen, denn er führte in Stolz und Demut den Ehrentitel »Allerchristlichster Fürst«.

Ein lothringischer Chronist, der das Gemetzel von Zabern nachträglich begründen wollte, berichtete, daß einer der Bauern beim Auszug aus der Stadt zweimal hintereinander »Luther!« gerufen habe. Dieses Reizwort hätten die Krieger des Herzogs nur als eine Provokation auffassen können, und ihre Reaktion, daraufhin achtzehntausend Mann zu erschlagen, sei verständlich gewesen.

Der Mann, dessen Namen der Bauer in seiner Not zum Himmel hinaufgerufen hatte, der Mann, von dem jeder im Reich gehofft hatte, er werde aus der religiösen Selbstbesinnung die totale Erneuerung wachsen lassen, hatte sich inzwischen etabliert, bestand darauf, nur Theologe zu sein, und lebte nicht schlecht unter dem Schutz des Kurfürsten

Die Titelblätter von Martin Luthers Werken »Ermahnung zum Frieden auf die Zwölf Artikel der Bauernschaft in Schwaben« und »Wider die mörderischen und räuberischen Rotten der Bauern«.

von Sachsen. Einst hatten ihm die Bauern ihre programmatischen Zwölf Artikel geschickt in der Überzeugung, er werde sich als Leitfigur an die Spitze ihrer Bewegung stellen. Da hatte er noch milde geantwortet mit der Schrift »Ermahnung zum Frieden auf die Zwölf Artikel«. Jetzt aber, im Mai, ging seine Kampfschrift »Wider die mörderischen und räuberischen Rotten der Bauern« durch das Land, und darin offenbarte der Reformator unverhohlen seine Einstellung: »Im vorigen Büchlein durfte ich die Bauern nicht verurteilen, weil sie sich zu Recht und besserem Unterricht erboten, aber ehe ich mich denn umsehe, greifen sie mit der Faust darein, rauben und toben und tun wie die rasenden Hunde. Kurzum, eitel Teufelswerk treiben sie. – Dreierlei greuliche Sünden wider Gott und Menschen laden diese Bauern auf sich, daran sie den Tod verdient haben an Leib und Seele mannigfältiglich. Zum ersten, daß sie ihrer Obrigkeit geschworen haben untertänig und gehorsam zu sein, wie solches Gott gebeut, da er spricht: ›Gebt dem Kaiser, was des Kaisers ist‹; und Römer 13,1: ›Jedermann sei der Obrigkeit untertan‹, etcetera. – Zum anderen, daß sie Aufruhr anrichten, rauben und plündern mit Frevel ... womit sie als Straßenräuber und Mörder wohl zwiefältig den Tod an Leib und Seele verschulden ... Darum soll hie zuschmeißen, würgen und stechen,

heimlich oder öffentlich, wer das kann, und gedenken, daß da nichts Schädlicheres, Giftigeres, Teuflischeres sein kann, denn ein aufrührerischer Mensch. Gleich, als wenn man einen tollen Hund totschlagen muß. Zum dritten, daß sie solch schreckliche Sünde mit dem Evangelium decken, nennen sich christliche Brüder, womit sie die allergrößten Gotteslästerer und Schänder seines heiligen Namens werden ... Ich meine, daß kein Teufel mehr in der Hölle sei, sondern allzumal in die Bauern sind gefahren ... Die Obrigkeit hat ein gut Gewissen und kann zu Gott also sagen mit aller Sicherheit des Herzens: Siehe, mein Gott, du hast mich zum Fürsten oder Herrn gesetzt und hast mir das Schwert befohlen über die Übeltäter, Römer 13,4. Darum will ich strafen und schlagen, solange ich eine Ader regen kann, du wirsts wohl richten ...Drum, liebe Herren, steche, schlage, würge, wer da kann ...« Luther schloß den Aufruf mit dem Satz: »Hier spreche ein jeglicher frommer Christ: Amen. Denn das Gebet ist recht und gut und gefället Gott wohl ...«

Diese Schrift wurde im Reich verbreitet und zumal von den Landesherren dankbar eingesetzt. Daß der Herzog von Lothringen diese Schrift gelesen hatte, ist unwahrscheinlich, da alle Werke Luthers auf dem »Index Librorum Prohibitorum« standen und verbrannt wurden, sobald ein guter Katholik ihrer habhaft wurde. Es wäre sicher sehr verwirrend für ihn gewesen, zu erfahren, daß ausgerechnet der Mann,

Die Enttäuschung über die Haltung Martin Luthers fand in vielen Karikaturen ihren Niederschlag. Von links nach rechts: *Titel von Murners Streitschrift »Von dem großen Lutherischen Narren«; Titelblatt einer Spottschrift auf Luther von Johannes Cochläus; Titelblatt eines gegen Luther gerichteten Traktates.*

dessen Anhänger er mit fanatischer Grausamkeit ausrottete, ihm die Rechtfertigung für das Gemetzel von Zabern lieferte.

Auch für Lutheraner kam die Härte ihres Reformators überraschend, war er doch in diesen Wochen vorwiegend damit beschäftigt, Kirchenlieder zu schreiben, das »Deutsche Gesangbuch« herauszugeben und seine Hochzeit mit der ehemaligen Nonne Katharina von Bora vorzubereiten, die er am 13. Juni 1525, vier Wochen nach der Schlacht von Zabern, heiratete.

Zu dieser Zeit herrschte Grabesruhe in Thüringen, und auch in den fränkischen Landen war es, noch ehe die erste Juni-Woche vergangen war, still geworden. Nach den drei großen Vernichtungsschlachten von Böblingen, Frankenhausen und Zabern hatten sich die Heere der Fürsten und des Schwäbischen Bundes ganz auf Franken konzentrieren können, wo die letzten geschlossenen Bauernhaufen standen und mit starken Kräften den Würzburger Frauenberg belagerten. Die Stadt hatte sich rasch dem Bauernbund angeschlossen, während sich die Feste des Fürstbischofs hartnäckig verteidigte. Um sie endlich stürmen zu können, verstärkten sich die fränkischen Haufen soweit wie möglich und zogen auch die zweitausend Mann heran, die sie in Weinsberg zurückgelassen hatten.

Als am 21. Mai Georg von Waldburg auf Weinsberg marschierte, waren alle waffenfähigen Männer zum Bauernhaufen eingezogen worden und mit ihm nach Norden abgerückt. Die Wohlhabenden hatten sich bei der ersten Nachricht vom Vordringen des Truchseß von Waldburg mit ihren Familien ins gut befestigte Heilbronn geflüchtet. Zurückgeblieben waren Frauen, Kinder, Kranke und sehr alte Männer, die keine Waffe mehr tragen konnten. Als das Heer des Schwäbischen Bundes heranrückte, schloß niemand die Tore, und keiner stand auf den Mauern. Die Stadt stand offen, niemand wehrte sich. Truchseß Georg ließ sie einschließen und verbot jegliches Plündern. Nur das Sakrament sollte aus Kirchen und Kapellen herausgetragen werden. Dann befahl er, Weinsberg vollständig einzuäschern. Mit dieser Aktion beauftragte er den bayerischen Edelmann Herrn von Trautskirchen. Der ließ die Menschen herausholen. Viele wollten nicht, viele konnten nicht. Sie waren gebrechlich, lagen krank im Stroh oder mochten nicht von dem wenigen lassen, was sie sich in ihrem Leben geschaffen hatten. Zwei Wöchnerinnen schleppten die Soldknechte heraus, die anderen trieben sie, dann steckten sie Haus für Haus an. Das Vieh in den Ställen verbrannte brüllend, und die Menschen hockten ringsum auf den Höhen mit ihren Bündeln auf dem Schoß und sahen zu. Menschen, die nichts mit den Ereignissen vom 16. April zu tun gehabt hatten, die ihr Leben lang immer nur Opfer der verschiedenartigsten Willkür gewesen waren, bezahlten nun mit allem, was sie besaßen, dafür, daß vor ihrer Stadt Jäcklein Rohrbach den Grafen von Helfenstein durch die Spieße gejagt hatte. Der süßliche Gestank nach verbranntem Vieh lag noch tagelang schwer über den Weinbergen. Nur zehn Häuser blieben stehen. Dieser 21. Mai war der Sonntag vor Christi Himmelfahrt.

Erzherzog Ferdinand, von seinem Bruder, Kaiser Karl V., mit der Verwaltung der innerdeutschen Angelegenheiten beauftragt, war als geborener Spanier mit allen erdenklichen Verbrennungsmethoden durchaus vertraut. Er nahm die Nachricht von der Vernichtung Weinsberg beifällig auf und verfügte, daß die Trümmer zur Strafe und zum ewigen Gedenken für immer unangetastet so stehen bleiben müßten und die Stadt niemals wieder aufgebaut werden dürfe. Dieses Verbot geriet nach Ferdinands Tod in Vergessenheit.

Eine Woche nach Weinsbergs Einäscherung vereinigten sich im nahen Neckarsulm die Heere des Kurfürsten Ludwig von der Pfalz, des Erzbischofs von Trier, Richard von Greifenklau, und des Fürstbischofs von Würzburg, Conrad von Thüngen, mit dem des Truchseß von Waldburg. Nun bestand die Streitmacht aus 10000 Landsknechten, über 2500 Reisigen und 42 Geschützen. Eine Woche später zog sie bei Königshofen an der Tauber ins Gefecht mit den vereinigten fränkischen Haufen, die nur 7000 Mann zu Fuß, kaum Reiter, allerdings 47

Geschütze einsetzen konnten, die sie auf ihrem Marsch aus den vielen eroberten Burgen mitgenommen hatten. Es fehlte ihnen aber an tüchtigen Büchsenmeistern, und vor allem mußten sie sich damit abfinden, daß ihr Feldherr Götz von Berlichingen sie verlassen hatte. Angesichts der gewaltigen Streitmacht der Fürsten war er unauffällig verschwunden, mit der nachgelieferten Begründung, sein Vertrag sei abgelaufen, und er könne ihn leider nicht verlängern.

Die Bauern verschanzten sich auf dem Turmberg über der Tauber. Das Fürstenheer griff frontal an und drückte sie in den Wald, an den sich ihre Stellung angelehnt hatte. Dann galoppierten die Reisigen los, drangen in die offenen Flanken der wankenden Schlachtordnung ein und hieben die Flüchtenden zusammen. Viele ließen sich fallen und stellten sich tot, aber dann kamen die Fußknechte und stachen sie mit ihren Spießen an; wenn einer zuckte, erschlugen sie ihn. Am Ende lagen 6000 von den 7000 tot da, und danach fingen die Soldknechte an, die Bürger in der Stadt niederzumetzeln, daß nur 15 von 300 entkommen konnten. So war niemand mehr da, der die Toten hätte begraben können. Noch Generationen später berichteten Chronisten, daß haufenweise gebleichte Menschenknochen auf den Höhen über Königshofen gelegen hätten.

Als sie hörten, wie stark das Fürstenheer war, das da anrückte, gaben die Bauern die Belagerung der Würzburger Feste auf und marschierten ihm entgegen. Von den Flüchtlingen, die aus den Wäldern zu ihnen herunterkamen, erfuhren sie dann, was bei Königshofen geschehen war. Das machte viele unsicher, und die Nachricht, daß der berühmte Ritter Götz sich verzogen hatte, tat ein übriges. Viele gaben die Sache verloren, warfen ihre Waffen weg und verschwanden in den Wäldern. Knapp 4000 Mann blieben übrig, und die stellten sich am Pfingstsonntag, dem 4. Juni, auf der kahlen Ebene zwischen den Dörfern Giebelstadt und Ingolstadt dem Heer der Fürsten. Georg von Waldburg war mit den Reisigen vorweggeritten. Die Fußknechte hatten von ihm wegen ihrer besonderen Leistungen bei Königshofen auch besonderen Sold verlangt. Da er den nicht zahlen wollte, verzögerten sie alles und bewegten sich nur im Schneckentempo. Er mußte die Schlacht also allein mit den Reisigen bestreiten.

Sie entbrannte zwischen den beiden Schlössern von Florian Geyer, aber er nahm an ihr nicht teil. Er war in Rothenburg, wo er mit Markgraf Kasimir von Kulmbach-Bayreuth verhandelte, immer noch in der Hoffnung, er könne Freiheiten für die Bauern erwirken und dem Blutvergießen ein Ende bereiten. So erlebte er nicht, wie der einzig übriggebliebene Bauernhaufe bis zum letzten Mann aufgerieben wur-

de, wie seine beiden Schlösser in Trümmer geschossen wurden, wie bis zum Schluß in den rauchenden Ruinen immer noch einzelne Bauern die herausgeschossenen Mauerbrocken aufsammelten und gegen die Angreifer schleuderten, bis auch sie niedergemacht wurden. Das war zu Pfingsten, an jenem hohen Feiertag, an dem Christen aller Konfessionen die Ausgießung des Heiligen Geistes in Eintracht begehen sollen.

Florian Geyer, der zu keiner Zeit in diesem Bauernkrieg in einer angemessenen Position eingesetzt worden war, fand auch ein unangemessenes Ende. Als in Rothenburg der Ausgang der Schlachten von Königshofen und Ingolstadt bekannt wurde, sahen weder der Rat der Stadt noch Markgraf Kasimir einen Anlaß, sich weiterhin mit einem Mann zu unterhalten, der sich so hartnäckig für eine Sache einsetzte, die nun endgültig verloren war. Sie verboten ihm, sich weiter in Rothenburg aufzuhalten. Er mußte fliehen. Draußen konnte jeder mit ihm machen, was er wollte. Er ritt nach Norden, im Bogen um seine zerstörten Schlösser herum. Auf die Dauer konnte er nicht unbemerkt bleiben. Zu viele Menschen kannten sein Gesicht. Er ritt um Würzburg herum. Je weiter er nach Norden kam, um so sicherer war er. Als er aber am Freitag, dem 9. Juni, im Gramschatzer Gehölz nördlich Rimpar rastete, erstachen ihn zwei Knechte des Ritters Wilhelm von Grumbach und plünderten ihn bis auf die nackte Haut aus. Welchen Grund dieser entfernte Verwandte hatte, Florian Geyer belauern, verfolgen und ermorden zu lassen, ist nie bekannt geworden.

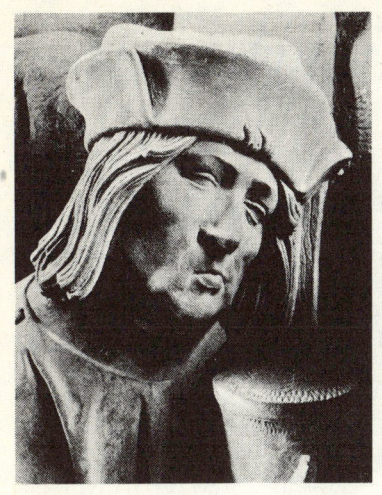

Vielleicht wollte er nur den Fürsten, die nun unbestreitbar alle Macht in Händen hatten, eine Aufmerksamkeit erweisen.

Als Markgraf Kasimir sicher sein konnte, daß nirgendwo mehr Bauernhaufen umherzogen, die ihm gefährlich werden konnten, begab er sich auf einen Rachefeldzug durch sein Land. In Kitzingen zum Beispiel hatten ihm die Bürger vor einem Jahr, als er durch die Straßen geritten war, aus dem Gedränge zugerufen, sie wollten ihn nie mehr sehen. Nun erklärte er den Kitzingern, endlich könne er ihnen diesen Wunsch erfüllen und ließ 60 Bürgern der Stadt die Augen ausstechen. Auch Würzburg öffnete den Fürsten ohne Widerstand seine Tore, und Bischof Conrad zog mit den Verbündeten in seine Hauptstadt ein. Um dem Tag eine besondere Weihe zu geben, ließ er 63 Bürger der Stadt auf dem Markt köpfen und den Bauernführer Jakob Kohl, den seine Landsknechte gefangen hatten, dazu. Dann begann auch er einen Zug durch sein Fürstentum, und Scharfrichter und Henker waren bei ihm, der eine war für die blutige Arbeit mit dem Schwert, der andere fürs Aufknüpfen, fürs Ersäufen und fürs Verbrennen zuständig.

Die wenigen Rechte, die den Städten des Fürstentums Würzburg im Bereich kommunaler Verwaltung zugestanden hatten, nahm ihnen der Fürstbischof jetzt wieder, und keiner, der beim Aufstand der Bauern und Bürger eine Rolle gespielt hatte, entging dem Gericht. Der Bildschnitzer Tilman Riemenschneider kam knapp mit dem Leben davon. Er war 45 Jahre alt, stammte aus Osterode im Harz, war würz-

325

burgischer Ratsherr und 1520 sogar erster Bürgermeister gewesen. Aber er hatte sich 1525 der Reformation angeschlossen, und nun wurde der Mann, der seiner Stadt so bedeutende Kunstwerke geschaffen hatte, eingesperrt und gefoltert. Arme und Hände wurden ihm gebrochen, und jahrelang lag er im Kerker.

Sein Zeitgenosse, der Maler Mathis Nithart, genannt Matthias Grünewald, der auch der Sache der Bauern offene Sympathie entgegengebracht hatte, wurde mit Verbannung und vollkommener Enteignung bestraft. Er war Würzburger von Geburt, hatte in Aschaffenburg als Steinmetz gearbeitet und die Wasserkunst gebaut, dann, zugleich mit Ulrich von Hutten und Erasmus von Rotterdam am kurmainzischen Hof gewirkt und von 1512 bis 1515 im Isenheimer Antoniterkloster im Elsaß den berühmten Hochaltar geschaffen. Die Antoniter widmeten sich der Pflege von Aussätzigen und Pestkranken. Das Leben in ihrer Welt prägte Meister Nitharts Bewußtsein und Werk. Sein Thema war der gepeinigte Mensch, nicht der verklärte, seine Arbeit ein Aufbäumen gegen Leid und Elend. Sein Christus wurde zur Symbolfigur für alle Geschundenen und Gemarterten. Wie er sich am Bauernkrieg beteiligt hat, weiß man nicht, wohl aber, daß nach etlichen Prozessen in kurmainzischen Landen viele Hofbeamte als Parteigänger der Bauern entlassen und daß im Februar 1526 auch die Zahlungen an Matthias Grünewald eingestellt wurden. Zwar konnte er sich nach Frankfurt retten, aber nicht mehr malen. Er lebte noch zwei Jahre kläglich von der Produktion einer Gesundheitsseife und starb 1528. Der dritte Zeitgenosse und Maler, Jörg Ratgeb, war Bürger in Stuttgart. Sein Schicksal war es, daß die Frau, die er liebte und heiratete, eine Leibeigene war. Damit wurden unweigerlich auch die gemeinsamen Kinder Leibeigene. Unter diesem Makel litt er sein Leben lang, und dieser Makel prägte sein Werk. Eines der großen Talente der Zeit wurde zum Außenseiter der bürgerlichen Gesellschaft. Kein schriftliches Zeugnis setzt sich mit ihm und seinen Arbeiten kritisch auseinander. Aus einigen Abrechnungen geht hervor, daß er weit unter der Norm und sehr weit unter seinem Können bezahlt wurde. Für die Kreuzgangfresken im Frankfurter Karmeliterkloster, ein Werk von insgesamt 107 Meter Länge und 4½ Meter Höhe, an denen er zwei Jahre arbeitete, bekam er 223 Gulden, etwas mehr, als ein Anstreicher dafür bekommen hätte.

In der Hoffnung, die Freie Reichsstadt Heilbronn würde nach dem alten Grundsatz »Stadtluft macht frei« seine Frau und seine Kinder aus der Leibeigenschaft erlösen, übersiedelte er aus der Herzoglichen Residenz Stuttgart dahin. Aber aus Sorge vor lästigen Prozessen mit dem Leibherrn lehnte Heilbronn die Einbürgerung ab und nahm Rat-

1519 vollendete Jörg Ratgeb den Altar der Stiftskirche in Herrenberg (hier ein Ausschnitt aus einem der acht großen Flügelbilder). Sechs Jahre später nach der Niederlage der Bauern wurde er wegen seines Eintretens für deren Sache gevierteilt.

geb nur als Hintersassen auf, als Geduldeten also, ohne Aussicht, von den Bürgern seiner neuen Heimat als gleichberechtigt anerkannt und in eine Zunft aufgenommen zu werden, ohne das Recht, ein Haus kaufen, eine Werkstatt einrichten und Gesellen beschäftigen zu dürfen. Er bekam keine Aufträge aus den Familien der Patrizier oder der zünftigen Handwerker, und die anderen Hintersassen hatten kein Geld, sich und ihre Kinder malen zu lassen. Die Karmeliter aber beschäftigten ihn gern. Sie verstanden etwas von Kunst und wußten, daß sie einem Maler von entsprechender Qualität, der nicht mit einer Leibeigenen verheiratet war, das Fünffache hätten bezahlen müssen.

Sein letztes und wohl bekanntestes Werk schuf Jörg Ratgeb in den Jahren 1518 und 1519: den Altar in der Herrenberger Stiftskirche. Als die Arbeit getan war, übersiedelte er wieder nach Stuttgart. Da erlebte er den Bauernkrieg, und da zog er, als die Stadt die Auflage bekam,

Hans Sebald Beham (hier ein von Philipp Kilian gestochenes Bildnis des Malers und Kupferstechers) wurde ebenso wie sein Bruder Barthel und der Maler und Grafiker Georg Pencz der Sympathie mit den Bauern beschuldigt.

zum Württembergischen Bauernhaufen unter Matern Feuerbacher 300 Mann und sechs Kriegsräte zu stellen, als einer der sechs mit ins Feld. Nach der Schlacht von Böblingen gelang es ihm zu fliehen und sich zu verstecken. Aber dann wurde er doch erkannt, nach Pforzheim geschleppt, da eingekerkert und nach einer Gerichtsverhandlung, von deren Protokoll nur noch der Aktendeckel erhalten ist, im Frühjahr 1526 auf offenem Markt von Pferden in vier Stücke zerrissen.

Die drei »gottlosen Maler« aus Nürnberg, Albrecht Dürers Geselle Georg Pencz und die Brüder Barthel und Hans Sebald Beham, wurden, weil sie Verständnis für die Aufrührer bekundet hatten, vor Gericht gestellt, kamen aber mit dem Leben davon.

Die geistigen und militärischen Führer des Bauernkrieges endeten auf unterschiedliche Weise:

Pfarrer Hans Jakob Wehe, der Führer des Leipheimer Haufen, wurde 1525 geköpft, der Waldshuter Pfarrer Balthasar Hubmayer am 10. März 1528 verbrannt. Der Memminger Pfarrer Christoph Schappeler starb in Frieden 1551 vor seinem achtzigsten Geburtstag. Sebastian Lotzer, der Kürschnergeselle, Laienprediger und Planer einer neuen Gesellschaftsordnung, konnte in die Schweiz fliehen und wurde weder eingesperrt noch hingerichtet. Der andere Laienprediger von großer Wirksamkeit, Müntzers zeitweiliger Vertrauter, der Wiedertäufer Hans Hut, starb 1527 an den Folgen der Folterungen im Gefängnis.

Georg Metzler, der Hauptmann des Odenwälder Haufens, verschwand spurlos. Hans Müller von Bulgenbach, der Führer der Stühlinger Bauern, wurde 1525 geköpft. Friedrich Weigandt, der kurmainzische Rentamtmann, der große Theoretiker einer neuen Gesellschaftsordnung, wurde ebenso enthauptet wie die beiden Allgäuer Jörg Täuber und Jörg Schmid, den man Knopf nannte. Der einstige kurmainzische Kanzler und Politiker Wendel Hipler starb 1526 im Gefängnis an den Folgen aller Qualen und Entbehrungen, die er hatte erleiden müssen. Joß Fritz wurde seit Anfang 1525 nicht mehr gesehen, und auch Margarete Renner, die Schwarze Margret, tauchte unter.

Im Herzen des Reiches war der Bauernkrieg mit dem Frühling des Jahres 1525 zu Ende. Im Südosten flammte er jetzt erst auf.

Im Erzbistum Salzburg herrschte Matthäus Lang von Wellenburg, ein brutaler Autokrat, machthungrig, geldgierig und grausam wie kaum ein anderer, und ein Freund makabrer Vergnügungen. So ließ er einen Bauern, der beim Jagdfrevel in seinen Wäldern ertappt worden war, in die blutige Haut des frisch gewilderten Hirsches einnähen und erlaubte ihm, wegzulaufen. Dann hetzte er die Hunde hinter ihm her, und die zerfleischten den Mann unter dem unbändigen Gelächter des Hofgefolges.

Matthäus Lang war der Sohn der Augsburgerin Margaretha Lang, geborene Sulzer. Es hieß aber, sein Vater sei nicht der reiche Herr Lang gewesen, sondern Kaiser Maximilian, der immer gern, wenn er irgendwo zu Gast war, der Dame des Hauses die Ehre erwiesen hatte. Jedenfalls holte er zum Erstaunen seines ganzen Gefolges den bürgerlichen Knaben Matthäus aus Augsburg an seinen Hof, wo es von Königssöhnen und Prinzen aller Grade wimmelte, ließ ihn in den Bereichen vollendeter Courtoisie, geschickter Diplomatie und raffinierter Intrige ausbilden, adelte ihn, verwandte ihn als Geheimschreiber und Sondergesandten, machte ihn zum Bischof von Gurk, schickte ihn zu Besprechungen mit den Königen von Frankreich, Polen und Ungarn, ließ ihn habsburgische Eheschließungs-Projekte ausarbeiten, sogar in Rom mit dem Heiligen Vater verhandeln und holte immer wieder seinen Rat ein. Nach Maximilians Tod hatte Bischof Lang keine Neigung, unter dessen Enkel, dem jungen Karl, weiterzudienen. Er bekam das Erzbistum Salzburg, und der Papst ernannte ihn zum Kardinal. Bei der Gelegenheit stellte sich heraus, daß er noch nicht einmal zum Priester geweiht war, was unauffällig nachgeholt wurde. Ihm selber war es ziemlich gleichgültig, da religiöse Fragen ihn langweilten. Aber jetzt, als Landesherr, achtete er scharf darauf, daß der niedere Klerus sich höher entwickelte Formen des Lebensgenusses versagte, die nur Kirchenfürsten zustanden, und er baute in Salzburg eine straff organisierte geheime Polizei auf, deren Hauptaufgabe es war, Lutheraner aufzuspüren und zu verfolgen.

Das Fürstbistum Salzburg im Südosten Deutschlands war mit einer herrlichen Natur, reichen Bodenschätzen und einer geistig regen, selbstbewußten Bevölkerung gesegnet, die an alten Rechts- und Freiheitsbegriffen festhielt und gern selber über ihre Belange und über ihr Schicksal entscheiden wollte. Die Auseinandersetzungen zwischen dem Erzbischof und den Bürgern seiner Hauptstadt hatten eine Tradition, die bis ins 15. Jahrhundert zurückreichte. Je gewaltsamer die geistlichen Landesherren ihre autokratischen Bestrebungen durchsetzten, um so stärker wurde der Wille zum Widerstand. Immer wieder mußte der Stadtrat den Erzbischof daran gemahnen, die verbrieften Rechte zu achten, was besonders Matthäus Langs Vorgänger, der berüchtigte Judenverfolger Leonhard von Keutschbach, als dreiste Belästigung empfand. Im Winter 1510 ließ er alle Ratsherren zu einem großen Fest aufs Schloß laden. Als der Erzbischof das Tischgebet gesprochen und eine gesegnete Mahlzeit gewünscht hatte und die Gäste inmitten der geistlichen Hofbeamten an der riesigen Tafel zu speisen begannen, drangen plötzlich Kriegsknechte in den Saal und fesselten Bürgermeister und Ratsherren. Der Erzbischof verurteilte sie aus dem Stegreif zum Tode, ließ sie in den Hof schleppen und da auf einen Wagen binden, auf dem der Scharfrichter schon wartete. In Radstadt sollten sie hingerichtet werden, aber auf dem Weg dahin, in der kalten Winternacht, erfroren die meisten von ihnen in ihrer leichten Festkleidung ohne Mantel. Als Matthäus Lang 1519 die Regierung antrat, übernahm er auch diese Tradition und pflegte sie. Stadt und Land Salzburg hatten sich schon früh mit der Reformation auseinandergesetzt, die zuerst von sächsischen Hauern und Steigern aus der Heimat in die salzburgischen Bergwerke mitgebracht worden war. Inzwischen waren viele Pfarrer Lutheraner, aber auch Handwerker, Bergknappen, Bauern, bis in die höchsten Bergdörfer hinauf, und in der Hauptstadt Bürger aus allen Schichten.

Erzbischof Lang wollte sich in dieser Sache gar nicht erst auf lange Diskussionen einlassen, sondern das Übel mit der Wurzel ausrotten. Er warb einige Fähnlein Landsknechte an und zog an ihrer Spitze auf einem weißen Hengst in silbernem Harnisch, den Feldherrnstab in der Faust, umgeben von seinen Hofchargen und einer Schar schöner Edelknaben, in seine Hauptstadt ein. Da ließ er sich vom Rat alle alten Verträge aushändigen, Abmachungen und Zusicherungen, erklärte sie für null und nichtig und bestimmte, daß er jetzt allein Bürgermeister und Ratsherren ernennen, Recht sprechen und die Polizei einsetzen werde. Von nun an hielt er die Stadt Salzburg wie einen Wirtschaftshof, der von Leibeigenen beschickt wurde, und verurteilte in den folgenden Jahren alle Geistlichen, die Neigung zu Abweichungen oder selbständigen Auslegungen zeigten, zu langjährigen Kerkerstrafen. Im Mai 1525 ließ er einen von ihnen auf ein Pferd binden, die Füße mit Eisenketten unter der Satteldecke zusammenschließen und den Pater so von seinen Kriegsknechten nach Mittersill treiben, wo er im Faulturm verenden sollte. Unterwegs aber befreiten zwei junge Bauern den Geistlichen, weil es ihnen leid tat, wie er so in der Sonne über dem Pferderücken hing und Qualen litt, während die Wachmannschaften sich im Wirtshaus erfrischten. Sie brachen die Kette auf und zeigten dem Priester einen Weg ins Gebirge, wo er verschwinden konnte.

Erzbischof Lang ruhte nicht eher, als bis er wußte, wer die beiden Bauernburschen waren. Er ließ sie fangen und am 25. Mai 1525 hinter seinem Schloß köpfen. Das war das Signal zum Aufstand im Salzburger Land. Die Brüder und Freunde der beiden zogen von Dorf zu Dorf, von Berghof zu Berghof und erzählten jedem, was geschehen war, auf den Märkten, in den Städten. Bauern, Bürger, Bergknappen trafen sich, zogen miteinander weiter, fanden sich zum »Christlichen Bund« zusammen, holten ihre Waffen aus Kammern und Truhen. Sie alle hatten noch Spieße, Streitäxte und Morgensterne daheim, von den Eltern und Urgroßeltern her. Viele hatten schon gegen die Türken gekämpft. Wie in allen Zeiten der Not entzündeten sie Feuer auf den Bergen, die weit ins Land hineinleuchteten, feuerten Böllerschüsse ab und läuteten die Kirchenglocken. Und sie formulierten ihre Beschwerden und Forderungen.

Die »24 Artikel der Gemeinen Landschaft Salzburg« begannen mit dem eindrucksvollen Satz: »Weil wir aus Göttlicher Gerechtigkeit Ursache haben, der Ungerechtigkeit zu widerstehen ...« Sie forderten vieles, was auch die Memminger Zwölf Artikel verlangten. Das Wort Gottes sollte den Menschen unverfälscht in ihrer Muttersprache verkündet werden. Sie wollten ihre Geistlichen und ihre Richter selber wählen und von allen ungerechtfertigten Steuern befreit werden, wie dem Todfall, der Weihesteuer, die dem Priester aus Anlaß seiner Weihe zu entrichten war, der Rittersteuer, die dem Grundherrn am Tag seines Ritterschlages gezahlt werden mußte, Siegelgeldern, Schreibgeldern, Trinkgeldern, die alle Hofbeamten für selbstverständliche Dienstleistungen kassierten. »... denn es ist wider Gott, daß der Arme dem Reichen den Wein bezahlt und muß selber Wasser trinken ...« Auch sollten Jagd, Fischfang und Holzeinschlag frei sein und die Leibeigenschaft aufgehoben werden. Ferner, und diese weitschauende Forderung war in anderen Artikeln nicht zu finden, hatte der

Landesherr für einen anständigen Straßenbau zu sorgen, um das Einbringen der Ernte und den Transport der Erze zu erleichtern und den Handelsverkehr im Land zu beleben. Zu ihrem Obersten Hauptmann wählten sie den Schladminger Bergrichter Gabriel Reustel und zum militärischen Führer den Bauern Michael Gruber. Die Unruhe griff rasch auch nach Kärnten und in die Steiermark über.

Erzbischof Lang hatte sich schon beizeiten auf einen blutigen Krieg im Innern eingestellt, und auch der steirische Landeshauptmann Sigismund von Dietrichstein hatte einige Fähnlein angeworben. Aber es stellte sich bald heraus, daß die deutschen Knechte aus Bayern und Österreich, aus dem Allgäu und der Steiermark, aus Schwaben und Tirol sich weigerten, gegen die Salzburger zu kämpfen. So warb Graf Dietrichstein Fußknechte aus Böhmen und Reisige aus Ungarn und Kroatien an. Sigismund von Dietrichstein, der vor zehn Jahren den Bauernaufstand im Herzogtum Krain und in der Steiermark so grausam niedergeschlagen hatte, war jetzt 41 Jahre alt, litt sehr an Rheumatismus und hatte sich, vielleicht deswegen, das Trinken angewöhnt. Aber nicht an seinen Schwächen lag es, daß die Bauern bei Schladming gegen sein Heer den ersten und einzigen wirklich großen militärischen Erfolg erringen konnten, sondern an ihrer Stärke, daran, daß alles zusammenstimmte: eine kluge Führung, die etwas von Taktik verstand und sich nicht übertölpeln ließ, eine Schar, die in sich geschlossen war, Männer, die kämpfen konnten und eine gute Ortskenntnis besaßen.

Im Juni hatte sich Erzbischof Lang auf seine Feste Hohensalzburg zurückgezogen und dort verschanzt, nachdem die Salzburger immer dringender auf die Rückgabe ihrer uralten Rechte gedrängt hatten. Ein Bauernheer war in die Residenz eingedrungen und hatte das Erzbischöfliche Palais geplündert. Nun belagerte es zusammen mit den Bürgern die Burg des Erzbischofs und verhinderte, daß Boten ein- und ausreiten konnten. Dietrichstein marschierte indessen im Ennstal nach Westen und stieß immer häufiger auf kleine Bauernscharen, die ihm kurze Scharmützel lieferten und sich dann geschickt in die Berge zurückzogen, so daß er ungehindert am Sonntag, dem 2. Juli 1525, die kleine Bergbaustadt Schladming nehmen konnte, in der erstaunlich wenig Männer anzutreffen waren. Von da aus wollte er nach behutsamer Aufklärung weiter nach Westen vorstoßen, auf Radstadt zu, wo, wie seine Späher gemeldet hatten, die Masse des Bauernheeres stehen sollte. Aber ganz früh am Montag morgen, als der Feldherr noch mit seinen Hauptleuten beisammensaß, nach einem langen anstrengenden Zechgelage, stiegen Männer lautlos im ersten Mogenlicht von den Bergen auf beiden Seiten der Enns herunter, erstachen ganz planmäßig zunächst die Artilleristen und richteten dann die Geschütze, da sie keine eigenen hatten, auf die Fluchtwege. Dann erst drangen sie mit einem fürchterlichen Kriegsgeschrei in die Stadt ein. Im Gefecht fielen etwa 300 von Dietrichsteins Kriegsknechten, viele wurden gefangen, darunter auch der Graf sowie achtzehn Ritter und Hauptleute. Aber die Bauern erschlugen keinen, der sich ergeben hatte, sondern behandelten sie mit allen Ehren. Sie bildeten einen Ring, ließen sich einen nach dem anderen vorführen und saßen zu Gericht über sie. Ein Bergknappe führte Sigismund von Dietrichstein vor und klagte an: »Dieser Dietrichstein, das schielende Hurenkind, hat uns damals im alten Bauernbund am meisten verfolgen, spießen und mit Rossen zerreißen lassen. Seine Ratzen, die ungarischen Reiter, haben unsere Frauen zerstückelt. Wir müssen uns jetzt fragen, was er mit uns machen würde, wenn er uns in seiner Gewalt hätte. So finde ich, es wäre recht, ihn auch zu spießen. Wer also meiner Meinung ist, möge seine Hand aufheben.« Von den viertausend Männern hoben viertausend die Hand. Aber dann sprach ihr Hauptmann Michael Gruber, und der sagte, der Graf hätte sich ihnen auf Gnade und Ungnade ergeben, deshalb sei es recht, ihm Gnade zu erweisen. Sie köpften nur 32 Böhmen und Ratzen, wie sie die ungarischen Reiter nannten, die besonders schlimm gehaust hatten, nahmen den Rittern ihre goldenen Ketten, die Samtbaretts mit den Reiherfedern und die prachtvollen Harnische, schmückten sich selber damit und gaben den Edelleuten dafür ihre Bauernkleider. So ließen sie sie nach dem Schloß Werfen führen, das sie besetzt hielten. Der Rest des Dietrichsteinschen Heeres zerstreute sich, der Erzbischof von Salzburg saß eingeschlossen auf seiner Feste. Im ganzen Land hatten die Bauern die Macht, in dem reichen Land mit seinen Schätzen an Eisenerzen, Quecksilber, Blei und Gold.

Die Aufständischen wollten die Mitsprache, die Mitbestimmung, nicht die alleinige Macht. Den Erzbischof als Landesherrn erkannten sie an, nicht aber als Alleinherrscher. Sie wollten eine Verfassung. Lange, zähe Verhandlungen begannen und schleppten sich über den Sommer, über den Herbst hin. Dann kam der Winter. Der Verteidigungsring um Hohensalzburg lockerte sich. Bauern und Bergleute dachten an ihre Höfe, ihre Hütten, ihre Familien. Vorräte und Ersparnisse daheim gingen zu Ende.

In langwierigen Besprechungen wurde eine Landesverfassung konzipiert: Ein dreiköpfiges Ratskollegium sollte die Regierungsgeschäfte führen, zwei Räte von Stadt und Land Salzburg, ein Rat vom Erzbischof bestimmt werden. Insgeheim verhandelte Kardinal Lang indessen mit dem Schwäbischen Bund und erreichte, daß er aufgenommen wurde und im Bedarfsfall also mit Unterstützung rechnen konnte.

Der Bedarfsfall trat im Frühjahr ein. Erzbischof Lang dehnte die Verhandlungen mit seinen aufrührerischen Landeskindern unter ständig neuen Vorwänden hin, hielt kein Versprechen, kam keiner Verpflichtung nach, die er übernommen hatte, bedauerte außerordentlich, daß alles nicht recht klappen wollte, spielte meisterhaft auf dem Instrument habsburgischer Verschleppungs- und Verschleierungstaktik, die er an Maximilians Hof gelernt hatte. Die Bauern und Bergknappen wurden ungeduldig, saßen in den Gasthäusern zusammen und besprachen ihre Lage. Nichts war besser geworden, und sie sahen ein, daß auch nichts besser werden würde, wenn sie nicht wieder eingriffen. Und sie beschlossen, gerüstet zu sein, wenn der Schnee schmolz.

Das wollte auch der Erzbischof. Er stellte heimlich abseits der Hauptstadt einige Fähnlein auf und bereitete eine Überraschung für die Aufständischen vor: Als in den Ostertagen 1526 die Feindseligkeiten erneut begannen, kämpfte Michael Gruber, der Held von Schladming, auf einmal nicht mehr mit ihnen, sondern gegen sie. Dem Kardinal war es gelungen, den Mann, der sich so gut auf die Kriegsführung im Gebirge verstand, zu besonders günstigen Bedingungen als Hauptmann unter Vertrag zu nehmen.

Aber auch die Bauern hatten Zulauf erhalten. Aus vielen deutschen Ländern waren Freiwillige zu ihnen gekommen in der Erkenntnis, daß ihre Sache daheim verloren war und daß sie hier die Chance hatten, von Südosten her alles noch einmal von vorne zu beginnen. Allgäuer und Schwarzwälder, Franken und Schwaben hatten sich im Pinzgau und Pongau eingefunden, alles Männer, die schon einiges mitgemacht und doch den Mut nicht verloren hatten. Alle Illusionen hatten sie abgelegt, an Verträge mit den Fürsten glaubten sie nicht mehr. Sie waren auf bedingungslosen Kampf eingestellt und fanden auch den Führer, den sie brauchten: Michael Gaismair.

Er stammte aus Sterzing in Tirol, aus einer Familie von Bergbauern, hatte schreiben gelernt und dem Fürstbischof von Brixen als Zollbeamter gedient, kannte seine Heimat, kannte ihre Menschen und deren Freiheitsdrang. Schon früh hatte Gaismair sich der Reformation angeschlossen, den Dienst beim Bischof aufgegeben und sich mit den Möglichkeiten einer politischen und religiösen Neuordnung befaßt. Das Göttliche Recht war für ihn Grundlage jeder Ordnung. Der Priester sollte auch Richter und Vorsteher aller sozialen Einrichtungen sein, die Gaismair besonders am Herzen lagen. Aus Klöstern wollte er Altersheime und Krankenhäuser machen. Die Mauern um Städte, Burgen und geistliche Machtzentren herum sollten verschwinden, damit alles jedem offen stand. Handwerker sollten nur für den Bedarf des Landes produzieren und alle Waren von Gemeinschaftsbetrieben eingekauft und verkauft werden. Jagd und Fischerei sollten allen gemeinsam gehören, ein Stück Land aber jedem einzelnen. Ihm schwebte ein archaisches Staatsgebilde vorwiegend bäuerlicher Prägung vor. Verschiedentlich besuchte er Ulrich Zwingli in Zürich, um sich mit ihm auszutauschen. Er hoffte auch sonst, in der Schweiz Hilfe für seinen Kampf zu bekommen, warb vor dem Bundestag in Luzern leidenschaftlich um Unterstützung, überzeugte auch viele Männer. Aber es gab auch nachdenkliche Stimmen, die meinten, es sei im Augenblick nützlicher, sich mit Erzherzog Ferdinand gut zu stellen, als diesen Tiroler Bauernführer zu unterstützen. Und so beschloß der Bundestag in Luzern am 10. April 1526, Michael Gaismair einzusperren und der Anstiftung zum Aufruhr anzuklagen. Aber er wurde gewarnt und verschwand. Über Graubünden, wo er Freunde hatte, über Meran und Sterzing, wo er zu Hause war, zog er, als es im Salzburgischen wieder zu gären begann, ins Inntal, in den Pinzgau, in den Pongau. Und überall, wo er auftauchte, schlossen sich ihm Männer an, die seiner Meinung waren, Einheimische und Flüchtlinge. Im Pinzgau traf er auf Peter Paßler, jenen Tiroler Bauern, der so tollkühn gewesen war, wie ein Edelmann dem Bischof von Brixen die Fehde anzusagen, der dann gefangen, in Ketten gelegt, zum Tode verurteilt und auf dem Richtplatz von Tiroler Bauern befreit worden war. Mit einer großen Schar machte Paßler im Pinzgau Aufruhr.

Bei Radstadt stießen Gaismair und die bald tausend Mann, die er inzwischen bei sich hatte, zu den Salzburgern, und sie wählten ihn zu ihrem Hauptmann. Am 14. April schlossen sie die Stadt, die von Truppen des Erzbischofs besetzt war, ein und belagerten sie, während von Norden her auf verschiedenen Wegen die Fähnlein des Erzbischofs und des Schwäbischen Bundes anrückten, um den Belagerungsring zu sprengen. Zwei von ihnen schlugen sie am 20. und zwei andere am 24. Mai zurück, aber während sie mit diesen noch bei Mandling kämpften, verwüsteten Reisige ihr Bauernlager. Sie konnten die Belagerung durchhalten, aber viele von ihnen fragten sich, was das auf die Dauer für einen Sinn haben sollte. Es ging doch über Monate, und inzwischen waren nach und nach Peter Paßlers Scharen im Pinzgau aufgerieben worden, und Michael Gaismairs Leute waren von Tag zu Tag weniger von der Notwendigkeit dieser Aktion überzeugt, während daheim ihren Frauen die Arbeit über den Kopf wuchs und der Druck der fürstlichen Heere immer massiver wurde. Das nahm ihnen den Schwung, und sie verzogen sich nach und nach.

Am 2. Juli 1526 durchbrachen erzbischöfliche Truppen den Belagerungsring und zersprengten den Rest des Bauernheeres. Mit denen, die sich um ihn scharten, floh Michael Gaismair nach Venedig, wo sie in die Dienste der Republik traten, die damals weite Teile der Adria beherrschte und auf dem Gipfel ihrer Macht stand. Aber er gab immer noch nicht auf. Er unterhielt ein dichtes Nachrichtennetz in Tirol, in der Steiermark und im Salzburgischen und ließ sich durch seine Späher ständig über alles unterrichten, was dort vor sich ging. Auf die Dauer beunruhigte das Erzherzog Ferdinands Regierung so sehr, daß sie Leute ausschickte, die Gaismair beseitigen sollten. Sie kamen ohne Erfolg zurück, und es half auch nichts, daß die Behörden ein hohes Kopfgeld aussetzten. Da heuerten sie einen neapolitanischen Spezialisten an, und der schlich sich mit einem Gehilfen nachts in Gaismairs Haus in Padua ein und erstach ihn. Sie schnitten ihm den Kopf ab und lieferten ihn als Beweisstück den Beamten des Erzherzogs.

Peter Paßler, der mit seinem Freund Michael Gaismair nach Venedig gegangen war, sich später aber von ihm getrennt hatte, wurde in Tirol gefangen und am 18. Oktober 1527 hingerichtet.

Als es nun im ganzen Deutschen Reich kein Bauernheer mehr gab, schwärmten die Kriegsknechte des Erzbischofs durchs Land, spürten alle auf, die mit den Aufständischen gezogen waren, und straften sie, indem sie sie köpften, spießten, verbrannten oder, wenn sie gnädig gelaunt waren, nur verstümmelten. Damit das Volk nie wieder aufbegehrte, organisierte Kardinal Lang nach römischem und spanischem Vorbild den ersten Polizeistaat auf deutschem Boden. Die Einheit von Gesellschaft, Kirche und Staat, für die so viele Aufständische zu den Waffen gegriffen hatten, wurde Wirklichkeit, wenn auch ganz anders, als sie es sich erträumt hatten, denn von der Gleichheit der Rechte und Pflichten, von Brüderlichkeit war keine Rede, von Freiheit ganz zu schweigen.

Als alles vorbei war, schrieb Karl V. aus Madrid einen wohlwollenden Dankesbrief an Georg Truchseß von Waldburg, dem er die größten Erfolge bescheinigte und den seine Freunde inzwischen liebevoll den »Bauernjörg« nannten. Aus seiner spanischen Sicht erfaßte Karl gar nicht, daß nicht die Heilige Ordnung, die Einheit des Reiches, die kaiserliche Majestät gekräftigt aus diesem Blutbad hervorgegangen waren, sondern allein Macht und Ambitionen der Landesfürsten, jener also, die aus Eigensucht unermüdlich die Zersetzung des Reiches betrieben.

Nun hatte es seinen ersten schweren Schlag erhalten. Denen, die sich im Innersten noch Reste von angeborenem Rechtsempfinden und Menschenwürde bewahrt hatten, die aufgestanden waren, um diesem Reich eine neue Ordnung zu geben, blieb nur noch die Flucht in die Demutshaltung. Der Wille zur Freiheit war gebrochen. Das nationale

Selbstverständnis, anderer Völker natürlichster Besitz, bei den Deutschen verkrüppelte es oder gedieh zur Karikatur, schwankend zwischen Kniefall und Heldenpose.

In den Bauernkriegen ging mehr zugrunde als einige hunderttausend Menschen, wurde mehr verwüstet als Städte, Dörfer und Äcker, als Kirchen und Kunstschätze, als über 1000 Burgen und Klöster: Das Rechtsbewußtsein wurde zerstört, der kritische Verstand. Der freie Mensch wurde vernichtet und der vollkommene Untertan geschaffen, der bereit war, das Unerträgliche hinzunehmen und nicht mehr nach dem Sinn des Unverständlichen zu fragen.

Es dauerte drei Generationen, bis Menschenverluste und materielle Schäden einigermaßen ausgeglichen waren, und dann kam der Dreißigjährige Krieg. Das kreuz und quer in Länder, Stände und Konfessionen zerrissene Deutschland war reif für seine besondere Rolle in der europäischen Geschichte: beliebtester Kriegsschauplatz zu sein, angenehm zentral gelegen, mit reichen Städten, von einer emsigen Bevölkerung bewohnt, die es gelernt hatte, immer wieder rasch alle Häuser aufzubauen und mit schönen Gegenständen zu füllen, so daß man stets schon nach kurzer Zeit von neuem plündern und brennen konnte. Und immer fand sich ein Reichsfürst bereit, ausländische Heere auf diesen Kriegsschauplatz einzuladen, um angeblich irgendwelche heiligen Werte zu bewahren gegen andere deutsche Reichsfürsten. Der vollkommene Untertan gewöhnte sich daran, sich vor Fremden zu demütigen wie vor seinem Herrn, 1547 vor den Spaniern an der Saale, 1632 vor den Schweden am Lech, 1704 vor den Engländern an der Donau, 1757 vor den Franzosen an der Elbe, 1799 vor den Russen am Rhein, um nur fünf von fünfhundert Beispielen zu nennen. Und alle gewannen die Erkenntnis, daß man die Deutschen am wirksamsten mit deutschen Verbündeten bekämpft.

Deutschlands Chancen, Zentrum einer neuen Ordnung zu werden, waren im Sommer 1526 endgültig vertan. Der Verlust an Substanz war nicht wieder aufzuholen, an materieller, kultureller, biologischer und charakterlicher Substanz, an Selbstvertrauen und Selbstbewußtsein. Den Kaiser interessierte dieses Deutschland nur am Rande. Martin Luther hatte den Menschen ihr persönliches Verhältnis zu Gott wiedergegeben und den Deutschen die Einheit ihrer Sprache, aber für die Einheit der Nation zu kämpfen, war er nicht bereit gewesen. Wenn er der Bewegung Maß und Ziel gegeben hätte, wäre sie nicht in Maßlosigkeit und Ziellosigkeit erstickt. Die Männer, die führen konnten, denen ihr Ansehen die Autorität gab und die Pflicht auferlegte, sich an die Spitze des ganzen Volkes zu stellen, Luther und Sickingen, begriffen nicht, daß sie das ganze Volk hätten führen müssen. Und jene

Männer, die es versuchten, Bauern, Bürger und Ritter, Landsknechte, Kanzleibeamte und Schultheißen, die brachten oft die Gaben, auch Bildung und Charisma mit, aber sie blieben eingebunden in lokale Bedingungen, begrenzt von landschaftlichen Horizonten, geblendet von Anfangserfolgen, verwirrt vom Unmaß der Möglichkeiten. Keinem von ihnen gelang es, die Einheit von Wollen und Handeln im großen Raum zu schaffen.

Der Bauernkrieg war eine nationale Katastrophe. Es dauerte Jahrzehnte, bis ihr ganzes Ausmaß erkennbar wurde. Der Nürnberger Bürger Albrecht Dürer erfaßte es sofort. Der Mann, der Kaiser und Könige, Künstler und Kaufleute gemalt hatte, entwarf im Sommer 1525 eine Gedenksäule für die Opfer des Bauernkrieges. Er zeichnete sie nach den Vorbildern höfischer Renaissance-Architektur, aber er baute sie nicht aus den traditionellen Elementen fürstlicher Selbstdarstellung auf, aus Wappentieren und Aureolen, aus den siegreichen eigenen Waffen und den zerborstenen der Feinde. Er ersetzte sie durch bäuerliche Symbole: Ährenbündel und Wasserkrug, Hacke und Spaten. Und er krönte sie nicht mit einer Siegesgöttin, sondern mit einem in sich zusammengesunkenen Bauern, den hinterrücks ein Schwert durchbohrt hatte. In Trauer und Bitterkeit konzipierte der größte deutsche Maler seiner Zeit dieses Mahnmal. Er schrieb dazu:

> »Welicher ein Victoria aufrichten wollt,
> darum daß er die aufrührerischen Bauren überwunden hätt,
> der möcht sich eins solichen Gezeugs darzu gebrauchen ...
> setz ein traureten Bauren darauf,
> der mit einem Schwert durchstochen sei.«

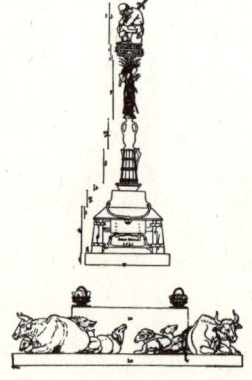

Dieser Entwurf wurde niemals ausgeführt.

Literaturverzeichnis

1. Deutsche Geschichte und Geschichte der Bauernkriege

Bebel, August: Der deutsche Bauernkrieg mit Berücksichtigung der hauptsächlichen sozialen Bewegungen des Mittelalters, Braunschweig 1876

Bensing, Manfred / Hoyer, Siegfried: Der deutsche Bauernkrieg 1524–1526, Berlin o. J.

Brackert, Helmut: Bauernkrieg und Literatur, Frankfurt/Main 1975

Buszello, Horst: Der deutsche Bauernkrieg von 1525 als politische Bewegung, Berlin 1969

Engels, Friedrich: Der deutsche Bauernkrieg, Frankfurt/Main 1970

Entner, Heinz / Neubauer, Edith: Bundschuh und Regenbogenfahne, Berlin 1975

Franz, Günther: Der deutsche Bauernkrieg, Darmstadt 1975

Franz, Günther: Quellen zur Geschichte des Bauernkrieges, München 1963

Kaczerowsky, Klaus (Hrsg.): Flugschriften des Bauernkrieges, Hamburg 1970

Lenk, Werner (Hrsg.): Dokumente aus dem deutschen Bauernkrieg, Leipzig 1974

Maurer, Hans Martin: Der Bauernkrieg im deutschen Südwesten. Dokumente, Berichte, Flugschriften, Bilder. Ausstellung des Hauptstaatsarchivs Stuttgart, Stuttgart 1975

Ranke, Leopold von: Deutsche Geschichte im Zeitalter der Reformation, Leipzig 1880, 6 Bände

Ullmann, Karl: Reformatoren vor der Reformation, Hamburg 1866

Valentin, Veit: Deutsche Geschichte, München 1960

Waas, Adolf: Die Bauern im Kampf um Gerechtigkeit 1300–1525, München 1964

Wohlfeil, Rainer (Hrsg.): Der Bauernkrieg 1524–26 / Bauernkrieg und Reformation, München 1975

Zimmermann, Wilhelm: Der große deutsche Bauernkrieg, Berlin 1975

2. Katholische Kirche, Humanismus, Reformation

Bernhart, Joseph: Der Vatikan als Weltmacht, München 1951

Chamberlain, E. R.: The bad Popes, New York 1969

Geiger, Ludwig: Renaissance und Humanismus in Italien und Deutschland, Berlin 1881 bis 1883

Hagenbach, Karl Rudolf: Geschichte der Reformation, Leipzig 1887

Die Heilige Schrift, die Zürcher Bibel, die auf die Reformation Zwinglis zurückgeht, Zürich 1971

Die Heilige Schrift, nach der Übersetzung Martin Luthers

Heyck, Eduard: Florenz und die Medici, Bielefeld und Leipzig 1929

Janssen, Johannes: Geschichte des deutschen Volkes seit dem Ausgang des Mittelalters, Freiburg 1877–86

Ranke, Leopold von: Die römischen Päpste, ihre Kirche und ihr Staat im 16. und 17. Jahrhundert, Berlin 1834–36

Realencyklopädie für protestantische Theologie und Kirche, Leipzig 1896 bis 1913 (24 Bände)

Schüller-Piroli, Susanne: Borgia, Freiburg i. Brsg. 1963

Stackelberg, Jürgen von: Humanistische Geisteswelt, Baden-Baden 1956

3. Rechtstradition und Rechtsphilosophie

Barring, Ludwig: Götterspruch und Henkerhand, Bergisch-Gladbach 1967

Bloch, Ernst: Naturrecht und menschliche Würde, Frankfurt/Main 1969

Dahn, Julius Sophus Felix: Fehdegang und Rechtsgang der Germanen, Berlin 1877

Günther, G.: Altes Recht, Göttliches Recht und Römisches Recht in der Zeit der Reformation und des Bauernkrieges, Leipzig 1965

Hentig, Hans von: Vom Ursprung der Henkersmahlzeit, Tübingen 1958

Majer, X.: Geschichte des Faustrechts in Deutschland, Berlin 1799

Schmid, Heinrich: Zwinglis Lehre von der göttlichen und menschlichen Gerechtigkeit

4. Staat und Gesellschaft, Realität und Utopie

Baumer, Franz: Paradiese der Zukunft. Die Menschheitsträume vom besseren Leben, München-Wien 1967

Below, G. von: Das ältere deutsche Städtewesen und Bürgertum, Bielefeld und Leipzig 1925

Beneke, Otto: Von unehrlichen Leuten, Hamburg 1863

Bernstein/Bloch/Döblin: Die Befreiung der Menschheit, Freiheitsideen in Vergangenheit und Gegenwart, Berlin 1921

Bietenhard, Hans: Das tausendjährige Reich. Eine biblisch-theologische Studie, Zürich 1955

Chevallier, Jean-Jacques: Denker, Planer, Utopisten. Die großen politischen Ideen, Frankfurt/Main 1966

Dohna, Lothar Graf zu: Reformatio Sigismundi, Göttingen 1960

Dopsch, Alfons: Herrschaft und Bauern in der deutschen Kaiserzeit, Stuttgart 1964

Franz, Günther: Geschichte des deutschen Bauernstandes vom frühen Mittelalter bis zum 19. Jahrhundert, Stuttgart 1970 (Deutsche Agrargeschichte)

Gronau, Karl: Der Staat der Zukunft von Platon bis Dante, Braunschweig 1933

Kautsky, Karl: Vorläufer des neueren Sozialismus, Berlin 1947

Nipperdey, Thomas: Reformation, Revolution, Utopie, Studie zum 16. Jahrhundert, Göttingen 1975

Radbruch, Renata Maria / Radbruch, Gustav: Der deutsche Bauernstand zwischen Mittelalter und Neuzeit, Göttingen 1961

Sabean, David W.: Landbesitz und Gesellschaft am Vorabend des Bauernkrieges, Stuttgart 1972

Schilling, Kurt: Geschichte der sozialen Ideen, Stuttgart 1957

Swoboda, Helmut (Hrsg.): Der Traum vom besten Staat, München 1972

5. Kultur und Zivilisation, Technik und Volkswirtschaft

Achterberg, Erich: Lebensbilder deutscher Bankiers aus fünf Jahrhunderten, Frankfurt/Main 1963

Barge, H.: Geschichte der Buchdruckerkunst, Leipzig 1940

Bax, Karl: Der deutsche Bergmann, Berlin 1941

Beer, Adolf: Allgemeine Geschichte des Welthandels, 5 Bände, Wien 1860 bis 1884

Braudel, Fernand: Die Geschichte der Zivilisation, München 1971

Burckhardt, Jakob: Kultur der Renaissance, Leipzig 1885

Ehrenberg, R.: Das Zeitalter der Fugger, Jena 1922

Elias, Norbert: Über den Prozeß der Zivilisation, 2 Bände, Frankfurt/Main 1977

Engelsing, Rolf: Analphabetentum und Lektüre, Stuttgart 1973

Feldhaus, F. M.: Die Technik der Antike und des Mittelalters, Potsdam 1931

Friedell, Egon: Kulturgeschichte der Neuzeit, München 1927

Gleichen-Rußwurm, Alexander von: Kultur und Geist der Renaissance (Band 9 der Kultur- und Sittengeschichte aller Zeiten und Völker) Wien-Hamburg-Zürich o. J.

Hart, Julius: Geschichte der Weltliteratur, Neudamm 1896

Hütt, Wolfgang: Deutsche Malerei und Graphik der frühbürgerlichen Revolution, Leipzig 1973

Kemmerich, Max: Kultur-Kuriosa, München 1910

Klingenberg, Karl-Heinz: Deutsche Kunst und Literatur in der frühbürgerlichen Revolution, Berlin 1975

Kugler, Franz: Geschichte der Baukunst, Stuttgart 1856

Lütge, Friedrich: Deutsche Sozial- und Wirtschaftsgeschichte, Berlin/Heidelberg/New York 1966

Möllenburg, W.: Die Eroberung des Weltmarktes durch das Mansfelder Kupfer, Gotha 1911

Rathgen, B.: Das Geschütz im Mittelalter, Berlin 1928

Scherr, Johannes: Deutsche Kultur- und Sittengeschichte hrsg. von Franz Blei, Berlin-Wilmersdorf o. J.

Schottenloher, Karl: Der Buchdrucker als neuer Berufsstand des 15. und 16. Jahrhunderts, Mainz 1953

Schottenloher, Karl: Flugblatt und Zeitung, Berlin 1922

Schwerin, Lutz Graf von: Die große Zeit des Feuers, der Weg der deutschen Industrie, I. Band, Tübingen 1959

Zschelletzschky, Herbert: Künstlerschicksale und Künstlerschaffen zur Bauernkriegszeit (aus: Der Bauer im Klassenkampf, Berlin 1975)

6. Landesgeschichte und Ortsgeschichte

Benkert, Wilhelm: Beiträge zur Geschichte der Marktgemeinde Giebelstadt, Giebelstadt 1970

Böhm, Ludwig: Kitzingen und der Bauernkrieg, in: Archiv des hist. Vereins von Unterfranken, Band 36/1893

Cronthal, M.: Die Stadt Würzburg im Bauernkriege, hrsg. von M. Wieland, Würzburg 1887

Elben, A.: Vorderösterreich und seine Schutzgebiete im Jahre 1524, Stuttgart 1889

Endres, Rudolf: Der Bauernkrieg in Franken, in: Blätter für deutsche Landesgeschichte, Jahrg. 109, 1973

Fischer: Geschichte der Stadt Zabern, Zabern 1874

Fries, Lothar: Die Geschichte des Bauernkrieges in Ostfranken, hrsg. von A. Schäffler, Würzburg 1883

Hartmann: Chronik der Stadt Stuttgart, Stuttgart 1886

Haustein, Paul: Wirtschaftliche Lage und soziale Bewegung im Kurfürstentum Trier während des Jahres 1525, Dissertation Halle 1907 und Trierer Archiv 1908

Hennes: Die Erzbischöfe von Mainz, Mainz 1880

Hug, Heinrich: Villinger Chronik von 1495 bis 1533, in: Bibliothek des Literarischen Vereins Stuttgart, Band 164, Tübingen 1883

Jordan, Heinrich (Hrsg.): Chronik der Stadt Mühlhausen in Thüringen, Mühlhausen 1900

Kramer, Karl Sigismund: Bauern und Bürger im nachmittelalterlichen Unterfranken, Würzburg 1958

Künzel: Geschichte von Hessen, Friedberg 1856

Marx: Geschichte des Erzstiftes Trier, Trier 1858–1864

Pichler: Salzburgische Landesgeschichte, Salzburg 1865

Piltz, Georg: Die Stadt Mühlhausen, in: Kunstführer durch die DDR, Leipzig-Jena-Berlin 1976

Rathgeber: Reformationsgeschichte der Stadt Straßburg, Stuttgart 1871

Remling: Geschichte der Bischöfe zu Speyer, Speyer 1867

Rohling: Die Reichsstadt Memmingen in der Zeit der evangelischen Volksbewegung, München 1864

Spindler, Max (Hrsg.): Handbuch der bayerischen Geschichte, München 1971

Stälin, P. F.: Geschichte Württembergs, Gotha 1888 ff.

7. Lebensbeschreibungen, Werke, Augenzeugenberichte

Baumgarten, Hermann: Die Geschichte Kaiser Karls V., Stuttgart 1885

Benkert, Wilhelm: Mitteilungen zur Lebensgeschichte Florian Geyers. In: Archiv des Historischen Vereins von Unterfranken und Aschaffenburg, Band 69, 1934

Bensing, Manfred: Thomas Müntzer, Leipzig 1965

Bergsten, Torsten: Balthasar Hubmaier. Seine Stellung zu Reformation und Täufertum, Kassel 1961

Berlichingen-Rossach, Götz Graf von: Geschichte des Ritters Götz von Berlichingen, Leipzig 1881

Bloch, Ernst: Thomas Müntzer als Theologe der Revolution, Frankfurt/Main 1969

Bremer: Franz von Sickingens Fehde gegen Trier, Straßburg 1885

Elliger, Walter: Thomas Müntzer, Leben und Werk, Göttingen 1975

Erikson, Erik: Der junge Mann Luther, psychoanalytische und historische Studie, München 1958

Falckenheimer, Wilhelm: Philipp der Großmütige im Bauernkriege, Marburg 1887

Fraenger, Wilhelm: Jörg Ratgeb. Ein Maler und Märtyrer aus dem Bauernkrieg, Dresden 1972

Franz, Günther (Hrsg.): Thomas Müntzer – Schriften und Briefe, kritische Gesamtausgabe, Gütersloh 1968

Frischauer, Paul: Die Habsburger, Wien 1961

Herzog, Wilhelm: Martin Luther / Thomas Müntzer / Matthias Grünewald / Sebastian Brant / Hans-Baldung Grien, in: Große Gestalten der Geschichte, Bern / München 1960

Heyck, Eduard: Kaiser Maximilian I., Bielefeld und Leipzig 1898

Junghans, Helmar (Hrsg.): Die Reformationen in Augenzeugenberichten, München 1973

Leitzmann, Albert (Hrsg.): Lebensbeschreibung des Götz von Berlichingen, in: Quellenschriften zur neueren deutschen Literatur, Band 2, Halle 1916

Loserth, Johann: Doctor Balthasar Hubmaier und die Anfänge der Wiedertaufe in Mähren, Brünn 1893

Luther, Martin: Werke, Gesamtausgabe, Weimar 1883 ff.

Müller-Streisand, Rosemarie: Luthers Weg von der Reformation zur Restauration, Halle 1964

Rendenbach, Karl Hans: Die Fehde Franz von Sickingens gegen Trier, Berlin 1933

Ulmann, Heinrich: Franz von Sickingen, Leipzig 1872

Ulmschneider, Helgard: Götz von Berlichingen, ein adliges Leben in der deutschen Renaissance, Sigmaringen 1974

Vochezer, J.: Geschichte des Hauses Waldburg, Band 2, 1900

Walser, F.: Die politische Entwicklung Ulrichs von Hutten, o. O. 1928

Wunder, G.: Wendel Hipler, in: Schwäbische Lebensbilder, Band 6, 1957

Bildnachweis

Archiv für Kunst und Geschichte: S. 15 u. 18, 52, 57 re., 70, 96, 105, 112, 115, 119, 136, 139, 143 li. u. re., 145 li. u. re., 151, 173 re., 177, 197, 199, 206, 234, 240/241, 255 re., 284, 287, 298, 301, 310, 319 li. u. re., 320 li. u. re., 321, 325 re., 327, 338.

Bildarchiv Kultur und Geschichte, G.E. Habermann: S. 57 li., 62 re., 107.

Bildarchiv Preußischer Kulturbesitz: S. 16, 31 li., 37, 54, 62 li., 65, 116, 117, 129, 173 li., 186 re., 261, 265, 271, 307, 328.

Historia-Photo: S. 15 o., 19, 25, 31 re., 90, 100/101, 128, 186 li., 230, 255 li., 279, 290, 325 li.

Verlag F. Bruckmann, Bildarchiv: S. 118, 121, 219.

Namenregister

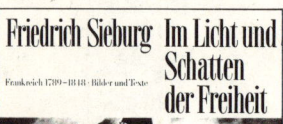

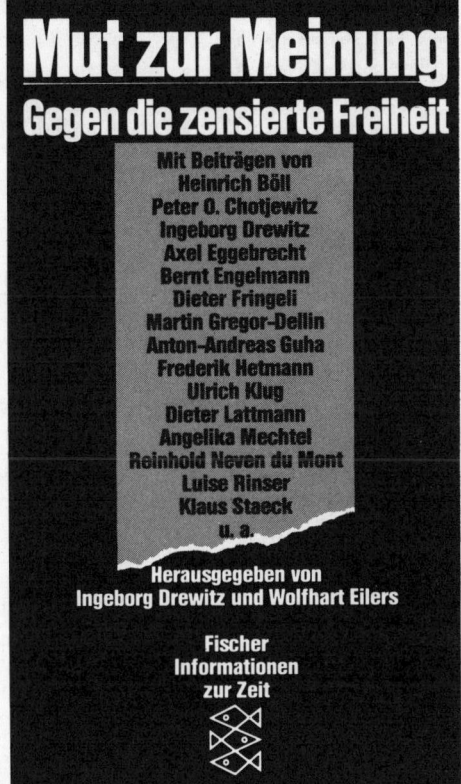

Soziologie/ Sozialwissenschaften

Wilhelm Bernsdorf
Wörterbuch der Soziologie
3 Bände. Band 6131/2/3

Hans-Ulrich Deppe
Medizinische Soziologie
Aspekte einer neuen
Wissenschaft
Band 6620

Peter Furth /
Mathias Greffrath
Soziologische Positionen
Interviews und Kommentare.
Eine Einführung in die
Soziologie und ihre
Kontroversen
Originalausgabe
Band 1976

Kurt Jürgen Huch
Einübung in die
Klassengesellschaft
Über den Zusammenhang
von Sozialstruktur und
Sozialisation
Band 6276

Erna M. Johansen
Betrogene Kinder
Eine Sozialgeschichte
der Kindheit
Band 6622

David Mark Mantell
Familie und Aggression
Zur Einübung von Gewalt
und Gewaltlosigkeit
Eine empirische
Untersuchung
Band 6391

Petra Milhoffer
Familie und Klasse
Ein Beitrag zu den
politischen Konsequenzen
familialer Sozialisation
Originalausgabe
Band 6515

Tilmann Moser
Jugendkriminalität und
Gesellschaftsstruktur
Zum Verhältnis von
soziologischen, psycho-
logischen und psycho-
analytischen Theorien des
Verbrechens
Band 6158

Helmut Ostermeyer
Die Revolution der Vernunft
Die Rettung der Zukunft
durch die Sanierung der
Vergangenheit
Band 6368

Laurence Wylie
Dorf in der Vaucluse
Der Alltag einer
französischen Gemeinde
Band 6621

Fischer
Taschenbücher